Histoire du Bois de Boulogne

Le Château de Bagatelle

(1715-1908)

d'après les documents inédits des Archives Nationales,
des Archives de la Seine et des Mémoires
manuscrits ou imprimés

PAR

HENRI-GASTON DUCHESNE

Ouvrage orné de huit planches hors texte et de trois plans

JEAN SCHEMIT, LIBRAIRE
52, rue Laffitte, Paris
—
1909

Jean SCHEMIT. — Librairie de l'Art Français.
52, RUE LAFFITTE. — PARIS.

Histoire du Bois de Boulogne

Le Château de Bagatelle

(1715-1908)

d'après les documents inédits des Archives Nationales, des Archives de la Seine et des Mémoires manuscrits ou imprimés

PAR

HENRI-GASTON DUCHESNE

Un volume in-8° raisin, illustré de huit planches hors texte et de trois plans, à tirage limité :
20 exemplaires sur papier vergé d'Arches (1 à 20) . . Prix : **20 fr.**
580 exemplaires sur « Vélum » anglais (21 à 600) . . . Prix : **12 fr.**
Envoi franco d'un exemplaire sur papier vergé d'Arches contre mandat-poste de **20 francs.**
Envoi franco d'un exemplaire sur « Vélum » anglais contre mandat-poste de **12 francs.**

Quand on parcourt le bois de Boulogne, et qu'au milieu des arbres, des pelouses et des ruisseaux, on voit saillir le gracieux pavillon de Bagatelle, l'imagination est emportée malgré soi vers le dix-huitième siècle. On voudrait avoir assisté aux dîners, aux fêtes, aux réceptions, aux causeries intimes des nobles personnes qui, charmantes et entraî-

VILLE DE PARIS

DOMAINE DE BAGATELLE

GARDEN PARTY

en l'honneur de la Colonie Italienne
et des Membres du Comité
de l'Exposition Italienne de Peinture
organisée au Petit-Palais
au bénéfice
des Régions dévastées

Le Jeudi 19 Juin 1919

AUDITION
de VIEILLES MARCHES et de VIEUX AIRS MILITAIRES FRANÇAIS

PAR

la **MUSIQUE**, les **TAMBOURS**, les **CLAIRONS** et les **TROMPETTES**
de la GARDE RÉPUBLICAINE

avec le concours de M. DUPRÉ, de l'Opéra-Comique

ET SOUS LA DIRECTION DE

M. GUILLAUME BALAY, *Chef de la Musique de la Garde Républicaine*

PREMIÈRE PARTIE

1. **Sonneries de Trompettes**

2. a) **Chanson de Roland** . . . . MÉHUL.

   La version originale de la "Chanson de Roland" passe pour être l'œuvre du poète "Turold" qui vivait au IXe siècle. — De même que les chansons de geste du Moyen Age c'était un récit épique composé de plusieurs milliers de vers, qui se chantait, sans doute, comme on chante encore, en Italie, les stances de la Jérusalem délivrée, du Tasse. Elle était déjà populaire au IXe Siècle et il est certain que nos soldats, marchant au combat, chantaient Roland, ses victoires et sa mort. Différentes imitations modernes de la Chanson de Roland ont été tentées : l'œuvre d'Alexandre Duval est celle qui se rapproche le plus de la vigueur et du noble sentiment qui distinguent l'original. La musique, composée par Méhul, est admirable.

   b) **Marche des Soldats de Robert Bruce** *(Musique)*

   Cet air fut exécuté à la tête des troupes de Robert Bruce, lorsque le monarque écossais les conduisit à la bataille de Bannoch-Burn en 1314. Introduite peu après en France, cette marche était exécutée et chantée à la guerre par les soldats de Philippe-le-Long, Charles-le-Bel, Philippe VI, Charles VI, Charles VII, etc., jusques et encore sous Louis XIII.
   C'est au son de cette marche que Jeanne d'Arc fit son entrée à Orléans, le 6 mai 1429, et que le grand Condé battit les Espagnols à Rocroi (1643). — Arch. du château de Blois.

3. a) **Marche des Gardes du Roy** *(Trompettes)*

   b) **Le Ralliement** *(Trompettes)*

4. a) **La Charge** — 1re République — *(Fifres et Tambours)*

   b) **Ordonnance de la Garde Impériale** *(Fifres et Tambours)*

   c) **La Retraite** *(Fifres et Tambours)*

5. a) **Le Joli Tambour** *(Chant)*

    Son origine et son auteur nous sont inconnus, mais nous savons que cette chanson était fort en honneur chez les troupes françaises des XVII⁰ et XVIII⁰ siècles. Grâce à son allure alerte et bien cadencée, elle constituait pour l'époque un des plus remarquables spécimens de la marche rythmée. La tradition nous a gardé toute la naïveté expressive du texte primitif et tout l'entrain de sa musique simple. On rencontre souvent cette vieille chanson militaire dans les recueils des chants populaires des Provinces

  b) **La Marche des Grenadiers** *(Musique)*

    On fait remonter son origine à 1740, sans indiquer le nom de l'auteur. Pendant la route, les soldats de la Grande Armée sifflaient volontiers cette marche. Sous la mélodie, ils placèrent des paroles composées par eux et ils en firent la chanson connue sous le nom de " Fanfan la Tulipe ".

DEUXIÈME PARTIE

6. a) **Pas de charge de la Marine Impériale**
    (Tambours et Trompettes)

  b) **L'Étendard** *(Trompettes)*

  c) **La Victoire est à nous** *(Musique, Tambours et Clairons)*

7. a) **Chanson de la Vigne**

    Cette chanson, d'origine très ancienne et d'auteur inconnu, se présente dans tous les recueils de chants populaires des provinces. Importée au Canada, elle s'est élevée au rang des chants nationaux de ce pays et y jouit d'une vogue tout aussi populaire qu'en France.

  b) **Chanson de l'Oignon**

    A Marengo, avant l'engagement de la bataille, Bonaparte aperçoit des grenadiers qui frottaient vigoureusement une croûte de pain.
    — Que diable faites-vous donc sur votre pain ? leur demanda-t-il.
    — C'est de l'oignon, mon Général, nous nous offrons une tartine à l'oignon.
    — Ah ! très bien. Il n'y a rien de meilleur que ça pour marcher d'un bon pas dans le chemin de la gloire. Avalez-moi vite votre chapon et, tout à l'heure, tâchons d'avoir des jambes.
    A l'assaut qui suivit, les grenadiers crièrent à pleins poumons : « J'aime l'oignon frit à l'huile. J'aime l'oignon quand il est bon ».

8. **Le Retour après la Victoire** .. ..   Général PÉLECIER
    (Musique, Tambours et Clairons)

9. **Ballet des Heures de la Gioconda** .   PONCHIELLI
    (Musique)

10. **Défilé National** .. ..   GUILLAUME BALAY
    (Musique, Tambours et Clairons)

11. **La Marseillaise** .. ..   ROUGET DE LISLE

RÉPUBLIQUE FRANÇAISE
LIBERTÉ — ÉGALITÉ — FRATERNITÉ

Les Représentants des Municipalités Étrangères visiteront le Domaine de Bagatelle, le Vendredi 5 Juin 1914, à 2 heures 1/2.

La Municipalité de Paris vous prie de vouloir bien lui faire l'honneur d'assister à cette visite.

ENTRÉE A 2 HEURES
par la porte principale donnant sur le champ d'entraînement de Bagatelle

INVITATION POUR UNE SEULE PERSONNE

TENUE { **Messieurs :** Redingote.
        Dames : Toilette de Ville de cérémonie.

Le Château de Bagatelle

Il a été tiré

Six cents exemplaires numérotés dont :

20 exemplaires sur papier vergé d'Arches   (1 à 20)
580 exemplaires sur « Velum » anglais   (21 à 600)

Nº 4

H. g. d

Droits de reproduction et de traduction réservés pour tous pays

Histoire du Bois de Boulogne

Le Château de Bagatelle

(1715-1908)

d'après les documents inédits des Archives Nationales,
des Archives de la Seine et des Mémoires
manuscrits ou imprimés

PAR

HENRI-GASTON DUCHESNE

Ouvrage orné de huit planches hors texte et de trois plans

JEAN SCHEMIT, LIBRAIRE
52, rue Laffitte, Paris
—
1909

PRÉFACE

Mlle de Charolais a-t-elle habité Bagatelle ?

Bagatelle ! petite maison qui eut son importance sous la régence et surtout sous Louis XV ; Folie d'Artois qui lui succéda ; tels sont les sujets de ce livre.

Beaucoup d'auteurs ont prétendu que Mlle de Charolais avait habité Bagatelle, et cela résulte de la proximité de cette propriété avec le Petit-Madrid, sur lesquels aucun travail d'histoire complet n'a encore été écrit.

Lorsque nous croyions notre ouvrage terminé, ce point litigieux restait à éclaircir : Mlle de Charolais avait-elle, oui ou non, habité Bagatelle ? Nous appuyant sur M. Fernand Bournon, qui nous fait l'honneur de nous compter de ses amis, nous étions persuadé que la princesse avait habité la propriété. En effet, M. F. Bournon, dans son bel ouvrage complétant l'Histoire de Paris, de l'abbé Lebeuf[1], dit : « Après la famille d'Estrées, Mlle de Charolais en devint locataire (château de Bagatelle) ; elle le céda (1746) au sieur Lévêque de Gravelle, conseiller du roi... »

A ce moment, nous entrions en relations avec M. Gailly de Taurines, qui venait de publier un très intéressant volume : « Aventuriers et Femmes de qualité[2] », dans le-

---
1. Rectifications et additions, p. 541.
2. Chez Hachette, juin 1907.

quel il consacrait un chapitre à Bagatelle et à ses hôtes.
Il nous écrivait aussitôt et nous indiquait les raisons qui
lui faisaient croire que Mlle de Charolais n'avait ni pos-
sédé ni loué Bagatelle. A cette lecture, notre conviction,
fut ébranlée. L'affaire devenait importante. Or, quelques
jours après, nous nous mettions à la recherche de nouveaux documents. Ce qui prouve une fois de plus qu'un
ouvrage d'histoire n'a jamais trop de pièces justificatives
et n'est jamais trop annoté.

Après quelques jours de labeur agréable, soit aux Archives de la Seine, soit aux Archives nationales, guidé
par M. Lazare et par nos amis, nous étions obligé de
passer dans le camp de M. Gailly de Taurines. Nous
allions le visiter dans sa tour d'ivoire et nous lui faisions
amende honorable : Mlle de Charolais n'a pas habité
Bagatelle.

Il nous fallait le dire et le prouver, c'est la raison de
cette préface.

*
* *

On n'est même pas d'accord sur l'époque où Mlle de
Charolais aurait pris possession de cette propriété.

M. Circaud, dont nous venons d'avoir le plaisir de faire
la connaissance, — M. Circaud, cependant très documenté
sur les questions ayant trait à l'histoire de Neuilly, —
écrit récemment[1] : « On dit que Mlle de Charolais, ne
voulant plus habiter le Petit-Madrid dont elle était propriétaire, obtint de Louis XV la concession de 17 arpents
situés dans le bois de Boulogne et qu'elle y fit un somptueux pavillon connu sous le nom de Pavillon de Mademoiselle, mais qui prit bientôt le nom de Bagatelle. »
Ceci soi-disant en 1735.

M. F. Bournon insiste sur ce point que Mlle de Charolais
vint à Bagatelle quelques années après 1736[2] : « Le nom
de Bagatel apparaît pour la première fois, à la date du
18 mars 1736, dans les registres paroissiaux de Villiers.
Quelques années plus tard, Mlle de Charolais unissait

1. Bulletin de la Commission municipale historique et artistique de
Neuilly-sur-Seine, 1904, p. 69.
2. Etat des communes à la fin du xix° siècle publié sous les auspices
du Conseil général, Neuilly-sur-Seine, Montourain, 1904, p. 26 et 27.

la possession de cette résidence à celle de Madrid ; elle la sous-loue à divers propriétaires, et finalement, en 1777, elle appartenait au comte d'Artois. » Et il dit ailleurs[1] : «... Mlle de Charolais, châtelaine de Bagatelle... »

Or, aucune pièce manuscrite de l'époque ne dit que la princesse possédât ou habitât cette propriété, comme nous allons avoir l'occasion de le démontrer.

MM. E. Circaud et F. Bournon sont d'accord en ce que Mademoiselle fit construire un pavillon à Madrid, mais aucun document ne dit que ce pavillon soit Bagatelle qui existait déjà. Nous avons trouvé la preuve de cette construction, et nous aurons l'occasion d'en parler dans un prochain ouvrage.

Mais, avant d'aller plus loin, voyons pourquoi ces deux auteurs, auxquels nous nous bornons, ont pu écrire les lignes que nous avons citées?

En 1785, dans le Voyage pittoresque de la France[2], ouvrage très intéressant au point de vue des estampes, on lit sur la notice qui accompagne une vue du Pavillon de Bagatelle, celui du comte d'Artois : « Bagatelle était autrefois un petit château qui fut longtemps occupé par Mlle de Charolais, dans l'enceinte duquel elle donnait des fêtes où les garçons et jeunes filles du voisinage venaient danser[3]. »

C'est Mme la marquise de Monconseil qui donnait des fêtes à Bagatelle ; elles sont connues et nous en parlons au cours de cet ouvrage ; mais c'est de cet écrit que sont parties les erreurs qui ont été si souvent reproduites qu'elles ont pu tromper deux hommes au jugement si sûr, MM. E. Circaud et F. Bournon ; et cela parce que Mlle de Charolais était plus connue de Mme de Monconseil. La gracieuse marquise aurait pu relever l'erreur, car elle ne mourut qu'en 1787, deux ans après l'apparition du Voyage pittoresque de la France.

Refaisons rapidement l'histoire du château. Cela nous donnera de nouvelles preuves.

1. État des communes, etc., p. 13.
2. Ouvrage national, dédié au roi. A Paris, chez Lemay, libraire, quai des Augustins, tome x, n° 82.
3. Voir l'Iconographie de Bagatelle où nous citons ce document en entier.

En 1720, le maréchal d'Estrées fit construire Bagatelle et l'offrit à la maréchale[1]; elle y reçut Louis XV et ses maîtresses jusqu'en 1741, comme nous le disent les mémoires du duc de Luynes, qui suit pas à pas les personnages de la cour.

On lit, par exemple, dans ces mémoires, à la date du mardi 2 août 1739[2]: « Le roi partit hier pour la Muette; il tire demain dans la plaine Saint-Denis et revient après-demain après avoir courre le cerf. Le même arrangement qu'à l'ordinaire; Mlle (de Charolais) à Madrid et soupant les deux jours à la Muette. Les dames sont : Mlle de Clermont, Mme de Mailly, Mlle de Nesle, Mme d'Estrées et Mme de Ségur. »

Et d'Argenson, à la même époque, c'est-à-dire à la date du 17 avril 1739[3], distingue fort nettement les deux propriétés du Petit-Madrid et de Bagatelle.

« Au voyage de la Muette que fait le roi actuellement, la partie est gaillarde et indépendante. On a invité les dames qui en sont ordinairement, et auxquelles on est accoutumé. On dîne à Madrid chez Mademoiselle; on soupe à la Muette; dans l'après-midi à Bagatelle, chez la maréchale d'Estrées; on y passe joyeusement le temps, on y fait l'amour, si vous voulez; tout est bien réglé... »

Or, Mademoiselle passe huit jours à Madrid, du 8 au 16 mai 1741.

De plus, en lisant l'inventaire Conty[4], on trouve la pièce suivante datée du 4 mai 1733 : « Brevet en papier par lequel M. de Pezé, capitaine du château de la Muette et gouverneur du château de Madrid, en conséquence du décès de la demoiselle de la Chausseraye, qui avait la jouissance, sa vie durant, d'une maison et dépendances située dans l'extrémité du château de la cour de Madrid, en deux portions, l'une qu'elle avait anciennement, et l'autre qu'elle avait acquise de Louis Huot, seigneur d'Hillerin, garde de la prévôté de l'hôtel et de Michelle Papion, son épouse, par acte du 5 janvier 1720. Pour jouir

---

1. On trouvera ce brevet aux appendices, n° II.
2. Mémoires du duc de Luynes, p. 511.
3. D'Argenson, p. 218.
4. Arch. nat. R³ 4.

de laquelle portion elle avait obtenu brevet de Sa Majesté et M. le duc de Biron la survivance le 19 dudit mois, ainsi que le tout se poursuit et comporte, desquelles deux portions, l'ancien logement et dépendances dès à présent réversibles au sieur de Pezé à cause de sa qualité de capitaine du château de Madrid et des chasses du pavé et bois de Boulogne, il cedde et transporte sous le bon plaisir de S. M. à S. A. S. Mlle avec la pelouse qui est au bout du jardin dudit logement, du côté de Bagatelle, qui pourra être enclos de murs pour en jouir sa vie durant ensemble des augmentations, améliorations que S. A. S..., etc.

« Plus cedde dès à présent à S. A. S. la seconde partie du logement en cas de décès du sieur duc de Biron, ou que S. A. S. devint subrogé en son lieu et place par acquisition ou autrement, consentant à cet effet que nouveau brevet en soit accordé par S. M. à S. A. S. pour en jouir toute sa vie durant [1]. »

Ce document indique d'une façon très nette que Mlle de Charolais prit possession en mai 1733 d'une maison et dépendances à l'extrémité de la cour du château de Madrid touchant par son jardin du côté de Bagatelle, et non de Bagatelle et de son jardin.

M. Circaud, auquel je faisais part de mes documents concernant le sujet qui nous occupe, eut l'amabilité de m'écrire et de me signaler « un plan du parc de Boulogne levé au mois de juin 1712 par Hypolite Matier, arpenteur du roi et de la maîtrise de Paris, avec les routes et faux-fuyans depuis faites dans ledit jusqu'à l'année 1747. »

Ce plan manuscrit qui appartient à M. Garnier et dont M. Circaud possède une photographie, porte à l'emplacement de Bagatelle la mention suivante : « Petite ménagerie et enclos de S. A. S. Mademoiselle, fermé de murs en 1739. »

Cela serait, à première vue, le seul document de l'époque pouvant faire croire que Mademoiselle posséda Bagatelle. Mais à l'étude, le doute disparaît.

[1]. Arch. nat. R³ 4.

En effet, on est certain que Mademoiselle acquit la maison du Petit-Madrid en 1733[1]*; agrandit son domaine avec l'autorisation du roi, en achetant de nouvelles terres. Le 9 sept. 1735 à la dame Angrand, femme du maître des requêtes et à Monsieur leur fils mineur; puis un échange entre Mademoiselle et les dames de St-Cyr, le 30 sept. 1737; un autre le 9 sept. 1735 entre Mademoiselle et Adrien-Alexandre Millin de Grandmaison et Marie-Anne Etienne Luiron, son épouse; et enfin un échange en 1750 entre Mademoiselle et M. Lepelletier de Rosambo.*

Citons encore le procès-verbal de mesurage, arpentage et toisage, fait par ordre de M. le duc d'Antin, ministre d'État, par le sieur du Bois, géographe, arpenteur ordinaire des Bâtiments du Roi, des bâtiments, cours et jardins occupés à Madrid par S. A. S., par M. de Bully, M. Barbié (sic), Mme Bideau, Mme la marquise de Briqueman et Mlle de la Chausseraye[2]*.*

Mais ce qu'il y a de certain, c'est que Bagatelle fut clos de murs vers 1739. La propriété s'appuyait d'un côté au mur du bois de Boulogne; le mur particulier ne l'enveloppait pas, car, jusqu'en 1835, le Petit-Madrid appartenant à cette époque à M. Doumerc, avait un mur, et du même côté, Bagatelle n'avait qu'une haie. Une route charretière les séparait.

A l'appui de ces dires, nous pouvons donner deux documents plus récents, émanant tous deux de la Préfecture de la Seine, domaines nationaux, et nous y voyons que la direction des domaines ne confondit jamais les deux propriétés du Petit-Madrid et de Bagatelle.

Le premier de ces documents est l'acte par lequel Mme de Flamarens est réintégrée dans la jouissance de

---

1. Arrêt du Conseil du 13 septembre 1735 par lequel Mademoiselle donne au Trésor Royal la somme de 44.000 livres, aux sieurs de Biron et de Pezé la somme de 36.000 livres; il est bien relaté dans cet arrêt que Mademoiselle ne pourra être dépossédée. L'arrêt fut enregistré le 18 janvier 1736. La quittance du Trésor royal est du 14 novembre 1735 et son enregistrement du 25 novembre.

2. Cet arpentage comporte un plan où Bagatelle n'est pas compris. Arch. nat. R³ 4. Il y a 16 arpents, 5 pièces ½, pour une valeur de 16.511 livres 10 sols.

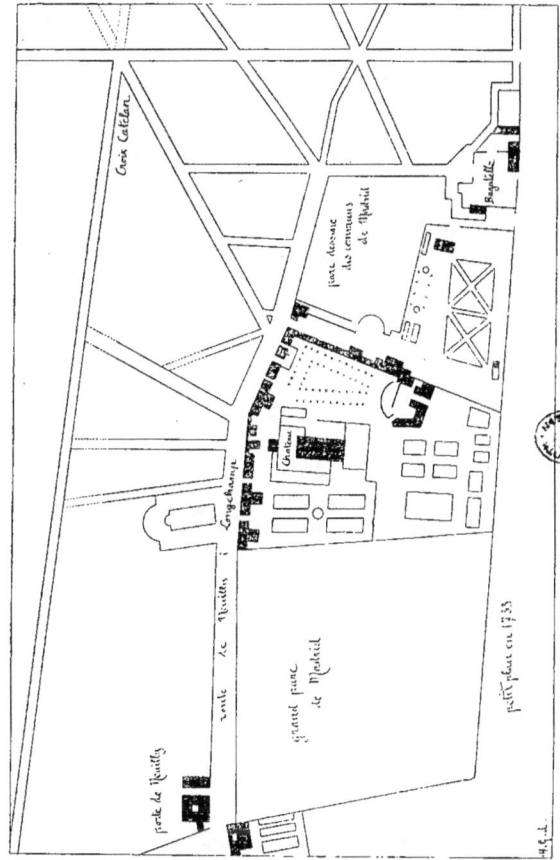

Plan du château de Madrid, des Communs et de Bagatelle en 1733, d'après un plan des Archives nationales.

la maison du Petit-Madrid, et on y lit les passages suivants :

« Vu la déclaration faite le *13 germinal an 7*, en exécution de l'article *13* de la loi du *14 ventôse an 7* relative aux domaines engagés par Elisabeth-Olimpe-Louise-Armande-Félicité Duvigier, épouse séparée, quant aux biens, d'Agélisas-Joseph-Grossoles Flamarens, demeurant à Paris, rue Varennes... *qu'elle possède une maison, bâtiments, cour et jardin et dépendances, ensemble un enclos planté partie en bois et bosquets situé dans le bois de Boulogne,* entre les maisons de Madrid et de Bagatelle, *tenant d'un côté au nord par le mur de la cour aux murs de Madrid,* au levant au chemin de Bagatelle, *au couchant à la prairie* et au sud à Bagatelle, le long duquel Bagatelle règne un passage charretier entre ledit Bagatelle et le mur de la propriété déclarée, *lequel passage dépend de ladite maison...*, *que ce domaine a été originairement* aliéné à titre d'engagement par arrêt du ci-devant conseil du roi du 13 septembre 1735 à Louise-Anne Bourbon Condé, qui en a fait construire et enclore la majeure partie... »

Nous voici donc d'accord au sujet des constructions que fit faire Mlle de Charolais au Petit-Madrid, et non pas à Bagatelle.

Le deuxième document est la clause additionnelle du cahier des charges au sujet de la vente du domaine de Bagatelle à Lord Hertfort en *1835*, et dans laquelle les passages suivants nous intéressent ; *la propriété du Petit-Madrid appartenait encore à M. Doumerc* :

« *Mlle de Charolais en obtint l'engagement (propriété de M. Doumerc), moyennant le paiement d'une finance de 44.000 livres par arrêt du conseil du 13 septembre 1735. A son décès, la propriété passa à M. le prince de Conti, son légataire. En 1782, ce prince la vendit à Mme de Maurepas, qui plus tard la donna à Mme de Flamarens... dans le procès-verbal du 15 germinal an 9 les tenans de l'immeuble qui appartient au sieur Doumerc, sont ainsi indiqués* :

« *Il tient premièrement du côté du levant au bois de Boulogne par le chemin de Bagatelle ; deuxièmement, du* couchant à la prairie qui borde la Seine et au chemin de Neuilly à Longchamp; troisièmement du midi au passage commun, entre cette propriété et celle de Bagatelle; quatrièmement enfin au nord au sieur Albert, acquéreur du château de Madrid.

« Au delà du mur de clôture, du côté de Bagatelle, est un passage commun aux deux propriétés ; il sert d'entrée à la basse-cour et au logement du jardinier. Il communique au chemin de Bagatelle; il a huit mètres dix-sept centimètres de largeur ; il est bordé de deux rangées de trente-deux marronniers..., *passage appelé route de la Croix-Catelan, qui séparait les deux propriétés* [1]... »

Donc, de *1739*, époque où le Petit-Madrid fut clos de murs, à *1835*, il y eut toujours une séparation entre les deux propriétés de Bagatelle et du Petit-Madrid, séparation formée par la route dite de la Croix-Catelan.

Mais, pour revenir à la première période, *1735-1748*, seule époque pendant laquelle Mlle de Charolais aurait pu habiter le pavillon de Bagatelle, ouvrons à nouveau les Mémoires du duc de Luynes à la date du vendredi 6 août *1745*.

« Mardi dernier, 3 de ce mois, Mesdames furent à Chaillot, au pavillon de Mme la duchesse d'Orléans, où elles firent une espèce de collation, ou plutôt un souper.

« Le lendemain, Mme la Dauphine et Mesdames furent à la chasse au bois de Boulogne avec les petits chiens du daim ; Mesdames étaient à cheval, suivies de plusieurs dames aussi à cheval et d'une calèche où étaient Mmes de Tallard, de Brissac, et deux autres dames. Il y avait trois calèches pour Mme la Dauphine. Après la chasse, Mesdames allèrent descendre à Madrid dans la maison de Mlle de Charolais, *où elles soupèrent. Pour Mme la Dauphine, elle s'en retourna immédiatement après la chasse ; on a été étonné qu'étant aussi près de chez Mademoiselle elle n'y soit pas entrée.* »

Il faut remarquer ici que Mme la maréchale d'Estrées était morte depuis le 11 janvier *1745*. Par conséquent,

---

[1]. Arch. de la Seine. 1365. On trouvera ce document au complet sous le titre : Clause additionnelle, appendice n° 39.

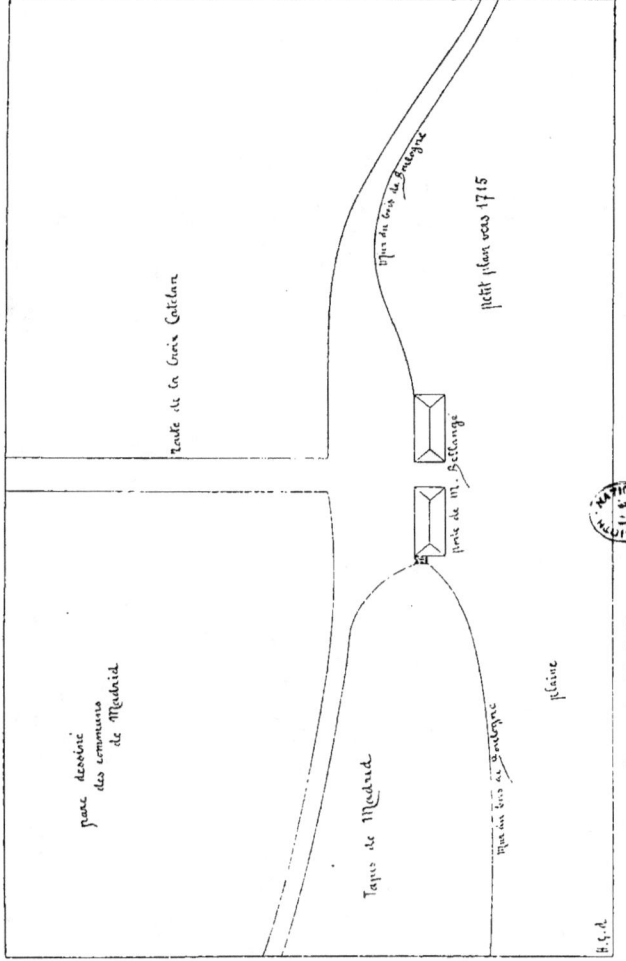

Porte de M. Bellanger d'après un plan des Archives nationales.

s'il est une époque où Mlle de Charolais eut pu posséder Bagatelle, c'est bien en l'année 1745-1746. Cependant, c'est encore à Madrid que vont Mesdames pour souper.

Ainsi dans aucune pièce manuscrite, dans aucune relation écrite par des personnages de l'époque nous ne trouvons le nom de Mlle de Charolais alliée au nom de Bagatelle, mais bien à celui de Madrid.

Comme nous faisions part de ces documents aux membres de la Commission municipale historique et artistique de Neuilly-sur-Seine — Bagatelle est sur son territoire — et spécialement à MM. Bournon et Circaud, qui étaient présents, ces messieurs restant sceptiques nous dirent que la meilleure preuve que nous pourrions apporter à l'appui de notre thèse était les brevets mêmes de jouissance de la propriété de Bagatelle délivrés par le roi.

Ces brevets les voici. Nous allons les rappeler succinctement, car on les trouvera ou dans le corps de notre ouvrage, ou aux appendices.

Le premier, en date du 22 juillet 1716, est le brevet qui accorde au sieur Louis-Paul Bellanger, conseiller du roi et avocat général à la cour des Aides de Paris, et à sa femme, Marie-Magdelaine Charpentier, la jouissance d'un logement qu'ils occupent près d'une des portes du bois de Boulogne situé entre le château de Madrid et la porte de Longchamp... [1] etc.

Le second du 11 août 1720, est un brevet où il est dit que le roi « étant informé que les sieur et dame Bellanger... » auraient fait cession et transport « aux sieur Maréchal d'Estrées et la dame son épouse » de leur logement y compris les améliorations qu'ils y avaient faites, confirmait ce transport, M. d'Armenonville, capitaine des chasses du bois de Boulogne et gouverneur de Madrid l'ayant agréé [2].

Le troisième, en date du 6 juin 1746, est le brevet par lequel le roi reconnaît l'agrément que M. de Beringhen, gouverneur du château de Madrid, a donné à M. Levesque

---

1. Voir l'appendice n° II, et le plan ci-contre.
2. Id., ibid.

de Gravelle, du logement de Bagatelle vacant par la mort de Mme la Maréchale d'Estrées[1].

Et le quatrième est le brevet du roi en date du 28 may 1747 par lequel le roi accorde à Mme la marquise de Monconseil la jouissance du logement de Bagatelle vacant par la cession qui lui en fut faite bon gré par M. Levesque de Gravelle, avec l'agrément du gouverneur de Madrid, M. de Beringhen[2].

En 1770, Bagatelle était encore à Mme de Monconseil, et Mlle de Charolais était morte en 1758.

Le point litigieux nous paraît donc élucidé, d'autant plus que l'on peut se reporter aux plans ci-contre, plans très nets, pris aux Archives nationales et qui furent faits en 1733.

On voit très bien à droite la porte de Neuilly par où on arrivait au château de Madrid, le parc de ce château et les communs, qui furent habités par différents personnages, entre autres Mlle de Charolais qui nous occupe. A gauche, le jardin anglais des communs, le parterre, la basse-cour et la ménagerie. Au bout des jardins, Bagatelle entièrement séparé de la propriété du Petit-Madrid. En réalité, par rapport au Bagatelle actuel, on peut dire que Mlle de Charolais posséda le terrain du parc du côté de Neuilly, c'est l'ancien jardin anglais, qui appartenait auparavant à Mlle de la Chausseraye.

*

Il ne nous reste que le plus agréable des devoirs à remplir : c'est à remercier les hommes éminents qui nous ont permis de mener nos recherches à bien, et par conséquent de composer cet ouvrage.

C'est d'abord, M. Gailly de Taurines, déjà très documenté sur les hôtes de Bagatelle, qui a eu l'amabilité de nous prêter quelques pièces pour parfaire notre chapitre sur Mme de Monconseil.

C'est M. Lucien Lazare, qui prend un vrai plaisir à

---

1. Ce brevet est donné au chapitre II.
2. Ce brevet est donné au chapitre III.

vous donner des documents inédits. Un jour, je lui demandais un acte de naissance ; il leva un doigt et me dit sentencieusement : « Par la loi du... 1906, vous n'avez pas le droit d'avoir cet acte entre les mains et de le copier. Mais, — les lois ont des mais comme toutes choses, — je puis vous en donner lecture et vous pouvez écrire sous ma dictée. » C'est une loi à proroger.

Et après avoir remercié l'obligeance de M. Funck-Brentano, de M. le marquis de la Ferronnays et de M. Hartmann, qui nous ont permis d'illustrer notre ouvrage, il me reste à dire combien nous sommes reconnaissant envers MM. Circaud et Bournon. Nous tenons à dire ici combien leurs écrits et leur discussion nous ont été utiles, et si nous les avons pris pour bases dans cette préface, c'est parce qu'ils font autorité, et nous aurons pour excuse la vérité historique.

Septembre 1908.

H. G. D.

Histoire
du
Château de Bagatelle

CHAPITRE PREMIER[1]

LA MARÉCHALE D'ESTRÉES

Autrefois. — Trois ducs qui se mêlent d'agio. — John Law. — Une galanterie du maréchal d'Estrées. — Une satire. — La carrière du maréchal. — Les amants de la maréchale. — Les premières constructions de Bagatelle. — Fête donnée par le Régent à Mme d'Averne. — Louis XV et les demoiselles de Nesle. — La situation de la maréchale auprès du roi. — Sa mort. — Ses tombeaux.

Les chercheurs jusqu'à ce jour ont fourni peu de renseignements sur ce qu'était autrefois Bagatelle, qui paraît avoir été une maison d'assez modeste apparence avant de devenir le château dont parlent les registres paroissiaux de Villiers en 1736.

Les uns ont prétendu qu'il y avait là une porte au bois de Boulogne, et que la maison n'était primitivement que la demeure du portier. On ajoutait que la maison étant construite sur des terrains appartenant au roi, le capitaine des chasses du bois de Boulogne, gouverneur des châteaux de la Muette et de Madrid, était autorisé à la louer annuellement ou viagèrement, pour augmenter son casuel.

---

1. La lecture de cet ouvrage eût été fastidieuse si nous avions donné dans le texte tous les documents complémentaires. Il y a déjà beaucoup de notes en bas de page ; cependant, nous prévenons les lecteurs soucieux d'augmenter leurs renseignements que beaucoup de pièces curieuses ont été mises en appendice et qu'ils les trouveront facilement, soit par une note de renvoi, soit par la table des matières placée à la fin de l'ouvrage.

Nous verrons, dans le chapitre V, que les Soufflot et les Pluyette attachés aux bâtiments du Roi ignoraient qu'il y eût là autrefois une porte. Cependant, nous avons trouvé aux Archives nationales un plan[1] fait vers 1715. On y voit le parc dessiné des communs de Madrid, la langue de terre non boisée appelée tapis de Mlle Chausseren[2], et deux corps de bâtiments flanquant une porte nommée, porte de M. Bellanger[3].

On lit dans certains ouvrages qu'un pavillon existait sur la plaine de Madrid dès 1711. « La maison, disent-ils, paraît avoir été élevée sous le règne de Louis XIV. Ce n'était qu'un pavillon : Babiole, Bagatel, Bagatelle, que le Roi-Soleil fit construire en 1711 pour un sieur de Gravelles. »

Il y a preuve, par le plan que nous reproduisons ici, qu'il y avait à cette époque des bâtiments sur l'emplacement où, en 1720, M. le maréchal d'Estrées devait faire construire une maison de campagne ; mais il y a erreur quand on cite le nom de Gravelles. M. Levesque de Gravelles, dont nous parlons d'une façon trop rapide à notre avis, mais c'est faute de documents, M. Levesque de Gravelles, conseiller au Parlement, ne posséda Bagatelle que de 1746 à 1748.

L'abbé Lebeuf, très compétent en ces matières, prétend qu'une maison fut construite, vers 1725, le long du mur de clôture du bois de Boulogne, entre Madrid et la porte de Longchamp, mais qu'on n'en connaissait pas l'architecte.

Considérons, en effet, le plan de N. de Fer de 1705[4],

1. Arch. nat. E. 914e. N° 281.
2. Mlle Chausseren, c'est-à-dire Mlle de la Chausseraye, habitait une partie des communs de Madrid, avec autorisation du roi.
3. Ce Bellanger n'a rien de commun avec l'architecte qui construisit la Folie d'Artois. Le Bellanger dont il est question ici était avocat à la Cour des Aides.
4. Nous publierons ce plan et le suivant dans notre Histoire du bois de Boulogne.
Le bois de Boulogne, près Paris, appartenant au roi et aux dames religieuses de l'Abbaye de Longchamp. Dans lequel bois, François Ier, roy de France, y fit bâtir le château royal de Madrid. Par N. de Fer, géographe de sa Majesté Catholique et de Monseigneur Dauphin, avec privilège du Roy. 1705.

le mur de clôture du bois de Boulogne court sans interruption et sans la moindre trace de maison depuis la porte de Neuilly jusqu'à la porte de Longchamp. Et maintenant, si nous examinons le plan de l'abbé Delagrive de 1730[1], on voit au bout de la plaine qui forme le triangle devant les communs de Madrid et touchant d'un côté au mur du bois de Boulogne, une maison formant quatre corps de bâtiments, ayant sur le devant, c'est-à-dire vers Madrid, un jardin d'agrément, et derrière un jardin potager en trois parties. On voit très distinctement, faisant face à l'entrée du château de Madrid, un long bâtiment coudé qui sert aux communs du château et qui par la suite fut loué ou donné viagèrement. Puis, à gauche, tournant le dos au château de Madrid, et complètement séparé du premier bâtiment, une maison ayant aile à sa droite, et regardant la Seine dans sa longueur. *Un mur joint cette maison au mur de clôture du bois de Boulogne*, enclôt un parc ou jardin composé de neuf pièces de terres, et rejoint le mur qui enclôt le jardin de Bagatelle. C'est dans ces bâtiments qu'habita Mlle de Charolais.

Le pavillon de Bagatelle est cependant antérieur à la date de 1725 que donne l'abbé Lebeuf, car nous apprenons par l'avocat Barbier qu'il appartenait dès 1721 à Mme la maréchale d'Estrées. C'est donc vraisemblablement en l'année 1720 que commence l'histoire du château de Bagatelle.

***

La maison est dépendante du xviiie siècle, non seulement parce qu'elle fut construite vers 1720, mais par son nom et sa fortune. Ce fut la maison galante par excellence, car elle abrita bien des intrigues, depuis celles du régent et de Louis XV, jusqu'à celles de hauts personnages de la cour. Elle vit bien des fêtes, entendit des musiques et des chants, et semble n'avoir été créée que pour devenir le gracieux pavillon du comte d'Artois.

[1]. Voir la 4re feuille de la carte topographique des environs de Paris par l'abbé Delagrive, 1730.

A une époque où la jalousie des maris était chose incomprise, et où l'on cachait sous le mot de galanterie toutes les débauches, ce fut un geste de grand seigneur pour sa noble jeune femme qui fit élever dans le bois de Boulogne le pavillon dont nous écrivons l'histoire, et nous regrettons qu'aucune estampe le représentant ne soit parvenue jusqu'à nous.

Nous sommes au moment où l'argent était aussi rare que le désir des dépenses fastueuses était grand. Le système Law qui fit naître les « Princesses bleues » tourmenta à ce point l'esprit des premiers du royaume, que les ducs eux-mêmes se mêlèrent d'agio, ce qui les fit blâmer vertement par la duchesse d'Orléans[1] : « Trois ducs qui pourtant portent la tête haute et sont de meilleure maison que les autres, trois ducs ont fait à mon avis quelque chose de bien laid. Ce sont le duc d'Antin, le duc-maréchal d'Estrées et le duc de la Force. Le premier a accaparé toutes les étoffes pour les vendre plus chères que les marchands : le second, le café et le chocolat, et le troisième a été le plus malpropre : il s'est jeté sur le suif et a produit une vraie hausse sur les chandelles. » La phrase était mordante.

Il faut dire aussi que les trois ducs, ainsi que les nombreux personnages de la cour et même les bourgeois de Paris qui fréquentaient la rue Quincampoix, étaient poussés à ce jeu nouveau : la bourse, pour combler leurs dettes et aussitôt qu'ils avaient un gain, jetaient à nouveau l'or et les billets sans compter. En un mot, ils accueillaient sans en comprendre ni la portée ni le but, le système que John Law mettait entre leurs mains.

Si l'aventurier n'avait pu faire[2] accueillir son idée à l'Angleterre, la France dont les finances étaient obérées ne l'avait reçu d'abord qu'avec méfiance. Il y joua les premiers temps si grand jeu que le lieutenant de police, d'Argenson, craignit un mouvement populaire et le fit quitter Paris : « Il en savait trop aux jeux, dit-il, que lui-même avait introduit dans la capitale. »

1. *Correspondance de Madame, duchesse d'Orléans* (27 juin 1720), édition Quantin, t. II, p. 320.
2. Né à Edimbourg en 1671, mort à Venise en mai 1729.

Mais le gouvernement royal était si endetté que le contrôleur général des finances ne savait comment faire face aux échéances et aux demandes pressantes du Régent. John Law trouva le moment favorable. Il revint. Il mena si adroitement ses intrigues, il fit de telles promesses, qu'il obtint enfin l'autorisation de fonder une banque privée[1] au capital de 6 millions. C'était mettre la vaste machine financière en mouvement. L'édit du 10 avril 1717 lui permit de rayonner en province. En 1718 il obtint le privilège du commerce de la Louisiane et du Mississipi[2], et l'année suivante, 1719, il obtenait successivement le monopole du commerce des Indes, l'administration et la fabrication des monnaies, les Fermes générales, les Recettes générales et enfin, le 5 janvier 1720, John Law était fait contrôleur des finances.

Sa rapide carrière ne donna cependant pas d'assiette à son système; la confiance qu'on lui donnait manqua brusquement, la baisse survint. L'aventureux banquier tenta de l'arrêter par ses lettres à un créancier[3], mais il dut tout abandonner, et il s'enfuit de France sans emporter une obole des masses d'or et d'argent qui étaient dans ses coffres.

Son successeur fut Le Pelletier de la Houssaye, qui ne régit les finances qu'un an.

Mais si Law quittait Paris et la France les mains vides, d'aucuns avaient su, ou avaient eu la chance de rétablir leurs affaires, et parmi ceux-ci il faut citer le maréchal d'Estrées.

Non loin de l'abbaye de Longchamp[4], alors célèbre par

---

1. Lettres patentes du 2 mai 1716, registrées au Parlement le 23 du même mois. Il avait été une première fois repoussé par un conseil composé du maréchal de Villeroy, chef du conseil, *ad honores*, M. le duc de Noailles et ensuite M. d'Argenson, président : sous eux MM. Amelot, Le Pelletier des Forts, Le Pelletier de la Houssaye, Fagon, d'Ormesson, Gilbert de Voisins, de Gaumont, Baudry, Dodun et Fourqueux.
2. Banque déclarée, puis Banque royale.
3. Voir : *Recherches historiques sur le système de Law*, par E. Levasseur.
4. *Histoire de l'Abbaye de Longchamps*, par H.-G. Duchesne. H. Daragon, éditeur.

sa promenade, et du château de Madrid dont les communs étaient loués à différentes personnes de la cour, à quelques pas de la Seine, où les bateliers promenaient marquises et duchesses, M. le maréchal d'Estrées choisit un emplacement dans le bois de Boulogne et obtint, grâce à son amitié avec le Régent, l'autorisation d'y faire construire une maison de campagne qu'il offrit gracieusement à la maréchale qu'il avait épousée par contrat le 22 janvier 1698[1].

L'emplacement choisi par le maréchal d'Estrées était la jouissance d'un logement *situé près une des portes du bois de Boulogne* et dont Louis-Paul Bellanger, conseiller et avocat général à la Cour des Aides de Paris, et sa femme Louise-Marie-Magdelaine Charpentier avaient été autorisés à habiter leur vie durant par brevet du 22 juillet 1716[2]. Ils occupaient ce logement qui avait été pris aux dépens des jardins dont la jouissance appartenait au capitaine des chasses du bois de Boulogne ; ce logement était habité par eux depuis plusieurs années. Il consistait « en deux corps de logis aux côtés de ladite porte, dont l'un contient une petite salle, cuisine et office, autant au premier étage et pareil logement au-dessus, et l'autre un sellier, chambres pour les domestiques, écuries et remises, ensemble en deux arpens ou environ de terres, étant autour de la maison pour en faire cour sablée ou jardin... ». Bellanger et sa femme avaient payé cette jouissance 4.000 livres, et cette somme devait être employée à la construction d'un logement nécessaire à la faisanderie du château de Madrid.

Or, le 17 août 1720, le roi ayant appris que Paul Bellanger et sa femme avaient cédé leur logement au duc maréchal d'Estrées et à la maréchale, voulut que nouveau brevet fût accordé aux d'Estrées pour jouir leur vie durant du logement, cours et jardins, ensemble les augmentations, impenses et améliorations « qui ont déjà

---

1. Contrat (M⁰ Hachette de messire Victor-Marie, comte d'Estrées, vice-amiral de France, et de Lucie-Félicité de Noailles d'Ayen, fille de Mgr Anne Jules, duc de Noailles et de Marie-Françoise de Bournonville. Arch. dép. de la Loire-Inférieure. Série E, dossier 1077.
2. Arch. nat. O¹ 60, p. 108. Voir ce brevet appendice n° 1.

été faites ou qu'ils pourront y faire cy après... sans néanmoins qu'eux ni leurs héritiers après leur décès en puissent prétendre aucun remboursement, lequel arrivant le dit sieur d'Armenonville ou ses successeurs en ladite capitainerie rentrerait en possession dudit logement cours et jardins en l'état où ils se trouveront...[1] »

Il n'y a plus là aucune erreur. Bagatelle fut construit par le maréchal d'Estrées sur des terrains dépendant d'une porte du bois de Boulogne et précédemment occupés par le conseiller Bellanger et sa femme, et non par un sieur Gravelle.

Les moyens financiers employés par le maréchal-duc lui valaient des satires dans le genre de celle-ci (1717), satires que l'on nommait à l'époque des Noëls :

> Juif, arabe, corsaire,
> Estrées vint brusquement
> A Jésus débonnaire
> Faire son compliment.
> Joseph, ayant donné mainte et mainte pistole,
>   Crut qu'il ferait un don
>   Don, don !
>   Mais le juif s'en alla
>   La, la !
> Sans donner une obole[2].

En réalité, le maréchal-duc d'Estrées semble bien avoir fait construire Bagatelle pour favoriser les amours du régent qui venait souvent à la Muette. Au point de vue de l'administration des bâtiments, Bagatelle était une dépendance de la Muette[3]. Or, d'après le maréchal, sa femme, en possédant le pavillon, devait le maintenir bien en cour, malgré ses écarts pécuniaires et les poursuites satiriques de la cour et de la bourgeoisie. Déplaire ! n'était-ce pas ce qu'un courtisan craignait le plus ?

Sa carrière était terminée depuis 1717, mais la lettre

---

1. Arch. nat. O¹ 51*, p. 232. Voir ce brevet appendice nº 11.
2. *Recueil Clairambault - Maurepas*. Chansonnier historique du XVIIIᵉ siècle.
3. Voir à ce sujet les correspondances de Soufflot et de M. de Marigny, chap. v.

de cachet ne pouvait-elle pas survenir un beau matin ? Il fallait prendre ses précautions.

Victor-Marie d'Estrées [1], marquis de Cœuvres, était né le 30 novembre 1660. Entré au régiment de Picardie comme enseigne de la compagnie colonelle, le 26 janvier 1678, il permuta bientôt pour entrer dans la marine, où il fut nommé capitaine de vaisseau et servit avec ce grade en Amérique en 1779 et 1780. Le 12 décembre 1784, il obtenait la survivance de la charge de vice-amiral de France. Créé maréchal de France le 14 janvier 1703, grand d'Espagne de 1re classe le 14 août de la même année, il fut nommé chevalier des ordres du roi le 2 février 1705, et après la mort de son père, survenue le 19 mai 1717, il prit le nom de maréchal d'Estrées, il était, depuis le 23 mars 1715, membre de l'Académie française, conseiller au conseil de régence et président du conseil de marine [2].

Ce que le maréchal craignait donc surtout était la disgrâce à cause de ses menées peu nobles pour acquérir une fortune en rapport avec ses charges et ses honneurs, et il comptait sur sa femme qui devait lui servir d'appui, on peut même dire d'amie, auprès du Régent.

La maréchale du reste était « fort jolie, fort séduisante et fort peu farouche [3] » ; ses amants étaient assez nombreux et connus pour que Mathieu Marais [4] nous donne des renseignements sur quelques-uns : « Un gentilhomme de Bretagne, nommé Marcilly, de la maison de Roucy, officier des chevau-légers de la garde, revenant des Etats avec la maréchale d'Estrées, est devenu amoureux d'elle, jusqu'au point qu'un jour il fit, par jalousie, du bruit dans la maison où était le maréchal, à qui il dit qu'il était ivre. La chose s'est passée assez

---

1. Armes : Ecartelé, d'Estrées et de la Cauchie.
2. Pinard, *Chronique historique militaire* : le maréchal d'Estrées était en outre lieutenant-général des comté et évêché de Nantes et de la Tour de Pillemil, capitaine des chasses du comté de Nantes et vice-roi d'Amérique.
3. *Aventuriers et Femmes de qualité* : Gailly de Taurines, chez Hachette, p. 177.
4. *Journal et Mémoires de Mathieu Marais* (1715-1737). Paris, Firmin Didot, t. II, p. 7.

doucement, mais on a appris depuis que ce gentilhomme a été trouvé mort dans un puits de la ville d'Avranches, étant revenu de Bretagne par la Normandie. On ne sait s'il s'y est jeté ou si on l'y a fait jeter ; quoi qu'il en soit, c'est un amant de moins à la maréchale, qui en sera bientôt consolée et qui en a bien d'autres. Le jeune et beau Chauvelin[1], avocat général, mort en août 1715, et qui s'était fait grand trésorier de l'ordre pour avoir le cordon bleu et lui plaire davantage, n'ayant pu accorder le travail pénible de sa charge et de ses amours, y a bientôt succombé. »

Voilà les petites histoires d'alcôve que l'on se racontait en décembre 1720, alors que la maréchale cherchait à réunir un groupe d'aimables dames pour accompagner le Régent et plus tard le Roi dans leurs sorties galantes, ce qu'elle réussit à faire avec le concours de Mlle de Charolais[2].

Mais, avant de connaître les fêtes qui furent données à Bagatelle, et les aventures qui s'y passèrent, il nous paraît utile de nous renseigner sur ce qu'était le pavillon à cette époque. Le seul document qui nous soit parvenu est la note que le duc de Luynes donne dans ses mémoires[3] :

« La maison est fort petite. A droite en entrant est une pièce d'assemblée assez grande, mais on y avait mis une table de 20 couverts qui la remplissait. A gauche en entrant est une antichambre qui sert de salle à manger, et qui peut contenir une table de 12 à 14 couverts. Plus loin un autre cabinet d'assemblée, ensuite une chambre à coucher. En haut et dans la mansarde il y a sept à huit logements de maîtres ; la maison donne sur les murs du bois de Boulogne, et sur un chemin[4] par delà lequel est une prairie[5] que Mlle de Charolais, dont le mur est mitoyen avec Bagatelle, a fait planter et

---

1. Voir Saint-Simon, t. VII, n. 334.
2. Voir notre *Histoire de Mlle de Charolais*, Daragon, éditeur.
3. *Mémoires du duc de Luynes*, t. XVI, p. 161. Cette description est donnée au sujet de la réception que Mme de Monconseil donna au roi de Pologne.
4. Chemin de la Longue-Queue.
5. Ancien tapis de Mlle de Chausseraye.

qui forme un coup d'œil et des promenades agréables. On arrive par une route du bois de Boulogne[1]. La cour est pavée et peut tenir cinq à six carrosses ; à droite et à gauche sont deux parterres, sur le double desquels, du côté du bois, sont des bosquets divisés par de petites salles qui multiplient les promenades, le tout séparé du bois de Boulogne par une muraille. »

⁎

C'est dans cette propriété que Mme la maréchale d'Estrées donna une fête au Régent et à Mme d'Averne[2], dont Barbier[3] nous parle dans son journal à la date du 12 août 1721. Par conséquent, le nom de Bagatelle apparaît, pour la première fois, non pas comme le dit M. F. Bournon dans les registres paroissiaux de Villiers en 1730, mais bien en août 1721.

Le Régent n'avait pas eu cette fois le goût très fin en prenant Mme d'Averne pour maîtresse, s'il faut en croire Barbier[4] : « Au surplus, l'objet ne mérite pas d'être si fort éclairé, car cela n'est pas joli ; cela a trop de gorge et pendante, est fort noir de corps, et n'a de l'éclat que par du blanc et du rouge. »

Elle épousa — l'histoire a oublié la date aussi vite qu'elle[5] — un lieutenant aux gardes nommé Ferrand d'Averne, épileptique, fils de Fernand de Cossé, lieutenant général d'artillerie, ce qui lui permit d'avoir décemment des amants. Ce fut entre autres le marquis

---

1. Route de la Croix-Catelan.
2. Il est question ici de Louise-Henriette de Lonvilliers, dame de Chambry, près Meaux, fille de Henri, chevalier, seigneur de Benevent, lieutenant pour le roi au Canada et capitaine de l'Isle Saint-Christophe, qui avait épousé, le 19 juillet 1688, Antoine de Bernard, deuxième du nom, marquis d'Averne, comte d'Orbec, ancien lieutenant aux gardes françaises, s'étant distingué à Fleurus, à Steinkerque et à Nerwinde. Il mourut à Paris en 1748. Ses armes sont : d'argent, au chevron de sable, accompagné de trois trèfles de sinople, deux en chef et un en pointe. (*Dict. de la noblesse* par la Chesnaye-Desbois et Badier, t. III, p. 6).
3. *Journal de Barbier*. Edit. de la Société de l'Histoire de France, t. I, p. 100.
4. *Journal de Barbier*. t. I, p. 94-95.
5. Lescure, *les maîtresses du Régent*. Paris. Dentu. 1861, p. 330.

d'Alincourt. Mais quand le Régent, ayant congédié Mme de Parabère, se trouva « veuf de maîtresses », Mme de Sabran[1] lui donna l'envie de Mme d'Averne, et Mathieu Marais[2] put écrire dans son journal : « Les articles sont proposés, mais non acceptés ; cent mille écus pour elle, une compagnie pour son mari. » La dame résista bien un peu pour la forme, mais le 9 juin l'assaut fut donné et la place fut prise. « Le Régent poursuit sa proie et il l'aura. Il a été chez Ariague, son trésorier, où il a trouvé Mme d'Averne et son mari et d'autres dames qui étaient prêtes à souper. Il leur a fait compliment, a dit qu'il voulait rester avec eux, et faire apporter son souper, ce qu'il a fait et on s'y est fort réjoui. »

> Et Bacchus et Cérès, de qui la compagnie
> Met Vénus en train bien souvent
> Furent de la cérémonie.

Le lendemain 10, la corbeille a été envoyée comme pour une noce ! « Il y avait des pierreries et de l'argent, et cela a achevé la capitulation. »

Quelques jours après, le 30 juillet, le Régent donna une fête à sa nouvelle maîtresse dans la maison qu'il lui avait louée à Saint-Cloud, sur la côte, à droite du pont[3]. Et, après avoir conté l'empressement du public à aller voir cette fête, Barbier montre l'indignation générale qu'elle souleva en faisant « ainsi triompher l'adultère et le vice publiquement ».

C'est donc le 12 août que le Régent, ayant accepté l'invitation que lui avait faite le maréchal d'Estrées, vint à Bagatelle, et voici la page que Barbier consacre à ce fait :

« Le maréchal d'Estrées donna à souper au Régent avec Mme d'Averne, dans la petite maison de la maré-

---

1. Voir les *Mémoires de Maurepas*.
2. Voir le *Journal de Mathieu Marais*.
3. Voir le *Recueil Maurepas* où est cité un dialogue en vers entre M. d'Averne, Mme d'Averne et M. d'Alincourt ; et les *Mémoires pour servir à l'Histoire de la Calotte* Maropolis, 1735. 3ᵉ partie, p. 1 ; ainsi que les *Mélanges de Boisjourdain*. Voir appendice nº II.

chale d'Estrées nommée Bagatelle, qui est sur le bord du bois de Boulogne, vis-à-vis l'eau et la maison de M. de Hurchi. Cette maison, quoique Bagatelle, lui a coûté cent mille livres au moins, mais ils ont gagné des biens immenses. Je soupais ce même jour, dans le bois, dans une maison voisine[1] ; nous les vîmes tous passer. J'admirai la hardiesse du Régent, qui sait ou doit savoir qu'il n'a pas donné sujet de l'aimer. Cependant, il était dans un carrosse tout ouvert, la maréchale à côté de lui, la d'Averne sur le devant. Deux valets de pieds sans un page ni un garde. Cela ne peut pas s'appeler avoir peur. Avant de souper, ils se promenèrent sur l'eau[2], nous entendîmes de dessus la terrasse des fêtes de musique. Et de là, il s'en alla coucher à Saint-Cloud. »

Mme d'Averne, tout en restant la maîtresse du Régent jusqu'en 1722, ne tarda pas à se donner de nouveaux amants.

**

Pendant les années qui suivent, Bagatelle se passe d'histoire, jusqu'au jour où commencent les grandes galanteries de Louis XV, galanteries qui vont faire jaser les chroniques du bois de Boulogne.

D'Argenson disait du roi qu'il réunissait tous les défauts de nos princes du sang : « la bosse de M. le prince de Conti, la voix rauque de M. le duc, (et) la sauvagerie de M. de Charolais ». Il aurait pu ajouter que certaines dames comme Mme la maréchale d'Estrées et Mlle de Charolais surent éveiller en lui des vices dont elles s'amusèrent et dont elles vécurent.

Il est certain que le château de Bagatelle servit à abriter certaines amours de Louis XV. En lisant les mémoires du duc de Luynes qui suit pas à pas les personnages de l'époque attachés à la cour, on voit souvent que dans les fugues amoureuses du Roi, les dames vont coucher à Madrid *dans la dépendance* de Mlle de Charolais, et que, de la Muette où lui-même couchait, il

---

1. L'avocat Barbier avait la jouissance d'une maison et d'un potager dans les communs de Madrid.
2. Sur la rivière de Seine, style ancien.

partait de grand matin et allait surprendre les dames au lit. Ces dames sont : Mme de Vintimille, Mme de Mailly, Mme d'Antin, Mme de Talleyrand, Mme de Saint-Germain ; quant à Mme la maréchale d'Estrées, elle couchait chez elle. Les dames étant levées et habillées, le Roi rentrait à Versailles avec elles [1].

Ces visites de grand matin étaient du reste chose facile. Une grande allée droite passant par la Croix de Jean de Schulemberg, ancien capitaine des chasses du bois de Boulogne, reliait le château de la Muette au château de Madrid. Une autre, avec un léger coude et passant par la Croix de Catelan, reliait le château de la Muette au château de Bagatelle vers l'extrémité du jardin triangulaire formé par le mur du bois de Boulogne et la route de la Longue-Queue.

Le maréchal d'Estrées mourut en 1737 [2].

Mme la maréchale d'Estrées conserva la propriété de Bagatelle et ne changea en rien ses façons de vivre, soit à la cour près du Roi, soit dans l'intimité galante de personnages qu'elle recevait dans sa maison du bois de Boulogne.

Il est vrai que, de ce moment, les voyages de Louis XV à la Muette se multiplient, et ce sont les mêmes dames qui l'accompagnent. Nous nous bornerons ici à citer pour mémoire les dates [3] de ces voyages ; car les mêmes faits s'y reproduisent. A chacune de ces absences de Versailles, les hommes couchent à la Muette, et les dames, soit à Madrid chez Mlle de Charolais, soit à Bagatelle chez Mme la maréchale d'Estrées. C'est à Bagatelle que le Roi se retire le plus volontiers avec ses maîtresses.

1737. — Mars, lundi gras et 6 août.
1738. — 1er décembre ; samedi 6 décembre et dimanche 7.
   Ce jour-là : « Le roi monta dans ses carrosses

---

1. On trouvera des détails sur ces faits dans notre *Histoire de Mlle de Charolais*.
2. 2.500 actes, etc., par le marquis de Surgères. Sépulture de Victor-Marie duc d'Estrées, pair, maréchal de France et vice-amiral de France, décédé le 27 décembre 1737, âgé d'environ 77 ans. L'acte est daté du 30 décembre.
3. Toutes ces dates sont prises dans les mémoires du duc de Luynes.

et alla souper à Madrid chez Mademoiselle ; elle y était dès la veille avec Mlle de Clermont et Mlle de la Roche-sur-Yon. Les dames sont : Mme de Mailly, Mme de Beuvron et Mme la maréchale d'Estrées. » Samedi 13 et vendredi 26 décembre.

1739. — Mercredi 7 janvier; 2 février; 16, 17, 18 et 27 avril ; 7 juin ; mardi 2 août ; 23, 27 et 29 décembre.

1740. — Le 2 et le dimanche 28 mars ; 24, 29 et 30 avril. Cette dernière date coïncide avec la revue des gardes françaises dans la plaine des Sablons.

1741. — Jeudi 19 janvier ; 8 et 16 mai.

1742. — Jeudi 29 avril ; mardi 13 août ; mercredi 3 octobre.

On remarquera que c'est le temps des amours du roi avec les demoiselles de Nesle. C'est un peu le sujet de notre *Histoire de Madrid* et de notre *Histoire de Mlle de Charolais*, c'est pourquoi nous n'insistons pas ici.

D'Argenson, toujours un peu mordant, dit de Mme la maréchale d'Estrées à ce sujet : « La maréchale d'Estrées joue un prétendu grand rôle à Bagatelle, dans le même bois de Boulogne et en tire grande vanité »[1], et il la juge plus sévèrement encore en disant : « La maréchale d'Estrées servait aussi de complaisante au roi ; elle reçoit la cour et Mme de Mailly à Bagatelle et s'en tient fort honorée. »

Elle avait cédé déjà son logement de Versailles à la même dame de Mailly[2]. Ce logement, situé d'un côté sur la cour des Princes et de l'autre sur la rampe, était merveilleusement placé pour les petits soupers que le roi se plaisait à donner aux dames, ses complaisantes et ses maitresses.

On peut dire ainsi, que de 1737 à 1742, Bagatelle fut le temple d'amour de Louis XV. C'était le mystère, tandis qu'à Versailles et surtout à Marly c'était le vice étalé.

Mme la maréchale d'Estrées conserva la propriété de

---

1. *Journal et Mémoires du marquis d'Argenson*, Société de l'Hist. de France, t. II, p. 43.
2. *Mémoires du duc de Luynes*, t. VI, p. 346.

Bagatelle jusqu'à sa mort qui survint le 11 janvier 1745. Elle succombait à une fluxion de poitrine. Voici ce que dit le duc de Luynes : « Lundi dernier, Mme la maréchale d'Estrées mourut à 9 heures du matin à Paris ; elle avait plus de soixante ans ; elle était fille de Mme la maréchale de Noailles, qui vit encore ; elle n'a jamais eu d'enfants. C'était un caractère d'esprit léger et frivole ; elle avait voulu plusieurs fois se mettre dans la dévotion, et elle n'avait pas entièrement réussi dans ce projet ; elle était naturellement fort gaie et même plaisante, peu d'esprit, mais parlant de tout et de cent choses différentes tout de suite sans s'arrêter à aucune. Elle s'était appelée longtemps la marquise de Cœuvres et avait été dame du palais de Mme la duchesse de Bourgogne, qu'elle amusait beaucoup. Elle est morte fort chrétiennement ; elle n'a voulu voir personne de sa famille que le maréchal et le comte de Noailles. On la croyait hors d'affaire la surveille de sa mort[1]. »

Plus loin, le duc de Luynes dit simplement :[2] « L'enterrement de Mme la maréchale d'Estrées s'est fait hier (14 janvier) sans cérémonie ; c'est M. le maréchal de Noailles qui est son légataire universel. »

Celle qui s'était amusée à se jouer du chancelier d'Aguesseau — avec sa sagesse, il a donné dans le panneau ; il se laisse appeler : mon folichon...[3] — et qui avait quitté son amant le président Hénault pour prendre le comte de Roussillon, ce qui fit dire qu'elle avait fait « tout d'un coup un grand saut du Hainaut en Roussillon... »[4] n'avait pas craint, n'étant plus d'âge à faire tourner les têtes, de se faire la complaisante du Roi, et c'est ce qui lui valut la faveur dont Louis XV l'honora jusqu'à sa mort.

Telle fut la fin de la première période galante.

*
* *

Au mois de novembre 1838, on mettait un cercueil

---

1. *Mémoires du duc de Luynes*, à la date du mercredi 13 janvier 1745.
2. *Mémoires du duc de Luynes*, à la date du vendredi 15 janvier 1745.
3. *Journal de Mathieu Marais*, t. II, p. 238.
4. *Journal de Mathieu Marais*, t. II, p. 301.

de plomb à découvert, provenant des fouilles autorisées dans la cour d'une maison de la rue Cassette, sur l'emplacement de l'ancien couvent des filles du Saint-Sacrement. On croyait que c'était celui de la vénérable mère Mecthidde du Saint-Sacrement. Il renfermait, suivant son inscription, les restes de Lucie-Félicité de Noailles, morte en 1745. Le duc de Noailles la réclama et la fit porter à Maintenon, dans la sépulture de sa famille.

La maison où les recherches avaient lieu appartenait au grand peintre M. Hersent[1], qui ne les avait autorisées que sous condition d'une abondante aumône au profit des pauvres du quartier[2].

1. Hersent (Louis), né à Paris le 10 mars 1777, mort à Paris le 2 octobre 1860. Élève de Regnault. Membre de l'Académie des Beaux-Arts en 1823 et professeur à l'École. Deux de ses tableaux sont à Versailles et son *Narcisse changé en fleurs* (1802) est au musée de Cambrai.
2. *Inscriptions de la France*, Bibl. nat. n° 246, 43, 1 (dans la salle de travail de la Bibliothèque nationale).

Pl. I.

VUE DE LA FOLIE D'ARTOIS
État actuel, d'après une photographie.

CHAPITRE II

MICHEL-PHILIPPE LEVESQUE, SEIGNEUR DE GRAVELLE ET SA FAMILLE, BREVET DE DON DE LA JOUISSANCE DE BAGATELLE EN 1746

Le château de Bagatelle sans locataire passa entre les mains de Michel-Philippe Levesque de Gravelle, qui en obtint la jouissance au même titre que Mme la maréchale d'Estrées.

M. Levesque de Gravelle était conseiller au Parlement depuis le 22 mai 1720 et naturellement son nom paraît dans l'*Almanach royal* de 1721, comme attaché à la troisième Chambre des enquêtes, et demeurant rue Salle-au-Comte [1].

Sa nomination au Parlement, en l'obligeant à une plus grande représentation, le fit déménager et prendre un vaste appartement rue Saint-Magloire, où il resta jusqu'en 1729.

Les recherches auxquelles nous nous sommes livré afin de découvrir ce qu'était en réalité ce Levesque de Gravelle sont incalculables. Les renseignements que nous avons obtenus sont encore peu nombreux, mais nous espérons que les personnes éminentes qui liront cet ouvrage y trouveront grand intérêt.

Grâce aux quelques pièces que nous avons trouvées, nous pouvons suivre l'arbre généalogique de la famille de Levesque de Gravelle jusqu'au règne de Henri IV, et en voici les extraits qui nous sont nécessaires :

---

1. C'est au coin de la rue Salle-au-Comte et de la rue aux Ours que se trouvait l'image de Notre-Dame de la Carolle, cette vierge appelée ainsi à cause de sa danse très populaire au moyen âge qu'on y dansait les jours de fête. Voir Piganiol, t. III, p. 372, et t. IV, p. 23.
2. C'était une ferme qui appartenait vers 1550 à Gilles Deffroissez et que lui avait achetée Fiacre Rouvet, qui, avec son frère Jean, faisait le commerce de bois.

Jean Levesque, vendeur et cout... de poisson frais[1] et salé à Paris, paraît être né vers 1600. Il avait épousé Denise de Fossé, qui, née en 1601, mourut en mars 1683 et fut inhumée le 15 du même mois à Saint-Nicolas-des-Champs, sa paroisse, en présence de ses fils, Philippe et Denis Levesque.

Déjà, son fils aîné Philippe Levesque dirigeait l'importante maison de son père depuis 1674, et il est ainsi connu comme vendeur de poisson de mer. Quelque temps après la mort de sa mère, et la même année, il devint quartenier de la ville de Paris. Sa demeure était alors rue Comtesse-d'Artois.[2] C'est quelques années plus tard qu'il vendit son commerce de poisson frais et salé et que, possesseur d'une belle fortune, il chercha à entrer au Parlement. Déjà, Louis Levesque, son frère, était conseiller au Châtelet depuis 1683.

Philippe Levesque acheta l'office de conseiller secrétaire du roi, devint échevin de la ville de Paris et administrateur de l'hôpital des Incurables et de l'hôtel-Dieu ; puis, cherchant à se rapprocher de la noblesse, péché mignon de cette époque, il acheta la terre de Gravelle, le 6 octobre 1704, alors qu'il habitait, rue de la Tissanderie, paroisse Saint-Jean.

Tel le dit la minute du contrat de vente de cette terre[3] faite par la famille de Farivillières à Philippe Levesque, moyennant 120.000 livres[4].

1. Sa sœur Madeleine Levesque épousa Jacques Huby, huissier au Parlement dont le fils Louis Huby, avocat au Parlement, épousa à Saint-Nicolas-des-Champs, le 22 février 1691 (Madeleine Levesque était morte), Marie Chalmette, fille de Blaise Chalmette, marchand bourgeois de Paris, et de Marie Mignet.
2. C'est en 1410, que Jean sans Peur ajouta aux défenses déjà très fortes de son vaste hôtel de Bourgogne, « qui lui était échu huit ans auparavant dans le partage des biens de sa mère, Marguerite, cette bonne comtesse d'Artois dont l'extrémité de la rue Montorgueil garda si longtemps le nom ». Édouard Fournier. *Chroniques et Légendes des rues de Paris*. Paris, Dentu, 1893, p. 90.
3. Voir l'acte de vente de cette terre, appendice nº IV.
4. Bibl. nat. mss. pièces originales, 1705, p. 171. Voir cette pièce appendice nº 4. Cette pièce est suivie de deux quittances : dans la première, du 26 janvier 1707, on voit que Messire Pierre Philippe Levesque de Gravelle habite rue Salle-aux-Comptes, paroisse Saint-Leu, ce qui corrobore l'*Almanach royal* de 1720 (mss. pièces originales 1705, p. 177), et l'autre est une quittance « passée par devant

Philippe Levesque mourut le 22 janvier 1706. En 1672, il avait épousé Marguerite Bazin, sœur de Toussaint-Simon Bazin, vendeur de marée et reçu échevin le 16 août 1693 ; veuve, Marguerite Bazin vendit l'office de secrétaire du roi, charge dans laquelle son mari était mort, à Jean-Baptiste de Tourneur, qui en fut pourvu le 20 février 1706.

La sœur de Philippe Levesque, Marguerite, avait suivi la ligne de conduite ambitieuse de son frère : elle avait épousé Pierre Guillois, conseiller du Roy, contrôleur des décimes du diocèse de Bayeux et greffier du dépôt civil du Châtelet à Paris. Ils eurent un fils, Claude Guillois, qui devint payeur de rentes et qui épousa à Saint-Nicolas-des-Champs, Marie-Françoise Havallet[1] ; et une fille, Geneviève-Michelle Guillois, dont nous parlerons plus loin.

Philippe Levesque[2] n'eut de son mariage qu'un fils. Pierre-Philippe Levesque, seigneur de Gravelle, de la Tour d'Auvers, de Vaugrigneuse et de Chafloup[3], substitut du procureur général de Paris, puis maître des

---

moy le 26 octobre 1719 étant ensuite d'un contrat de constitution du 26 juillet 1718 de 480 livres de rentes au principal de 12.000 livres par Messire Pierre Philippe Levesque, seigneur de Gravelle, maître des comptes et dame Geneviève-Michelle Guillois, son épouse sollid. au profit de Pierre Guignard de la Sollais, bourgeois de Paris... » Le château de Gravelle remarquable par ses eaux, ses canaux et ses jardins... proche du château de Gillevoisin qui appartint à Amyot, précepteur de Henri III et au président Brisson qui fut pendu pendant la Ligue. — était sur la paroisse d'Auvers-Saint-Georges, à 10 kilomètres d'Etampes. Voir une vue du château de Gravelle et quelques détails historiques dans l'ouvrage de M. Maxime Legrand, *Etampes pittoresque* ; 2ᵉ partie, II (1907), p. 888.

1. Pierre Guillois et sa femme assistèrent au mariage d'Antoine du Fayot, écuyer, seigneur de Cuisy, avec Marie-Anne Le Vennier, fille de François Le Vennier, chevalier, seigneur de la Grosselière et de feue Louise-Elysabeth Tallemant, qui eut lieu le 24 janvier 1672 à Saint-Nicolas-des-Champs.

2. Ce qui prouve que Pierre-Philippe acheta de nouvelles terres dont il devint seigneur.

3. Voir le testament de la dame veuve Levesque de Gravelle, Geneviève-Michelle Guillois, veuve de Messire Pierre-Philippe de Gravelle, demeurant à Paris, rue Sainte-Magloire, paroisse Saint-Gilles, qui institue son petit-fils M. de Gravelle légataire universel, à « l'exception néanmoins de tout mon mobilier qui se trouvera m'appartenir en telle nature qu'il soit, lequel sera partagé légalement avec Madame de Collandre sa sœur, à la charge de payer aussi chacun par moitié la dette du legs de ma succession ». Arch. nat. q. 58, f° 2.

comptes à Paris, après sa réception du 30 mai 1686, et l'un des conseillers de la Chambre de justice, créée par édit de mars 1716. Il mourut le 13 mai 1740, âgé de 83 ans (ce qui le fait naître en 1657), doyen des maîtres des comptes. Il avait épousé en premières noces... Marie-Elisabeth Huerne, morte le 9 septembre 1695, et inhumée à Saint-Nicolas-des-Champs le lendemain 10, âgée de 28 ans et un mois. Elle était fille de Philippe Huerne, auditeur des comptes à Paris, et sœur de Philippe Huerne, avocat. De leur premier mariage, il eut une fille, Marie-Geneviève, née le 26 décembre 1690, baptisée le 28 du même mois à Saint-Nicolas-des-Champs, et morte jeune. Pierre-Philippe Levesque se remaria le 30 septembre 1697, avec Geneviève-Michelle Guillois, sa cousine, fille de Michel Guillois[1], conseiller au Châtelet, ancien échevin de Paris, et de Catherine Doyneau. C'est de ce second mariage que naquit Michel-Philippe Levesque, qui acheta Bagatelle en 1746.

Michel-Philippe Levesque, seigneur de Gravelle, Vaugrigneuse[1] et Grignouville, resta fils unique, fut reçu conseiller au Parlement de Paris à la 3e Chambre des enquêtes, le 22 mai 1720. Il épousa, le 15 février 1729, Marie-Barthelemie Thoynard, fille aînée de Thoynard, fermier général. De ce mariage naquit, Philippe-Barthélemy Levesque, dit de Saint-Félix, le 5 juin 1731, et N... Levesque, née le 4 janvier 1735, baptisée à Saint-Roch, le 10 du même mois, qui épousa le marquis de Collandre.

En 1739, Michel-Philippe Levesque quitta sa demeure de la rue Saint-Magloire pour venir habiter rue Neuve-Saint-Eustache. Il garda cette demeure jusqu'en 1747, et ne la quitta que pour venir loger derrière Saint-Leu, rue Neuve-Saint-Magloire[2], où il mourut en 1752.

A cette époque, où chacun faisait ses efforts pour se rapprocher des nobles, afin d'être moins écrasé par eux, on comprend très bien la vanité de Michel Le-

---

1. Vaugrigneuse. Ile de France, à 31 kilomètres de Rambouillet, canton de Limours.
2. Sur la situation de ces rues, nous recommandons entre autres l'atlas de Dulaure, de 1823.

vesque deux fois noble : noble de robe et noble de fief.

On sait que les conseillers au Parlement étaient tenus notoirement pour nobles en vertu de leurs offices « ores qu'il n'y en ay aucun Edict que ie sache »[1]. Pourtant Louis XIII donna un arrêt en 1546 afin de tenir les conseillers au Parlement pour nobles, et Louis XIV par édits de novembre 1640 et de juillet 1644, confirma la noblesse du Parlement.

Ce poste de conseiller était des plus recherchés. Les conseillers jouissaient du ban et arrière-ban, du logement des gens de guerre et de la suite du roi, etc. Ils avaient droit d'indust et de franc-salé, portaient la robe rouge et le chaperon herminé dans les cérémonies[2].

Il était enfin noble de fief, puisque dans l'*Armorial général*[3] nous lui trouvons ses armes : Paris, Gâtinais. Coupé : au 1 d'azur à une grue d'argent avec sa vigilance d'or ; au 2 d'argent à trois cœurs de gueule, enflammée de même.

Voici le brevet de jouissance de Bagatelle que lui donna le roi :

Brevet qui accorde au sieur Levesque de Gravelle la jouissance d'un logement appelé Bagatelle, scis près d'une des portes du bois du Boulogne.

Aujourd'hui 6 juin 1746, le roy étant à Auvers s'est fait représenter son brevet du 17 aoust 1720 par lequel Sa Majesté aurait agréé la cession faite au sieur maréchal duc d'Estrées et à la dame son épouse par les sieur et dame Bellanger de la jouissance leur vie durant d'un logement apellé Bagatelle scis près une des portes du bois de Boulogne entre le château de Madrid et la porte de Longchamp et de cours et jardins en dépendant, lequel logement étant vacant par le décez du sieur maréchal duc d'Estrées et de la dame son épouse se trou-

---

1. *Cinq livres du Droit des offices*, par Charles Loyseau, parisien. A Paris, chez Anthoine de Sommaville, au Palais, en la gallerie des Prisonniers, M. DC. XX, chap. IX, p. 131.
2. *Répertoire universel et raisonné de jurisprudence civil, criminelle, canonique*. Ouvrage de plusieurs jurisconsultes mis en ordre
   M. Guyot, écuyer, ancien magistrat. A Paris, chez Visse, libraire, rue de la Harpe, près de la rue Serpente. M. DCC. LXXXIV, t. IV. Voir au mot Conseiller.
3. *Armorial général*, J.-B. Rietstap, t. I, p. 634.

vant réversible au sieur marquis de Beringhen comme gouverneur du château de Madrid et capitaine des dits parcs, le d¹ sieur de Beringhen aurait cédé et transporté le dit logement cours, jardins et dépendances cy-devant désignés et dont ont joui le d¹ sʳ maréchal duc d'Estrées et la dᵉ son épouse au sieur Levesque de Gravelle, conseiller au Parlement de Paris, pourquoy il aurait suplié Sa Majesté d'agréer cette cession et transport et en conséquence aurait consenti par acte signé de Luy et y attaché un nouveau brevet qui fut accordé par Sa Majesté au dit sieur Levesque de Gravelle pour jouir sa vie durant du dit logement.... sans néanmoins que luy et son décès arrivant son épouse, enfans ou héritiers puissent prétendre aucun remboursement, lequel cas arrivant le dit marquis de Beringhen ou ses successeurs en la capitainerie rentreront en possession des dits logements...

Bagatelle ne resta en possession de Levesque de Gravelle que du 6 juin 1745 au 28 may 1747 et n'y laissa aucun souvenir. Comme nous l'avons dit précédemment, Michel Levesque mourut en 1752 et voici le billet de part qui fut envoyé à ses parents et à ses amis[1].

« Vous êtes priés d'assister au convoi et enterrement de Messire Michel-Philippe Levesques, conseiller au Parlement, seigneur de Gravelle, décédé en son hôtel, rue Saint-Magloire : qui se fera ce aujourd'hui, mardi vingt-cinq janvier 1752, à six heures du soir, en l'église de Saint-Leu-Saint-Gilles, sa paroisse, où il sera inhumé.

« Un *De profundis.*

« De la part de Monsieur Levesque de Saint-Félix, son fils, et de M. le marquis de Collandre, son gendre. »

[5]. Bibl. nat. mss. pièces originales 1705, p. 198.

CHAPITRE III

MADAME DE MONCONSEIL A BAGATELLE

Pourquoi Mme de Monconseil vint à Bagatelle. — Brevet de jouissance de Bagatelle donné par le Roi. — Nouveau don de terres. — La famille de Mme de Monconseil. — Son mariage. — Le marquis de Monconseil. — Une lettre de Mme du Deffand. — Conseils de Mme de Cursay à sa fille Mme de Monconseil. — La marquise éloigne son mari de Paris. — La carrière du marquis. — La marquise intrigue pour que son mari reste en Alsace. — Le frère et la sœur de Mme de Monconseil. — Mme de Monconseil est autorisée à monter dans les carrosses du Roi. — Première aventure : Louis XV et Mme de Robecq. — Mme de Monconseil et lord Chesterfield.

Amie de Mlle de Charolais et de la maréchale d'Estrées, et désireuse d'obtenir par des faveurs faciles une place importante, Mme de Monconseil chercha à se rapprocher de la Muette en louant au gouverneur du bois de Boulogne, M. de Beringhen, beau-frère de M. de Pezé, le pavillon de Bagatelle.

N'était-ce pas à la Muette que le Roi se rendait de préférence pour faire ses parties fines avec ses maîtresses ? N'avait-il pas fréquenté le Petit-Madrid, où le recevait Mlle de Charolais, et Bagatelle, où Mme la maréchale d'Estrées l'attendait lorsqu'il voulait s'écarter avec une des demoiselles de Nesle, ses courtisanes préférées ?

Elle fut donc trouver M. Levesque de Gravelle et obtint qu'il lui abandonnât l'usufruit de la propriété moyennant finances.

Sans porter à la médisance, nous croyons pouvoir affirmer que le roi ne fut pas étranger à la prise de possession de Bagatelle par Mme de Monconseil : la présence au pavillon d'un conseiller au Parlement devait gêner le roi dans ses galanteries, et l'amie de Mlle de Charolais, la jolie marquise, aimable, lettrée, était toute désignée pour occuper la petite maison de campagne du bois de Boulogne.

Le Roi, par brevet passé le 28 mai 1747, lui fit don de « la jouissance, sa vie durant, du logement appelé Bagatelle sis près d'une des portes du bois de Boulogne, entre le château de Madrid et la porte de Longchamp et des cours et jardins dépendant...[1] » Car M. Levesque de Gravelle avait cédé la propriété par acte passé entre eux le 26 mai 1747, par devant Baron et son confrère, notaires à Paris.

Quelques mois après[2], le Roi étant à Fontainebleau, fit à la marquise de Monconseil un nouveau don de « deux arpents, deux tiers d'arpents et quarante-trois toises trois quarts de toises superficielles de terrain attenant d'un côté au mur de clôture du bois de Boulogne servant de mur de face à la dite maison de Bagatelle et de mur de clôture à la basse-cour et au potager de la dite maison du côté de la prairie pour du tout en jouir par la dite dame marquise de Monconseil, sa vie durant, avec faculté, d'y faire telles impenses et améliorations que bon lui semblera, sans néanmoins qu'après son décès ses héritiers puissent prétendre à aucun remboursement, lequel cas arrivant, le marquis de Beringhen, capitaine des chasses, devait rentrer en possession des dits logements, cour et jardins en l'état où ils se trouveraient alors...[3] ».

Ce brevet fut enregistré au Conseil d'Etat le 12 novembre 1748[4].

Voici donc Mme de Monconseil en possession de la « petite maison de Bagatelle », comme la nomment les mémoires du temps.

---

1. Arch. nat. t. 471¹¹ et O¹ 91. p. 251. Voir aux appendices la pièce n° 5.
2. Enregistré au secrétariat du roi le 25 octobre 1748.
3. Arch. nat. t. 471¹¹ et O¹ 92 p. 408 ; « Nous Henry, Camille, marquis de Beringhen, certifions à M. le comte de Maurepas, ministre et secrétaire d'Etat, que Sa Majesté a accordé à la maison dite de Bagatelle située dans l'enceinte du bois de Boulogne une augmentation de terrain prise sur le dit bois pour en agrandir le jardin.... Fait à Paris, le 2 octobre 1748. » Voir appendices n° 6.
4. Arch. nat. t. 471¹¹. Voir aux appendices le n° 7.

*

Il nous a paru intéressant de donner ici quelques renseignements sur la famille de Cursay[1] et sur la famille de Monconseil.

Cécile Thérèse Rioult de Cursay était la fille aînée de Séraphin Rioult de d'Ouilly, seigneur comte de Cursay, lieutenant du Roi en la province et gouvernement du Haut-Poitou, et ci-devant colonel d'un régiment d'infanterie, et de Catherine-Thérèse-Elisabeth-Améline Blondot[2], dont le mariage avait eu lieu en janvier 1704.

Séraphin Rioult de d'Ouilly avait eu pour père Pierre Rioult, seigneur de d'Ouilly[3], d'Estony et de Cursay, secrétaire du roi et receveur général des finances de la généralité de Poitiers, qui mourut le 20 septembre 1685 ; et pour mère, Marie Mestayer, veuve en secondes noces de François de l'Hospital, gouverneur et lieutenant général pour le roi, des ville, pays, comté et évêché de Toul, qui mourut le 5 mars 1725[4].

A la mort de Marie Mestayer il y avait cinq héritiers[5] :

1° Pierre Rioult d'Estony[6], seigneur de Cursay et autres lieux, fils aîné et principal héritier de Marie Mestayer, veuve de François, marquis de l'Hospital, et auparavant veuve de Pierre Rioult, seigneur d'Ouilly, Estony, Cursay et autres lieux, demeurant rue Sainte-Anne à Paris.

2° Séraphin Rioult de Cursay, lieutenant du roi en Poitou, légataire universel de la dite dame de l'Hospital sa mère, demeurant rue des Petits-Champs à Paris.

---

1. Le Cursay était une seigneurie, qui comportait quatre-vingts fiefs, et sur laquelle la famille Rioult avait haute, moyenne et basse justice. Les armes de Cursay sont d'argent, à l'aigle éployée de sable, à la bordure engrelée de sable.

2. Elle était fille de François Blondot, commissaire ordinaire de la marine, et de Cécile de Veret.

3. *Dict. de la noblesse*, par la Chenaye-Desbois et Badier.

4. Arch. nat. t. 206[6].

5. En ouvrant l'*Almanach royal*, on trouve un Rioult de Douilly maître des requêtes, habitant rue des Bons-Enfants au petit hôtel de la Vrillière (année 1706 ; p. 52).

6. Et un Rioult d'Estony, conseiller du roi, demeurant rue Sainte-Anne, près Saint-Roch (id. ; p. 65).

3° Marie Rioult d'Ouilly, veuve de Jean-Baptiste-Berthelot de Sechelles, receveur général des finances de Montauban, demeurant rue du Croissant, paroisse Saint-Eustache, à Paris.

4° Agnès Rioult d'Ouilly, veuve d'Etienne Berthelot de Pléneuf, directeur général de l'artillerie de France, demeurant rue Saint-Marc, paroisse Saint-Eustache, à Paris.

5° Louis Negret de la Ravoye, colonel du régiment de Ponthieu, et dame Marguerite-Thérèze Ambong, son épouse, auparavant veuve de Jacques-Dominique de Gourges, conseiller du Roi honoraire, héritier de la marquise de l'Hospital, son ayeule maternelle, demeurant rue de la Perle, paroisse Saint-Germain, à Paris.

BARONS DE BAYE. — Sortent de la branche des seigneurs et comtes de Saint-Laurent, dont l'auteur est François Berthelot, 1er du nom, né en 1626, second fils de Simon et Catherine Germain. Il mourut le 3 février 1712.

Il avait été marié :

1° à Catherine Bacquereau (en avril 1656) ;

2° à Anne Renault de Duchy.

Ne nous occupant spécialement que du second lit, il eut en outre

1° Etienne ;

2° Louis-Henri.

Qui suivent :

Etienne Berthelot, né en 1663, fut seigneur de *Pleneuf*, de *Baye* et de Villevenard, et ancien directeur général de l'artillerie de France. Il mourut en 1727.

Il fut marié :

1° à Marie-Henriette-Françoise Galland ;

2° à Agnès Rioult d'Ouilly de Cursay.

Tableau n° I

Pierre RIOULT de DOUILLY
Seigneurs d'Estony, comtes de Cursay
et autres lieux
(né le   † le 20 septembre 1685)
Marié à Marie Meslayer
(née le   † 5 mars 1725)

- **Pierre Rioult d'Estony** (né vers 1674 † le   ) marié à   (née le   † le   )

- **Séraphin Rioult de Douilly** (né vers 1676 † le 24 juillet 1738) marié à Catherine-Thérèse-Elisabeth-Ameline Blondot en janvier 1704 (née le   † le 3 janvier 1753)
  (Voir le n° II)

- **Madeleine Angélique** (née le   † le   ) mariée le 13 février 1730 à Thomas-Jacques-François Charpentier d'Ennery

- **Marie** (née le   † le   ) mariée le   à Jean-Baptiste Berthelot de Séchelles
  Morts sans enfants

- **Agnès** (née le 1781 † le 1759) mariée le   à Etienne Berthelot de Pleneuf, baron de Baye (né le 1663 † le 1727)
  (Voir le n° IV)

Tableau n° II

Séraphin RIOULT de DOUILLY

- **Séraphin-Marie de Cursay** qui commanda en Corse (né le   † 27 mai 1756)

- **Cécile-Thérèse** (née le 1707 † le 1787) mariée le 16 novembre 1723 à Etienne-Louis Guinot, marquis de Monconseil (né le 1696 † le novembre 1782)
  (Voir le n° III)
  - Anne mariée à Daniel Dubois
  - Henriette-Diane mariée à Jean de Roquart seigneur de Planches

- **N... de Cursay** (née le   † le   ) mariée à François dit Francillon de Polignac

- **Cécile-Elisabeth** (née le juillet 1714 † le   ) mariée à François Berthelot de Baye son cousin germain

- **Julie** religieuse à S¹-Amand en Auvergne

TABLEAU N° III — CÉCILE-THÉRÈSE RIOULT DE CURSAY

- N... fils mort en bas âge

- Cécile-Marguerite-Séraphine
  (née le   1733 † le   )
  mariée par contrat le 22 mars 1755
  célébration le 24 mars suivant
  à Jean-Frédéric de la Tour Paulin,
  comte de la Tour du Pin, seigneur
  de Gouvernet
  (né le 22 mars 1727 † le   1793)
  veuf de Marie-Anne-Thérèse
  Billet de Marson
  (née le   1730 † le 9 avril 1754)

  - Cécile-Suzanne
    (née le   1756
    † le   )
    mariée le   1776
    à Augustin-Louis-Charles
    comte de Lameth

  - N... de Gouvernet
    (né le   1759
    † le   )

- Adélaïde-Félicité-Henriette
  baptisée à Saint-Sulpice le 10 avril 1750
  mariée le   1756
  à Charles-Alexandre-Marc-Marcellin
  d'Alsace Liétard Chimay, prince d'Hénin
  (né le 17 juin 1744 † le   1793)

TABLEAU N° IV — AGNÈS

François Berthelot (né le 29 août 1703) † le — marié par contrat du 26 avril 1740 à Cécile-Élisabeth Rioult Douilly de Cursay (née le — juillet 1714) † le — sa cousine germaine (Voir le n° V)

Enfants :

- **Étienne-Louis Alexandre** (né le — 1707) † le — marié en juin 1739 à Marie-Anne-Louise-Charlotte de Compagnot (sans postérité)
- **Étienne IIme** (né le 1er avril 1720) † le —
- **Agnès** (né en 1698) † le 7 octobre 1727, marié le — 1714 à N... marquis de Prie
- **Henriette** (née le — 1711) † le — mariée le — 1732 à Henri-Marie Baudouin (Voir le n° VI)
- **N...** (née en 1705) † religieuse au monastère de Notre-Dame de Bon Secours

TABLEAU N° V — FRANÇOIS BERTHELOT

- **Alexandre-Étienne-Hippolyte** (né le 4 novembre 1735) † le — colonel de dragons, non marié
- **Agnès-Victoire** (née le 24 octobre 1741) † le — mariée le 1er mai 1757, à Nicolas François, comte de Berchény (né le 26 novembre 1736) † le — eurent 2 enfants morts en b. âge
- **Cécile-Adélaïde** (née le 15 septembre 1744) † le — mariée par contrat du 20 avril 1762 à René-Louis, marquis de Girardin, vicomte d'Ermenonville (dont cinq enfants)
- **Adélaïde-Sophie** (née le 15 septembre 1749) † le — mariée par contrat du 20 mars 1767 à Louis-Catherine marquis le Loras (dont deux enfants)

TABLEAU N° VI — HENRIETTE I

Armand-Henri Baudouin seigneur de Guémadenc marié à N... Derlincourt, fille du fermier général

- **Amélie-Armande** mariée en 1760 à Jacques-André Cosne de Bretagne (dont cinq enfants)
- **Françoise-Louise-Renée** mariée en 1760 à Joseph-Michel de Cœur-de-Roi, premier président de la cour de Lorraine (dont quatre filles)

Cécile de Cursay épousa, huit mois après la mort de sa grand'mère paternelle, c'est-à-dire le 20 novembre 1725, le marquis Louis-Etienne-Antoine Guinot de Monconseil[1].

Le futur apportait au contrat un régiment de son nom[2], 15.000 livres de meubles, « 216 marcs de vaiselle d'argent », 20 actions de la Compagnie des Indes, et enfin, pour obtenir ses provisions à la charge d'introducteur des ambassadeurs dont il avait l'agrément et s'y faire recevoir, ce qui l'obligeait à payer à la succession de M. de Meslay 150.000 livres pour brevet de retenue, il était stipulé au contrat « qu'il sera obligé d'emprunter, et que les prêteurs auront une préférence sur les droits de la femme ».

La future recevait de sa famille : une maison rue des Jeûneurs à Paris, estimée 75.000 livres ; une maison rue Neuve-des-Petits-Champs à Paris, estimée 25.000 livres ; 20.000 livres à prendre sur la succession paternelle ; et en plus 2.000 livres par an pendant cinq ans pour sa nourriture, soit 10.000 livres ; il était stipulé en outre une mise en communauté de 20.000 livres, un douaire de 3.000 livres en cas d'enfants, l'habitation dans le château de Tesson meublé convenablement, avec la faculté de reprendre en renonçant[3].

La cérémonie religieuse eut lieu au château de Belebat, appartenant aux descendants de M. Berthelot de Duchy, oncle de la célèbre Mme de Prie, et parents par alliance aux Rioult.

Parmi les personnes qui furent présentes et signèrent

---

1. Dans les archives départementales de la Charente-Inférieure, Bibl. nat. 171, I bis, p. 313, juridiction de la baronnie de Rioux, on lit : Provisions de Pierre Gautret, greffier des juridictions de Guignot et chatellenie de Rioux, par haut et puissant seigneur, marquis de Guignot de Monconseil, lieutenant général des armées du Roi, inspecteur général de ses troupes, commandant de Colmar en Alsace, seigneur, marquis de Guignot, Tesson, Courcoucy, Thenac, Rioux et autres places, signées, le 5 mars 1774. Monconseil, et scellées du sceau de ses armes « d'azur à 3 pals d'argent au pied fiché et alézé ; au chef d'azur soutenu d'argent, chargé de 3 étoiles aussi d'argent. »

2. Ce régiment devint le régiment de Lastic.

3. Arch. nat., t. 206^{1-3}. Ce contrat de mariage, 13 pages sur parchemin, portant le timbre de la généralité de Paris, porte les dates des 12 et 17 novembre 1725.

l'acte de mariage, on peut citer : le duc d'Antin, fondé de procuration de Marguerite Ferrand, mère de M. Guinot de Monconseil ; M. de Breteuil, fondé de procuration de M. de Curzé, père de la contractante ; M. Mondot de Cursay ; M. Fleuriot de Nouilly ; MM. Berthelot *depuy* et Berthelot de Baye ; M. Sourdes de Chabaner ; le duc Mazarin, Hercule de Rohan, Hubert, comte de la Feuillade, d'Autray, et même M. de Voltaire[1].

Ce fut Sanson, curé de Courdimanche[2], qui les bénit.

M. Gailly de Taurines[3], qui raconte fort joliment ce mariage ajoute : « Une union parfaite ne régnait pas dans la famille de la mariée. M. de Cursay, son père, pour ne pas se trouver en présence de sa femme, avait cru devoir s'abstenir de paraître au mariage, et avait envoyé par procuration son consentement. » — Quoi ! le père de la mariée n'est pas ici ? demandait quelqu'un avec étonnement. — Non, répondit un ami de la famille, mieux au fait de la situation, il est parent de trop loin[4].

Etienne Guinot[5], marquis de Monconseil, avait été page du roi en 1707, puis mousquetaire en 1713. Nommé enseigne au régiment des gardes françaises le 31 mai 1717, il fut promu lieutenant au même régiment le 9 novembre suivant. Il avait son régiment depuis le 1er février 1723, date de sa commission.

On raconte[6] que la rapidité de sa carrière tenait à ce qu'un jour, alors qu'il était page de Louis XIV, il avait failli brûler la perruque du roi avec le flambeau que sa charge lui donnait l'honneur de porter. Et qu'il n'avait qu'une passion, le jeu à la mode, le biribi, qui lui avait valu le surnom de Royal-Biribi[7].

---

1. Le *Nouveau Dialogue des morts*, p. 181. Voir cet acte de mariage, appendice n° 9.
2. Commune de Courdimanche, évêché de Sens.
3. *Aventuriers et Femmes de qualité*, Hachette, 1907.
4. Mathieu Marais, t. III, p. 377. lettre du 13 décembre 1725, n° XLII, dit : « Mlle de Cursay épouse M. de Monconseil, qui est grand veneur du roi Stanislas, et sa femme sera dame d'honneur de la reine : les médisants disent que M. de Cursay n'est point de la noce parce qu'il est parent trop éloigné, c'est une épigramme. »
5. Voir au sujet de sa famille, appendices n° 8.
6. *Vie de la princesse de Poix*, par Mme la vicomtesse de Noailles, in-18, 1855, Paris, p. 26-28.
7. *Œuvres de Voltaire*, éd. Garnier, t. II, p. 279, note.

La jeune épousée avait un autre caractère. Sa mère, plus connue sous le nom de « la belle Mme de Cursay »[1] lui avait appris le jeu des intrigues de cour, nécessaire pour y faire son chemin.

Mme du Deffand, dans sa jolie lettre à Horace Walpole du 23 mars 1777, qui commence par ce vers :

Je t'ai comblé d'ennuis, je t'en veux accabler[2]

parle d'une correspondance suivie entre Mme de Monconseil et Milord Chesterfield, et, sans insister, ajoute : « M. de Cursay, père de Mme Monconseil, était gentilhomme, frère de Mme de Pleneuf, laquelle était mère de Mme de Prie. Je ne me souviens pas aujourd'hui quel était le nom de Mme de Cursay ; elle était certainement peu de chose ; elle avait de la beauté, beaucoup d'impudence et d'intrigue ; elle avait été entretenue par un nommé Auguerre[3], qu'elle ruina, qui se retira à Saint-Germain, et devint amoureux de la Desmare, comédienne, qui le fit subsister et qu'il épousa. Je prétendais qu'on avait dans sa cuiller le portrait de Mme de Cursay et de Mme de Monconseil ; de la première en se regardant dans le large, et de la seconde, en la prenant de l'autre sens. »

Le mot est piquant, car Mme de Monconseil était fort maigre et peu attrayante de corps, mais sa mère veillait et lui meublait l'esprit.

D'Argenson se charge de nous renseigner sur les premiers pas qu'elle fit dans le monde :

M. le garde des sceaux Chauvelin a eu les bonnes grâces de Mme de Monconseil au commencement de son ministère ; il ne lui est pas aisé d'avoir des entrevues secrètes avec des

---

1. Elle mourut le 3 janvier 1753.
2. Je t'ai comblé de biens, je t'en veux accabler. *Corresp. comp. de Mme du Deffand* ; éd. Plon, 1865, p. 395-396.
3. M. Hoguers, le fameux banquier suisse très connu dans l'histoire du temps. Il est fait allusion de ces relations dans un couplet de l'année 1713, placé dans la bouche de Mlle Maugis, danseuse de l'Opéra, qui avait adopté la même livrée que la galante comtesse :

Pourquoi vous scandalisez-vous,
Cursais, de ma livrée ?
. . . .
Un duc habille mes laquais.
Un suisse a soin des vôtres.

Pl. II.

VUE DU TRIANON DE BAGATELLE
État actuel, d'après une photographie.

femmes, car il couche toujours dans le lit conjugal, et tout le jour il est à son bureau à travailler. Cependant il se fait enfermer le soir quand l'audience est retirée, et on le croit occupé à dépêcher quelque courrier pressé. Il n'a eu de la Monconseil que quelques petites menues faveurs. Savoir pourquoi il s'en est tenu là est une question à éclaircir. On a remarqué qu'il aime les grandes femmes sèches et allongées ; il aime beaucoup sa femme pour cette raison, et, dans le même principe, il a eu une longue passion pour la comtesse de Chamillard. Je sais, de femmes qui ont été à son audience, qu'il a coutume de leur relever le gant pour baiser le bras. Un de mes amis a vu de ses lettres d'amour à la Monconseil ; il m'a dit qu'elles n'étaient pas sur le bon ton. Les grands ministres sont pédants en amour. Le cardinal de Retz, dans ses Mémoires, tance beaucoup de cela le cardinal de Richelieu.

La Monconseil ne voulait pas se rendre à M. le Garde des sceaux ; sa mère Mme de Cursay, et Brossoré, l'amant de la dite dame de Cursay, l'ont persécutée et menacée de l'envoyer en Périgord si elle ne faisait bien les choses ; à la fin elle a obéi. Ce Brossoré est un méchant homme, capable de noirceurs, donneur de grands dîners et crevailles ; au fond peu d'esprit, mais fort instruit des intrigues de la cour [1].

En vérité, évitant l'exil, sans pour cela faire crier au scandale, Mme de Monconseil sut s'arranger de façon à être et à ne pas être. Elle s'était du reste débarrassée de son mari, épris des armes et de la guerre, de la façon la plus naturelle, c'est-à-dire en favorisant ses goûts.

A peine marié, le marquis commanda, en effet, son régiment au camp de la Saône du 27 août au 26 septembre 1727, au siège de Gerra-d'Adda, de Pizzighitone, du château de Milan en 1733, de Novare, des villes et château de Tortone, puis à la bataille de Parme, à celle de Guastale, au siège de la Mirandole en 1734. Pendant le siège de cette dernière place, il fut détaché à Révéré pour observer les ennemis qu'il fit attaquer par le chevalier de Trets ; obligé de céder au nombre, il se replia sur M. de Maillebois, qui leva le siège de la Mirandole.

Malgré cet échec, il obtint le grade de brigadier le 18 octobre 1734.

1. *Journal et Mémoires du marquis d'Argenson*, éd. de la Société de l'Histoire de France, t. I, p. 149, en janvier 1733.

L'année suivante, nommé inspecteur général d'infanterie par commission du 20 janvier 1735, il continua de servir à l'armée d'Italie, concourut à la prise de Gonzague, de Reggiolo, de Révéré et ne rentra en France avec son régiment qu'au mois d'octobre 1736.

De cette époque, jusqu'à la fin de l'année 1742, il resta tant à Paris[1] qu'en Saintonge, s'occupant spécialement d'augmenter son crédit à la cour et d'arrondir son domaine en terres. Il cherchait surtout à vendre son régiment et à être nommé maréchal de camp. M. le duc de Luynes, dans ses Mémoires, rapporte ces faits à la date du mardi 28 août 1742 : « Il y a quelques jours que l'on sait que M. de Monconseil a la permission de vendre son régiment ; c'est un régiment d'infanterie de 40.000 livres. C'est M. de Tresnel, petit-fils de M. Leblanc qui en a obtenu l'agrément ; mais on a fait entendre d'ici à Mme de Tresnel qu'il fallait le payer beaucoup plus cher que la taxe ; elle le paye effectivement 75.000 livres. M. de Monconseil a été page du Roi et depuis introducteur des ambassadeurs. Il est brigadier et inspecteur d'infanterie ; on lui conserve son rang et sa charge ; il demeure dans le service avec promesse d'être avancé à son tour. »

En effet, il reçut ses lettres d'emploi en Languedoc le 1er octobre 1742, et fut nommé maréchal de camp par brevet du 20 février 1743. C'est alors que la vente de son régiment fut définitivement conclue. Le 1er août de la même année, il rejoignit l'armée de la Haute-Alsace commandée par le maréchal de Coigny, concourut à la défaite de 3.000 ennemis qui avaient passé le Rhin dans l'île de Reignac, et fut appelé à Strasbourg par lettres du 1er novembre. Il y passa l'hiver 1743-1744.

Le 1er avril 1744, il fut employé à l'armée du Rhin, commandée par le maréchal de Coigny, concourut à la reprise de Wissembourg et des lignes de la « Loutre », se trouva à l'affaire d'« Augunum », passa le Rhin le 29 août sous les ordres du marquis de Clermont-Tonnerre, servit

---

1. Il habitait à Paris, rue Neuve-des-Petits-Champs, et, en octobre 1740, cour des Princes, au château des Tuileries.

au siège et à la prise de Fribourg, et fut employé en Souabe par lettres du 1er novembre, sous les ordres du maréchal de Coigny.

Le 1er avril 1745, il fut appelé à l'armée du Bas-Rhin sous les ordres du prince de Conti, qui resta sur la défensive jusqu'au 1er mai 1746 ; il concourut cette même année aux sièges de Mons et de Charleroi. Réuni à l'armée commandée par le maréchal de Saxe, il couvrit le siège de Namur, combattit à Raucoux et commanda pendant l'hiver à Huningue par lettres du 1er novembre 1746[1].

C'est à cette époque que la marquise de Monconseil devenait châtelaine de Bagatelle, et le marquis était nommé lieutenant-général des armées du roi par pouvoir du 1er janvier 1748.

La marquise n'était pas étrangère à cette nomination. Elle était très occupée alors à devenir la complaisante de Louis XV et à nouer des relations entre le Roi et Mme de Robecq. Le marquis était donc en Alsace par lettres du 1er novembre 1749 et y commanda jusqu'au 13 janvier 1751, jour où il cessa d'y être employé en qualité de lieutenant-général. Il allait revenir à Paris et jeter probablement le trouble dans la vie aimable et toute d'intrigues que la marquise s'était faite dans sa petite maison du bois de Boulogne. Elle écrivit aussitôt au ministre de la guerre lettres sur lettres, dont voici la dernière[2] :

Ce samedi 14 janvier 1751.

Écoutez, monsieur, j'ai une grande consultation à vous faire. Premièrement lisez la lettre ci-jointe, c'est la copie d'une que mon mari a écrite à M. d'Argenson et qui me paraît d'autant plus raisonnable qu'il semblerait (à ce qu'il me marque) par son ordre, que son commandement fut borné à Colmar et

---

1. *Ministère de la guerre et Chronologie historique militaire*, tirée sur les originaux par M. Pinard, commis au bureau de la guerre, t. IV, p. 369.
2. Arch. adm. de la guerre. Il y a eu note de la main de Mme de Monconseil pour affirmer son désir : « Obtenir le commandement de Colmar et rester toute l'année employé sur la frontière depuis Colmar jusqu'à Huningue. » Voir aussi les *Mémoires du duc de Luynes*, à la date du 29 janvier 1751. t. XI, p. 12.

à la ville et forteresse d'Huningue[1]. Où est l'inconvénient que son commandement ait la même étendue que ci-devant[2]. S'il y a moyen de rendre la chose encore plus cimentée par une lettre, rêvez-y, et ne laissez échapper aucun expédient qui rende cet objet aussi stable pour toujours que l'est le reste. C'est, monsieur, ce que j'exige de votre amitié avec toute la force possible et sur quoi je vous demande une réponse positive, prompte et détaillée, et même si vous pensiez qu'il me reste quelques démarches à faire à cet égard, je vous prie de me l'indiquer. Je ne vous commettrai assurément pas, mais je vous prie de me conduire en tout point...

La réponse à cette lettre, datée du 15 janvier 1751, lui annonçait le bon du Roi par commission du 14 janvier, et M. de Monconseil resta en Alsace[3] jusqu'au moment où il fut envoyé en qualité de lieutenant-général au camp de Gray, sous les ordres du maréchal duc de Randan (lettres du 13 juin 1753). Puis on lui donna le commandement en chef de la Haute-Alsace par commission du 9 septembre 1761. Il y commandait encore sous les ordres du maréchal de Contades en janvier 1762, puis il se retira en Saintonge dans son château de Guinot[4].

*
* *

Pendant ce temps Mme de Monconseil avait été présentée à la cour[5], et plus tard obtint même la permission de monter dans les carrosses de la Reine.

« J'ai[6] appris aujourd'hui que Mme de Monconseil (Curzay) a obtenu la permission de monter dans les carrosses de la Reine. Ce n'est que depuis deux jours que

---

1. La demande de Mme de Monconseil avait donc déjà abouti en partie, et le marquis ne semble pas avoir beaucoup insisté pour quitter le service.
2. Elle ne trouve pas les réponses faites à ses lettres assez explicites.
3. Il y fut très occupé d'une lutte qu'il soutint contre les autorités civiles du pays qui lui disputaient un siège d'honneur dans la cathédrale de Colmar. Voir *la France sous Louis XV*, par Jobez, t. IV, p. 379. Ses biens en Alsace lui rapportaient 14.000 livres par an.
4. M. de Monconseil avait en Alsace deux petites maisons qu'il avait dénommées : la Favorite et Bagatelle.
5. *Mémoires du duc de Luynes*, vendredi 5 juin 1739 et t. X, p. 229.
6. *Id.*, t. X, p. 233.

la Reine en a parlé au Roi, et il n'y a pas encore eu d'occasion pour qu'elle pût jouir de cet honneur ; elle a déjà celui de manger avec la Reine : je dois l'avoir marqué dans le temps, mais on sait que monter dans les carrosses est plus difficile à obtenir que manger avec S. M. ».

Ayant suivi la cour à Compiègne en juillet 1755, Mme de Monconseil put profiter de l'honneur qu'on lui avait donné. Le samedi 26 juillet, la Reine décida d'aller à l'importante abbaye de Bernardins d'Ourscamps, dont le nom se prononçait Orcamp, et le duc de Luynes le relate dans ses Mémoires[1].

« Nous partons à trois heures pour Ourscamps. Mesdames vont avec la reine et je n'en serai pas plus à mon aise parce qu'il faudra être à la portière. Dans le second carrosse, il y aura Mme de Villars et Mme de Tessé, Mmes de Flavacourt et de Périgord, de semaine, Mmes de Monconseil et de Mérinville qui ont demandé avec instance de profiter de l'occasion de monter dans les carrosses, n'y ayant point encore été. La Reine a demandé à Mme Adélaïde de se charger de Mme de la Tour du Pin ; cela fera le même effet que si elle allait dans les carrosses de la Reine. Mesdames pourront la mener à la chasse tant qu'elles voudront. »

Nous terminerons ce paragraphe en rappelant que le frère de Mme de Monconseil, M. de Cursay, commanda en Corse, eut toutes sortes de difficultés avec son commandement et fut arrêté par ordre du roi par M. de Courcy ; dans les circonstances suivantes :

M. de Cursay avait indisposé le gouvernement français par son obstination à affirmer qu'il avait amené les Corses[2] à la soumission envers la république de Gênes, lorsqu'il était constant, au contraire, qu'ils avaient refusé, dans la consulte de Valle-Rustie, le règlement envoyé par la France. Pour ce motif, et aussi sur les plaintes du marquis de Grimaldi, commissaire général des Génois en Corse, le ministre ordonna l'arrestation de M. de Cursay et confia l'exécution de cet ordre à M. Chauve-

---

1. *Mémoires du duc de Luynes*, à la date du samedi 26 juillet 1755, Compiègne, t. XIV, p. 209.
2. Ce commandement lui rapportait 80.000 livres.

lin. Celui-ci, à cet effet, envoya secrètement un officier à M. de Courcy, colonel du régiment de Tournaisis, pourqu'il eût à prendre le commandement à la place de M. de Cursay et à s'assurer de la personne de ce dernier. M. de Courcy qui se trouvait alors à Corte, se rendit à Bastia dans le plus grand mystère, y arriva à l'improviste le 9 décembre au milieu de la nuit, arrêta le général et le fit partir pour la France. M. de Cursay débarqua à Antibes le 30 décembre, et il fut enfermé dans le Fort-Carré, où il subit d'abord une captivité très rigoureuse, jusqu'à avoir, dans sa chambre même, des sentinelles avec la baïonnette au bout du fusil. Mais cette sévérité dura peu, et le 19 janvier 1753 le prisonnier fut transféré dans la citadelle de Montpellier. Les charges qui pesaient sur lui s'évanouirent sans doute[1], car, dès l'année suivante, M. de Cursay fut employé en Bretagne ; il y commanda le camp de Saint-Malo en 1756, remplaça ensuite le duc de Rantzau dans le commandement de la Franche-Comté, de 1757 à 1759, fit en Allemagne les campagnes de 1760, 1761, 1762, et mourut lieutenant-général à Paris, le 27 mai 1766[2].

Une des sœurs de Mme de Monconseil, N... de Cursay, épousa en 1738 François, dit Francillon, de Polignac, dont elle eut trois enfants ; et l'autre, Cécile-Elisabeth, épousa son cousin-germain François Berthelot de Baye. Mme de Monconseil présenta Mme de Polignac à la cour le 4 juin 1739[3].

*
* *

La première aventure galante à laquelle Mme de Monconseil fut mêlée à Bagatelle fut celle de Mme de Robecq.

Fille du maréchal de Luxembourg, et toute jeune mariée, Mme de Robecq presqu'une enfant, était finement jolie.

---

1. Il faut voir là l'amitié de M. Chauvelin pour Mme de Cursay, chez qui il avait de constants rendez-vous avec des personnes qu'il ne voulait pas recevoir ouvertement dans son cabinet, et pour Mme de Monconseil.
2. Extrait des Archives du ministère de la guerre.
3. *Mémoires du duc de Luynes*, vendredi 5 juin 1739.

Voltaire disait [1], qu' « avec ses petits airs minaudiers » elle « possédait tout ce qu'il fallait pour éveiller la fantaisie déjà un peu blasée du roi ». Le roi l'avait remarquée et l'avait recommandée à la Reine, dans le courant de l'année 1748 : « Je vous recommande Mme de Robecq ; M. de Luxembourg son père, désire fort qu'elle vous soit attachée [2]. » Il avait même rougi en disant cela.

Cela aussitôt fit quelque bruit, et déjà on voyait s'éteindre le nouvel astre que le roi venait d'installer à côté des duchesses. Le scandale était encore nouveau et on était heureux de voir le roi tourner les yeux vers une jeune femme de naissance ; Mme de Robecq n'était-elle pas une Montmorency ?

Mme de Monconseil reçut Mme de Robecq à Bagatelle et d'Argenson [3] put écrire :

Voici du sérieux, le Roi aime la princesse de Robecq, fille de M. de Luxembourg... On prétend qu'au dernier voyage de la Muette, il alla se promener à Bagatelle, maison aujourd'hui à Mme de Cursay [4], que Mme de Robecq s'y est trouvée, et que le souverain et la dame avaient disparu un quart d'heure.

Mme de Monconseil se vit sur l'heure arrivée plus avant dans les bonnes grâce du Roi. La cour elle-même croyait que ses vœux allaient se réaliser. Mais il n'en fut rien, et « le quart d'heure de Bagatelle n'eut pas de lendemain ».

*
* *

Comme Horace Walpole fut le correspondant de Mme du Deffand, Lord Chesterfield fut celui de Mme de Monconseil. M. Gailly de Taurines a fort bien étudié

---
1. Lettre à Frédéric. 6 novembre 1738.
2. Luynes, 19 février 1748. et d'Argenson, 30 septembre. T. V, 254. Celui-ci dit : « Avant de partir pour Choisy, Sa Majesté a demandé à la Reine que cette dame fût dame du palais à la première occasion ; la Reine a rêvé et a répondu que cela serait. Mais on a remarqué que le Roi a rougi comme un enfant et est devenu cramoisi en proposant cela. »
3. *Journal et Mémoires du marquis d'Argenson*, 30 septembre 1748.
4. d'Argenson fait ici erreur. La maison n'était pas à Mme de Cursay, mais à sa fille.

cette correspondance, et ce n'est pas à nous d'en refaire une étude. Nous nous bornerons à citer les quelques passages qui nous intéressent.

Lorsque Lord Philippe Dormer Stanhope [1] apprit l'acquisition de la propriété du bois de Boulogne par la marquise, il lui écrivit aussitôt :

> On me dit des merveilles de Bagatelle, nous voudrions tous y être, ce ne serait pas une bagatelle pour nous : vos bagatelles valent bien le solide des autres. Est-ce loin de Paris ? Car, quoique vous tiriez toujours le meilleur parti de tout, je tiens qu'il faut que les honnêtes gens soient à portée de la capitale [2].

Il suivit l'exemple de la marquise et écrivit la jolie lettre suivante [3] :

> Je suis actuellement pour me rétablir à une petite maison que j'ai à cinq petits milles de Londres et que j'aurais appelée Bagatelle si ce n'eût été par respect pour la vôtre, mais que j'appellerai Babiole pour en marquer la subordination et pour laisser à Bagatelle la préférence qui lui est due... Il y a cinq cents ans, il n'aurait rien coûté à quelque fée ou magicien de nos amis de transporter dans un moment Babiole au bois de Boulogne pour faire sa cour à Bagatelle ; mais à présent, on ne sait à qui s'adresser pour ces sortes de choses.

Le badinage dura entre les deux correspondants avec la même grâce aimable et la même gaieté, « jusqu'au jour où nos deux rois se sont mis dans l'esprit de nous déclarer bientôt ennemis [4] ». Toute communication fut supprimée entre eux pendant sept ans. Pendant que nos marins rivalisent avec les marins anglais, restons prudemment au bois de Boulogne et voyons un peu la vie que Mme de Monconseil menait à Bagatelle.

---

1. The letters of Philip Dormer Stanhope. 3 vol. in-8°, 1893. Les lettres adressées à Mme de Monconseil sont écrites en français.
2. De Londres, 31 juillet, v. s., 1747.
3. Babiole, ce 8 juillet, v. s., 1749.
4. Datée de Babiole, 21 août 1755.

CHAPITRE IV

FÊTES DONNÉES PAR MADAME DE MONCONSEIL A BAGATELLE

Dédicace à la Reine. — Fête à l'occasion du mariage de Cécile de Monconseil avec M. de la Tour du Pin. — Fête pour la naissance de Cécile-Suzanne de la Tour du Pin. — Fête en l'honneur de M. de Richelieu. — Une lettre de Favart. — Dîner et fête en l'honneur du roi Stanislas Leczinski à Bagatelle. — Fête donnée au roi Stanislas Leczinski le 5 septembre 1757.

Le succès de Mme de Pompadour auprès du roi, et par cela même son influence, avait enlevé de l'esprit de Mme de Monconseil l'idée de devenir sa complaisante en lui procurant de nouvelles maîtresses.

Guidée par son caractère facile, toujours jeune et gaie, et voulant occuper ses loisirs, elle se mit à donner dans sa maison de Bagatelle des fêtes qui restèrent comme un modèle de ce que l'on faisait de mieux à l'époque, par la galanterie et l'impromptu.

Les renseignements très circonstanciés que nous pouvons donner au sujet de ces fêtes ont été pris par nous dans trois petits volumes manuscrits, aujourd'hui à la bibliothèque de l'Arsenal [1], et qui furent offerts à la reine Leczinska avec la dédicace suivante :

A LA REINE

Sur ces vers consacrés à votre illustre Père,
Grande reine, un moment daignez jeter les yeux.
    J'ay fondé l'espoir de vous plaire
    Sur un titre si glorieux.
Le zèle et le respect leur donna la naissance
    Stanislas se plut à ces jeux :
La gaité des humains est une récompense
    Pour un roi qui les rend heureux.
Et quel fut mon bonheur, le jour que sa présence

---

1. Bibliothèque de l'Arsenal, mss. 3.269. 3.270, 3.271.

Honora cet asile, où l'attendaient nos vœux !
Enchantés de le voir, empressés de l'entendre,
    Nos mains le couronnaient de fleurs.
Pénétré d'un respect religieux et tendre,
    Sur ses pas nous versions des pleurs,
    Que le sentiment fait répandre
    Et qui sont le charme des cœurs.
Le voilà, disions-nous, ce roi sensible et juste,
L'appui des malheureux, et l'exemple des grands,
Héritier de l'esprit et des vertus d'Auguste ;
Il protège, il éclaire, il chérit les talens.
    S'il faut que son rang en impose
    Il rassure par sa bonté.
Jouir de notre amour est sa félicité,
Pour hommage, il ne veut que le bonheur qu'il cause.
Si l'on connaît un roi qui vous donna le jour
A ces traits signalés du monarque et du sage,
Sa fille qu'on adore y pourrait à son tour
    Reconnaître aussi son image.
Qui ne les voit en vous, ces dons que vous tenés
    De votre céleste origine
    Tels que ces rayons émanés
    D'une source pure et divine
Pour servir au bonheur des peuples fortunés.
    Ainsi, quand l'équitable histoire
    Pour son chef-d'œuvre le plus beau
Gravera vos portraits au temple de Mémoire
Un pinceau suffira pour ce double tableau ;
    Et les Muses de la Patrie
En traitant ce sujet pour elles plein d'appas
    N'ont qu'à répéter pour Marie
    Les éloges de Stanislas.

Si nous en parlons plus longuement dans un autre chapitre, nous sommes obligé de dire ici que Mme de Monconseil, quoique ayant toujours cherché à éloigner d'elle son mari, en avait eu trois enfants : un fils mort en bas âge ; une fille, Cécile-Marguerite-Séraphine, qui vers 1745 avait une quinzaine d'années ; puis une autre fille qui, née le 9 avril 1750, fut baptisée sous les noms d'Adélaïde-Félicité-Henriette et surnommée bientôt par les amis de la maison : Bijou.

La première des fêtes données à Bagatelle le fut à l'occasion du mariage de Cécile de Monconseil avec M. de la Tour du Pin.

En voici le résumé :

Des villageois ayant à leur tête les jeunes fiancés se présentent devant le magister du village qui leur tient une harangue. Puis, Lucas et Ninon chantèrent une suite de couplets taquins sur l'amour.

L'essai fut heureux ; quoique court, le divertissement fut très goûté des invités, et Mme de Monconseil, encouragée, donna une nouvelle fête à l'occasion de la naissance de Cécile-Suzanne, la fille de Mme de la Tour du Pin.

Le prologue se composait d'un dialogue entre une jeune fée, un génie et Lubin ; puis, ces mêmes personnages chantèrent un certain nombre de couplets, et quand ils eurent fini survint une vieille fée.

La pièce de résistance était une comédie en vers *l'Amant jardinier* [1], et la fête se termina par un vaudeville de circonstance.

Parmi les personnes qui formaient l'intimité de Mme de Monconseil était la comtesse d'Egmont, cette reine des fêtes, fille du maréchal duc de Richelieu. Aussi, quand celui-ci revint de son expédition de Minorque et qu'il vint visiter la gracieuse marquise dans sa petite maison du bois de Boulogne, il y trouva une grande affluence de monde et assista, surpris, à une fête qui venait d'être rapidement préparée en son honneur [2].

On y joua *le Mariage par escalade* avec son prologue, et les acteurs furent les comédiens ordinaires qui interprétaient les pièces de Favart, c'est-à-dire : Mlle Baletti [3], Mlle Silvia, M. Préville [4] et M. Desbrosses [5].

1. *L'Amant jardinier*, ou *la Plaisanterie de campagne*, est une comédie composée par Favart, et qui fut imprimée dans ses œuvres avec quelques changements sous le nom de *le Jardinier supposé*.
2. Cette fête eut lieu le 9 septembre 1756.
3. Gianetta-Roza-Benozzi Baletti, actrice de la Comédie-Italienne, née à Toulouse vers 1701, morte en 1761, connue sous le nom de Silvia. Son mari, également acteur à la Comédie-Italienne, mourut en 1762.
4. Pierre-Louis Duhus, dit Préville, né à Paris le 17 septembre 1721 ; il était entré à la Comédie-Française où il se fit applaudir dans les rôles de Crespin du *Légataire universel* et des *Folies amoureuses*, de Sganarelle du *Médecin malgré lui*, de la Rissole du *Mercure Galant*. On a pu dire qu'il avait le plus qu'il était possible approché de la perfection.
5. Robert Desbrosses, né à Bonn, sur le Rhin, en 1719, fut acteur,

Cet opéra-comique était du reste dédié à Mme de Monconseil par l'auteur, Favart[1], dont voici la lettre d'envoi :

Madame,

C'est par vos ordres que j'ai composé ce petit opéra-comique : vous avez eu la bonté de me guider, je vous en dois le succès. Daignez en agréer l'hommage. Prétendre vous offrir un ouvrage digne de vous serait une prétention ridicule ; mais l'occasion de vous marquer mon zèle et ma reconnaissance est un avantage que je ne dois point laisser échapper.

Je suis avec le plus profond respect, Madame, votre très humble et très obéissant serviteur.

FAVART.

Deux jours après, le samedi 14 septembre, ce même opéra-comique était représenté pour la première fois sur la scène de la Comédie-Italienne, à l'occasion de la prise de Port-Mahon. On peut donc dire que M. de Richelieu avait assisté à Bagatelle à la répétition générale d'une petite œuvre faite en son honneur[1].

* * *

On sait, par les notes que nous avons données dans le précédent chapitre, les relations qui existaient entre la famille de Mme de Monconseil et le roi de Pologne, Stanislas. Plusieurs membres de sa famille avaient des charges à la cour de Lunéville ; elle-même avait été dame d'honneur de la feue reine de Pologne, Opalniska.

Or, Stanislas Leczinski[2], alors souverain des duchés de Bar et de Lorraine, venait chaque année à Versailles

---

instrumentiste et compositeur, l'artiste dramatique réputée des Italiens, Marie Desbrosses, est sa fille.

1. M. le duc de Luynes, t. XV, p. 221, dit : « Le mariage de M. de Brissac, et la présence de M. de Richelieu ont donné lieu à beaucoup de fêtes. — M. le président Hénault en donna une avant-hier à la noce de Brissac : musique, grand souper, feu d'artifice ; tout réussit à merveille. Mme de Monconseil en donna une hier (M. le duc de Luynes écrit le 10 septembre) à M. de Richelieu, à sa petite maison de Bagatelle dans le bois de Boulogne : comédie faite exprès, chansons, pastorales, etc. »

2. 1677-1766.

voir sa fille, Marie Leczinska[1] et, son gendre, le roi de France.

Mme de Monconseil désirait ardemment qu'il lui rendît visite, et après bien des démarches obtint la faveur qu'elle enviait.

Le mercredi 2 septembre 1756, le roi de Pologne quitta Choisy et se rendit à Bagatelle, où il dîna. « Mme de Monconseil, qui sait que ce prince aime à manger de bonne heure, avait envoyé au-devant de lui pour savoir le moment précis de son arrivée. Il trouva le dîner servi en descendant de sa voiture[2]. »

Le manuscrit de l'Arsenal donne les détails suivants :

« Ce divertissement fut fait, imaginé et exécuté en vingt-quatre heures. L'idée des principaux couplets, fut tirée d'une lettre charmante du roi de Pologne à Mme de Monconseil sur un faux pas qu'elle avait fait et qui fut le motif de la visite de Sa Majesté à Bagatelle, dont elle ne l'instruisit que la surveille. Ce fut le 29 septembre 1756 que Sa Majesté arriva à Bagatelle à 10 heures du matin et se mit à table en descendant de carrosse ; la nécessité d'épargner le temps fit donner pendant le dîner le divertissement de la curiosité et de tous les couplets qui l'accompagnaient. »

Plusieurs Savoyards et Savoyardes étaient entrés en jouant de leurs vielles et en criant : « Qui veut voir la rareté et la curiosité, la pièce curieuse ? » L'un d'eux posa la curiosité sur une table et en donna l'explication suivante : « Ah ! vous allez voir, messieurs et mesdames, tout ce que vous allez voir : Voici premièrement le château de Commercy ; remarquez bien le château d'eau paraît un ouvrage de la magie. Ah ! voilà maintenant le Malegrange[3], palais de féerie, où le goût l'emporte sur celui de la richesse et de la magnificence. Voyez combien de seigneurs et de belles dames y composent une cour brillante. Ah ! vous n'y voyez point de ces courtisanes à double visage, et la vérité n'y laisse rien à dire à la flatterie. » Puis le Savoyard chanta :

1. 1703-1768.
2. *Mémoires du duc de Luynes*, à la date du 30 septembre.
3. Ces châteaux étaient habités par le roi Stanislas.

> Le modèle des bons rois !
> Son règne s'étend sur les âmes.
> C'est le plus beau de ses droits.
> Et le premier de ses objets
> Est le bonheur de ses sujets.
> Ah ! la rareté merveilleuse
> La pièce curieuse !

Il reprit ensuite l'explication : « Ah ! voyez maintenant la belle ville de Nanci ; remarquez cette place superbe ! Voyez au milieu, la statue de notre bon roi Louis XV. Ah ! remarquez bien ce que vous allez voir : Voici le roi Stanislas qui vient de faire la dédicace de tous ces beaux monuments : l'Amour et la Reconnaissance luy en ont élevé un autre dans tous les cœurs, qui ne périra jamais. Examinez l'ordre et la marche : Voyez tout ce peuple transporté d'admiration, qui suit le carrosse en s'écriant : Ah ! voilà notre bon roi. Ah ! voilà notre bon père. » Et le Savoyard chanta ce nouveau couplet :

> Tout chacun le contemple,
> On voit de toutes parts
> Fleurir par son exemple
> La science et les arts.
> Il élève les âmes
> Dans cet heureux pays ;
> Enfin jusques aux femmes
> Font nargue aux beaux esprits
> Que l'on voit à Paris.

Reprenant l'explication il ajouta : « Voilà maintenant l'académie de Nanci ; remarquez combien de sçavants et de beaux esprits y sont assemblés. Voici un académicien qui fait son discours de réception :

> Cet orateur dans sa harangue
> A pris Stanislas pour objet
> Mais les richesses de la langue
> N'offrent rien digne du sujet.
> Pour bien louer ce bon roi, ce grand homme,
> Tout simplement un mot, un mot suffit,
> Quand on le nomme
> Tout est dit.

Et le Savoyard termina l'explication ainsi : « Nous voilà précisément transportés dans le bois de Boulogne. Remarquez bien le château de Bagatelle : vous y voyez une dame qui se donne une entorse » ; et il chante :

> En vain, sur la prudence on fonde
> La conduite qu'on doit avoir :
> Rien n'est assuré dans le monde
> Et la raison n'y peut pourvoir.
> Avec la tête la plus libre
> Bien souvent on trébuche, hélas!
> Un rien fait perdre l'équilibre ;
> Tous les mortels en plus d'un cas
>   Font des faux pas,
>   Font des faux pas.

> Jamais le destin chez les hommes
> N'a tant fait de dérangemens
> Le siècle inconstant où nous sommes
> Est celui des événements.
> La triste Lisbonne culbute,
> Les murs de Mahon sont à bas
> Et Monconseil fait une chute!
> Vraiment on ne s'attendait pas
>   A ce faux pas
>   A ce faux pas.

> Mais bien souvent dans le mal même
> L'avantage peut se trouver.
> Si ce fait paraît un problème,
> On vient ici de le prouver.
> D'une assez fâcheuse aventure
> Naît un bien qu'on n'espérait pas.
> Qu'est-ce aujourd'hui qui nous procure
> Le bonheur de voir Stanislas?
>   C'est un faux pas,
>   C'est un faux pas.

> Pour nous sa présence est un baume
> Qui soulage dans un instant ;
> Tronchin et tout l'art de Saint Côme
> Près de lui n'est qu'un charlatan ;
> Le posséder, lui rendre hommage
> Est un bien si rempli d'appas

> Que toutes ces dames, je gage,
> Voudraient bien dans un pareil cas
> Faire un faux pas,
> Faire un faux pas.

A ce moment, Bijou, la seconde fille de Mme de Monconseil à peine âgée alors de 6 ans, habillée en marmotte, s'approcha du roi de Pologne, et chanta de sa voix frêle le dernier couplet en l'accompagnant de ses gestes enfantins :

> A chaque instant ma chère mère,
> Me dit en me faisant du doigt :
> Vous avez déjà l'art de plaire
> Songez, petite, à marcher droit.
> Maman, vous m'apprenez à vivre,
> Cependant mon cœur dit tout bas
> Que votre exemple est bon à suivre
> Et qu'ici je ne serais pas,
> Sans un faux pas,
> Sans un faux pas.

Le roi de Pologne prit la petite Bijou par la main, l'embrassa tendrement ; puis, se levant, il passa dans les jardins suivi de toute sa cour et des nombreux invités. Là, dans les bosquets, on représenta la *Fête d'amour*[1] et aussitôt après le Savoyard chanta :

> Pour tous les cœurs en ce grand jour
> C'est la fête d'amour.
> Stanislas vient en ce séjour.
> Pour nous quel avantage !
> C'est la fête d'amour
> Quand on lui rend hommage.
>
> Sa grandeur le fait adorer,
> Ses talents admirer,
> Et son cœur le fait estimer
> C'est un doux avantage
> Ah ! qu'el' plaisir d' l'aimer
> Et de lui rendre hommage.

---

1. Petit opéra-comique qui dura environ trois quarts d'heure.

Bijou, pour la seconde fois prit son rôle dans la fête en chantant le couplet suivant :

> On dit que ce n'est pas mon tour
> De connaître l'amour
> Mais ce que j'éprouve en ce jour
> M'est un charmant présage.
> C'est la fête d'amour
> Quand on vous rend hommage.

Mlle Favart, qui avait été élevée à la cour du roi Stanislas, s'approcha à son tour et chanta les deux derniers couplets qui terminèrent le divertissement :

> Un si bon roi doit tout charmer
> Ah ! qu'el' plaisir d' l'aimer
> Sitôt que je puis m'exprimer
> Mon cœur me tient ce langage
> Ah ! qu'el' plaisir d' l'aimer
> Et de lui rendre hommage

> A sa cour, on me vit former
> A qu'el' plaisir d' l'aimer
> D'un regard il sut m'animer
> Sa bonté don' courage
> Ah ! qu'el' plaisir d' l'aimer
> Et de lui rendre hommage.

Pendant que se jouait la *Fête d'amour* et que se chantaient les derniers couplets, le roi Stanislas prenait le café qui lui était servi par des personnes invitées, costumées en villageois et villageoises. Puis, la petite fête terminée, il partit pour Lusancy.

* * *

Le roi de Pologne qui s'était beaucoup amusé à cette petite fête, et qui paraît avoir eu beaucoup d'amitié pour Mme de Monconseil[1], resta à ce point fidèle au souvenir de la fête qui lui avait été donnée, que, l'année suivante,

1. Par testament, le roi de Pologne laissa à Mme de Monconseil une pension de 2.000 livres.

le 5 septembre 1757, il se rendit à nouveau à Bagatelle rendre visite à l'ancienne dame d'atours de la feue reine de Pologne.

Si on ne trouve aucun détail sur cette fête dans Barbier, pas plus que dans Grimm et même dans le *Mercure*, le duc de Luynes dans ses Mémoires et Fréron[1] dans l'*Année littéraire* lui consacrent quelques pages. Nous ne donnerons pas ces fêtes en entier, nous nous contenterons cette fois de prendre le récit de Fréron et de le compléter par quelques couplets ou discours empruntés aux manuscrits de l'Arsenal, et par le récit du duc de Luynes.

« Il faut, Monsieur, dit Fréron, de l'invention, de la délicatesse et du goût, pour donner une fête ; et, lorsque des allusions fines et naturelles la rendent analogue et propre à la personne qui en est l'objet, on doit la regarder comme un ouvrage d'esprit. C'est, selon moi, une des parties où le génie et la gaieté de notre nation se montrent avec le plus d'éclat. De plusieurs fêtes que j'ai vues, ou dont j'ai lu et entendu les descriptions, peu m'ont paru aussi heureusement imaginées, aussi agréablement exécutées que celle qui fut donnée le lundi 5 de ce mois, au roi de Pologne, duc de Lorraine et de Bar, par Mme la marquise de *Montconseil* en son château de *Bagatelle* dans le bois de Boulogne. Je suis en état de vous en rendre compte, ayant eu l'honneur d'y suivre *Sa Majesté*, et le plaisir d'être témoin de tous les amusements ingénieux qu'on avait préparés pour la recevoir. »

« Le roi de Pologne[2] n'attendait que l'arrivée de Madame infante pour partir ; il a coutume d'être tous les ans à Malgrange la veille de la fête de la Nativité pour faire, le jour de cette fête, ses dévotions à la chapelle de Bon-Secours qu'il a bâtie, comme l'on sait, et où est enterrée la reine de Pologne. Il partit donc le lundi matin, 2 de ce mois, et devait aller dîner chez Mme de Monconseil. Le roi de Pologne, qui se plaît à faire des plaisanteries à ses amis, envoya, dans le moment qu'il partit, un homme à cheval à Bagatelle dire à la maîtresse de la maison

---

1. Critique, ennemi de Voltaire, né à Quimper, 1719-1776.
2. Récit du duc de Luynes.

qu'il était bien fâché de ne pouvoir partir en ce moment. On crut la nouvelle vraie et ce fut une occasion de trouble et d'inquiétude, qui furent dissipés, un quart d'heure après, par l'arrivée du roi de Pologne[1]. » « Il fut reçu (cependant) au milieu des acclamations d'un peuple immense et les transports de joie des habitants de Bagatelle, par deux enfants de sept ans, vêtues en jardinières, et qui lui présentèrent les fleurs et les fruits de la saison[2] ». Ces deux enfants étaient Bijou et sa cousine Mlle de Baye, qui chacune firent leur compliment :

MADEMOISELLE DE BAYE
AU ROY

Je le vois donc ce roi que l'univers admire,
Qui, d'un peuple qu'il aime est lumière et soutien,
N'ouvre la main que pour faire du bien
Et la bouche que pour en dire.
De son esprit sublime on vante la douceur ;
Il répand ses bienfaits sur toutes les familles
Et veut bien quelquefois donner comme à ma sœur
De fort jolis maris aux filles.
Que sensible à mes vœux ardents
Le ciel pour m'assurer d'heureuses destinées
A ce monarque auguste accorde autant d'années,
Que dans un jour il rend de cœurs contents.
Et pour lors, il pourra marier mes enfants.

Mlle de Monconseil, Bijou, vint à son tour faire un compliment qui a pour titre : Vers, pour Bijou, dont l'amour est fou.

AU ROY

Sire, que Votre Majesté
Daigne jeter un regard de bonté
Sur la petite bouquetière.
J'ai de fleurs et de fruits rempli ces deux paniers
De ce séjour je suis la jardinière,
Et je ne manque pas de garçons jardiniers ;
Mais, je vous dois ici révéler un mistère :
Ces trésors n'étaient point l'ornement d'un parterre.

1. *Mémoires du duc de Luynes.*
2. Mss. de l'Arsenal.

Tantôt parmi le monde à vous voir empressé
Sire, je vous suivais et je voyais la terre
Faire naître des fleurs où vous aviez passé.
Cela m'a fait souvenir d'une histoire
Qu'étant enfant je ne pouvais pas croire.
Ce fait est cependant une réalité.
Le voici mot pour mot comme on me l'a conté.
Il était un grand roi, compatissant, affable,
  Qui n'admettait de gloire véritable
Que celle dont l'objet était l'humanité.
De son règne tout d'or, chaque instant mémorable
    Etait marqué par un trait de bonté ;
Il voulait le cacher, mais un jour une fée
Trahit sa modestie et son humilité
    En imaginant un trophée.
    Elle faisait naître une fleur
    A chaque action du monarque.
Sans cesse sur ses pas on voyait cette marque
Qui décelait le bien qu'avait fait son bon cœur.
Ou je suis bien trompée, ou je crois le connaître
Vous êtes découvert, je ne m'y méprend pas.
    Dès que je vous ai vue paraître
    J'ai cueilli des fleurs sur vos pas.
Sire, vous supplier d'en agréer l'hommage
C'est vous offrir le don de votre propre ouvrage.

Ensuite, parut une troupe de paysans, sonneurs et carillonneurs guidés par le magister du village (Préville) qui prononça une harangue[1] pour engager Sa Majesté à honorer de sa présence la foire du village. Cette harangue fut suivie par un petit carillon en musique qui dura quatre ou cinq minutes. Cette harangue « fit beaucoup rire, dit Fréron, par son caractère de vérité et par le ton et les gestes du rustique orateur. On y donnait au Roi des louanges grossières en apparence, ingénieuses en effet. Lorsque Préville eut fini, le carillonneur et sa femme, représentés par Chanville[2], acteur de la Comédie-

---

[1]. Voir cette harangue et les couplets qui suivirent aux appendices, n° 11.

[2]. Duhus, dit Chanville ou Soli, remplissait les rôles d'amoureux au Théâtre-Italien. Son fils a joué les troisièmes rôles à la Comédie-Française pendant près de vingt années, et obtenait un grand succès dans Pourceaugnac.

Italienne, frère de Préville, et par l'inimitable Mme Favart[1], chantèrent quelques couplets et exécutèrent un duo à symphonie, parodie de l'ariette des cloches de *Ninette*[2].

« On servit le dîner le plus somptueux et le plus délicat, après lequel le Roi, suivi de la cour, passa sur la terrasse des petits bosquets de Bagatelle. On voyait des deux côtés de petites tentes garnies de marchandises que l'on étale aux foires de village, et, dans le fond, une grande boutique de limonadier où l'on servit au Roi et à toute sa suite le *caffé* et les rafraîchissemens. A quelque distance de la table de Sa Majesté, il y en avait une autre occupée par trois nouvellistes ridicules, qui s'échauffaient sur la guerre présente, lisaient la gazette, et formaient des projets extravagans. L'un plaçait le Weser en Asie, l'autre en Afrique, etc...[3] ».

1. La jolie et gracieuse Mlle du Ronceray, fille du musicien de la chapelle du roi Stanislas et d'une cantatrice de cette même chapelle, avait épousé, le 12 décembre 1745, Charles-Simon Favart.
2. *Ninette à la cour* ou *le Caprice amoureux*, comédie en trois actes et en vers, mêlé d'ariettes, parodie de *Bertolde à la cour*, paroles de Favart, musique de Saint-Amans, représentée pour la première fois par les comédiens italiens, le mercredi 12 février 1755.
3. Le Grand Café de Bagatelle est un des premiers exemples de ces cafés qui « prirent avec une vivacité prodigieuse ». Mme d'Epinay donne une description charmante d'un café dans le tome III, p. 356, de ses Mémoires (édit. de 1818, 3 vol. in-8).
Voici ce que dit le duc de Luynes : « Au bout de l'allée était une espèce de petit cabinet entouré de châssis de verre et couvert d'une toile sur laquelle était écrit : Au Grand Café de Bagatelle. Il y avait au milieu de ce cabinet un fauteuil vis-à-vis une table sur laquelle était un beau cabaret de porcelaine. Les deux petites filles dont j'ai parlé (Mlles de Baye et de Monconseil) approchèrent du roi de Pologne, et lui présentèrent l'une une tasse et l'autre un sucrier. On lui versa du café, et on en donna en même temps à toute la compagnie. Dans le fond du cabinet était une espèce d'enfoncement, en demi-cercle formé par une planche qui était censé l'endroit par où on distribuait le café ; là étaient des gens destinés pour ce service entre cet enfoncement, un peu sur la droite, et en avant de la table qui était devant le roi de Pologne, on avait placé une table d'Hombre* autour de laquelle étaient trois hommes, dont un habillé de noir avec une grande perruque comme à la comédie ; les deux autres étaient vêtus de gris et paraissaient faire une conversation fort vive, mais tout bas ; c'étaient des nouvellistes qui raisonnaient sur les affaires du temps.

* On lit dans Trévoux : « Jeu de cartes. Il se joue à deux, ou à trois ou à cinq personnes : mais presque toujours à trois: *Hominis-Ludus*. On donne neuf cartes à chacun et celui qui joue doit faire cinq levées, ou quatre, lorsque les

Du reste, voici cette scène qui fit beaucoup rire par la façon comique et naturelle avec laquelle elle fut exécutée par les sœurs Préville, Baletti et Desbrosses, les deux acteurs de la Comédie-Italienne dont nous avons déjà parlé :

LE CAFFÉ

Le chevalier de Vantillac, M. Craquet, et M. Gobemouche sont autour d'une table sur le devant. La maîtresse du Caffé est dans son comptoir dans le fond de la boutique. Des garçons vont et viennent pour servir les personnes qui sont dans le Caffé.

LE CHEVALIER DE VANTILLAC

Holà hé, garçon! Un verre d'eau au chevalier de Vantillac. Oui, monsieur Craquet et monsieur Gobemouche, je vous soutiens, qu'il n'y a rien de plus aisé qu'une descente en Angleterre.

CRAQUET

Bon! bon!

GOBEMOUCHE

Patapouf.

LE CHEVALIER

Sandis, je m'en ferais fort, moi qui vous parle.

CRAQUET

Comment feriez-vous?

GOBEMOUCHE

Voyons, voyons.

LE CHEVALIER

Eh donc! Vous souvenez-vous qu'Essercès fit construire un pont de vaisseaux sur la mer Caspienne pour aller combattre les Grecs?

cinq autres sont partagées, en sorte que l'un des deux autres en ait deux, l'autre trois. L'Hombre vient des Espagnols : il faut le jouer avec le flegme de ceux dont il tire son origine. Le jeu de l'Hombre signifie le jeu de l'homme, car hombre signifie homme en espagnol. « Boileau en parle dans sa satire X, vers 229 :

> Puis sur une autre table, avec un air plus sombre,
> S'en alla méditer une vole au jeu d'ombre ;
> S'écrier sur nu as mal à propos jeté ;
> Se plaindre d'un gano [b] qu'on a point écouté ;
> Ou querellant tout bas le ciel qu'elle regarde,
> A la bête gémir d'un roi venu sans garde.

[b] « Gano, terme indéclinable du jeu d'hombre qui veut dire : Laissez-moi venir la main, ne jouez pas sur moi. *Astine sine me.* »

CRAQUET

Corbleu, je m'en souviens!

GOBEMOUCHE

Ah! ah!

LE CHEVALIER

Eh! donc, qui nous empêche d'en faire autant sur la Manche, depuis Calais jusqu'à Douvres? il n'y a qu'un pas.
La Manche est trente-deux fois moins large que la mer Caspienne. Le pont de bateau de Rouen est tout fait, et pourrait déjà nous servir, ce sera l'ouvrage d'une nuit.

CRAQUET

D'accord, mais la flotte anglaise serait un obstacle.

GOBEMOUCHE

Hum! hum!

LE CHEVALIER

Un obstacle? Vétille. — Vous souvenez-vous que, dans une bataille navale qui se donna sur mer (sic) entre la flotte romaine et celle de Pirrhus, un soldat romain se jeta à la nage et fut percer en dessous le vaisseau de l'amiral ennemi, qu'il submergea.

CRAQUET

Corbleu, si je m'en souviens!

GOBEMOUCHE

Corbleu!

LE CHEVALIER

Eh donc! qui nous empêche d'en faire autant? Nous avons d'essellens plongeurs qui pourraient aller entre deux eaux attacher le mineur sous l'escadre anglaise pour la faire sauter.

CRAQUET

Ah! ah! ah! ah!

GOBEMOUCHE

Oh! oh! oh! oh!

LE CHEVALIER

Han, han, han, han! de quoi riez-vous?

CRAQUET

Hé! hé! hé! Comment votre mineur prendra-t-il feu dans la mer?

LE CHEVALIER

N'avons-nous pas de l'artifice à l'épreuve de l'eau; pour

peu qu'on ait une teinture de lelastique, de la péripneumonie et de la castration on sçait.....

CRAQUET

On sçait, on sçait..... et moi je sais, que j'ai un projet plus sur que le vôtre.

LE CHEVALIER

Voyons donc ce beau projet.

GOBEMOUCHE

Voyons.

CRAQUET

Je range sur nos côtes cinq ou six mille grenadiers, des plus déterminés, on leur ajuste une espèce de voile sur les épaules, chacun le fusil en bandoulière, le sabre d'une main, de l'autre, une chaîne qui répond à une comminge chargée de sable dans un mortier prest à tirer. — Feu, les bombes partent, enlèvent les grenadiers qui retombent doucement en Angleterre par le moyen de leurs voiles et qui mettent tout à feu et à sang.

LE CHEVALIER

Il faut avouer, que le projet est neuf et hardi.

GOBEMOUCHE

Bravo, bravo !

LE CHEVALIER

Il faut le présenter au ministre.

CRAQUET

Non, je suis rebuté depuis qu'on a refusé celui que j'avais donné pour la prise de Minorque ; s'il eût été suivi, on se serait emparé de cette isle un mois plus tôt. Demandez à M. Gobemouche ?

GOBEMOUCHE

Oh ! oh !

LE CHEVALIER

Comment cela ?

CRAQUET

Il ne me fallait que les arrosoirs des boulevards, une centaine de barriques de vinaigre, autant de pièces de canon et de seringues.

LE CHEVALIER

Quel est l'apoticaire qui aurait conduit cette artillerie-là ?

CRAQUET

Moy, M. le Chevalier, Moy, ne plaisantez pas ; tout le monde sçait que le vinaigre a une propriété dissolvante ; et que par son moyen Annibal se fit un passage à travers les roches des (Pyrenées) Pirennées.

LE CHEVALIER

Annibal?

CRAQUET

Oui, Annibal, puisque vous parlez chevalier romain, qui est-ce qui dit le contraire?

LE CHEVALIER

A travers les roches des Pirennées?

CRAQUET

Ou des Alpes, je ne dispute point sur les termes.

GOBEMOUCHE

Entendons-nous.

LE CHEVALIER

Poursuivez.

CRAQUET

Vous sçavez que Minorque n'est qu'un rocher d'un bout à l'autre.

LE CHEVALIER

Oui, la difficulté était d'ouvrir la tranchée.

CRAQUET

Justement, après l'avoir fait tracer par mes ingénieurs, comme ça, comme ça, comme ça, je faisais une traînée de poudre à canon de la largeur des boyaux, depuis les forts jusqu'à la gorge.

LE CHEVALIER

Poursuivez.

CRAQUET

On y met le feu, prrt, tout de suite mes arrosoirs remplis de ce vinaigre incisif se seraient débondés sur le sol échauffé, et une compagnie de pionniers, pif et paf, pif et paf, auraient entamé les rochers comme un fromage.

LE CHEVALIER

Pas mal.

GOBEMOUCHE

Béné, béné.

LE CHEVALIER

Mais comment auriez-vous entamé les rochers qui servaient de remparts?

CRAQUET

De la même manière, j'élève ici une batterie de canons, là une batterie de seringues. Au premier signal bridon, don bon, une décharge d'artillerie à boulets rouges, et, psst, mes seringues forcent vinaigre et bredon don don, une autre volée de canon, — la brèche est faite.

GOBEMOUCHE

Hem hem!

LE CHEVALIER

Fort bien, mais la même difficulté de transporter votre artillerie subsistait toujours, il n'y avait dans l'isle ni chevaux ni mulets.

CRAQUET

En cas pareil, on se sert de ce qu'on a, on prend des ânes.

LE CHEVALIER

Il fallait vous embarquer pour ce pays-là monsieur Craquet, vos moyens étaient sûrs.

CRAQUET

Je vous en réponds.

GOBEMOUCHE

Immanquables.

LE GARÇON-CAFFÉ

La Gazette, la Gazette, Messieurs ; voilà la Gazette.

CRAQUET

Ah! Voyons, voyons ce qu'il y a de nouveau? (il lit) houm hom! « D'Hanovre, il n'y a plus qu'un combat de civilité, entre l'armée française et celle du roi d'Angleterre » — Les Français ayant commencé à donner le bal à M. le duc Cumberland, le Généralleur donne en revanche la comédie gratis, et pousse les bonnes façons jusqu'à les laisser maîtres de tout dans la maison paternelle ; MM. les Anglais se retirent poliment dès qu'ils paraissent, leur procurant toutes sortes de divertissements et payent partout les violons. »

LE CHEVALIER

C'est avoir de bons procédés.

CRAQUET (lit)

« De Berlin. On prépare en toute diligence le château de Mon Bijou pour servir de retraite philosophique au Salomon du Nord, où il doit faire à son aise des réflexions morales sur la vanité des projets humains. On ajoute que c'est l'impératrice-reine de Saba qui l'a engagé à prendre ce parti. Il a tant de considération pour elle qu'il amasse une grande quantité de vivres et de munitions pour défrayer le cortège de cette reine qui doit lui rendre visite dans sa capitale. Elle y sera bientôt, il n'y a que la Vistule à passer pour aller de Bohême à Berlin. »

LE CHEVALIER

Que dites-vous, M. Craquet, et où donc, prenez-vous la Fissétule? C'est un fleuve de Tartarie. Demandez à M. Gobemouche?

GOBEMOUCHE

Parbleu!

CRAQUET

De Tartarie, de Tartarie?

LE CHEVALIER

Je vais vous le prouver, hola, garçon, la carte!

LE GARÇON-CAFFÉ

Comment la carte pour deux verres d'eau!

LE CHEVALIER

Je te demande la carte de l'Europe, dépêche. — Vous allez voir votre bec jaune, monsieur Craquet.

CRAQUET

Vous allez voir le vôtre, monsieur le chevalier. La voilà!

GOBEMOUCHE

Entendons-nous, messieurs.

LE CHEVALIER

Tenez, messieurs, remarquez bien, voilà la Fissécule.
Il renverse le verre d'eau sur la carte.

CRAQUET

Gare, gare, voilà la Vistule qui se déborde.

LE CHEVALIER

Eh, que diable, c'est que vous m'impatientez avec vos ignorances.

CRAQUET

Vous êtes un impertinent.

GOBEMOUCHE

Eh ! Messieurs, messieurs !

LE CHEVALIER

Ah ! Nandis voilà pour t'apprendre à vivre.
Il lui arracha sa perruque et s'enfuit.

CRAQUET

Arrête, arrête.
Il court après le chevalier.

GOBEMOUCHE (les suit en disant)

Ah ! messieurs, messieurs, entendons-nous.
On entend crier dans le bosquet voisin.

Entrez chez nous, messieurs, çà va commencer. Voilà le grand jeu, allons vite, allons vite.

A la sortie du café, le roi de Pologne reçut tout debout un compliment de Polichinelle qui était monté sur un castelet. Puis il « passa dans un bosquet, où il y avait deux petites boutiques de libraires, ou l'on vendait les livres composés par Sa Majesté, et par d'autres princes[1]. On en lisait alternativement les titres, et les réflexions dont on les accompagnait faisaient sentir sans affectation combien les ouvrages d'un souverain qui ne s'occupe que du bonheur des hommes étaient supérieurs par ce ton d'humanité qui règne pour tous ses écrits »[2]. Les deux

---

1. Le duc de Luynes dit : « Dans l'une de ces boutiques, on vendait des livres à l'usage du roi de Prusse ; dans l'autre à l'usage du roi de Pologne. »

2. Fréron. Grimm juge ainsi le Roi comme écrivain: « On peut compter parmi les auteurs célèbres de ce siècle le roi de Pologne Stanislas, duc de Lorraine et de Bar, qui vient de mourir à Lunéville au grand regret de cette province. Il a beaucoup écrit. On a recueilli ses ouvrages sous ce titre: *Œuvres du philosophe bienfaisant*. Son livre sur le gouvernement de Pologne passe pour ce qu'il a fait de mieux, » — Corresp. litt., éd. Tourneux, t. VI, p. 493. Les *Œuvres du philosophe bienfaisant* avaient été réunies par Marin. 4 vol. in-8 et 4 vol. in-12, Paris, 1763. Mme de Saint-Ouen en a donné un extrait en 1825, rel. in-8.

marchandes étaient Mme Desbrosses et Mlle Toulon, un acheteur : M. Baletti, et une acheteuse : Mlle Baletti.

« Dans un bosquet voisin, galamment décoré de festons et de guirlandes de fleurs, on représenta devant Sa Majesté, *les Ensorcelés ou la Nouvelle Surprise de l'amour*, petite pièce nouvelle en un acte, en prose et en vaudeville, qui se joue depuis quelque temps avec succès aux Italiens ; elle est de la composition de Mme Favart et de MM. Guérin et Harni [1]. Fréron dit qu'elle fut exécutée par « les sieurs Préville, Chanville, Mme Favart et la demoiselle Desglands, actrice de la scène italique », tandis que le manuscrit de l'Arsenal dit qu'elle fut jouée par Mlle Catinon, Mlle Favart, Mlle Desglands et M. Chanville. Le duc de Luynes, qui pourrait résoudre la question, ne parle pas des acteurs.

Puis on distribua des devises en forme de couplets au Roi, à Mme de Monconseil, à Mme Talmon ; Mme de Boufflers, Mme de Bassompierre, Mme de Polignac, Mme de Blot, Mme de Baye, Mme de la Tour du Pin, Mlle de Baye et Mlle de Boufflers reçurent également les leurs.

« Enfin le roi de Pologne passa sur un banc, au bout d'une allée où toute la fête du village vint au-devant de lui. La petite Baletti, fille de la Silvia, et la petite Favart marchaient à la tête du village, ayant chacune une guitare dont elles s'accompagnaient avec beaucoup de grâce. Elles chantèrent ensemble, sur l'air de *Dame Françoise*, sept couplets faits exprès pour le roi de Pologne et dont voici à notre avis les meilleurs :

>   Par le trouble et le ravage
>   Ne s'annoncent point les dieux ;
>   Par des bienfaits précieux
>   Ils attirent notre hommage.
>   Par des bienfaits précieux

---

1. *Les Ensorcelés* étaient alors en plein succès de la nouveauté à la mode. (Mercure, oct. 1757, t. I, p. 170); « On voit, dit le rédacteur, que Mme Favart joue en mère ». « Les comédiens italiens continuent les représentations des *Ensorcelés* qu'on revoit toujours avec le même plaisir. » (Mercure, oct. 1757, t. II, p. 190.)

> Leur grandeur éclate mieux
> Stanislas est leur image ;
> Il ne fait que des heureux.
>
> On lui rend ce qu'il nous donne ;
> Chacun l'aime par retour ;
> Chacun partage à son tour ;
> Le bonheur qui l'environne ;
> Le respect est dans sa cour ;
> Mais il marche après l'amour ;
> On lui donne ce qu'il nous donne
> Chacun l'aime par retour.
>
> Mais je vois de nos retraites
> S'éloigner les ris, les jeux ;
> Vous nous faites nos adieux ;
> Le bonheur n'est qu'où vous êtes ;
> Si nous vous perdons des yeux,
> Le cœur vous suit en tous lieux ;
> Ah ! bientôt dans nos retraites
> Ramenez les ris, les jeux.

Le chœur du village répétant ces couplets accompagna le Roi jusqu'à son carrosse. « Le Roi, après avoir témoigné à Mme de Monconseil sa satisfaction, caressé, tout le monde de regards pleins de bonté, donné sa main à baiser à toute sa cour, monta dans son carrosse et partit pour Lunéville [1], emportant avec lui notre admiration, notre amour, nos vœux pour sa conservation, ou plutôt nous laissant tous les sentiments éternellement gravés dans nos cœurs.

Avouez, Monsieur, qu'il n'était guère possible de mieux remplir la fiction d'une foire, et que tout ce qui caractérise ces sortes de spectacles, se trouvait réuni à Bagatelle, avec un choix et un goût infini. Cette fête a été exécutée et conduite par M. Favart, d'après le plan et les idées que lui avait fournis Mme de Monconseil, née pour inspirer et pour éclairer les Muses.

Je suis, etc.   A Paris, le 18 septembre 1757 [2].

---

[1]. Le duc de Luynes dit : « Le roi de Pologne partit à une heure et un quart et alla coucher, à Germiny, chez M. l'évêque de Meaux. »
[2]. L'*Année littéraire* de M. Fréron, 1757, t. VI, lettre VI, p. 136-144.

Aussitôt arrivé à Germiny, l'aimable roi de Pologne, encore tout émerveillé des jolies choses qu'il avait vues et entendues, écrivit à Mme de Monconseil la lettre suivante[1] :

Vous avez choisi, ma chère amie, un sujet ingrat pour composer tout ce qu'on peut entendre de joli dans une fête aussi galante que celle que vous m'avez donnée, mais non pas un cœur ingrat, car je suis pénétré de la plus vive reconnaissance. Tout ce que je pourrai jamais voir de cette espèce me paraîtra bagatelle au prix de ce que votre charmant Bagatelle a produit. Recevez mes très sensibles remerciements, en vous assurant que je n'en perdrai jamais le doux souvenir et que je vous embrasse de tout mon cœur.

Difficile, nugæ !

---

1. Duc de Luynes, t. XVI, p. 165, note 1.

VUE DE LA POMPE A FEU, DITE MAISON-ROUGE, EN 1813
D'après une aquarelle originale appartenant à M. Hartmann.

CHAPITRE V.

NOUVELLES FÊTES DONNÉES PAR MADAME DE MONCONSEIL A BAGATELLE

Fêtes données en l'honneur du roi de Pologne en 1758 et 1759. — Fêtes données pour la convalescence de Mme de Polignac et de Mme de Blot. La lanterne magique offerte au maréchal de Richelieu par Mme de Monconseil pour le 1er de l'an 1760.

Aux fêtes que donnaient Mme de Monconseil assistaient la cour du roi de Pologne, de ses amis, et quelques-uns de ses parents habitant Paris ou Versailles. On peut citer entre autres Mme la maréchale de Luxembourg, Mme la princesse d'Egmont, Mme de Baye, Mmes de Boufflers, de Bassompierre, de Talmond, de Blot et ses deux petites-filles, M. le maréchal de Coigny, l'abbé de Boufflers, M. de la Galaisière, M. le président Hénault, M. le chevalier de Listenois, M. de Tressan, M. et Mme de Polignac.

Lorsque le roi de Pologne revint en 1758 faire son voyage coutumier à Versailles, il ne voulut pas retourner dans ses duchés sans avoir rendu visite à Mme de Monconseil.

Le scrupuleux duc de Luynes nous donne de cette fête le compte rendu suivant[1], auquel nous nous bornerons, afin de ne pas trop allonger ce chapitre déjà assez long.

La fête eut lieu le 26 septembre, et, à la demande du Roi, il n'y eut que quelques couplets et des compliments, car il resta peu de temps à Bagatelle, et il n'y prit que le café. Mais comme nous allons le voir, Mme de Moncon-

---

1. Duc de Luynes, t. XVII, p. 78.

seil avait fait au mieux pour rendre la visite du Roi, agréable et gaie.

Voici le récit du duc de Luynes :

« J'ai marqué dans l'année dernière la très jolie fête que Mme de Monconseil donna au roi de Pologne dans le bois de Boulogne, près Madrid, le jour de son départ pour Lunéville ; elle désirait beaucoup que le prince lui fit encore cet honneur cette année, et s'était donné beaucoup de mouvement pour obtenir cette grâce. Le roi de Pologne avait toujours dit qu'il viendrait, mais qu'il ne voulait point de fête. Il n'était point question d'un dîner comme l'année passée, mais seulement de prendre le café et d'un amusement d'une heure ou deux (Mme de Monconseil n'était pas sans espérance que peut-être la Reine voudrait y aller avec le Roi son père [1]). Mme de Monconseil, qui a beaucoup de goût et qui est parfaitement bien servie dans ces sortes d'occasion, avait déjà fait tous ses arrangements ; tout était prest pour les différents divertissements, soit dans le jardin, soit dans la maison, suivant le temps. On avait fait une répétition et elle se flattait qu'elle obtiendrait jour pour aujourd'hui mardi. Elle vint à Versailles et ne put jamais savoir autre chose, sinon que le roi de Pologne vint un jour chez elle sans dire lequel ; de ce moment elle renonça à tous ses projets. Aujourd'hui le roi de Pologne a donné l'ordre pour des carrosses disant qu'il voulait aller voir l'Ecole militaire ; en conséquence, on envoya avertir M. le chevalier de Croixmare, qui commande cette école. Le roi de Pologne ayant relayé à Sèvres, on le menait le long de la rivière, lorsqu'il donna l'ordre que l'on passât le pont de Sèvres et qu'on allât au bois de Boulogne. Il est arrivé chez Mme de Monconseil, qu'il a trouvée toute seule avec sa famille. Cette surprise n'a pas empêché qu'il n'ait eu quelques vers et quelques chansons de fort bon goût et très flatteuses, elles ont été chantées par Mlle de Monconseil qui a neuf ou dix ans. Elle a une jolie figure et beau-

---

1. Add. du duc de Luynes, datée du 8 oct.

coup de grâces. Le roi de Pologne a pris un peu de café ; il y a eu des plaisanteries, et le tout a duré un bon quart d'heure. »

La dernière fête qui fut donnée au roi de Pologne par Mme de Monconseil eut lieu en septembre 1759.

Le Roi, afin que Mme de Monconseil ne préparât pas une fête aussi splendide que celle qui fut donnée en 1757, n'avait pas voulu fixer le jour de sa visite. Mais la rusée marquise gardait chez elle les comédiens et les musiciens ; aussi quand le roi de Pologne entra à Bagatelle, tout le monde était costumé, grimé, et il ne fut pas peu surpris d'être reçu par un groupe de charlatans dont l'un lui déclama le compliment suivant :

COMPLIMENT AU ROY

Enfin donc je vous tiens, Sire, et je vous attrappe :
    Depuis longtemps je ris sous cape
En préparant ce tour à Votre Majesté :
Elle comptait encore aujourd'hui me surprendre,
Mai j'avais des espions qui m'ont beaucoup Conté,
Ils m'ont instruit du jour qu'on devait vous attendre.
    Sire, avouez de bonne foi
Que j'aurai du talent pour la supercherie ;
Et pour mon coup d'essai je crois sans flatterie
Que c'est bien débuter que d'attraper un roi,
    Maître célèbre en tromperie.
    Je sais vos malices par cœur
Et j'ai tout le détail de leur chronologie.
    Dans le printemps de votre vie,
On prétend qu'en amour vous étiez fort trompeur.
    Ce sont de ces tours sans excuse ;
Mars vous a couronné des plus brillants lauriers
Et vous étiez au rang de nos héros guerriers,
Vous scavez allier le courage à la ruse ;
J'ai grande opinion de votre probité,
Mais vous avez au jeu bien de l'habileté :
Peut-être rendez-vous la fortune inégale,
Cela n'empêche pas d'être un grand saint, dit on,
Je n'en veux pour témoin que Saint-François de Sales
Que l'on a taxé d'être un tant soit peu fripon.
Votre savoir magique amoureux du prodige
Parait aux élémens donner un cours nouveau ;

A nos regards trompés vous offrez un château :
Veut-on approfondir le charme du prestige
On est surpris de voir que ce n'est que de l'eau.
  En des édifices immenses,
Votre Majesté semble épuiser son trésor,
Mais vous en résumez pour soutenir encor
Le pauvre, l'orphelin, les arts et les sciences.
  Avec vous les adulateurs
Sont bien embarrassés ; vous les attrapez, sire ;
Et pour vous garantir de tous les traits flatteurs,
Vous en faites cent fois plus qu'ils n'en peuvent dire ;
En un mot vous mettez tout le monde en défaut
Excepté moi pourtant qui suis encor plus fine :
  Dussiez-vous m'en faire la mine
  Cela ne me fait rien, il faut
De nos amusemens écouter les mélanges ;
A Votre Majesté le tout est adressé ;
Et nous la forcerons d'entendre ses louanges
  Pour la punir des tours de l'an passé.

Aussitôt après les charlatans chantèrent[1] :

  On ne voit plus que charlatans.
  A tromper tout le monde s'occupe ;
  C'est un jeu, c'est un passe-temps.
  Tour à tour l'un de l'autre on est dupe,
  Chacun prend pour devise aujourd'hui
  A trompeur trompeur et demi.

  Grand roi, dieu du monde entier,
  Vous êtes expert en tricherie.
  Pour l'honneur de notre métier
  Exercez la charlatanerie.
  C'est à nous de chanter aujourd'hui
  De trompeur trompeur et demi.

  Nous vous avons vu tour à tour
  Héros chez les guerriers et les belles ;
  Vous leur avez joué maint tour ;
  Beaucoup nous en diraient des nouvelles.
  Si vous trompez nous trompons aussi.
  A trompeur trompeur et demi.

1. Une musique manuscrite fut faite exprès pour ces couplets.

L'envie en aiguisant ses traits
Espérait vainement vous surprendre.
Vous la trompez dans tous vos faits.
Nul ne peut y trouver à reprendre ;
Esprits jaloux, venez, venez-y.
A trompeur, trompeur et demi.

Contre le poison des flatteurs
Vos vertus sont le vrai spécifique.
En dépit de ces séducteurs
Pour vous leur éloge est véridique.
Adulateur, venez, venez-y.
A trompeur trompeur et demi.

Tel qui n'attend que des rigueurs
De sa fortune trop indigente
Se voit comblé de vos faveurs.
Vous aimez à tromper son attente ;
Et toujours en agissant ainsi,
Vous ne trompez pas à demi.

Cent fois l'amour voulut, dit-on,
Vous soumettre à son pouvoir suprême ;
Cent fois malgré sa trahison
Sous vos lois il fut rangé lui même.
Fripon d'amour, venez, venez-y.
A trompeur, trompeur et demi.

Si jamais ce petit filou
Voulait me ranger sous son empire,
Comme lui on verra Bijou
Lui jouer plusieurs tours et lui dire :
Fripon d'amour, venez, venez-y.
A trompeur trompeur et demi.

Des doux regards, des mots flatteurs
Comme vous nul ne sait la rubrique ;
De l'art qui gagne tous les cœurs,
C'est vous qui m'apprenez la pratique.
Fripon d'amour, venez, venez-y.
A trompeur trompeur et demi.

L'an passé, vous en souvient-il ?
Nous comptions vous donner une fête ;
Votre esprit espiègle et subtil

La dérange au moment qu'on l'apprête.
Si vous trompez nous trompons aussi.
A trompeur, trompeur et demi.

Vous pensiez encore en ce jour
Eluder nos transports d'allégresse ;
Mais je vous tiens et notre amour
Pourra faire éclater sa tendresse ;
C'est à nous à chanter aujourd'hui :
A trompeur, trompeur et demi.

Cela fut suivi d'un chant bizarre ayant pour refrain,

Sada ballare
Sada cantar

pour annoncer l'orchestre, et l'arrivée des comédiens du Mans.

Ils arrivèrent dans l'ordre suivant : un trompette, un tambour, la Rancune, le Destin, Frontin, l'Olive, Léandre, les symphonistes ; la charrette de la comédie chargée des décorations, ayant au-dessus une nourrice avec un enfant ; et le carrosse des comédiennes dans lequel étaient :

Mᵉ la Caverne........   DESGLANDS.
L'Etoile.............   FAVART.
Angélique...........   CHANVILLE.
Ragotin à cheval.

Les comédiennes descendirent de carrosse et s'arrangèrent en cercle sous le balcon du Roi, avec les comédiens et leur suite ; puis La Rancune s'approcha pour faire sa harangue :

Sire,

La comédie étant un divertissement
Qu'un prince comme vous prend ordinairement,
Nous venons vous l'offrir avec son plus beau lustre ;
Des grands acteurs du Mans voici la troupe illustre
La Rancune d'abord (il fait une révérence), l'Etoile, le Destin,
Madame la Caverne et monsieur Ragotin,
Frontin avec Léandre, Angélique et l'Olive,

Tous enfin animés de l'ardeur la plus vive,
Nous quittons sans regret le pays des chapons ;
Aux applaudissements, sire, nous échappons
Pour chercher en ces lieux un hameau plus solide.
Si l'effet répondait au zèle qui nous guide,
Autant que les héros du théâtre français
Nous serions couronnés des plus brillants succès
Et nos rivaux jaloux céderaient la victoire :
De plaire à Stanislas dépendra notre gloire.
Informés par les cris de la Nimphe à cent voix
Que l'on verrait ici le plus sage des rois
D'un théâtre ambulant nous chargeons nos charrettes.
Et nous accourons tous en piquant nos mazettes
Pour préparer des jeux moins que pour admirer.
Un roi que ses bienfaits partout font adorer ;
Et qui doit aux vertus l'éclat qui l'environne ;
Mais je sens qu'en ce jour l'austère vérité
M'oblige à vous donner son encens mérité ;
Je réserve mes traits pour mes chers camarades :
S'il faut parler sans fard, ils sont assez maussades ;
Mais pour vous amuser, ils feront leurs efforts ;
Déja votre présence anime leurs transports.
Le désir de vous plaire enfante des miracles,
De notre insuffisance il vaincra les obstacles.
Vous faites d'un regard éclore les talens
Et si nous vous plaisons, nous serons excellens.

Cela fut suivi de la comédie *l'Assemblée des comédiens du Mans*.

Après la comédie, des couplets furent chantés par Angélique, l'Etoile, l'Olive et la Rancune, puis il y eut un deuxième divertissement de Bohémiens.

L'amour bohémienne s'approcha du roi et lui fit le compliment suivant :

Sire,
Sous cet habit vous devez me connaître,
Je vous accompagne toujours.
Mon bonheur dépend de vos jours,
Et c'est vous qui me faites naître.
Je suis l'amour, non ce dieu dont les traits
Portent le trouble et le délire,
Mais cet amour qui suit l'empire
D'un roi qui répend les bienfaits.

Jouit-on de votre présence ?
On éprouve tous mes attraits ;
Dans votre cœur mon empire commence
Vous me faites passer dans ceux de vos sujets ;
Vos actions forment mon existence.
Mais il faut s'il vous plaît me prêter votre main.
Pour le bonheur du monde elle est toujours ouverte.
J'y ferai quelque découverte.
Je prédis l'avenir, mon savoir est certain.
Oh ! oh ! la chose est étonnante :
En voyant votre main, je lis dans votre cœur.
Ah ! sire, le beau livre ! et qu'il vous fait honneur !
Quelle est cette étoile éclatante ?
Vers elle l'indigent élève ses regards.
Sa bénigne influence adoucit la misère ;
Favorable aux vertus, aux talens, aux beaux-arts,
Elle donne la vie à tout ce qu'elle éclaire :
On penserait que c'est votre portrait.
Sire, il n'est point étranger à la France.
On y connaît la reine à chaque trait,
Sa perfection vient de votre ressemblance.
Mais de cette autre ligne observons bien les traits :
Sans aucune traverse elle paraît suivie.
Qu'elle est longue ! vraiment c'est celle des bienfaits,
Et c'est en même temps celle de votre vie.
Dans votre main lorsqu'on lit comme moi.
C'est un joli métier celui de Bohémienne
Vous vivrez plus d'un siècle, en bon père, en grand roi.
Sire, voilà de bonne foi
Votre bonne aventure et plus encore la mienne.

Puis les Bohémiens chantèrent :

Air : La Bonne Aventure au gué.

En ces lieux nous arrivons
De Bohême en droiture ;
L'avenir nous prédisons,
Nous cherchons et nous disons
La bonne aventure au gué,
 La bonne aventure.

CHŒUR

La bonne aventure au gué,
 La bonne aventure.

Sire, donnez votre main,
Je vous en conjure.
Vous saurez votre destin.
Je dis mieux qu'aucun devin
La bonne aventure au gué
   La bonne aventure.

J'y vois un rare trésor.
C'est une âme pure
Qui chez nous ramène encor
Les beaux jours de l'âge d'or.
La bonne aventure au gué,
   La bonne aventure.

Le ciel a versé sur vous
Ses biens sans mesure ;
Vous les répandez sur nous,
Et vous procurez à tous
La bonne aventure au gué,
   La bonne aventure.

Vous vivrez encore cent ans,
J'en tire l'augure.
Et de vos petits-enfans
Vous verrez les descendans.
La bonne aventure au gué,
   La bonne aventure.

Vous les verrez prospérer.
Leur fortune est sûre.
Or, tous vous saurez montrer
L'art de se faire adorer.
La bonne aventure au gué,
   La bonne aventure.

Leur sagesse éclairera
La race future.
En eux on retrouvera
Les vertus du grand-papa.
La bonne aventure au gué,
   La bonne aventure[1].

---

1. Il y a encore quatre couplets que nous ne reproduisons pas.

L'amour (*en bohémienne*)
Tous les cœurs vous sont soumis,
L'amour vous l'assure ;
Si ce terme m'est permis
Vos sujets sont vos amis.
La bonne aventure au gué,
  La bonne aventure.

D'une bohémienne en ce jour
J'ai pris la figure,
Non pour jouer quelque tour,
Mais pour vous faire ma cour.
La bonne aventure au gué,
  La bonne aventure.

Cela se termina par un chœur, et les Bohémiens s'en allèrent en chantant la bonne aventure.

**

Outre les fêtes données en l'honneur du roi de Pologne, il faut citer celle qui fut donnée à l'occasion de la convalescence de Mme de Polignac, sa sœur, et de Mme de Blot, sa nièce.

Des Savoyards jouent dans la cour de plusieurs instruments tel que vielle, flûtes à l'ognon, orgues, triangles, etc., tandis que d'autres crient en montrant la curiosité, d'autres la marmotte en vie, le plaisir des dames, etc.

Ils entrent alors en dansant, et Mme Favart en marchande de croquet, chante quelques couplets, ainsi que Mlle Baletti costumée en Savoyarde.

Comme intermède, M. Baletti l'aîné et Mlle Catinon dansèrent une contre-danse ; puis, Mme Favart, habillée en marchande de petite loterie, chanta de nouveaux couplets et présenta son corbillon à Mme de Polignac : « Allons, Madame, tirez à ma petite loterie ? » Mme de Polignac tire, et amène une suite de huit nouveaux couplets. Mme Favart présente alors son corbillon à Mme de Blot qui tire et amène les couplets que voici :

    Vous avez mis en grand courroux
      La reine de Cythère.

Comment, dit-elle, plus que vous
    De Blot a l'air de plaire?
Mon orgueil en est irrité.
    Qui voit cette mortelle
Aussitôt traite ma beauté
    De Bagatelle.

On forme à l'instant le dessein
    De vous ravir vos charmes,
Bientôt un infernal essaim
    Contre vous prend les armes.
« Vénus, nous servons tes projets,
    Dit la troupe cruelle.
« S'il ne faut qu'effacer ses traits,
    C'est Bagatelle ».

Un monstre échappé des enfers
    Conduit par la vengeance
De son souffle infecte les airs
    Et contre vous s'élance.
L'amour qui ne vous quitte pas
    Vous couvre de son aile.
Ne craignez rien, dit-il tout bas ;
    C'est Bagatelle.

Il épure avec son flambeau
    L'air qui nous environne,
Et par ses soins d'un jour nouveau
    Votre beauté rayonne.
Ce dieu vous rend à vos désirs
    Et plus fraîche et plus belle
Vous ramène avec les plaisirs
    A Bagatelle.

Le corbillon fut ensuite présenté à Mme de Baye, puis à Mlle de Monconseil, — Tirez aussi charmante blonde... — et Bijou tira une chanson qu'une petite Savoyarde lui chanta.

Puis les Savoyards terminèrent la fête par une contredanse.

***

Cette même année, — la dernière, du reste, où Mme de Monconseil donna des fêtes, — un divertissement eut lieu en l'honneur de Mgr le duc d'Orléans.

Venu passer quelques heures dans les jardins de Bagatelle, il y accepta à souper et ne fut pas peu surpris, le souper étant fini, de voir entrer dans la salle un sorcier. Colas [1], qui, s'adressant successivement aux personnes de l'assemblée, leur chanta des couplets faits exprès et s'adressant à M. le duc d'Orléans, puis à Madame, et ensuite à Mme de Polignac :

> Sans chagrin d'aucune affaire
> Sans souci d'aucun micmac
> La joie est plus salutaire
> Que l'art du docteur Pibrac.
> Eh ! ziste, zeste
> Leste
> Preste
> Vive Polignac !
> On chérit votre caractère
> De plus en plus vous sçavez plaire
> Croyez en mon almanach.

A Mme de Blot :

> Eut-on le cœur plus dur qu'un roc
> On aime cette belle blonde...

A Mlle de Monconseil :

> Certaine ardeur vous enflamme
> Mille amours sont dans vos yeux
> Mais un seul règne en votre âme
> Où peut-il se loger mieux ?
> Déjà l'hymen vous réclame,
> Et selon votre désir
> Dans peu vous serez Madame,
> Ça vous fera bien du plaisir.

A Mme de Monconseil :

> A votre goût rien n'échappe
> Tout en vous est sentiment
> Par un trait qui toujours frappe
> Vous réveillez l'enjouement...

1. C'était Chanville.

Puis parurent Bastien et Bastienne, qui jouèrent les *Amours de Bastien et de Bastienne*, pièce du Théâtre-Italien, et ils terminèrent par des couplets, dont l'un, chanté par Colas, annonça le bal.

⁂

Enfin, cette même année 1759, Mme de Monconseil envoya au maréchal de Richelieu une lanterne magique avec couplets explicatifs des vues, pour ses étrennes (1er janvier 1760).

Après l'introduction, nous voyons que, « sous les berceaux de Cythère M. le maréchal de Richelieu, entre les bras des grâces et des amours, est instruit par Minerve ; un des berceaux de Cythère est fermé par des rideaux, un amour curieux veut les lever, un autre l'en empêche en faisant signe du doigt qu'il ne faut point découvrir leurs mystères ;

« Puis l'ambassade de M. le duc de Richelieu à Vienne ;

« La bataille de Fontenoi ;

« La statue élevée à Gênes à M. le maréchal de Richelieu ;

« La cheminée, dont voici les couplets principaux :

> C'est un ramoneur d'amour
> Parfumé d'escence d'ambre
> Qui sait par un joli tour
> Le glisser dans une chambre
> Lorsqu'au logis monsieur n'est pas
> Ramonez-la la cheminée
> Ramonez-la du haut en bas
>
> Beau ramoneur, beau ramoneur,
> Tout est en feu chez madame.
> Il vient de prendre à son cœur.
> Accours éteindre sa flamme,
> Et surtout ne l'épargne pas,
> Ramone-la la cheminée ;
> Ramone-la du haut en bas.

« La prise de Mahon ;

« La capitulation de OEster-Sewen ;

« M. de Richelieu dans son gouvernement ;
« Repas et bal ;
« Conclusion.

Après avoir passé en revue les fêtes données à Bagatelle par Mme de Monconseil et en avoir lu les parties les plus importantes, la petite maison du bois de Boulogne avec ses hôtes gracieux et lettrés, depuis Mme de Blot jusqu'au chevalier de Boufflers décochant un quatrain à celle qui ne trompa pas son mari, nous apparaît rempli de joies et de rires dans un cadre de verdure tendre.

Hélas ! Mme de Monconseil allait connaître le revers de la médaille.

CHAPITRE VI

ÉTAT DES CONSTRUCTIONS DE 1750 A 1776

Etendue des premiers jardins. — Lettres et rapports de M. Soufflot à Mme de Monconseil au sujet des réparations à faire aux bâtiments et les réponses de Mme de Monconseil. — Les recommandations de l'abbé de Laville et de M. de Jumilhac. — Réparations faites aux frais de Mme de Monconseil et autres remboursées par le Roi.

Les jardins de Bagatelle s'étendaient en bois comme en plaine sur un espace de 512 perches, faisant partie d'une plaine de 716 perches, sur laquelle les dames de Saint-Cyr prélevaient un droit de 12 septiers d'avoine [1].

Mme de Monconseil y avait tracé des allées et des coups d'œil agréables, qui faisaient autant de théâtres pour les fêtes qu'elle y donna.

Quoique de construction récente, la délicieuse propriété menaçait ruine vers l'année 1757, et Mme de Monconseil s'occupa aussitôt de la faire réparer. Elle s'adressa à M. de Marigny, directeur des Bâtiments du roi, qui s'informa auprès de M. Soufflot. Après avoir pris les renseignements nécessaires, M. Soufflot écrivit à M. Marigny la lettre suivante [2]; il s'agissait surtout à ce moment de réparer les murs qui entouraient la propriété et qui ne la préservaient plus contre les rodeurs :

J'ai pris sur les murs du jardin de Bagatelle les informations que vous m'avez ordonné de prendre. Le terrain que ce jardin occupe est intérieur aux murs de clôture du bois de Boulogne ; les murs par lesquels il a été enfermé ont été faits et entretenus, *aux dépens de feu Mademoiselle;* mais, ou ceux-ci,

---

1. Arch. nat. R³, 3.
2. Arch. nat. O¹ 1581. Ainsi que toutes les lettres que nous citons dans ce chapitre.

ou ceux de l'ancienne enceinte qui forment toujours la totalité du bois, doivent ce me semble, être au Roy, et entretenus par les Bâtiments ; je penserais, Monsieur, que sa Majesté ayant ordinairement une distance au bout de ces murs d'enceinte du côté de la campagne réservée pour les réparations ; ce serait plustôt ceux-là qui devraient rester à l'entretien. M. Pluyette, qui a eu longtemps l'inspection de la Muette, pense à vous éclaircir encore cet objet ; je n'en ai point de plan dans mes bureaux, si cela est nécessaire j'en feray lever un pour constater le party qu'il vous plaira prendre.

Je suis avec respect
Monsieur
Votre très humble et
très obéissant serviteur
Soufflot.

Paris, le 23 janvier 1758.

Il est question ici du jardin qui séparait Bagatelle du Petit-Madrid. On voit très clairement que les murs qui clôturent le jardin du Petit-Madrid ont été construits et entretenus par Mlle de Charolais. Mais ces jardins du Petit-Madrid appartenaient maintenant en partie à Mme de Monconseil, qui avait l'autorisation d'y prendre deux arpents quarante-trois toises trois quarts de toise, et de les ajouter à sa propriété. Sans se lasser, Mme de Monconseil continua ses démarches pendant plusieurs années, toujours sans succès. Elle envoya un mémoire de Le Tellier, entrepreneur général de la maçonnerie des Bâtiments de la Muette, Madrid et Bagatelle qui estimait la dépense à 6.000 livres.

On lui répondit encore que seuls les logements des portiers étaient réparés aux dépens de Sa Majesté.

Ceci prouve bien que Bagatelle n'était pas considéré comme une porte du bois de Boulogne. Cependant la propriété de Bellanger, avocat, était bien une des portes du bois de Boulogne, comme nous l'avons démontré. Seulement, la maison actuelle étant adossée au mur du bois de Boulogne, la porte de Bellanger y fut gardée pour permettre de se rendre au château, par la plaine qui s'étendait devant Madrid ; c'était une vraie porte donnant sur le bois de Boulogne, et diverses allées du bois y aboutissaient.

Portrait de Madame la Comtesse d'Artois,
par François-Hubert Drouais
Collection de M. Wildenstein.

La lettrée marquise ne reprit sa plume que pour recevoir de M. de Marigny cette gracieuse lettre :

Versailles, le 27 février 1763.

Si vous saviez, Madame, jusqu'où va l'envie que j'ay de faire quelque choses qui vous soit agréable, vous seriez bien persuadée que s'il ne tenait qu'à moy, il ne vous resterait bientôt plus rien à désirer pour les réparations de votre maison de Bagatelle. Mais le Roy ayant considéré que la plupart des logements destiné originairement aux portiers du bois de Boulogne étaient devenus des maisons de plaisance qui coûteraient beaucoup, si leur entretien était à la charge de Sa Majesté, elle a résolu qu'à l'avenir leurs réparations se borneraient absolument à ce qui constituait le logement du portier. Vous sentez bien, Madame, qu'on ne pourrait s'écarter de cette règle en votre faveur, sans fournir à tous ceux qui ont des maisons comme la votre un prétexte de solliciter la même grâce. Cependant comme personne ne mérite mieux que vous une exception, je prendrais la liberté de la demander au Roi, s'il était question d'un objet moins considérable. Mais, suivant les rapports qui m'ont été faits, les réparations que votre maison exige monteraient à une somme si forte, qu'il me serait impossible d'y fournir dans la situation où se trouve la caisse des Bâtiments du Roi. J'entre bien sincèrement, Madame, dans la peine que vous devez ressentir d'avoir acheté cette maison aussi cher que vous le dites et de la voir dans un état périclitant ; mais vous savez que ce ne sont pas les Bâtiments du Roi qui vous l'ont vendue, et qu'ils ne méritent conséquemment aucun reproche à cet égard. Malgré toutes ces raisons, Madame, si les circonstances devenaient plus favorables, le désir de vous obliger l'emporterait sur toutes les considérations, et je supplierais le Roi de vouloir bien vous accorder une somme pour que vous l'employassiés à réparer votre maison de Bagatelle de la manière que vous le jugeriez le plus à propos.

Marquis DE MARIGNY.

Mme de Monconseil reprit espoir et écrivit à nouveau à M. de Marigny une lettre digne de Mme du Deffand. Ne pouvait-elle mieux faire que de s'offrir à avancer la somme nécessaire aux réparations, puisque les finances du Roi étaient obérées ? C'est ce qu'elle fit, insistant encore pour prouver que jamais Bagatelle n'avait été une porte du bois, comme celle de Neuilly et celle de Longchamp, dont on était autorisé à louer les bâtiments, et que, dans ce cas, on était également responsable des réparations. Ne se trompait-elle pas ?

> Je commence, Monsieur, par vous témoigner la sensible reconnaissance que m'a inspirée votre lettre du mois passé, et je n'aurais pas différé à vous en assurer, si je n'avais voulu, auparavant, me mettre en état de répondre à vos bonnes intentions par l'examen le plus scrupuleux et le plus borné des moyens nécessaires pour me mettre en sûreté dans ma maison de Bagatelle ; de sorte que, si vous êtes dans l'intention de me procurer une somme pour remédier aux plus grands inconvénients, j'espère qu'avec cinq mille francs, je m'en tirerai, comme je pourrais à la vérité, mais enfin c'est beaucoup d'être tranquille pour la sûreté ; au surplus, Monsieur, je crois qu'on vous a mal informé, en vous faisant envisager Bagatelle comme porte du bois ; Où aurait abouti cette porte ? et à quel usage aurait-elle pu servir ? je ne l'ai jamais ouï dire ; d'ailleurs les maisons qui ont été considérées comme telles jouissent de 500 l. de rentes, ce qui n'a jamais été à Bagatelle ; aussi, Monsieur, par toutes sortes de raisons j'ose me flatter que vous voudrez bien me favoriser ainsi que vous m'en donnez l'espérance ; la reconnaissance que j'en aurais sera aussi sincère que les sentiments avec lesquels j'ay l'honneur d'être, Monsieur, votre très humble et très obéissante servante.
>
> De Monconseil.

A Paris, le 23 mars 1763.

Hélas ! l'année suivante, elle n'était pas plus avancée, et alors elle adressa à M. le marquis de Marigny non une lettre, mais une véritable supplique, qui du reste n'eut pas un effet immédiat :

> Mme de Monconseil usufruitière de la petite maison de Bagatelle dans le bois de Boulogne suplie M. le marquis de Marigny de faire examiner cette maison pour éviter les accidents qui pourraient résulter des grandes eaux, dont les fondations sont lavées soit par celles de la rivière lorsqu'elles sont à la hauteur actuelle, soit par celles du bois de Boulogne à la suite des grandes averses.
>
> Elle a d'autant plus lieu de craindre que, par l'examen qui en fut fait par le sieur Pluyette pour lors Inpecteur des Bâti-

ments du Roy au château de la Muette, après l'inondation de 1740; il jugea et plusieurs autres personnes après lui qu'il y avait tout à craindre d'une seconde inondation.

Mme de Monconseil espère que M. le marquis voudra bien ordonner l'examen le plus scrupuleux pour qu'elle ne soit pas exposée à être écrasée sous les ruines de cette maison et ordonner en cas de nécessité les grosses réparations nécessaires pour la conservation de la maison.

DE MONCONSEIL.

15 février 1764.

Soufflot répondit à M. de Marigny en marge de cette supplique le 8 mars 1764, mais le résultat tant attendu de l'aimable châtelaine ne fut pas encore atteint.

Que faire? Elle se résigna à rendre visite à M. de Marigny, à user de toutes ses grâces et de son joli langage. Peine perdue, elle ne vit pas le marquis, prépara un mémoire et le lui adressa avec la lettre suivante :

J'ai déjà eu l'honneur, Monsieur, de me présenter plusieurs fois à votre porte et j'y viens encore avec le désir de vous présenter moi-même le mémoire ci-joint; la vérité et la justice des faits qu'il contient n'a pas besoin d'appui auprès d'un homme aussi équitable que vous, Monsieur ; je vous supplie donc d'en ordonner l'examen et la vérification, bien certaine qu'ensuite vous ne me refuserez pas la grâce que je vous demande et celle d'être persuadé des sentiments avec lesquels j'ai l'honneur d'être, Monsieur, votre très humble et très obéissante servante.

DE MONCONSEIL.

A Paris, ce 13 avril 1764.

Là-dessus, M. de Marigny envoya le 19 avril le mémoire à Soufflot en le priant de l'examiner avec soin : « Vous voudrez bien examiner les raisons qu'elle allègue et me mettre à portée de juger de leur valeur. »

Le jour même, il répondait à Mme de Monconseil qu'il allait examiner son mémoire et ferait ce qu'il pourrait pour la satisfaire, — son idée était vraisemblablement d'amener la question au Conseil du Roi, et c'est pour cela qu'il demandait un rapport de Soufflot sur les raisons de Mme de Monconseil, afin de les mettre en lumière.

Soufflot adressa ce mémoire à M. le marquis de Marigny le 22 juin 1764 et l'accompagna d'une lettre dont nous extrayons le passage ci-après :

J'ai l'honneur de vous envoyer le mémoire concernant la maison de Mme de Montconseil que nous avons visitée avec M. Gabriel : je l'avais gardé pour en converser avec M. Le Tellier, entrepreneur de la Meute, qui a fait à cette maison bien des petites réparations aux frais de cette dame et qui pense qu'on peut encore la maintenir comme nous le disons.

Ce mémoire très circonstancié est trop utile pour la question qui nous intéresse pour que nous ne le donnions pas ici, dans sa forme, et sans commentaire :

Mémoire

En conséquence des ordres que nous a donnés M. le marquis de Marigny, nous nous sommes transportés dans le bois de Boulogne à la maison et bâtiments apartenant au Roi occupés par Mme la marquise de Montconseil pour y examiner les grosses réparation qui sont à y faire pour Sa Majesté en qualité de propriétaire, Madame de Montconseil n'en ayant que la jouissance. Nous avons reconnu que la bâtisse du principal corps de bâtiment est très légère et en assez mauvais état, surtout celle des murs extérieurs qui ont boucté dans la hauteur d'une espèce de soubassement formant un étage un peu enterré. Que les murs au-dessus surplombent partie en dedans, partie en dehors par leur mauvaise construction et la poussée des charpentes du comble, ce qui a occasionné des déversements assez sensibles dans les planchers, malgré quelques tirans de fer qui y ont été mis pour les contenir.

Nous avons réfléchi d'après ces examens sur les moyens de faire subsister ce corps de logis principal encore plusieurs années ; nous avons pensé que, pour ne point tomber dans la nécessité de démolir la plus grande partie des murs, après avoir fait des chevallemens et étayements nécessaires, ce qui entraînerait à une grosse dépense et peut-être à la reconstruction de la plus grande partie de ce corps de logis principal, on pensait s'en tenir à faire de petites reprises par des lancées de moellon dans les endroits qui ont le plus souffert, mettre quelques tirans de fer aux patins ou aux sablières des fermes du comble, rétablir les crevasses avec précaution, ainsi que les parties du plafond qui menacent ruine et refaire en crépis ou enduit général jusqu'à la hauteur des apuis de fenêtres du grand apartement après avoir avisé tous les joints pour en reconnaître d'autant mieux l'état des murs dans toute leur étendue.

Nous avons examiné ensuite les autres bâtimens accessoires, où nous n'avons trouvé que quelques réparations locatives, excepté à l'écurie principale, en-dessus de laquelle loge le jardinier ou concierge, dont les plates-formes du plancher sont fendues et cassées, ainsi qu'une des pièces qui les suportent, ce qui exige une réparation prompte.

Voilà ce qui nous a paru de plus essentiel en grosses réparations et qui nous semble devoir être suportées par Sa Majesté, et aussi il serait très difficile d'arbitrer ce à quoi cela pourrait monter; nous estimerions que, pour ne point exposer le Roi à une dépense arbitraire, l'on pourrait allouer une somme de 3.000 francs à Mme de Monconseil qu'elle ferait employer aux réparations susdites, en se chargeant de l'excédent s'il en survenait et dont les Bâtiments reconnaîtraient l'emploi.

A Paris, le 14 juin 1764.
                                        Gabriel SOUFFLOT.

La pauvre marquise n'était pas au bout de ses peines. Elle fut encore déboutée de ses demandes. Dans la lettre de refus que lui adressa M. de Marigny, il est encore dit que jamais Bagatelle n'a été considéré comme porte du bois, mais comme *dépendant de la Muette* et appartenant au Roi, par conséquent tombant dans le casuel du gouverneur qui, par son droit, peut en disposer par rente ou autrement sans être tenu aux réparations foncières pas plus qu'à Madrid. Elle obtint seulement de faire faire à ses frais un mur de clôture.

Elle répondit alors ce mot à M. de Marigny :

Quoiqu'on perde son procès, l'usage est, Monsieur, de remercier ses juges ; je m'étais flattée qu'appuyée de votre suffrage, j'obtiendrais une décision plus favorable ; fondée sur ce qui a toujours été pratiqué par nos prédécesseurs ; mais puisque le Roy a prononcé, il ne me reste qu'à me soumettre, et à vous renouveler, Monsieur, les sentiments avec lesquels j'ai l'honneur d'être votre très-humble et très-obéissante servante,
                                Marquise DE MONCONSEIL.
A Paris, le 25 mai.

Elle ne se tint cependant pas pour battue, et, avec une constance digne d'un meilleur succès, Mme de Monconseil reprit ses démarches.

Un nouveau rapport fut fait sans plus de résultat ; le voici :

Rapport du 23 septembre 1765

Les places de portiers du bois de Boulogne ont été acquises par différentes personnes, comme M. le Normant, Mme de Monconseil et autres, dans la seule vue de se procurer des maisons de plaisance ; outre ces portiers titulaires il y en a d'autres particuliers pour la sûreté des portes : en sorte qu'il n'est point de ces portes où il n'y ait une maison de plaisance, indépendamment du logement du portier particulier faisant le service.

Il n'est aucune des personnes qui ont acquis ces places de portiers qui ne demandent que les réparations de leur maison de plaisance soient faites par les bâtimens de Votre Majesté, et elles se fondent sur ce qu'elles ne sont qu'usufruitières de ces maisons, qu'elles ont acheté cette jouissance fort cher, et que Votre Majesté entretient la clôture du bois de Boulogne et les logements des portiers.

... Entre autres personnes qui m'ont demandé des réparations, Mme de Monconseil, qui a acquis la petite maison de Bagatelle, me sollicite depuis longtemps pour faire faire par les bâtiments celles de la maison, sous le prétexte qu'elle est une des portes du bois de Boulogne.

Suivant le compte que je me suis fait rendre de ces réparations, elles sont considérables : mais quand elles seraient moindres, je croirais devoir suplier très humblement Votre Majesté pour éviter à l'avenir toute demande de cette nature de m'authoriser à mander à Mme de Monconseil, que Votre Majesté m'ordonne de ne faire faire de réparations *qu'aux seules maisons qui servent de logement aux portiers faisant le service et aux murs de clôture.*

Le 11 avril 1767, elle prie M. l'abbé de Laville de faire parvenir à M. de Marigny un nouveau mémoire et la lettre suivante :

Dès l'année passée, Monsieur, le Roux votre ancien serviteur, m'avait assuré que vous voudriez bien m'accorder votre appui auprès de M. le marquis de Marigny pour la demande la plus juste et la plus bornée ; cependant je ne vous cacherai pas,

Monsieur qu'auparavant on lui a présenté l'objet sous des voies très mal fondées. ainsi qu'il vous sera facile d'en juger par l'exposé du mémoire cy-joint, qui répond aux objections et établit le droit sans réplique ; mais comme le meilleur a besoin d'asile, je vous aurai la plus incigne des obligations de vouloir bien appuyer mon mémoire et en démontrer la justice à M. le marquis de Marigny ; accordez-moi, Monsieur, celle d'être persuadée des sentiments de reconnaissance que j'en conserve, ainsi que tous ceux avec lesquels j'ai l'honneur d'être votre...

De Monconseil.

11 avril.

M. l'abbé de Laville remit la lettre et le mémoire à M. de Vahiny, qui, donnant le tout à M. de Marigny, lui demanda quelle réponse il devait faire.

« Je vais représenter la question au Conseil, » dit-il.

Du rapport d'avril 1767, on peut extraire les passages suivants :

La maison a toujours été regardée comme appartenant au roi et *dépendant du château de la Muette*. Tombant dans le casuel du gouverneur qui, par un droit de ce gouvernement, peut en disposer viagèrement, soit par vente ou autrement sans être tenu aux réparations foncières pas plus qu'au château de Madrid ni autres dépendances qui se font aux dépens des Bâtiments du Roy comme bailleur de fonds.

C'est la première fois qu'on a formé cette difficulté pour la maison de Bagatelle dont M. de Tournehem avait jugé les réparations foncières comme si justes qu'il les avait toujours accordées et ordonnées tant pour mur de clôture, du nouveau potager donné par le Roi à Mme de Monconseil qu'autres de pareilles espèces pour les fondations.

Or, dans l'intervalle, Mme de Monconseil avait fait réparer tant bien que mal les bâtiments de Bagatelle, afin de les rendre logeables[1]. Afin de forcer, pourrait-on dire, la main des conseillers, elle écrivit, le 5 mai 1767, la lettre suivante :

Je vous (mot illisible) Monsieur, de prendre la liberté de vous importuner aussi souvent. mais vous savez le proverbe sur les gens qui n'ont qu'une affaire ; je crois la mienne si juste que je

1. Voir appendices les n°s 12 et 13.

me flatte qu'à qui que ce soit que vous ayez donné mon mémoire à examiner on n'a pu que vous confirmer la vérité de tous les faits qu'il renferme d'après lesquels j'attends de votre équité et de votre honesteté que vous voudrez bien m'assurer soit pour un an ou dix-huit mois une ordonnance pour mes réparations, dont je ferai les avances comme je pourrai. Votre dernière lettre me remplit d'espérance à cet égard, et je vous prie d'être persuadé que les sentiments de reconnaissance que j'en conserverai seront aussi sincères que ceux avec lesquels j'ai l'honneur d'être votre...

M. de Marigny faisait vraisemblablement ce qu'il pouvait afin de satisfaire Mme de Monconseil, mais le Roi ne se laissait pas influencer et ses rapports étaient plus secs et plus opposés aux réparations les uns que les autres.

Dans celui qui fut présenté au travail du 21 mai 1767, il est dit sans autre forme : que Bagatelle n'a *jamais appartenu à la Muette*, mais aux gouverneurs ; que le Roi doit maintenir sa décision ; et que, du moment que Mme de Monconseil ne répare point la maison, elle soit abattue par ordre du Roi, « attendu l'inutilité absolue dont elle est pour son service ».

Le 29 mai, la pauvre marquise reçut ce cruel refus.

Mais voici que, par une marque de faveur, on l'autorise à faire faire toutes les réparations indispensables en avançant les fonds, qu'on s'arrangerait à lui rembourser par la suite. — Elle avait obtenu cette faveur, grâce à une lettre qu'elle avait adressée à M. le marquis de Marigny et que M. de Jumilhac[1] s'était chargé de faire parvenir, après l'avoir apostillée.

Le sens de cette lettre, contraire aux précédents rapports obtint, de M. Soufflot un refus catégorique. Mme de Monconseil revient cependant à la charge :

Bagatelle, 21 juin.

M. le marquis de Jumilhac me communique hier, Monsieur, une lettre qu'il avait reçue de vous en date du 12 de ce mois au sujet des réparations foncières de Bagatelle ; je me flatte que la dite lettre part uniquement de vos bureaux, et qu'on ne vous en a pas fait lecture. Elle est si directement

---

1. M. de Jumilhac était gouverneur de la Bastille.

opposée à celle dont vous m'honorâtes le 24 février que je ne puis croire que vous ayez changé d'avis. J'ai l'honneur de vous en envoyer ci-joint copie, afin que vous jugiez vous-même...

En somme, elle renouvelait sa réclamation et demandait simplement à faire faire les réparations nécessaires, puisqu'elle avançait les fonds, comme le prouve sa lettre du 19 octobre..., de sorte que, quand même la disette de fonds arrêterait sur la nécessité urgente des dites réparations, on permit toujours de travailler au plus pressé et de différer le reste jusqu'à une autre année.

Enfin, en 1770, elle eut en partie gain de cause. En effet, elle put faire faire les réparations de la maison à ses frais en avançant les fonds, et le mur qui entourait la propriété le fut aux frais du Roi. Ce fut Le Tellier maître maçon, entrepreneur, demeurant à Paris rue St-Etienne-des-Grès, qui fit les travaux sous la direction de Soufflot. Le tout s'éleva à la somme de 1.103 livres, 1 sol, 3 deniers.

C'était bien ; mais Mme de Monconseil ne put se faire rembourser qu'après une lettre datée du 18 septembre 1778 et qui fut apostillée par M. le comte d'Angiviller [1].

Ce fut tout.

1. Charles-Claude de la Billarderie, comte d'Angiviller, mort à Alona en 1810. Directeur général des bâtiments, jardins et manufactures sous Louis XVI, on lui doit d'avoir réuni au Louvre les collections de peintures et de sculptures.

CHAPITRE VII

LES AMIS DE MADAME DE MONCONSEIL ET SES ENFANTS

L'ordre de Bagatelle. — Mme la maréchale de Luxembourg. — Ses impudeurs. — Un couplet de M. de Tressan. — Elle établit la tyrannie de la mode et du bon ton. — Mme la comtesse d'Egmont. — La reine des fêtes. — Vers de Rulhière. — Portrait de Mme la comtesse d'Egmont, par Horace Walpole. — Une impudique estampe. — Mort de Mme la comtesse d'Egmont. — Mme de Polignac. — Mme de Blot. — Son portrait. — Lord Chesterfield veut la « décrotter ». — Sa pudeur et sa grâce. — Mme de Prie. — Mme de Baye. — Cécile-Marguerite-Séraphine de Monconseil. — Elle épouse Jean-Frédéric de la Tour du Pin. — Sa présentation à la cour. — Elle met au monde une fille qui épouse le comte de Lameth et met au monde un fils. — Adélaïde-Félicité-Henriette de Monconseil. — Lettre de lord Chesterfield à Mme de Monconseil. — Adélaïde de Monconseil épouse le prince d'Hénin. — Elle se sépare de son mari. — Une rente de 8.000 livres. — Elle est radiée de la liste des émigrés. — Son portrait par Mme la vicomtesse de Noailles. — Bagatelle au prince d'Hénin. — Mort du marquis de Monconseil. — Deuil de la marquise. — Le ministère de la guerre lui fait une pension. — Lettre au marquis de Ségur. — Mort de Mme de Monconseil. — Une ode de M. Dudéré de Laborde.

Avant d'en terminer avec Mme de Monconseil, il est séant de dire ici quelques mots de son intimité et de ses enfants, car les uns et les autres habitèrent Bagatelle et assistèrent comme spectateurs et comme acteurs aux réjouissances que nous avons précédemment décrites.

Mais dans quel état moral était la société à cette époque ? On peut dire que, depuis les Gaulois jusqu'à la fin du XVIIIe siècle, le génie français oscilla entre le sentiment et l'esprit critique comme entre deux pôles ; le sentiment, c'est les croisades, l'art religieux du moyen âge, la poésie amoureuse et chevaleresque, c'est Duguesclin et Jeanne d'Arc. L'esprit critique, c'est l'ironique Louis XI, il va de la réforme chrétienne à la Renaissance naturaliste du xvi⁰ siècle et arrive à l'apogée avec Montaigne. Puis, au xvii⁰ siècle, c'est l'apparition sublime de la raison pure, cette déesse qui commanda en maître à la fin du xix⁰ siècle. C'est Spinoza, qui seul a pénétré dans le domaine de l'idée religieuse et celui de l'idée politique. Mais chez nous elle n'aboutit alors pas plus que le mouvement de Leibniz n'a abouti ; et le génie français est arrêté.

« Déjà, l'esprit critique a sonné la charge avec le grand sceptique Bayle ; ce n'est pas assez ; il faut une doctrine, le sensualisme en a une à l'étranger, en Angleterre, une doctrine métaphysique mêlée accidentellement à une doctrine de réforme politique ; on ira chercher le sensualisme en Angleterre, comme au xvi⁰ siècle on est allé chercher le protestantisme en Allemagne ; mais cette fois avec un succès plus vaste et plus profond[1]. »

En effet, la société y est toute préparée, et le sensualisme pratique a précédé le sensualisme philosophique. La licence déchaînée contre la dévotion et contre la rigidité de Louis XIV, et l'hypocrisie de la religion naîtra, et la religion elle-même sera attachée comme une servante au sensualisme.

Mais si nous pouvons aujourd'hui juger cette époque, la société ne remarquait pas le changement de ses idées, de ses mœurs, de ses lettres et de ses arts. Après le désordre effréné de la régence, la licence paraît être calmée et réglée. La licence orgiaque a fait place à la volupté raffinée. Au lieu du délire des sens, c'est un sensualisme élégant, bien élevé, parfois subtil et raisonneur. On vit dehors ; l'esprit est fin, vif, léger, et les fortes saillies ne se retrouvent plus que dans les libelles. La conversation étincelle, charmeuse et entraînante, et on ne remarque plus en France que le langage, le goût, les manières, la distinction. On ne s'occupe plus que de l'art de plaire. Mais cet art a fait naître le persiflage et le

---

1. Henri Martin. *Histoire de France*. t. XV, p. 327.

suprême égoïsme, celui qui avoue son mépris pour les liens privés, la famille et l'amitié. Gresset a parfaitement représenté ce type nouveau[1] :

> La parenté m'excède, et ces liens, ces chaînes,
> Des gens dont on partage ou les torts ou les peines,
> Tout cela, préjugés, misères du vieux temps !
> C'est pour le peuple, enfin, que sont faits les parents.
> . . . . chacun n'est que pour soi.

Mais ce qui domine c'est le tourbillon d'intrigues galantes qui emporte tout : dans les réunions, les maris et les femmes formeront deux camps et ne peuvent paraître ensemble sans trahir l'*incognito* qui en fait l'attrait. Le mari jaloux devient l'ennemi public, car le ridicule le frappe et non plus le mari trompé.

Toute une morale nouvelle est créée : on se marie pour avoir un héritier de son nom ; puis on devient libre et chacun cherche ailleurs d'autres engagements. La bonne compagnie raille l'amour d'un mari et d'une femme. C'est là le préjugé à la mode que ce Nivelle de la Chaussée sut attaquer dans une de ses premières pièces. Mais le génie lui manqua. On peut encore citer un autre fait remarquable de l'époque : c'est l'habitude qui s'introduisit rapidement de stipuler, dans les contrats de mariage, que la femme ne serait pas tenue d'aller habiter les terres de son mari[2].

Toutes les personnes qui fréquentaient Mme de Monconseil et sa petite maison de Bagatelle avaient ces idées. On a déjà vu par les fêtes qui furent données à Bagatelle et par les lettres de lord Chesterfield, que l'esprit élégant, intrigant dominait, car les liaisons de galanterie étaient nouées et dénouées par les sens, par la vanité, par les agréments les plus superficiels de l'esprit, par les intérêts et les convenances ; d'Argenson, le ministre observateur, le remarque et le note :

« L'amour est une faculté dont nous nous dépouillons chaque jour faute d'exercice, tandis que l'esprit s'aiguise et s'affile. Nous devenons des êtres tout superficiels… ;

---

1. Œuvres de Gresset. *le Méchant*.
2. Voir Lemontée. T. II, p. 277.

mais, par l'extinction des facultés qui dérivent du cœur, ce royaume périra, je le prédis. On n'a plus d'amis ; on n'aime plus sa maitresse ; comment aimerait-on sa patrie ?... Les hommes perdent chaque jour de cette belle partie de nous-mêmes que l'on nomme la sensibilité. L'amour, le besoin d'aimer disparaissent de la terre... Les calculs de l'intérêt absorbent aujourd'hui tous les instants : tout est voué au commerce d'intrigue... Le feu intérieur s'éteint, faute d'aliment. La paralysie gagne le cœur... C'est en suivant les gradations de l'amour d'il y a trente ans à celui d'aujourd'hui, que je prophétise son extinction prochaine. »

Tels étaient les sentiments et l'esprit des habitués de la maison de Bagatelle de 1748 à 1770.

On prétend, du reste, qu'on y avait gardé l'Ordre de Bagatelle, puisque la mode était alors de créer des ordres fantaisistes dont les membres portaient une petite décoration et des insignes particuliers[1]. Seuls les intimes de la maison pouvaient aspirer à en faire partie. La maréchale de Luxembourg, la marquise de Monconseil, la princesse d'Hénin, la comtesse d'Egmont, fille du maréchal de Richelieu, furent du nombre et jouaient sur le petit théâtre du lieu, théâtre pour lequel les poètes galants composaient des divertissements et des ballets et recevaient en récompense le titre de membre de l'Ordre.

Ce renseignement que nous avons pris dans un article de M. Mar[2] nous a paru intéressant par le nom des personnes qui y sont citées ; mais nous devons dire aussi que nous n'avons pu le contrôler nulle part, et nous ne le donnons que comme curieuse indication[3].

Il est cependant certain qu'un petit nombre de personnes avaient l'honneur de former l'intimité de Mme de Monconseil : c'étaient Mme la maréchale de Luxembourg, Mlle de Charolais, Mme la comtesse d'Egmont ; Mmes de Polignac et de Blot ; Mlles de Baye, ses nièces ;

---

1. Le XVIIIe siècle eut, en outre : l'ordre de l'Abeille, créé par la duchesse du Maine ; le fameux ordre de la Calotte ; celui de l'Allumette, en Bourgogne ; l'ordre de l'Aloyau ; l'ordre de la Carafe ; l'ordre des Altérés ; la confrérie de l'Araignée, etc.
2. *Bulletin de la Société historique d'Auteuil et de Passy.*
3. Voir appendice n° 10.

Mmes de Bassompierre, et de Talmont; M. le maréchal de Coigny, l'abbé de Boufflers, M. le duc de Luynes, M. de la Galaisière, M. de Croix, M. de Cursay, frère de Mme de Monconseil ; le président Hénault, M. de Tressan, le chevalier de Listenois, et quelques autres dont les noms ne nous sont pas parvenus.

Mais, parmi cette réunion d'aimables et galantes femmes, autour desquels papillonnaient les hommes à la mode, il faut citer en premier lieu Mme la maréchale de Luxembourg.

Madeleine-Angélique de Neufville-Villeroy[1] avait épousé, le lundi 15 septembre 1721, Joseph-Marie duc de Boufflers, né en 1706. Voilà ce qu'en dit M. de Lescure :

« Les deux époux avaient trop le même esprit, le même caractère et surtout le même tempérament, pour qu'à une époque comme la Régence leur union fût longtemps tranquille et digne[2]. »

Le duc de Boufflers ne tarda du reste pas à se compromettre dans une scène de débauche digne des jours les plus cyniques de la cour des Valois. Il y fit rougir les plus effrontés, si bien qu'il souilla les bosquets de Versailles.

Mais l'impudeur n'était-elle pas alors maîtresse de la cour ? La vie éhontée du duc de Boufflers lui fit son renom et il le porta fièrement jusqu'à sa mort (juillet 1747).

Il laissait un fils qui prit le titre de duc de Boufflers et qui venait d'épouser Mlle de Montmorency de Flandre (avril 1747).

Mme de Boufflers, riche de plus de 80.000 livres de rente, dont la mort de son fils (septembre 1751) allait lui laisser l'entière disposition, était entourée de nombreux amis. Elle avait gardé auprès de la reine la faveur dont son mari était honoré, et, en juillet 1747, elle se retira de la cour, obtenant pour sa belle-fille la place de dame du palais, décidée à vivre dans le calme et la considération

---

1. Petite-fille du maréchal de Villeroy, née en 1707, morte en 1787.
2. Préface de la correspondance de Mme du Deffand par M. de Lescure. CXLIII. Voir aussi le *Journal de Barbier* et les *Mémoires de Mathieu Marais*.

auxquels elle avait droit par son nom, ses amitiés et sa fortune.

Cet exil volontaire surprit quelque peu ceux qui la connaissaient pour avoir été une des plus galantes femmes de la régence et du règne.

Puis, soudain, on apprit qu'elle épousait un de ses anciens amants, à la paroisse de la Madeleine, dans la nuit du 26 au 27 juin 1750. Un mois plus tard, M. le duc de Luxembourg prêtait serment entre les mains du roi (24 juillet) pour la charge de capitaine des gardes du corps [1].

En changeant de nom, elle voulut obtenir la considération. Elle s'appliqua dès lors, par sa grâce, son tact, son habileté et sa patience, à effacer le mauvais souvenir de ses nombreuses galanteries.

Il a fallu à cette femme, jadis si décriée, et dont la honte courait les rues, d'être fredonnée par les palefreniers et les soldats aux gardes qui savaient, comme tout Versailles, les malins couplets de Tressan, lequel n'avait pas volé le soufflet dont ils furent payés [2] :

Sur l'air : *De l'amour tout subit les lois.*

Quand Boufflers parut à la cour,
On crut voir la mère d'amour ;
Chacun s'empressait de lui plaire,
Et chacun l'avait à son tour.

toute une série d'adroites manœuvres pour arriver à exercer « depuis 1750 la tyrannie de la mode et du bon ton, laissant à Mme du Deffand le gouvernement des choses de l'esprit [3] ».

Car on ne comptait pas ses amants : c'était MM. de Firmacon, de Riom, de Richelieu, de Luxembourg, de Duras, le comte de Paul Saint-Maurice, le comte de Frise, l'auteur Chassé, pour ne citer que les principaux.

Cela n'empêcha pas que celle « qu'il fallait que tout

---

1. Voir les *Mémoires du duc de Luynes*, t. VIII, p. 263, 270, 376 ; t. IX, p. 268, 457 ; t. X, p. 288.
2. De Lescure, CXLIV.
3. De Lescure, LXXIII.

homme de bon air mit sur sa liste »[1] ne travaillât si bien « par l'esprit, par la grâce, par la flatterie, par la crainte, par ses beaux yeux qui lui étaient restés, par cette langue de vipère qui ne faisait que des blessures mortelles »[2], qu'elle arriva non seulement à la considération, mais au respect.

Elle pesa sur la jeune cour et sur la littérature, gardant une despotique domination ; à ce point même qu'une présentation à la cour, en 1760, ne suffisait pas : il fallait être agréé par Mme de Luxembourg. L'aveu du roi donnait le rang, l'aveu de la maréchale donnait l'opinion. Elle s'éteignit le 23 janvier 1787. « Elle resta jusqu'à sa dernière heure une vieille charmante, pleine d'esprit et de vivacité[3]. »

***

Toute autre était Mme la comtesse d'Egmont, connue pour une brillante héroïne de fêtes et de plaisirs[4].

Fille du séduisant et galant duc de Richelieu et de la princesse Elisabeth de Lorraine, héritière des Guises, elle fut privée de sa mère alors qu'elle était encore fort jeune. Sophie-Jeanne-Septimanie de Richelieu fut tendrement élevée par la duchesse douairière d'Aiguillon. Son père ne cessa de l'adorer, à travers l'extrême dissipation de sa vie corrompue.

Elle l'accompagna, du reste, dans son gouvernement de Guienne, et figura en reine au milieu des fêtes qu'il y prodigua. Elle s'était fait elle-même par sa grâce et sa beauté une sorte d'empire qui s'étendait jusqu'à Paris et même jusqu'à Versailles.

De ce moment, la comtesse d'Egmont fut l'hôtesse obligée de toute fête. Elle assiste aux magnifiques réjouissances que le riche Bordeaux du XVIIIe siècle multipliait[5], et on la retrouve dans les galantes journées arrangées par Favart que l'aimable marquise de Monconseil donnait

---

1. *Mémoires de Buzenval.*
2. De Lescure, CXLIV.
3. Gaston Maugras, *Le duc de Lauzun et la cour de Marie-Antoinette,* p. 368.
4. *Gustave III et la cour de France,* 2 vol. in-8, par A. Geffroy.
5. Réjouissances décrites par Rulhière.

en l'honneur du vainqueur de Mahon, ou bien au roi Stanislas, dans sa commode propriété de Bagatelle, partout enfin où la plus haute société de ce temps prodiguait sa suprême élégance. Elle-même fut fêtée à Bagatelle en 1762, à l'occasion de sa guérison, — elle relevait de maladie, — et on y joua un divertissement composé par Favart et Santerre, divertissement que l'on retrouve dans les sociétés badines du xviiie siècle[1].

Rulhière, parfois courtisan, n'a pas craint d'écrire à son sujet :

D'Egmont avec l'amour visita cette reine ;
Une image de sa beauté
Se peignit un moment sur l'onde fugitive.
D'Egmont a disparu, l'amour seul est resté.

Car Mme la comtesse d'Egmont était comparée à la beauté même.

Horace Walpole, moins enthousiaste peut-être, la dépeint comme ayant une figure assez peu régulière, mais délicieusement jolie ; il l'a dit aimable, gaie, de charmante conversation, capable, en un mot, d'être la souveraine de la société d'élégance réunie par Mme de Monconseil et présidée quant au goût par Mme la maréchale de Luxembourg[2].

Sa beauté donna lieu à une fort jolie, mais impudique, estampe, dont Bachaumont[3] raconte ainsi l'origine :

Le voyage de Compiègne a donné lieu à une caricature, appelée le Combat des Anagrammes. Il faut savoir, avant d'en donner le détail, que S. M. s'était fait présenter l'ancienne liste des Dames qui avaient été de ce voyage l'année dernière ; on a rayé Mme la comtesse de Brionne, Mme la duchesse de Grammont et Mme la comtesse d'Egmont, trois femmes de la cour, ayant à juste titre, quant à deux au moins, de grandes prétentions à la beauté. On a prétendu qu'elles avaient vu avec regret Mme la comtesse Dubarri venir les éclipser, et, soit rivalité, soit hauteur, soit caprice, elles

1. Arthur Dinaux, 1 vol. in-8.
2. Voir les *Mémoires de Mme de Genlis* et les prétendus souvenirs de Mme de Créqui, ainsi que Rulhière, *OEuvres*.
3. Bachaumont, Édit. de M.DCC.LXXX, t. IV, p. 265 à la date du 10 juillet 1769.

n'ont pas rendu à cette dame les politesses d'usage envers les femmes présentées, ce qui leur a procuré la disgrâce dont on parle et qui fait la matière de l'estampe. On les a représentées sous l'emblème des trois grâces, avec leurs attributs, éplorées, effrayées, semblant fuir à l'aspect d'une beauté d'un autre genre, dont la figure en désordre, les attitudes lascives les effarouchaient, et caractérisent ce nom, anagramme du mot Grâce, et qui ne se donne qu'à des femmes perdues, sans front et sans pudeur.

La belle et gracieuse comtesse d'Egmont disparut en 1773, et le même Bachaumont prétend que le goût des plaisirs amoureux dont elle avait hérité de son père n'y fut pas étranger [1].

« Les Grâces, les Amours et les muses pleurent également la mort de Mme la comtesse d'Egmont, fille du maréchal duc de Richelieu et qui à ce titre ait droit de prétendre à figurer parmi toutes ces divinités. Il paraît qu'un attrait invincible pour le plaisir a abrégé les jours de cette femme très voluptueuse. »

*
* *

Parmi les autres intimes de Mme de Monconseil figurent ses deux nièces, Mme de Polignac et Mme de Blot.

Mme de Polignac, née de Curzé, remplaça Mme de Sabran auprès de Mme la duchesse d'Orléans. C'est la duchesse elle-même qui la présenta à la cour et lui fit avoir un logement à Versailles et un autre à Marly.

Mme de Blot, née d'Ennery (Marie-Cécile-Pauline Charpentier d'), avait épousé par contrat, le 18 novembre 1749 [2], Gilbert de Chauvigny, baron de Blot-le-Château et de Blot-l'Eglise, dit le comte de Blot [3]. Son frère

1. Bachaumont, t. VII, p. 72, à la date du 19 oct. 1773. Dans sa lettre sur les peintures, sculptures et gravures de messieurs de l'Académie royale exposées au Salon du Louvre du 25 août 1769, Bachaumont (t. XIII, p. 64) signale un buste en marbre de Mme la comtesse d'Egmont, par M. Le Moyne.
2. De Luynes, t. X, p. 27 : M. le chevalier d'Apchier présenta M. le comte de Blot, homme de condition d'Auvergne dont le roi a signé le contrat de mariage aujourd'hui (dimanche 2 novembre 1749) et non le 18 novembre.
3. Ci-devant guidon de gendarmerie, nommé en 1752 capitaine des gardes du feu duc d'Orléans, a eu en 1756 le régiment de Chartres-infanterie, a passé à celui d'Orléans en 1758, a été fait brigadier le 7 juillet 1758 et maréchal de camp le 20 février 1761.

Charpentier d'Ennery devint comte d'Empire en janvier 1765.

Petite-fille de Mme de Curzé et nièce de Mme de Monconseil, Mme de Blot fut présentée à la cour le 23 novembre 1749. « Elle est petite, dit M. le duc de Luynes, mais elle n'a que quinze ans. On prétend qu'elle ressemble un peu à Mme Adélaïde [1] ; ce qui est certain, c'est qu'elle a un assez joli visage. Les conditions du mariage sont qu'elle sera actuellement auprès de la duchesse de Chartres [2]. »

Malgré le monde élégant et frivole qu'elle voyait, Mme de Blot sut résister aux tentations. Lord Chesterfield, en envoyant son fils à Paris, voyait en Mme de Blot une agréable maîtresse et lui conseillait d'en faire la conquête : « On m'assure que Mme de Blot, sans avoir de traits, est cependant jolie comme un cœur, et que, nonobstant cela, elle s'en est tenue jusqu'ici scrupuleusement à son mari, quoiqu'il y ait déjà plus d'un an qu'elle est mariée. Elle n'y pense pas. Il faut décrotter cette femme-là ; décrottez-vous donc tous deux réciproquement. Force assiduités, attentions, regards tendres et déclarations passionnées de votre côté produiront au moins quelques velléités du sien, et quand une fois la velléité y est, les œuvres ne sont pas loin [3]. »

Mais Mme de Blot résista tant aux attaques du jeune homme qu'à d'autres et en 1757 on pouvait lui dire dans une des fêtes de Bagatelle :

> Fraîche comme une fleur qui vient d'épanouir,
> Elle tente les yeux sans se laisser cueillir.

Quand, au mois d'avril 1754, ses nièces furent rétablies de la petite vérole, Mme de Monconseil fêta leur guérison par une fête qui attira à Bagatelle l'intimité et quelques privilégiés.

Citons encore ses cousines germaines, Mmes de Pric

---

1. Marie-Adélaïde de France, 6ᵉ enfant de Louis XV, appelée Madame Adélaïde de France, née à Versailles le 26 mars 1732 et ondoyée le jour même par le cardinal de Rohan, grand aumônier de France.
2. *Mémoires du duc de Luynes*, t. X, p. 41.
3. 15 avril 1751 ; lettre citée par M. Gailly de Taurines.

et de Baye, dont la fille de cette dernière fut longtemps l'amie intime de Mlle de Monconseil, Bijou, qui devait épouser le prince d'Hénin.

Mme de Baye, Cécile-Elisabeth Rioult-d'Ouilly de Cursay, née au mois de juillet 1714, avait épousé par contrat, le 26 avril 1740, François Berthelot, chevalier, seigneur de Pleneuf, de Baye[1] de Villevenard, appelé le baron de Baye, né le 29 août 1703. Commandeur de deux compagnies de cadets gentishommes de Sa Majesté le roi de Pologne, duc de Lorraine et de Bar, depuis 1753 jusqu'en 1766 ; il fut grand bailli d'épée des villes et bailliage de Saint-Dié.

De Luynes[2] ne s'étonna pas de la faveur dont cette famille était comblée par le roi de Pologne. « On n'ignore pas les raisons que le roi de Pologne peut avoir à s'intéresser à ce qui regarde la famille de Mme de Prie[3]. » Il faudrait peut-être l'aller chercher dans les boudoirs de l'époque, à moins que ce ne soit par leur alliance avec les Baudouin de la Haute-Alsace.

*

Occupons-nous maintenant des deux filles de Mme de Monconseil, puisque la grâce divine ne lui accorda pas de fils vivant.

En effet, elle en eut un qui mourut en bas âge, puis une fille, Cécile-Marguerite-Séraphine, née vers 1733, qui vécut avec sa mère à Bagatelle et qui épousa, par contrat signé le 22 mars 1755 (célébration du mariage le 24 mars[4]), Jean-Frédéric, comte de la Tour Paulin, né

---

1. Baye, terre, seigneurie et l'une des quatre anciennes baronnies de Champagne, située dans le diocèse de Sens, et au dedans du bailliage, dont elle relève. Elle appartenait, lors du procès-verbal de rédaction des coutumes de cette ville, du 4 novembre 1555, au duc de Nivernois, pair de France, gouverneur de Brie, Champagne et Luxembourg ; elle appartient aujourd'hui à François Berthelot, baron de Baye, lieutenant-général des armées du roi et commandeur de Saint-Louis, etc.
2. *Mémoires du duc de Luynes*, t. XIV, p. 310.
3. François Berthelot était son frère. Déjà son père, Etienne Berthelot, né en 1663, † en 1727, avait épousé en secondes noces Agnés Rioult Douilly de Cursay, née en 1681, † en 1758.
4. Les dates que nous donnons ici ont été prises dans le *Dictionnaire de la Noblesse*, de la Chenaye-Desbois. M. Gailly de Taurines donne la date de célébration du mariage le 23 avril 1755.

le 22 mars 1727, ci-devant colonel aux grenadiers de France, successivement de Guyenne et de Piémont, maréchal de camp en 1762. M. le comte de la Tour Paulin, appelé communément de la Tour du Pin, était veuf de Marie-Anne-Thérèse Billet de Marson, morte le 9 avril 1754, âgée seulement de 24 ans.

Cécile de la Tour du Pin fut présentée à la cour par Mme de Monconseil le mardi 29 avril 1755, et dès le samedi 26 juillet de la même année, elle fut autorisée à monter dans les carrosses pour assister à la chasse que le Roi donnait ce jour-là dans la forêt de Compiègne[1].

En 1756 leur naquit une fille, Cécile-Suzanne, et à l'occasion de cette naissance, Mme de Monconseil donna dans les jardins de Bagatelle une fête dont nous avons parlé. Cécile-Suzanne de la Tour du Pin épousa en 1776 Augustin-Louis-Charles, comte de Lameth[2], capitaine à la suite du régiment de Berry-cavalerie, et recevait de Guyneau de Monconseil, son père, et de sa mère 50.000 livres de dot[3]. Cécile-Marguerite de la Tour du Pin mit au monde un fils en 1759. Ce fils prit le nom de M. de Gouvernet, et M. l'abbé de Boufflers lui fit la chanson suivante :

Chanson pour le fils dont Mme de la Tour du Pin est accouchée au commencement de 1759.

Sur l'air : *Où s'en vont-ils ces gais bergers ?*

Quittés la céleste cour
Dieux et divines fées,
Et venez en ce séjour
Elever des trophées ;
Un poupon vous est donné.
En lui chacun espère.
Vive, vive l'enfant nouveau-né
Et qu'en tout il prospère !

Sur lui les dieux vont verser
Leurs dons en abondance.
Je les vois tous s'empresser

1. Voir de Luynes.
2. Voir appendices, n° 16.
3. Voir appendices, n° 20.

A guider son enfance :
Que son berceau soit orné
Des roses de Cythère.
Vive, vive l'enfant nouveau-né
Et qu'en tout il prospère !

Vénus l'a déjà doté
De l'agrément des grâces.
Il sera vif, enjoué.
L'amour suivra sa trace :
Qu'à jamais lui soit donné
L'heureux talent de plaire.
Vive, vive l'enfant nouveau-né !
Qu'il ressemble à sa mère !

De même il recevra
Goût, génie et sagesse.
La prudence éclatera
Dès sa tendre jeunesse :
Que des arts environné
Son esprit les éclaire.
Il faut que le petit nouveau-né
Ressemble à sa grand'mère.

Le don qu'il reçoit de Mars
Est l'ardeur pour la gloire.
Et sans craindre les hazards
Il suivra la victoire :
Je vois qu'il est destiné
Aux honneurs de la guerre.
Vive, vive l'enfant nouveau-né !
Qu'il ressemble à son père !

De sa maman il aura
L'excellent caractère.
La valeur de son papa.
L'esprit de sa grand'mère.
De Bijou l'air fortuné
Et la grâce gentille :
Les dieux font du petit nouveau-né
Un portrait de famille.

Pendant la révolution, la comtesse de la Tour du Pin fut arrêtée et plus tard enfermée, rue de Charonne, dans la maison Belhomme, où elle obtint d'aller pour des raisons de santé. Elle s'y rencontra avec la duchesse d'Orléans, la citoyenne Égalité, qui continuait les charitables bienfaits auxquels elle se livrait avec tant de grâce autrefois[1].

La seconde fille de Mme de Monconseil[2] fut Adélaïde-Félicité-Henriette, baptisée à Saint Sulpice le 10 avril 1750[3]. Elle eut pour parrain le marquis de Saint-Simon, représenté par François Berthelot de Baye, et sa marraine fut Marie de Cursay, épouse du marquis de Polignac, dont nous avons parlé plus haut. Cette fillette fut Bijou[3].

Tandis que Mme de Monconseil marquait des signes évidents de grossesse, elle reçut de lord Chesterfield une jolie lettre dont voici un passage :

A propos d'incommodités, vous en avez actuellement une dont vous ne m'avez pas fait part et à laquelle pourtant je m'intéresse, c'est votre grossesse. Je vous supplie de la terminer par l'heureux accouchement d'un fils, car je ne veux pas que l'esprit et les talents qui vous distinguent de votre sexe tombent en quenouille. Détachez-en quelque petite province pour dot à mademoiselle votre fille[4], mais je veux que ce soit un fils qui hérite de votre empire. Puisse-t-il vous causer le moins de douleur possible à son début dans le monde et toute la joie possible par ses progrès[5].

Et, quelques jours après avoir reçu la réponse de Mme de Monconseil :

Que voulez-vous dire avec vos quarante-trois ans ?... Est-ce que les lois de la nature, de pays ou de bienséance ont établi cette époque pour la stérilité ? Je vois au contraire que votre grossesse actuelle est une grossesse de bienséance et de devoir. Vous aviez trop peu travaillé pour la société ; vous lui deviez encore de votre race et vous recommencez à présent à vous acquitter de ce devoir. Je vous en annonce encore quatre ou cinq de suite...[6]

1. Mme de La Tour du Pin habitait à cette époque rue de Verneuil.
2. Arch. de la Seine.
3. Ed. Fournier, *Chroniques et Légendes des rues de Paris*, p. 182.
4. Mlle de Monconseil, qui épousa le comte de la Tour du Pin.
5. Lettre du 4 décembre 1749.
6. Lettre du 1er janvier 1750. Voir l'ouvrage de M. Gailly de Taurines.

Ayant appris l'heureuse naissance, lord Chesterfield put écrire :

Me voici hors d'inquiétude, Madame... Si vous acceptez de continuer la fabrique d'enfants, n'y mettez plus, s'il vous plaît, un si long intervalle, mais faites-le tout de suite...

Son vœu ne fut pas accompli, mademoiselle la seconde fut mademoiselle la dernière, Bijou fut actrice à presque toutes les fêtes données à Bagatelle[1]. Et M. l'abbé de Boufflers lui fit la chanson suivante :

Chanson de M. l'abbé de Boufflers pour Bijou.

Sur l'air : *Maman, je veux Colin.*

En vers comme en pastelle
S'il vous plaisait, ma belle,
Friton entreprendrait
Votre joli portrait.

Le pastelle doit craindre
De ne pouvoir pas peindre
Tous vos talens divers
Aussi bien que les vers.

S'il s'agit du visage
Ils n'eut plus l'avantage.
Les crayons scauront mieux
Imiter vos beaux yeux.

Voilà pour vous bien rendre
Le parti qu'il faut prendre.
Il faut plusieurs portraits
Pour tracer tous vos traits.

---

1. Elle fut en pension, témoin la pièce suivante : « Nous, sœur Louise de Lajarie, prieure des religieuses bénédictines de Notre-Dame de Consolation du Chasse-Midy, reconnaissons avoir reçu de Mme la marquise de Monconseil la somme de cent vingt-cinq livres pour un quartier de la pension de Mlle sa fille, échue le 28 octobre de l'année 1759. Fait à Paris ce 24 décembre 1759, de plus reçu 40 livres pour deux voies de bois. Signé : Delajarie. »
Autre pièce de Mme la marquise de Monconseil : « ..... reçu 72 livres pour une année de loyer de sa tribune échue le 1er juillet 1760. Signé : Sœur Marie. »

Si je fais votre mine
Jeune, jolie et fine,
Chacun assurément
Vous croira un enfant

Mais si j'ai l'art d'écrire
Ce que vous savez dire.
A ces traits mille gens
Vous donneront vingt ans.

Elle épousa en 1766 Alexandre-Charles-Marc-Marcellin d'Alsace Chimay-Liétard d'Hénin, prince du Saint-Empire, né le 17 juin 1744, nommé précédemment le marquis de Verre[1]. Elle devint, en 1778, dame du palais de la reine Marie-Antoinette.

Charles d'Alsace avait deux frères et quatre sœurs. L'un de ses frères, Thomas-Alexandre-Marc, commandant des gardes du roi de Pologne, grand d'Espagne de 1re classe, avait épousé le 25 avril 1754 Madeleine-Charlotte Le Pelletier de Saint-Fargeau ; il fut tué à la bataille de Minden le 1er août 1759. L'autre, Pierre-Gabriel-Maurice-Joseph, épousa le 25 septembre 1762 Laure de Fitz James[2]. Quant à ses sœurs, l'une, Anne-Gabrielle, fut mariée le 26 octobre 1750 à Victor Maurice de Riquet, marquis de Caraman, et une autre, Gabrielle-Charlotte-Françoise,

---

1. La Chenaye-Desbois appelle Mlle de Monconseil, Etiennette de Monconseil. Les armes de cette famille d'Alsace, branche de Chimay, sont de gueules à la bande d'or.

Elle reçut du roi, à l'occasion de son mariage, une pension de 4.000 livres.

Brevet de 4.000¹ de pension en faveur de la Dlle de Montconseil à compter le 19 septembre 1766.

Aujourd'hui... Le Roi voulant donner au Sr marquis de la Vaire, prince du Saint-Empire Romain une marque de la bienveillance dont Sa Majesté l'honore et sa maison, et voulant d'ailleurs favoriser son établissement, Sa Majesté à cet effet a accordé et fait don de la somme de 4.000¹ de pension annuelle à la Dlle de Montconseil que le Dt Sr Mis de la Vaire est sur le point d'épouser pour lui tenir lieu de douaire, de laquelle somme elle commencera du jour que led. douaire pourroit avoir lieu, et en être alors payée par les gardes du Trésor royal suivant les états ou ordonnances qui en seront expédiées en vertu du présent brevet que pour assurance. Arch. nat. O¹ 440 p. 488 V°.

2. Gaston Maugras, *Le Duc de Lauzun et la cour de Marie-Antoinette*, p. 82.

épousa le 18 novembre 1755 Jacques-François, vicomte de Cambis.

Son père, Alexandre-Gabriel-Joseph, avait épousé Gabrielle-Françoise de Beauvau-Craon, fille de René-Marc de Beauvau, prince de Craon, et de Marguerite de Ligniville, née comtesse de Ligniville.

Cette belle alliance ne paraît cependant pas avoir fait le bonheur de la jeune et jolie de Monconseil, qui suivit les mœurs relâchées de l'époque. Elle disait : « Il n'y a que deux hommes sachant parler aux femmes : le Kain sur le théâtre et M. de Vaudreuil dans le monde[1]. » Elle avait à ce moment une liaison avouée avec le chevalier de Coigny[2], tandis que son mari, qu'on appelait le nain des princes, s'était rendu célèbre par sa liaison avec Sophie Arnould.

La mort seule l'avait séparée de son mari, comme nous le prouve une procuration qu'elle fit à Paris le 7 décembre 1792 devant maître Gibert, notaire, et une autre donnée le 14 du même mois faite au secrétariat du directoire du district de Ruffec (Charente) donnant pouvoir à Versailles au nommé Louis-Nicolas Caillou, et à Ruffec au nommé Jean-Baptiste Thorel.

Ces procurations étaient données au sujet d'une rente de 8.000 livres qui lui était due par la succession et les héritiers de Charles de Broglie et de dame Louise-Auguste de Montmorency, son épouse.

Cette rente avait été constituée au profit des siens à dame Courbon de Blénac, par contrat passé devant Mᵉ Le Pot d'Auteuil le 25 avril 1775 et transportée par les Courbon de Blénac à la dame d'Hénin par contrat passé devant Brehet de Lagrange le 28 décembre 1785[3].

Le mari de Mme d'Hénin fut guillotiné. Elle émigra

---

[1]. Gaston Maugras, le Duc de Lauzun et la Cour intime de Louis XV. p. 167. Le prince d'Hénin devait danser au fameux bal donné par Mme de Mirepoix, ayant pour partenaire Mme de Stainville (hiver 1766-1767) Id., p. 179, qui fut enlevée par son mari la veille du bal, à cause de sa liaison avec le duc de Lauzun. Mme d'Hénin fut également remplacée, ayant été prise dans la journée même d'un herpès miliaire.

[2]. Elle devint dame d'honneur de Marie-Antoinette en 1775.

[3]. Arch. de la Seine.

puis rentra en France, et demanda sa radiation de la liste des émigrés[1]. Quand on lit les pièces qui furent écrites par les commissaires de la république qui saisirent ses biens lors de son émigration, on voit qu'elle confia son argenterie à son mari et à M. de Gouvernet pour l'emporter à la Haye au mois de juin 1791, et au bas de cet état est la reconnaissance de M. de Gouvernet datée du 7 juin 1791 portant que *les objets lui ont été prêtés par sa tante*. On trouve ensuite : un état de la batterie de cuisine qu'elle paraît avoir prêté « au nommé La Tour du Pin » en juin 1791 et au bas est la signature d'un sieur Laroche.

Une série de pièces disant que M. Guinot de Monconseil avait des biens-fonds en Alsace.

Les baux à vie et à loyer d'une maison rue Ste-Anne par Mme de Monconseil.

405 pièces concernant la terre de Rioux en Saintonge qui fut vendue par Guinot à Antoine-François Sarranton et à Josèphe Graff, son épouse, le 29 janvier 1744.

Les commissaires mentionnent l'inventaire « après décès de Mme de Cursay, mère de la femme d'Hénin » ; l'inventaire après décès de Guinot de Monconseil, divers renseignements de famille et papiers divers.

Mme d'Hénin poursuivit la rentrée de la rente que la succession de Broglie lui devait.

PRÉFECTURE DE LA SEINE

21 floréal, an IX

Vu le mémoire d'Adélaïde-Félicité-Henriette Guinot Monconseil, veuve de Charles-Alexandre-Marc-Marcelin d'Alsace Liétard Chimay d'Hénin tendant à ce que, conformément à l'arrêté du consulat de la République française du six floréal présent mois, portant radiation de la liste des émigrés... Elle avait donné pouvoir à Charles-Henry Roux pour suivre la liquidation de toutes créances sur la République française exigibles et résultantes de constitution de rentes perpétuelles

---

1. Ils habitaient lors de la Révolution, 10e mairie, domicile rue de Varennes, n° 464, division de la fontaine de Grenelle, section de la Croix-Rouge. Pour cette pièce et les états que l'on voit ensuite, Arch. nat., t. 1634, n° 27.

et viagères et de pensions (arrêté du 16 floréal an 9)... au sujet d'un contrat de 8.000 livres de rentes au principal de 160.000 livres sur la succession de M. le comte de Broglie au profit de Mme la princesse d'Hénin [1].

Déjà elle avait reçu des arrérages de cette rente, notamment en 1792 (1.600 livres), mais elle ne toucha le capital qu'en 1801.

Après avoir vécu à l'écart pendant tout l'empire, après avoir vu les jardins de Bagatelle envahis par les incroyables et le peuple de Paris qui s'y donnaient rendez-vous pour y faire de larges bombances dans le restaurant du sieur Born, Mme d'Hénin rentra à la cour à la seconde abdication.

Voici le portrait qu'en trace Mme la vicomtesse de Noailles [2] :

J'ai vu en la princesse d'Hénin une chaleur et une vivacité qui étonneraient bien aujourd'hui. Notre tante avait été belle, à la mode, et, je pense, un peu coquette. A ce dernier fait près, l'âge n'avait rien changé en elle. La figure resta noble et agréable jusqu'à la fin de sa vie, et son caractère ne subit pas la plus petite modification.

C'était une personne toute en mouvement, je n'ai rien vu de si vif. Quand la dispute s'échauffait entre elle et mes parents je ne pouvais m'empêcher de trembler pour eux. Les cris, les interruptions, les démentis, les sorties furibondes en brisant les portes, tout faisait croire qu'ils ne se reverraient de la vie.

1. Cette rente venait de la vente qui fut faite par Mme d'Hénin aux Courbon de Blénac de la terre et de la seigneurie de Courcoucy en Saintonge, qui l'avaient payé par une rente qui leur venait des de Broglie. Arch. nat., t. 1634, n° 27. Les Courbon de Blénac étaient des alliés de Mme d'Hénin par les Polignac et par une sœur de son père N. de Monconseil qui avait épousé en 1690 N. de Courbon de St-Léger, seigneur de Berneuil, capitaine de vaisseau du Roi qui eut : Charles-Marc-Antoine, né en 1693, qui épousa en 1719 N. du Clerc, et Estelle de Courbon de Saint-Léger, née en 1698, mariée en 1711 à N. d'Aiguières, gentilhomme d'Arles. Charles-Marc-Antoine eut : 1° N. de Courbon, appelé marquis de la Roche-Courbon ; 2° Jean-Hippolyte, né en 1721, clerc du diocèse de La Rochelle, reçu chanoine de l'Eglise métropolitaine de Paris le 20 mai 1737 et 3° N. de Courbon, né en 1724, pensionnaire à l'abbaye de Beaumont-les-Tours.

2. *Vie de la princesse de Poix*, par Mme la vicomtesse de Noailles, sa petite-fille ; publiée en 1855 par Mme la duchesse de Mouchy, fille de la vicomtesse de Noailles. (Bibliot. nat., L n° 716.445, p. 26 à 28.)

Il est vrai que, le moment d'après, on riait de soi et des autres et qu'on ne s'en aimait que mieux...

Elle fut dame du palais de la Reine, extrêmement à la mode, et resta toute sa vie volontaire, impétueuse, irascible ; mais, avec tout cela, si bonne, si généreuse, si dévouée à ses amis et aux plus nobles sentiments, et puis si spirituelle, et, par suite de son extrême naturel, si parfaitement originale, qu'elle excitait constamment l'affection, l'admiration et en même temps la gaieté.

Sa réputation fut attaquée en deux occasions : d'abord au sujet du chevalier de Coigny[1], et ensuite du marquis de Lally-Tollendal. La première de ces médisances fut à peine fondée ; la seconde devint respectable, car il s'ensuivit une amitié dévouée qui dura jusqu'à la mort de ma tante devenue fort pieuse plusieurs années avant la fin.

On reconnaît bien là la petite fille gâtée de Mme de Monconseil qui lui accordait ses quatre volontés.

Mme de Monconseil ne vit pas la Révolution. Quand elle abandonna sa jolie maison de Bagatelle, ne pouvant plus subvenir aux frais qu'occasionnait sa vétusté, elle en loua la jouissance à M. de Boisgelin par acte passé devant notaires le 30 juin 1772.

M. de Boisgelin garda cette maison deux ans ; et, le 21 mars 1774, il en passa la location de jouissance à M. de la Regnière par acte passé devant Laleu et son confrère, notaires au Châtelet de Paris[2].

M. de la Regnière passa seulement l'été de 1774 à Bagatelle, et, par actes du 22 septembre 1774, il en repassa la location de jouissance à Pierre-Gabriel-Maurice-Joseph d'Alsace d'Hénin Liétard, comte de Bossu, prince de Chimay, grand d'Espagne de première classe, beau-frère de Mlle Adélaïde de Monconseil qui, comme nous l'avons dit, avait épousé Charles-Alexandre-Marc-Marcellin d'Alsace.

C'est Pierre d'Hénin, dit prince de Chimay[3] qui céda

---

1. Voir appendice n° 24 : Mme de Monconseil à Passy.
2. Voir pour ces faits l'appendice n° 25 : Dix-huitième de Mgr le comte d'Artois.
3. Quand la révolution éclata, les Chimay émigrèrent, et l'on trouve aux archives un : « Second état des pièces remises au bureau de la liquidation des dettes des émigrés faisant partie de celles comprises

la jouissance du domaine de Bagatelle au comte d'Artois. Mme de Monconseil vit donc les modifications sans nombre que le jeune étourdi apporta à la propriété dans laquelle elle avait passé de si bonnes heures entourée de ses enfants, et de ses amis.

* *

Mme de Monconseil n'habitait déjà plus depuis quelque temps la rue de Verneuil. Elle était venue loger rue de la Chaussée-d'Antin, et louait pour l'été une modeste maison à Passy, située rue Basse et appartenant à M. Bertin [1].

Or, en 1782, M. de Monconseil s'éteignit dans son château de Saintonge, où il s'était retiré après son gouvernement de Colmar. Il avait quatre-vingt-six ans.

Avant de mourir, M. de Monconseil désirait que sa fille, Mme la princesse d'Hénin, possédât à Paris un hôtel particulier ; mais, n'ayant pas en mains l'argent nécessaire à cette acquisition, il se décida à vendre la terre de Cursay qui lui venait de sa femme. Il écrivit la lettre suivante à son gendre, M. le prince d'Hénin [2] :

en un état conforme intitulé : Relevé des papiers trouvés sous scellés apposés après l'émigration de Chimay et sa femme en leur demeure à Paris, boulevard de la Magdeleine, n° 246, n° 245 (pièce 903), section des Piecques, le tout comme s'ensuit :
« Art. 1. — Cotte 66°, contenant 12 pièces qui sont divers transactions et marchés et soumission faites aux différents ouvriers et fournisseurs, le tout cotté et paraphé, de laquelle liasse, après un mûr examen, il a été extrait neuf pièces qui doivent faire partie des titres de propriété de la cotte cottée 9° devant être classée dans celle de l'actif contre d'Artois acquéreur de la maison ditte Bagatelle et meubles qui y existaient suivant la notte mise sur l'enveloppe de la ditte liasse. » Arch. nat., t. 1686, cote 1046.
1. Arch. nat., t. 206¹ V. Mémoires des ouvrages de couverture faits pour Mme de Monconseil en sa maison, sise rue Basse, près la seigneurie de Passy, aux mois d'avril-mai-juin 1786, sous les ordres de M. Belanger. Et. t. 2068, Mémoire de dépenses faites par Mme de Monconseil, maison de M. Bertin à Passy, en 1786 et 1787.
2. Arch. nat. R¹ 213.

à Monsieur
Monsieur le prince
d'Hénin capitaine des
gardes de Mgr le comte
d'Artois
à la Cour.

Au château de Guinot, ce 21 août 1781.

La tendresse que j'ai pour ma fille, Monsieur et cher gendre, m'a fait chercher tous les moïens, que je pouvais emploïer pour lui facilité l'acquisition d'une maison à Paris ; je n'en trouve qu'un, qui, sans altérer le partage égal de mes biens entre mes enfants, puisse dès à présent procurer à votre femme la satisfaction qu'elle désire, je suis en marché de la terre de Curçay située en Poitou dans la mouvance de Mgr le comte d'Artois à cause de son appanage, je l'ai déjà porté à 500.000 livres. Le marché serait d'autant meilleur pour moi, que comme héritier du chef de ma femme je ne dois aucun droit de mutation. J'ai imaginé, que vous pouriez demander à Mgr le comte d'Artois de vous donner les lods et vente provenant de la mutation de cette terre, qu'il ne toucherait pas si je l'achettois, et qui après moi n'en devrait pas non plus, parce qu'elle tomberoit, soit dans les partages de Mme de la Tour du Pin, ou dans celle de votre femme auquel cas je renoncerois à cette acquisition, que je suis décidé à consommer sans cette grâce. Voiez, Monsieur, si vous voulez demander cette faveur à votre prince ; elle ne peut blesser votre délicatesse, ni votre désintéressement. Je serois charmé de donner à votre femme et à vous cette preuve de ma tendresse ; au surplus, je voudrois que vous trouviez une maison dans le quartier de Mme de Poix, que vous puissiez acheter ; cela me donneroit la plus grande satisfaction, parce que cela contribueroit au bonheur de votre femme. J'ai l'honneur d'être, Monsieur et très cher gendre, avec les sentiments les plus tendres votre très obéissant serviteur.

MONCONSEIL.

Or, M. le prince d'Hénin sollicita du comte d'Artois la faveur de ne payer aucun droit comme il est dit dans une note émanant de son conseil :

Mgr, dans son travail du 4 novembre 1781, a fait don à Mme la princesse d'Hesnin des droits qui seront ouverts au profit de Mgr par la vente qui sera faite incessamment de la terre de Cursaï en Poitou dont la licitation est poursuivie par M. le marquis de Monconseil.

La vente en fut faite aux requêtes du Palais, le 2 juillet 1782, et M. de Chassenou, l'acquéreur, paya cette terre 550.000 livres.

Les droits en eussent été de 34.100 livres.

Mme de Monconseil porta sévèrement le deuil de son mari. Elle s'adressa à Mandron, célèbre « marchand pour deuil de la rue Vieille-du-Temple », qui tendit de noir l'antichambre et la salle à manger de son appartement de la Chaussée-d'Antin, de gris le salon, et fit suspendre aux fenêtres de chacune de ces pièces des rideaux de nuances assorties aux tentures, et recouvrir de housses semblables les canapés, fauteuils, chaises, écrans, lustres, appliques et glaces [1] « le tout pour treize mois et demi, ainsi qu'il est d'usage pour les deuils de veuves [2] ».

Mais la pauvre marquise, obérée par les dépenses exagérées qu'elle avait faites pour sa maison de Bagatelle, pour les fêtes qu'elle y donna, et le rang qu'elle y voulut tenir, réduite presque à la misère par la mort de son mari, fut obligée de demander à M. de Ségur, ministre de la guerre, une pension de 8.000 livres [3]. Elle se fit recommander par la duchesse de Richelieu comme il en ressort du rapport suivant :

10 décembre 1782.

Madame la maréchale duchesse de Richelieu supplie Sa Majesté d'accorder à Mme de Monconseil, veuve du marquis de Monconseil, l'un des anciens lieutenants généraux, une pension de 8.000 livres dont elle a d'autant plus besoin, qu'elle et son mari ont disposé de presque tous leurs fonds pour établir enfants et petits-enfants.

Le marquis de Monconseil jouissait d'une
pension de.................... 44.316 livres
La veuve du marquis de Monconseil jouit :
    dépt. des finances, pension obtenue
    en qualité de dame d'atours de la
    feue reine de Pologne........... 2.000 —

1. M. Gailly de Taurines, p. 247.
2. Arch. nat., t. 2067. Mémoire de Mandron, marchand fripier.
3. Guerre. Arch. admin. Dossier Guinot, marquis de Monconseil.

Au lendemain de la mort de son mari elle est entrée en jouissance d'une pension de.... 10.000 livres (qui lui avait été assurée pour en jouir à la mort de son mari par le feu roi de Pologne et confirmée par le feu roi Louis XV).
Le bon du Roi est de.................. 8.000 —

Donc grâce au rapport de M. de Ségur, sa pension se trouva portée à 20.000 livres.

La princesse d'Hénin avait fait elle-même quelques démarches pour sa mère et avait écrit la lettre suivante :

Je ne saurais vous exprimer, Monsieur, combien je suis touchée de la manière obligeante avec laquelle vous avez bien voulu m'annoncer la grâce que le Roi vient d'accorder à ma mère. C'est ainsi qu'on lie publiquement ou qu'on oblige, et j'ai bien du plaisir, Monsieur, à vous vouer reconnaissance et attachement ; c'est avec tous ces sentiments, Monsieur, que j'ai l'honneur d'être votre très humble et obéissante servante.

Monconseil d'Hénin.

A Paris, ce 11 décembre 1782.

Aussitôt prévenue, Mme de Monconseil écrivit à son tour :

Je viens, Monsieur, d'être instruite par ma fille de la grâce que le Roi m'a accordée, car, sans attendre la lettre que vous annoncez pour moi, je cède à mon empressement pour vous assurer, Monsieur, de l'extrême reconnaissance que je dois à votre bienfaisance ; enfin c'est de vous seul que je tiens les bienfaits les plus intéressants pour moi et les miens, je vous demande d'y mettre le sceau en m'accordant un moment où je puisse vous protester l'étendue de ma reconnaissance, qui sera à jamais aussi durable que les sentiments d'attachements sincères avec lesquels j'ai l'honneur d'être, Monsieur, votre très humble et très obéissante servante.

de Monconseil.

P.-S. — J'attendrai, Monsieur, votre réponse pour avoir l'honneur de me présenter chez vous le jour et l'heure que vous m'indiquerez.

A Paris, Chaussée d'Antin, ce 11 décembre 1782.

M. le marquis de Ségur fit répondre le 12 :

Lorsque je ferai mon voyage à Paris, j'aurai l'honneur de la voir et de lui renouveler le témoignage de ma satisfaction sur ce que le Roi a daigné faire en sa faveur; puis je serais bien fâché qu'elle se donnât la peine de me chercher pour me témoigner de la reconnaissance sur le succès que j'ai eu le bonheur d'obtenir en remplissant mon devoir.

Enfin, Mme de Monconseil, lui répondit :

Il ne suffit pas, Monsieur, que vous jouissiez du bien que vous faites si vous n'avez la bonté d'y mettre le sceau en me procurant celui, très intéressant, de vous en exprimer ma vive reconnaissance; et si vous n'avez pas besoin de remerciements, c'en est un pour moi ainsi qu'un devoir sacré de vous protester qu'elle durera autant que ma vie, et je vous demande la grâce de m'instruire de votre arrivée à Paris et celle d'être convaincu, Monsieur, de l'attachement que je professe pour vous et avec lequel j'ai l'honneur d'être...

DE MONCONSEIL.

Je mets encore à vos pieds, Monsieur, le respect de mon petit-fils, M. de Gouvernet[1].

Dès lors, la gracieuse marquise vécut dans son appartement de la Chaussée d'Antin et décéda, sans bruit, ne laissant derrière elle que l'écho de ses bienfaits et de sa générosité.

Une ode[2] faite par un de ses protégés lui servit d'oraison funèbre; nous en citerons quelques passages.

M. Dudéré de Laborde auteur de ces strophes dit dans l'avertissement dont il fait précéder sa brochure : « ...En choisissant ce genre de poësie pour exprimer les regrets que lui cause la perte de son illustre bienfaitrice, et pour exciter dans tous les cœurs ce sentiment si doux qui, nous faisant partager les peines de nos semblables, nous porte à les soulager, n'a point la vanité de se croire l'émule des Malherbe et des Rousseau; il abandonne,

---

1. Fils de Mme de la Tour du Pin.
2. *Ode sur la mort de Mme la marquise de Monconseil* par M. Dudéré de Laborde, ancien sous-lieutenant aux grenadiers de France, brochure in-8, 1787. Bibliot. nat. Y^c 20701.

comme auteur sans prétentions, ses vers à la critique : quant à son cœur, c'est aux âmes honnêtes et sensibles à le juger... » Ce préambule était nécessaire, mais on reconnaît dans ces vers un cœur reconnaissant des bienfaits qui lui furent donnés :

> Du sang de Luxembourg[1], ô ciel, toute fumante,
> Ta faulx, sourde à mes cris, me saisit d'épouvante,
>   Tous les cœurs se glacent d'effroi.
> O mort, retiens ton bras !... Mais, ô désastre ! ô crime !
> Tu frappes Monconseil !... Hélas ! pour ta victime,
>   Pourquoi choisir d'autre que moi ?

. . . .

> O vous dont l'orgueilleuse et massive opulence
> Ne cesse d'insulter l'humble et faible indigence,
>   Vous, fils de l'aveugle Plutus !
> Ce tombeau que j'embrasse et que de pleurs j'arrose,
> Ma Bienfaitrice, hélas ! Monconseil y repose...
>   Venez y prendre des vertus.

. . . .

> D'Hénin, cette princesse à qui tout rend hommage,
> De vous, avec le jour reçut pour apanage
>   Un nom que respectent les Tems.
> Les grâces, les vertus, lui servent de cortège,
> Et les arts qu'elle éclaire, embellit et protège,
>   Lui doivent le plus pur encens.

. . . .

> Telle est d'Hénin, telle est votre adorable fille.....

Certes, Mme la marquise de Monconseil était née avec l'âme la plus élevée et la plus sensible ; elle semblait n'exister que pour être utile ; jamais son nom ne fut invoqué vainement. Ce qu'elle cherchait surtout était de venir en secours à la noblesse infortunée et malheureuse. Que de noms viendraient s'ajouter à celui de M. Dudéré de Laborde si la bienfaisance ne recommandait pas la discrétion !

---

1. Il est question ici de Mme la maréchale duchesse de Luxembourg, qui s'éteignit quelques jours seulement avant Mme de Monconseil, sa plus intime amie peut-être.

CHAPITRE VIII

LA FOLIE D'ARTOIS

*Achat de Bagatelle — Les constructions
du nouveau château.*

Le comte d'Artois achète Bagatelle au prince de Chimay. — Belanger fait les plans des nouveaux bâtiments. — Extrait du journal de Bachaumont. — Lettres de Mercy à Marie-Thérèse. — La direction des bâtiments. — Le plan général. — Description des bâtiments. — Aperçu des jardins. — État des dépenses. — La pompe à feu. — Premières réparations. — Pauvreté de Belanger. — Les dépenses de Mme la comtesse d'Artois. — Les créances du comte d'Artois.

Le passage du prince et de la princesse de Chimay à Bagatelle de 1770 à 1775 n'a laissé aucune trace intéressante.

Le comte d'Artois, second frère de Louis XVI, étourdi, bruyant et libertin, avait le cœur ouvert et l'humeur facile. Il avait tous les défauts de la jeunesse sans qualité saillante ni caractère déterminé.

Ayant habité Bagatelle quelques jours, chez son capitaine des chasses de Saint-Germain, M. le prince de Chimay, il se prit d'une véritable passion pour cette demeure et décida d'en faire en un tour de main un château.

La maison de Bagatelle, à cette époque, tombait en ruine, et la réparer eût été trop onéreux. M. le prince d'Hénin en écrivit au directeur des Bâtiments du Roi, en 1776 et Soufflot adressa à son chef la lettre suivante :

Monsieur

Il y a quelques temps que M. le prince d'Eynen (Hénin) me fit l'honneur de me parler du mauvais état de la maison appelée Bagatelle, près du château de Madrid; j'ay celuy de luy répondre que je savois, depuis longtemps, que cette maison ne valoit rien, et que si l'on y touchoit, on pouvoit s'engager dans de grandes dépenses que Mme de Monconseil y en avoit faites quand elle en avoit la jouissance, sans que cela eut pû ajouter beaucoup à la solidité; mais que n'y pouvois rien sans ordre. Il se rabatit sur les chaperons du mur qui est clôture du bois; comme c'est un entretien que nous faisons, et qu'il y a des brèches et des brèches à réparer aussi dans d'autres endroits, j'ai fait commencer par celui-là, et c'est un objet de très petite conséquence; mais il n'en seroit pas de même de la maison, et j'ai cru, Monsieur, devoir vous en prévenir.

SOUFFLOT.

Il fallait donc acheter la maison, la démolir et tout refaire.

M. le comte d'Artois signa le contrat d'achat de la maison et des terrains attenant à la propriété de Bagatelle, à Mme la princesse de Chimay le 1er novembre 1775, devant le Pot d'Auteuil, notaire, qui en garda la minute [1].

Monseigneur devait verser à Mme de Chimay la somme de 36.000 livres avec le mobilier.

Les quittances furent signées les 27 février 1776 (5.553 livres, 14 sols, 3 deniers, savoir 2.250 livres sur le prix principal et le reste sur les intérêts); 3 juin 1778 (5.440 livres, 15 sols, 9 deniers, sçavoir parcelle de 5.250 livres sur le principal et le reste sur les intérêts); 1er septembre 1776 (5.360 livres, 6 sols, 6 deniers, parcelle de 2.250 livres sur le principal et le reste sur les intérêts); 2 décembre 1.776 (autre parcelle 1.776 de 2.250 livres pour solde de ce qui reste dû sur le capital).

Mais un point d'un grand intérêt restait en litige. En vendant son domaine de Bagatelle, Mme de Monconseil n'en avait pu vendre l'usufruit qui restait une autorisation à obtenir du Roi. Ni M. de Boisgelin, ni M. de la Regnière, ni M. Pierre de Chimay ne l'avaient obtenu ; or,

---

[1]. Arch. nat. R⁰ 307. Il y a en note du contrat : cette vente n'est qu'une jouissance à vie sur la tête de Mme la marquise de Monconseil.

dans les contrats successifs de la vente du domaine qui furent faits de 1772 à 1774, une clause spéciale stipulait « qu'arrivant le décès de la dame de Monconseil avant le prince de Chimay (Pierre de Hénin), successeur de ladite dame de Monconseil, *il serait tenu de lui rembourser* la somme de 15.000 livres faisant partie des 21.000 livres, prix dudit usufruit, de laquelle, néanmoins, *elle serait déchargée* au cas que le sieur *prince de Chimay obtînt du Roi un brevet personnel de continuation dudit usufruit*, sur quoi, ouï le rapport, Monseigneur croyait pouvoir se flatter d'obtenir de la tendresse du Roy son frère ladite continuation d'usufruit.

« Monseigneur étant en son conseil a autorisé et autorise les sieurs ses commissaires nommés par arrest de son conseil du 24 septembre 1775 à passer et signer le contrat de vente de l'usufruit de ladite maison appellée Bagatelle sans que la clause de subrogation au remboursement des 15.000 livres en cas de décès de la dame de Monconseil avant le sieur prince de Chimay y soit insérée et même de consentir que Monseigneur n'y soit pas subrogé, leur donnant à cet effet tout pouvoir[1]. »

En possession de la maison, le comte d'Artois fit venir son premier architecte Belanger, qui aussitôt décida de raser les bâtiments existants et de tout reconstruire d'après des plans nouveaux, qu'il dessina et fit exécuter avec une rapidité qui émerveilla les Parisiens et la cour.

Mais laissons la parole à Bachaumont :

22 octobre 1777. Il y a dans le bois de Boulogne une espèce de vide-bouteille appelée Bagatelle. Le prince (comte d'Artois) annonce un goût décidé pour la truelle, et, indépendamment des bâtiments de tout espèce qu'il a déjà entrepris, au nombre de quatre ou cinq, il a le désir d'étendre et d'embellir celui-ci ou plutôt de le changer complètement et de le rendre digne de lui. Il a pris une tournure fort ingénieuse pour se satisfaire aux frais de qui il appartiendrait. Il a parié 100.000 francs avec la Reine que ce palais de fée serait commencé et achevé durant le voyage de Fontainebleau, au point

---

[1]. Arch. nat. R¹ 388, p. 43. Résultat du conseil du 29 octobre 1775, signé Bastard et Danjou. Voir appendices.

d'y donner une fête à S. M. au retour. Il y a huit cents ouvriers. L'architecte de S. A. R. espère bien la faire gagner.

Déjà, en 1775, Mercy-Argenteau, qui instruisait Marie-Thérèse de tous les faits et gestes de la cour de France, lui écrivait[1] :

M. le comte d'Artois, qui ne s'occupe que de frivolités, a imaginé de venir souvent chasser le daim dans le bois de Boulogne. La proximité de Paris attire à ces chasses un nombre de jeunes gens, hommes et femmes. Le prince après la chasse, donne à dîner dans de petites maisons de campagne situées dans le bois de Boulogne ; les dîners sans donner lieu à des indécences, sont cependant beaucoup trop gais. La Reine n'a pu résister aux sollicitations pressantes que lui a faites M. le comte d'Artois de venir à ces chasses qui ne sont que des promenades. Quoique, comme de raison, S. M. ne soit jamais restée à aucun des dîners qui terminent les chasses, cependant on a vu à Paris avec regret que la Reine s'associât aux parties de plaisir de M. le comte d'Artois qui, par sa légèreté, perd de plus en plus dans l'opinion publique...

Mais le comte d'Artois, qui n'avait pas craint d'apprendre de Placide et du Petit-Diable, l'art de danser sur la corde raide, se souciait peu des remontrances de Mercy. Son idée était de faire élever un petit château, et il fit élever un petit château avec ses communs. Si bien que Mercy put écrire à la Reine[2] à la date du 19 novembre 1777 :

Par dessus cela, peu de jours avant le départ de Fontainebleau, M. le comte d'Artois imagina de faire raser une petite maison qu'il a dans le bois de Boulogne et que l'on nomme Bagatelle, et de faire rebâtir de fond en comble, arranger et meubler cette maison sur des plans nouveaux pour y donner une fête à la Reine quand la cour quittera Choisy pour rentrer à Versailles. Il parut d'abord absurde à tout le monde de vouloir tenter et achever une pareille entreprise en six ou sept semaines : c'est cependant ce qui a été exécuté au moyen de neuf cents ouvriers de tout genre, qui ont été employés jour et nuit à ce travail. La circonstance la plus inouïe, c'est que les matériaux manquent, surtout en pierre de taille, en

---

1. Arch. impériales d'Autriche, à Vienne, pièce 24.
2. Id., pièce 55.

chaux et en plâtre et qu'on ne voulait pas perdre de temps à les chercher, M. le comte d'Artois donna l'ordre que des patrouilles du régiment des gardes suisses [1] allassent à la découverte sur les grands chemins pour y saisir toutes les voitures qu'elles rencontreraient chargées de pareils matériaux susdits. On payait sur-le-champ la valeur de ces matériaux ; mais, comme cette denrée se trouvait déjà vendue, il résultait de cette méthode une sorte de violence qui a révolté le public.

Les travaux, en effet, marchaient rapidement, sous la direction de huit personnes reconnues pour leur adresse et leur savoir, et dont voici la liste [2] :

		Pension	
Chalgrin [3]	Intendant	7.800	livres.
Belanger	1er architecte	10.600	»
Moireau	Contrôleur	6.600	»
Mulard [4]	Inspecteurs	1.800	»
Briasse		1.800	»
Coutouly	Dessinateur	1.200	»
Château	Vérificateur	1.800	»
Blaikie	Inspecteur des jardins	1.800	»

Avec de tels hommes, le château de Bagatelle ne devait pas tarder à devenir un bijou d'architecture [5].

Les esprits étaient las des lignes sévères qui fomentent l'ennui, et, tout en admirant les dessins de Le Nôtre, on reconnut tout à coup que la nature ne plantait rien au cordeau, et l'on rêva d'allées capricieuses, de ravins, de mamelons, de sources et de rivières, de rochers, d'étangs, de lacs, d'îles, de ponts bizarres, de maisons rustiques, de kiosques à la turque et à la chinoise.

1. Le régiment des gardes suisses occupait la caserne de Courbevoie.
2. Arch. nat. R¹ 379.
3. Il touchait 1.200 livres par an pour ses livrées. Arch. nat., R¹ 378.
4. Mulard fut déplacé le 4 nov. 1781. Voir sa lettre de ce jour. Arch. nat., R¹ 379.
5. Règlement pour l'administration des bâtiments de Mgr le comte d'Artois. Soumission de M. Belanger. Signé Charles Philippe ; pour ampliation : de Verdun : signé par Belanger le 9 janvier 1784. Arch. nat., R¹ 379.

Louis XV avait déjà commencé à modifier les somptueuses demeures en faisant construire sur la fin de son règne le Petit-Trianon. Le simple mot de Trianon, qui paraît si souvent dans les mémoires et récits historiques, s'applique au domaine et au palais créés par Louis XIV à l'extrémité de Versailles et destinés, comme le fut Marly, à permettre au Roi de se reposer des fatigues qu'occasionnent une vie continuelle de représentation.

On subissait l'influence anglaise. Déjà, le duc de Chartres à Mousseau (Monceau) et le maréchal de Biron avaient réalisé ce nouveau rêve. Et tandis que Marie-Antoinette inventait le hameau du Petit-Trianon, le comte d'Artois, épris de luxe et de dépenses, jetait à la Reine le défi de construire Bagatelle en soixante-quatre jours. Il est vrai qu'il n'avait alors que dix-neuf ans.

Il avait bien pensé à s'emparer du couvent des moines du Calvaire situé au mont Valérien, mais il fut retenu par le Roi qui le blâma publiquement de son peu de scrupules envers les choses religieuses.

Ayant reçu l'ordre de construire le château, Alexandre Belanger se mit aussitôt à l'œuvre.

Le 21 septembre 1777, il demanda les instruments nécessaires pour faire ses plans, ses croquis, des dessins et les aquarelles que l'on remarque à la Bibliothèque nationale et aux Archives. Ce furent « différentes espèces de papier, des ustensiles, des instruments de mathématique[1], etc. ».

Grâce au zèle de l'intelligent architecte, bien secondé par Chalgrin et par Blaikie, le château fut construit en soixante-quatre jours, et les jardins prirent leur forme anglaise, telle qu'on la désirait.

Il y avait trois bâtiments[2] : les écuries, les communs et le pavillon de Bagatelle. Les écuries étaient sur une cour, dite cour verte, qui donnait sur le bois de Boulogne, et de l'autre côté par la cour, dite des offices, sur le chemin de Saint-Denis à Versailles.

Quand on venait du bois de Boulogne et que l'on

---

[1]. Arch. nat., R⁰ 379.
[2]. Les plans des bâtiments sont aux Arch. nat. N III 586 et forment neuf feuilles.

voulait se rendre au pavillon, on laissait à sa gauche le bâtiment des communs élevés sur caves dont les plus grandes étaient établies dans la partie droite.

Au rez-de-chaussée se trouvaient le logement du portier et deux petites pièces ; au centre droit, un grand escalier derrière lequel rayonnaient la panneterie, une serre, le goblet, les étuves, l'échansonnerie, et, une autre serre ; tandis qu'à l'aile gauche s'étendaient une écurie pour seize chevaux et une remise pour six voitures, et à l'aile droite, étaient le lavoir, la cuisine, la serre du chef et la rôtisserie.

Un petit escalier situé à côté du logement du portier montait au premier étage. En le montant, on trouvait une chambre à un lit, et huit pièces sans destination marquée. A l'aile droite, une chambre à un lit, et quatre pièces sans destination marquée, ainsi que le palier du grand escalier ; tandis qu'à gauche se trouvaient deux chambres à deux lits, une à trois lits, une à quatre lits, et une à cinq lits, ainsi qu'un petit escalier.

Quant au pavillon proprement dit, il se composait au centre d'une terrasse triangulaire couverte en plomb ; à droite, un appartement destiné à Mgr le comte d'Artois, comprenant cinq pièces dont deux à un lit, les deux autres sans destination marquée et le palier du grand escalier ; en plus deux chambres ; à gauche l'appartement du concierge avec quatre pièces dont deux chambres à un lit, deux pièces sans destination marquée et le palier du petit escalier.

En entrant au premier étage on trouvait une pièce destinée au 1er valet de chambre (lit à droite), l'antichambre, un petit escalier à droite et le grand escalier ; à gauche, antichambre de Mgr, cabinet de Mgr, plus à gauche, la chambre à coucher de Mgr et la garde-robe ; à droite du cabinet était le boudoir de Mgr avec un lit et un petit escalier ; tandis qu'à droite s'étendait également une suite de pièces, antichambre, cabinet du gouverneur, chambre à coucher du gouverneur et sa garde-robe, une chambre à donner et un petit escalier.

Au centre était le salon qui était haut d'un deuxième étage. A cette hauteur, combles du pavillon, étaient situés quelques logements tels que le réservoir des bains, les chambres des valets de pied, antichambre, chambre, cabinet, petite serre, degrés, et la calotte du salon.

Les deux bâtiments étaient reliés par un terre-plein formant terrasse et où se trouvaient le réchauffoir, le passage aux degrés, l'antichambre des gens et le passage bas pour arriver à l'antichambre des gens.

Pendant que s'élevaient ces deux bâtiments, le maître jardinier Blaikie, que le comte d'Artois avait fait venir d'Angleterre, traçait dans la propriété de Bagatelle ces allées sinueuses offrant sans cesse de nouveaux aperçus auxquels on n'était pas habitués à l'époque. Dans le plan que l'on voit aux Archives et qui est l'œuvre du jardinier anglais, on remarque des étangs, des ruisseaux, des cascades, des mamelons, des rochers, un petit théâtre en plein air, une maison rustique, — influence de Jean-Jacques Rousseau, — et l'inévitable temple d'amour à colonnades qui orne alors tous les parcs et tous les jardins de fantaisie des grands seigneurs, depuis celui de Trianon jusqu'à celui de Bagatelle.

Enfin dans le laps de temps que la Reine avait fixé à son beau-frère, tout fut fait, mais non parfait, car on travailla aux bâtiments et aux jardins jusqu'en 1786.

Cet étrange pari fut donc gagné. Le château fut achevé le 26 novembre, c'est-à-dire qu'il fut élevé en 64 jours.

Plusieurs cartons d'archives sont pleins des mémoires des entrepreneurs de Bagatelle et on y relève quelques particularités.

Ce sont des reçus dans ce genre :

Je soussigné, Inspecteur des bâtiments de Mgr comte d'Artois à Bagatelle, reconnais avoir reçu de Monsieur Philippe[1] provenant de la démolition du fief d'Artois la quantité de cinquante une toise, trois pieds, six pouces courant de tablette de vieille pierre de vingt pouces de large sur quatre à cinq pouces d'épaisseur pour être employé audit Bagatelle pour le service de Monseigneur, ce 23 juin 1779.

BRIASSE.

[1]. Arch. nat., O¹ 1581. Philippe était employé au garde-meuble.

Le montant des marchés faits par économie, de 1776 au 1ᵉʳ janvier 1789, s'élève à 1.704.442 livres, 9 sols, 8 deniers[1], sans compter tout ce qui fut dépensé sans marchés.

En effet, le rôle des ouvriers[2] que Bressy leur chef fut chargé de payer du 16 juillet 1780 au 26 décembre 1781 s'éleva à 108.638 livres. 13 sols, 5 deniers, et on acheta pour 174.186 livres, 2 sols, 10 deniers de matériaux pendant cette période. Il faut ajouter à cela 179.326 livres dues à divers fournisseurs les années 1778 à 1780 pour l'établissement des meubles au pavillon de Bagatelle, tant pour « les logements de seigneurs » que pour les communs et pour le logement du gouverneur, somme qui ne fut payée qu'en 1783; même en 1782 on dépensa 328.589 livres, 2 sols, 7 deniers, qui furent[3] payées à la même époque.

Il faut ajouter à cela le coût de la pompe à feu qui s'éleva à environ 30.000 livres, sans compter son entretien[4], car, si cette machine appartenait à Mlle de Charolais[5], depuis le temps qu'elle ne servait pas, son état de détérioration était complet. De plus, il fallut refaire la canalisation entièrement, car les tuyaux étaient trop petits. C'est alors qu'on fit refaire la pompe à feu par les sieurs Perriers possesseurs de la pompe à feu de Chaillot.

Ils fournissaient également le charbon qui venait des fosses de Decize[6], pour une somme annuelle variant de 15 à 1.600 livres. On paya 30.000 livres aux frères Perriers rien que pour la machine.

Et quand on aura parlé des dépenses faites pour le jardin et qui s'élevèrent à plus de 200.000 livres, comme nous le dirons dans un autre chapitre ; et qu'on y aura joint les appointements des hommes que le

---

1. Arch. nat., R¹ 379.
2. Arch. nat., R¹ 309. Registre p. 71. Bressy était en même temps concierge de Bagatelle.
3. Arch. nat,. R¹ 310.
4. Cet entretien fut confié à un nommé Thibault, qui toucha d'abord 1.000 livres par an, et dont les appointements furent réduits à 600. Arch. nat. R¹ 379.
5. Voir l'art. de M. Robert Hénard, et l'acte royal du 31 mars 1789.
6. Chef-lieu de canton de l'arrondissement de Nevers, à l'origine du canal du Nivernais, au confluent de la Loire et de l'Aron.

comte d'Artois avait spécialement choisis pour élever son joli pavillon, on pourra dire sans craindre d'être démenti que la Folie d'Artois coûta plus de 3 millions de livres. Déjà le 8 février 1778, le comte d'Artois avait dû emprunter au Roi un million pour solder les fournisseurs, les entrepreneurs et les officiers de Bagatelle.

Comme nous le disions plus haut, les travaux, à la fin de 1777, n'étaient pas terminés.

Le 19 juin 1780, Belanger et M. de Villedeuil, secrétaire des commandements de Monseigneur, M. de Montcrif et Chalgrin visitèrent les travaux afin de voir s'ils n'étaient pas volés par les entrepreneurs. Cela donna lieu à un rapport de Chalgrin, ainsi qu'à un rapport d'un sieur Chateau, architecte expert, et à quatre autres rapports et à une lettre de Coubert, l'entrepreneur.

Et de tous ces rapports, ainsi que de ceux qui furent faits dans la suite jusqu'en 1785, on peut extraire les ports documents suivants[1] :

1er octobre 1781. On demande et on obtient 14 ouvriers pour construire les fosses d'aisances dans les communs.

5 juin 1782. Réparation à la lanterne de verre qui est isolée par une toile et qui, par suite des pluies, menace de tomber dans le salon.

Achat d'une échelle en fer pour y aller.

On remastique les verres, ainsi que ceux de la lanterne de l'escalier.

Réparer le marbre de la salle de bain qui a tassé.

Crochets dans les écuries pour les harnais.

Peindre les huit bornes de la 1re et de la 2e cour.

L'argentier demande des volets à ses fenêtres.

*
* *

Parmi le personnel que nous avons cité, il y avait à Bagatelle deux inspecteurs des bâtiments qui étaient en même temps gardes-magasins, comme nous le prouve un compte du 3 juillet 1782, où l'on relève qu'ils touchaient 1.800 livres par an payables par quartier.

---

1. Arch. nat., R¹ 379.

Mais si Bagatelle s'achevait, Belanger ne s'enrichissait pas. Il avançait sans cesse de l'argent pour payer les entrepreneurs et n'arrivait que difficilement à se faire payer.

En 1780, il demanda au comte d'Artois qu'ayant payé sa charge de premier architecte 30.000 livres, il voulût bien lui accorder un brevet de retenue, et dans sa supplique il fait comprendre :

Qu'ayant acheté sa charge au sieur Galant moyennant 36.000 livres dont partie fut payée immédiatement et l'autre empruntée au trésor de Monseigneur, et qu'il ne touche que 6.000 livres par an. Par l'achat de sa charge, il est privé d'un revenu de 3.600 livres, obligé d'avoir à ses frais un commis aux écritures qu'il paye 1.200 livres ; qu'il est obligé d'avoir un logement convenable qu'il paye 1.200 livres ; un garçon de bureau, l'éclairage et le chauffage qui lui coûtent encore pour 1.200 livres, soit en tout 7.200 livres. Or, ayant dépensé 360.000 livres pour Monseigneur, et n'en ayant reçu que 72.000, il se plaint d'être ruiné, et demande le paiement des sommes qu'on lui doit, soit 288.000 livres et des appointements de 10.000 livres par an.

Il lui fallut attendre l'année 1783 pour rentrer en possession de son argent. Quant à ses appointements, ils ne furent jamais augmentés.

C'est le sort de l'artiste de contempler ses œuvres et de ne pas en vivre.

***

Le comte d'Artois était aidé dans ses dépenses par Mme la comtesse d'Artois, « d'allure très paisible, très froide » et « gnagna » comme on dit à la cour[1]. Elle n'entendait pas se gêner dans ses dépenses. Elle avait, rien que dans l'Ile de France, en vue de la Tour du Temple où devait souffrir si cruellement la famille royale, et du Prieuré, quinze petites résidences, parmi lesquelles il faut citer celles de : Asnières, Argenteuil, Colombes, Nanterre, Croissy et le Vésinet, construites spécialement pour elle.

1. De plus, elle était laide, sotte, maussade et disgracieuse.

Le 25 février 1777, le comte d'Artois achetait au marquis de Soyecourt le château de Maisons, moyennant 1.600.000 livres. Le roi lui avait donné le château de Saint-Germain et la forêt, où il avait ses chasses ainsi que le château de Carrière, qui tombait en ruines. Puis le frivole comte acheta, avec son parc et ses potagers, le château de Brunoy, pour lequel il fallut faire des routes spéciales pour y arriver ; Rocquencourt et ses serres ; la résidence de l'Arsenal et sa bibliothèque ; des résidences à Fontainebleau, à Compiègne ; le domaine de Châteauroux, la maison du comte d'Arles, celle de Melun et celle de Boutteville.

Cela n'empêcha pas Mme la comtesse d'Artois d'écrire en octobre 1773 à M. de Bourboulon, chargé des trésors du prince : « Vous savez le besoin que j'ai d'une maison de campagne pour me distraire et me reposer. Voyez dans ce but celle de Marly qui appartient à l'écuyer de la bouche, M. Meunier... » d'où un nouveau bail de 3, 6, 9, fait au nom de M. de Chabrillan, premier écuyer de la princesse.

Hôtel de Gèvres à Marly. La maison dite de l'*Electeur*, à Saint-Cloud, louée de 1786 à 1789 à M. Chabot de Verin moyennent 18.000 francs par an ; il y avait toute l'année dans cette maison pour l'entretenir huit serviteurs, un concierge, une lingère, un suisse, un jardinier et son garçon, un frotteur, une femme pour la garde-robe, un garçon de ferme et une fille de basse-cour.

La somme représentée par les appointements des services de chaque maison équivaut à un budget d'Etat.

Faire construire Bagatelle dans ces conditions était bien une folie. Ce château qui coûta plus que les 100.000 francs que la reine fut obligée de payer, mais bien 3 millions, comme nous l'avons vu, n'avait pas rétabli le budget du jeune prince. Le comte d'Artois se souciait peu, du reste, de savoir comment se régleraient ses dettes. Il les accumula si bien qu'en 1783 d'Ormesson refusa de les payer.

Mais bientôt, le conseiller d'Etat d'Ormesson, se brouilla avec Vergennes, par suite d'une divergence d'opinion entre celui-ci et Miromesnil. Vergennes le des-

L'ASTRONOMIE, par J.-B. Lemoine
Groupe en marbre qui ornait les Jardins de Bagatelle.
Collection de M. Wildenstein.

servit auprès du Roi, et le ministre laissa échapper l'occasion d'une honorable retraite pour tomber quelques jours après d'une lourde et légitime chute

Il n'en fut pas de même de M. de Calonne, intendant de Valenciennes, l'homme le plus spirituel, mais aussi le plus taré qu'il y eût dans l'administration. Présenté par M. de Vergennes, soutenu par les amis de la Reine et du comte d'Artois, de Calonne fut agréé (2 novembre 1783).

Naturellement, grâce à M. de Calonne, qui prétendait que la large économie consistait à dépenser beaucoup pour paraître riche et à paraître riche pour pouvoir emprunter beaucoup, tout fut payé (1784).

On sait, en effet, que le comte d'Artois très obéré obtint de Louis XVI 14 millions qui furent payés par annuités [1].

En 1790, il restait à payer de ce crédit 3.600.000 livres. Sans compter que le comte d'Artois avait hypothéqué ses biens pour 15.500.000 francs, son passif s'élevait le 1er janvier 1790 à 39.250.000 livres.

Dans sa dernière année (1789), on lui compte 9.500.000 francs de revenus et 9.900.000 francs de dépense ; soit, comparativement avec les cours actuels, une dépense annuelle d'environ 25.000.000 de francs par an.

Et cependant, en dehors de son énorme apanage, le comte d'Artois avait des rentes, redevances, concessions, bénéfices et privilèges de toutes sortes, qui lui venaient de ses deux duchés d'Angoulême et de Berry,

---

1. On lit dans le *Journal de Louis XVI*, publié par Louis Nicolardot, p. 231 : « Le comte d'Artois n'était pas moins avide (que le comte de Provence); on lui délivra trois fois une ordonnance de 2.600.000 livres et un beau jour, on lui envoya une ordonnance de 4 millions. Le conseil de S. A. R. avait représenté que Monseigneur devait 14.600.000 livres, 74.000 l. de rentes constituées et 908.700 l. de rentes viagères, et que les créanciers étaient d'autant plus exigeants que les dettes étaient exigibles.
Un an plus tard, le 29 décembre 1784, le premier Président disait à Louis XVI dans les remontrances du Parlement : « Le crédit et la facilité d'emprunter, Sire, ne sont que des ressources dangereuses, si, au lieu d'être employées à libérer entièrement l'Etat de ses engagements, elles ne servent qu'à favoriser les dépenses superflues et qui n'ont aucun objet d'utilité réelle. » Arch. nat., X^{1b} 8982. Voir Jules Flammermont, t. III, p. 600.

de ses deux comtés de Poitou et Penthièvre, des forges, des bois, des revenus domaniaux, la disposition et la vente des offices, des marais, des lais et relais de mer, le canal de la Dive et ses droits, les forges de la Meilleraye, sans compter les pêcheries, les grèves du Mont-Saint-Michel, etc., etc., une dotation annuelle de 2 millions 200.000 francs pour sa maison, 1 million 300.000 francs pour celle de sa femme, et 700.000 francs pour chacun de ses enfants.

Folie d'Artois ! M. H. Gauthier-Villars, dans un article sur les *Fantaisies cartographiques*, ne veut pas que le mot folie vienne de dépenses exagérées, et que cette dénomination n'ait rien qui puisse faire douter des facultés cérébrales des Français et particulièrement de celles du comte d'Artois. Elle viendrait tout simplement de : « La Feuillue, comme Folie Saint-James, Folie Beaujon, ces maisons ayant été à l'origine entourées de bois ». Ce n'est pas notre avis, car, pour nous comme pour beaucoup d'autres, construire un palais en deux mois sans regarder à la dépense, est une folie ruineuse. En tous les cas, ces maisons ne furent construites que pour y faire des folies.

CHAPITRE IX

LES JARDINS DU COMTE D'ARTOIS

Blaikie. — La clôture du parc. — Les marchés d'entretien. — Un apport de nouvelles terres. — La longueur des travaux. — Un vol. — Description des jardins anglais. — Le jardin à la française. — On dégage l'entrée. — Agrandissements du parc.

Tandis que les bâtiments s'achevaient, le célèbre jardinier paysagiste Thomas Blaikie s'occupait activement des jardins de Bagatelle pour en faire un modèle du genre anglais.

En même temps, on clôturait le parc, on semait les parties de gazon [1] en face du pavillon de Bagatelle et on faisait les marchés d'entretiens.

Le rapport de 1780 s'exprime ainsi :

La clôture du parc est un objet de 24.000 livres et qu'il est de toute nécessité d'entamer cette année pour la sûreté des meubles du pavillon et pour la conservation de tous arbres, arbustes et plantes du parc contre les daims, les chevreuils, et les lapins qui détruisent tout ce qui y est planté.

La partie de gazon que l'on demande à semer en face du pavillon est un objet de 400 livres, y compris le labour. Ce petit accessoire, qui est d'un très grand avantage pour la vue du pavillon, n'est pas d'une dépense assez considérable pour être reportée au printemps prochain.

Les marchés d'entretien ne peuvent être faits et signés avant que les entrepreneurs désignés à cet effet ne soient approuvés de Monseigneur et choisis par M. le surintendant, suivant le tableau qui lui a été présenté il y a trois mois.

---

1. On commandait aux sieurs Perriers de la Pompe de Chaillot, un grand et un petit rouleau pour les gazons, cette même année 1780, moyennant « 240 livres environ l'un dans l'autre ». Arch. nat. R¹ 379.

Cependant les terres du Bagatelle de Mme de Monconseil n'étaient pas suffisantes pour que Blaikie, aidé de son fidèle Kotter[1], pût faire vallonner les terrains de la propriété. On demanda donc à M. le prince de Conti de prendre dans la plaine qui lui appartenait[2] les terres franches nécessaires. Le prince de Conti donna l'autorisation sous condition que l'on ensemençât ses terrains de foin.

Le transport de ces terres coûta 11.726 livres, 7 sols.

Ainsi aidé par Kotter et par Journet, le pépiniériste, Blaikie, qui touchait 4.800 livres par an, entreprit de creuser les rivières, les étangs, de bâtir les maisons rustiques et d'amonceler les rochers ayant sous ses ordres, parfois vingt, parfois soixante ouvriers!

Les travaux de la rivière ne furent commencés cependant que le 15 mars 1781, après une lettre et un rapport du 20 février. Trente ouvriers se mirent à l'ouvrage.

L'hiver, on avait dû suspendre les travaux tant le froid avait été vif; cependant on avait travaillé au grand rocher et aux grottes, pour que dès la belle saison la rivière pût passer dessous[3]. De même on prit encore 250 toises de bonne terre au prince de Conti pour élever les bords de l'étang.

Dès que vint la belle saison, on ensemença les gazons[4]. Blaikie demanda quarante-cinq ouvriers qui lui furent accordés, et les fleurs, les plantes, les arbustes et les arbres mêlèrent leurs couleurs variées dans toutes les parties du parc.

A ce moment, le fils du pépiniériste Journet profita de l'encombrement et du désordre des choses pour voler des arbustes qu'il transporta à Louveciennes, où il habitait. Il fallut les prières de Journet père, brave homme et

---

1. Kotter était logé et chauffé à Bagatelle. Il coûta au comte d'Artois du 2 mars 1778 au 22 juin 1782 : 2.996 livres, 16 sols, 8 deniers. Arch. nat. R¹ 309, registre, page 65.
2. C'est la plaine qui s'étend entre Bagatelle et la Seine, et que l'on nomme aujourd'hui plaine d'Entraînement.
3. Lettre du 22 janvier 1781.
4. Gontier, marchand de graines « au bourg la Reine », fournit pour 11.604 livres de graines. (Voir une pièce du 9 avril 1789.) Arch. nat. R¹ 379.

estimé, pour arracher le fils Journet des mains des hommes de police.

En vérité, les travaux durèrent jusqu'en 1783. A ce moment seulement, la rivière, la terrasse, les maçonneries et les rocailles nécessaires furent terminées, et le tout s'éleva à la somme de 14.520 livres[1].

Refaire la description des jardins de Bagatelle, qui fut si bien faite par M. Robert Henard[2], serait chose superflue[3]. Nous nous contenterons d'en donner ici quelques extraits :

On accédait par l'avenue des Acacias, alors avenue de Longchamp. L'entrée d'honneur, qui n'a fait que changer d'attribution, affectait un air rustique. Le chalet du portier, dit *maison hollandaise*, s'élevait sur le bord d'une demi-lune, tracée dans le bois de Boulogne même, et un taillis, « où l'on avait laissé à dessein le temps et la végétation accomplir leur œuvre », dérobait aux yeux la vue des jardins. Quand on avait parcouru le sentier qui contournait cet épais fourré, on rencontrait la route de pourtour « qui conduisait d'abord, sur la droite, à un pavillon » « dans le genre de ceux que se font les Indiens pour se mettre à l'abri des bêtes féroces », belvédère du haut duquel on apercevait la colline et le village de Puteaux ; après avoir longé un temple consacré au dieu Pan, le « rocher d'où sort la source », et un obélisque égyptien supporté par des tortues de bronze placées sous les angles du piédestal, cette allée, toujours parallèle à la lisière de la propriété, se dirigeait à gauche, traversait deux fois une rivière, rencontrait une cabane dite « *de l'Hermitte* », s'agrémentait d'un banc de roche, d'un buste de Lucullus, et gagnait enfin une petite porte contiguë aux parterres d'un jardin français.

« Le rocher d'où sort la source[4] » se dressait dominant un

---

1. Rapport du 26 juin 1783.
2. Robert Henard, les jardins de Bagatelle, la *Grande Revue* 10 mai 1907.
3. On cultivait à Bagatelle des melons et des concombres si beaux qu'on envoyait des hommes de Versailles en chercher exprès pour les dîners du Roi et de la Reine. Arch. nat. R1 340.
4. Réparation du grand rocher au-devant de l'entrée de la grotte du réservoir recevant les eaux venant de la pompe de l'hermitage. Le rétablissement d'une partie du cours de la rivière pour empêcher la filtration des eaux qui détruisent actuellement le devant de la porte d'entrée, en meulière, chaux et ciment ordinaire de 18° d'épaisseur.
Le rétablissement du ruisseau en cailloutis conduisant les eaux dans

petit lac bordé de récifs et de massifs de verdure. Au sortir de ce bassin, la rivière [1], un instant divisée par un îlot, s'enfonçait sous les ombrages d'un bosquet, dont une Diane de marbre commandait l'entrée et au centre duquel s'érigeait, sur un rocher percé à jour, la *Maison du Philosophe* ; elle coulait ensuite « sous des ponts de lianes et de mousse », baignait l'*Hermitage* déjà signalé, « hutte couverte de jonc, fermée par une claie, meublée d'une natte de sparte pouvant servir de lit à l'anachorète retiré en cet endroit charmant [2] » et figuré en cire dans un coin de la cabane, et débouchait dans un réservoir oblong, situé vis-à-vis de la maison, et où tombait avec fracas une cascade. A l'extrémité opposée de ce réservoir que peuplaient les cygnes et les oiseaux rares, le cours d'eau s'engageait dans le lacet le plus capricieux et le plus compliqué que l'on pût imaginer, frayait péniblement sa route au fond des ravines; s'irritant entre les roches qui l'encombraient, blanchissant d'écume l'obstacle sans cesse renaissant des cascatelles, tourbillonnant sous l'arche d'un *Pont chinois* dont l'architecture pseudo-orientale surprenait au milieu des buis sombres, des ifs et des troènes. Après un dernier pont, dit de *Palladio*, la rivière embrassait l'*Isle des Tombeaux*, et, laissant à droite la *Tour des Paladins*, bâtie au faîte de la montagne qui contenait dans ses flancs la glacière, allait se perdre dans les pépinières.

Le *Pont de Palladio* ne fut achevé qu'en 1787. L'*Isle des Tombeaux*, qui constituait parmi les nombreux accidents agrestes et pittoresques précédemment énumérés un épisode noble et grave, ne lui fut pas de beaucoup antérieure. M. de Monville, l'homme le plus ennuyé de France, avait eu, pour se distraire, la singulière idée de transformer « en un affreux désert » quatre-vingts arpents clos de murs, et Marie-Antoinette s'était amusée de cette solitude artificielle. L'*Isle des Tombeaux*, avec son mausolée de porphyre à moitié enseveli sous le lierre, ses fragments de marbre aux inscriptions effacées épars sur le sol, ses rideaux de lianes et de clématites suspendus aux branchages des saules éplorés, fut en miniature la plus aimable des Thébaïdes. Non loin de là, le sarcophage du *Tombeau de Pharaon* voisinait avec une tente

---

le puisard de l'hermitage, lettres du 31 juillet 1789 signées Chalgrin-Belanger. Arch. nat. R¹ 379.

1. Le sieur Garnier retira de la rivière 262 tonnes de bonne terre qui fut distribuée dans les jardins à 18 livres la tonne : 4.725 livres. Arch. nat. R¹ 379.

2. Thierry, le *Guide du voyageur*, 1787.

barbare dressée dans une clairière, une cabane de druide, une vigne à l'italienne, et l'inévitable temple d'amour, portique circulaire dans l'esprit de celui du Petit-Trianon, avec une répétition du fameux Cupidon brisant son arc et la devise de Voltaire : « Qui que tu sois, voici ton maître [1]. »

Le jardin à la française qui s'étendait devant la maison, sorte de terrasse découverte donnant sur la Seine, les coteaux de Suresne et le Mont Valérien, ne comptait guère à côté des surprises et des enchantements du parc où seuls pénétraient le comte d'Artois et ses invités. Le commun n'y était pas admis ; tous les services se faisaient par la porte considérée maintenant comme porte secondaire et qui s'ouvrait, ainsi qu'à présent, sur la route de Suresnes à Neuilly.

L'entretien des jardins fut confié à vingt hommes, non compris les gardes de jour et de nuit, les portiers, les élagueurs, les taupiers, les épingliers et l'homme de la pompe à feu.

On s'occupa également de dégager les avenues conduisant à Bagatelle, et un rapport fut adressé sur ce point à M. de Vaucelle, de la maîtrise des Eaux et Forêts, par Chalgrin.

« 30 septembre 1781. Il serait nécessaire d'obtenir de la maîtrise la prolongation de la route partant de Bagatelle commencée en 1779, qu'il faudrait continuer jusqu'à la croix d'Armenonville, allant de là à la porte Maillot pour Paris.

« Il en faudrait une autre partant de Bagatelle, allant à la porte des Princes qu'il serait utile pour raccourcir le chemin de Versailles à Bagatelle, au lieu de passer par la Croix de Catelan, comme il est d'usage actuellement. Cela éviterait qu'on se servît de la route du rond de Mortemart à la porte des Princes, qui est toujours fort mauvaise et risquable pour le passage de Monseigneur.

« Il faudrait aussi obtenir le dressage et rélargissement de la route venant du château de Madrid, passant à Ba-

---

[1]. On employa, comme engrais, de la suie. On voit qu'en 1782, elle était devenue fort rare depuis qu'on en connaissait l'usage ; on en acheta 400 boisseaux à 3 fr. l'un pour les terres de Bagatelle. Arch. nat. R¹ 379.

gatelle, allant à la porte de Longchamp, qu'il est impossible de ne pas refaire et bomber à neuf pour en supprimer les grandes marées d'eau, qui y sont ce qui devient dangereux lors des chasses en traîneaux. »

De même, on élargissait de 4 pieds la « route aux chats » qui conduisait de Bagatelle à la Croix-Catelan.

Le 11 mars 1782, une visite fut faite à Bagatelle par Briasse. Il fit aussitôt un rapport ou on lit; « Dans notre visite à Bagatelle, l'inspecteur des jardins nous a représenté qu'il serait nécessaire que M. le surintendant voulût bien lui accorder quelques ouvriers de plus pour continuer et parfaire les différentes parties du jardin qui sont en souffrance. » Le 26, on lui donna une vingtaine d'ouvriers supplémentaires. Il ajoute: « L'inspecteur nous a observé que l'objet seul des pépinières demandait d'autant plus de soins qu'il était arrivé au terme où il fallait repiquer plusieurs milliers d'arbres dont les graines provenant d'Amérique méridionale ou septentrionale avaient été semées depuis un an au plus et périraient faute de pouvoir être repiqués dans des terrains plus spacieux et préparés pour eux. »

Un curieux document du 31 mars 1779 témoigne déjà du souci, ainsi que du désir qu'avait le comte d'Artois d'embellir Bagatelle et ses abords[1]:

Extrait des registres du conseil d'État:

Le Roy étant informé que, pour l'agrément du pavillon de Bagatelle appartenant à M. le comte d'Artois son frère, il serait nécessaire de faire enclore 18 arpents deux perches du bois de Boulogne joignant ce pavillon ; d'ouvrir dans ce même bois une nouvelle route de 391 toises un tiers de longueur sur 16 pieds de largeur; d'élargir de 4 pieds la route qui va de l'angle de l'enclos de M. le prince de Conty au carrefour de la route du Grand-Rond à Madrid dans la longueur de 150 toises ; que le chemin de la Grande-Queue soit redressé et fait sur 16 pieds de largeur au lieu de 12 qu'il a présentement dans la longueur de 150 toises et demie ; enfin de faire élargir et donner une forme de 10 toises de diamètre à trois carrefours du dit bois, et S. M. désirant non seulement procurer à M. le

---

1. Arch. nat. R¹ 1070.

comte d'Artois la satisfaction qu'il demande, mais voulant aussi qu'il soit incessamment procédé aux ouvrages nécessaires pour porter les dites routes et carrefours à leur perfection tant par essartement, bombement et construction de fontceaux pour servir à l'écoulement des eaux, le tout suivant les prix fixés par différents arrêts du conseil pour les ouvrages de pareille nature...

En 1782, le comte d'Artois obtint l'autorisation de faire enclore ensemble 190 arpents nouveaux.

Telle est l'origine du parc splendide qui entoure encore aujourd'hui le château de Bagatelle sur lequel le comte d'Artois fit graver la devise si connue :

Parva sed apta.

CHAPITRE X

DÉCORATION INTÉRIEURE DU BATIMENT ET FÊTES DONNÉES PAR LE COMTE D'ARTOIS

La fête d'inauguration retardée. — Cependant elle est donnée. — Émerveillement des invités. — Description de l'intérieur du pavillon. — Les artistes qui y contribuèrent. — Jacob, Beaulard, Rode, Denizot, Gonthières, L'Huillier, Dusseaux, Hubert Robert. — Un opéra joué par la Reine. — La Reine sifflée par le Roi. — Les écuries et la cave. — Une colère du comte d'Artois. — Le baron de Montyon, gentilhomme de la chambre. — La bibliothèque du comte d'Artois. — Quatre seigneurs polonais attendris. — La comtesse d'Artois à Bagatelle. — Ses plaisirs de la musique et de la toilette. — Fête en l'honneur du comte et de la comtesse du Nord. — Impromptu du comte d'Artois. — Fêtes en 1782. — Un grand dîner. — Réparations aux jardins, aux bâtiments et aux tableaux. — Un boudoir amusant. — Le comte d'Artois émigre. — Vers de l'abbé Delille.

Ainsi, M. le comte d'Artois avait gagné son pari.

La Reine, encore tout heureuse des premières années de son règne, insouciante et légère, voulait inaugurer avec le Roi la nouvelle résidence de son beau-frère.

Le benjamin de la famille, dit M. Gaston Maugras, « était étourdi, élégant, joli garçon ; il possédait tous les goûts et tous les travers des jeunes gens de son temps ; mais sa conduite légère et peu mesurée le rendait fort compromettant ; il commettait sottise sur sottise ; c'est lui qui, pendant longtemps, se chargea d'organiser les plaisirs de sa belle-sœur, et il le fit avec si peu de mesure et de tact qu'il en résulta mille mauvais propos[1] ».

« Tout était prêt, dit M. Ch. Yriarte[2] ; et Marie-An-

---

1. *Le duc de Lauzun et la cour de Marie-Antoinette*, p. 47.
2. *Revue de Paris*, 1er juillet 1903, p. 12.

toinette allait venir, quand le bon Lassone, le médecin de Louis XV et de Louis XVI, très dévoué à ses maîtres et qui savait la Reine très souffrante, représenta au Roi que Sa Majesté faisait de visibles efforts pour ne point manquer à sa promesse et qu'elle pouvait le payer cher. La partie fut remise ; mais, au jour convenu, un courrier de Vienne annonça la mort de l'empereur, père de la Reine, et la cour dut prendre le deuil. »

Cependant la fête d'inauguration fut donnée, et ce fut un émerveillement pour les invités.

Si vous voulez, nous allons pénétrer avec eux dans la propriété et en admirer les richesses :

Deux enceintes cachaient le château. C'était grand et élégant.

A peine entré dans le parc, la courbe d'une allée dérobait les promeneurs aux regards. Après avoir traversé un massif ombreux, une prairie se présente parsemée çà et là de bouquets de bois. Vers le milieu de la pelouse se creuse une pièce d'eau aux abords découpés comme une coquille marine. Au centre une île qu'ombragent quelques saules pleureurs ; à droite, un peu plus loin, un kiosque[1] au sommet d'un labyrinthe. Au pied s'élève une voûte sombre en arceau gothique, d'où une source s'échappe et forme une rivière qui est traversée par un pont.

Après des parterres et une cour d'honneur, on arrive au château composé d'un rez-de-chaussée précédé d'un attique.

Ce rez-de-chaussée renfermait un vestibule, une salle à manger, un billard, un salon et un boudoir orné dans le goût de l'époque. Puis un escalier en acajou, coupé avec une légèreté incroyable et suspendu sur lui-même, conduit au premier étage où se trouvent plusieurs chambres à coucher qui ont un air de famille avec les délicieux boudoirs des Trianons ; celle du maître du logis montre une décoration toute militaire.

C'est à la collaboration de Nau et de Bailly qu'était

---

1. C'était un kiosque que la ville avait fait construire sur la plaine des Sablons ; mais, l'ayant donné au comte d'Artois, celui-ci le fit transporter à Bagatelle.

due cette chambre à coucher. Elle représentait une riche tente de campement militaire, avec son lit à fers de lances, son plafond à gros plis retenus par les foudres de Mars, et sur les murs drapés, c'étaient des boucliers, des panoplies, des attributs guerriers.

La cheminée avait pour jambages deux couleuvrines en cuivre ciselé posées sur leur culasse et portant un riche entablement à frises de symboles militaires. Les chenets avaient la forme de boulets et de bombes ; la pendule[1] dessinée par Belanger et exécutée par Lepaute[2] figurait un trophée d'armes antiques ; les bras de lumière : des instruments de musique guerrière. C'était une allusion à la charge de grand maître d'artillerie dont fut investi le duc d'Angoulême, aujourd'hui comte d'Artois.

Mais on revenait involontairement au salon circulaire en coupole où le meuble était en gros drap de Hollande, vert anglais comme celui des boudoirs. « Les sièges, paravents et écrans étaient en velours d'Italie; les housses, en taffetas d'Italie vert, s'harmonisaient avec les tons légers des stucs relevés d'or. C'est le fameux Jacob qui fournissait le meuble élégant ; Beaulard faisait le courant ; Rode la sculpture sur bois. Denizot, l'ébéniste du garde-meuble avait entrepris le salon de jeu. Tout ce qui était rideaux, tentures et garnitures était exécuté par Nau, une célébrité en faveur à Trianon, et Bailly avait fourni toutes les étoffes[3]. »

Toute la ciselure d'art, bronze, cuivre, sous ses différentes formes, portaient le chiffre, non du comte d'Artois, mais de Marie-Antoinette.

Les cheminées sont restées célèbres par la gravure. Toutes les dix étaient dues à Gouthières et à ses meilleurs élèves.

« L'Huillier[4] avait entrepris l'ensemble des sculptures décoratives, et Dusseaux avait assumé toute la décoration

---

1. Cette cheminée existe encore, mais elle a été déplacée. Elle est actuellement au même étage à l'autre angle du pavillon.
2. Les autres pendules furent aussi dessinées par Belanger et exécutées par Lepaute.
3. *Revue de Paris*, 1ᵉʳ juillet 1903.
4. Il habitait rue du Faubourg-Saint-Denis. En 1788, on trouve son adresse rue du Faubourg-Saint-Martin.

peinte : c'est à lui qu'on doit les peintures de la coupole, les panneaux des portes, les « camées », les *Noces de Psyché*, les *Quadriges*, les *Jeux d'enfants*, toute une série d'arabesques dans le goût des Berain et des Watteau. Les portes des boudoirs des deux étages lui avaient aussi été confiées ; il avait semé sur les panneaux de petites compositions : le *Temple des grâces*, *la Baigneuse soutenue par des naïades*, *l'Amour quêteur déguisé en pèlerin*, le tout très galant et approprié au caractère des pièces.

« C'est à Hubert Robert, peintre du Roi, l'un des gardes du muséum et dessinateur des jardins de Sa Majesté, que Belanger avait confié les six panneaux qui ornaient les parois du petit boudoir, à gauche du salon circulaire ; Callet le portraitiste officiel de Louis XVI s'était chargé de décorer celui qui fait pendant. Dès 1784, ces panneaux dont chaque sujet avait été payé cinq cents livres à l'artiste, étaient déjà détériorés par l'humidité : nous trouvons de ce chef une dépense de cinq cents livres pour la restauration[1]. »

Mais aujourd'hui, c'est jour de fête, et tous les détails en ont été réglés par la Reine, à laquelle la fête est dédiée[2].

On s'est décidé à jouer un opéra. La troupe se composait de la Reine, de Mmes Jules et Diane de Polignac[3], de Mgr le comte d'Artois, de MM. Dillon, de Besenval[4], d'Adhémar[5], de Coigny et de Vaudreuil.

On devait jouer *Rose et Colas*, le charmant opéra-comique de Sedaine (1719-1797). La reine Marie-Antoinette avait pris l'emploi de soubrette ; Mmes de Polignac ceux d'ingénue et de grande coquette ;

---

1. *Revue de Paris*, 1ᵉʳ juillet 1903, p. 21.
2. 23 mai 1780.
3. Elles n'eurent leur désastreuse influence sur la Reine qu'à partir de 1783. *Mémoires de Mme Campan*.
4. Besenval (Pierre-Victor, baron de) né à Salerne. Il était lieutenant-colonel des gardes suisses dont le comte d'Artois était colonel.
5. Le comte d'Adhémar, personnage assez insignifiant, avait cependant le malheur d'ennuyer la Reine. Marie-Antoinette ne trouva rien de mieux pour s'en débarrasser que lui faire donner l'ambassade de Londres. Il est vrai que Mme Campan dit que la Reine se reprocha plus tard cette légèreté.

Mgr le comte d'Artois devait tenir les premiers rôles ; M. de Dillon les fats ; M. de Besenval les financiers ; M. d'Adhémar les comiques ; M. de Coigny les pères nobles ; enfin M. de Vaudreuil les raisonneurs[1].

On appela Dazincourt et Dugazon pour diriger les répétitions, et bientôt chacun sut son rôle tant bien que mal.

Le jour si ardemment désiré arrivé, la foule des équipages assiégea Bagatelle, et le comte d'Artois vint au-devant de Leurs Majestés dans cet espace circulaire qui précède le château et où se trouvent six statues représentant le Silence, le Mystère, la Folie, la Nuit, le Plaisir, la Raison.

Leurs Majestés entrées, on laissa passer la foule des invités, et chacun put circuler dans les jardins, la maison, et les admirer.

Sous une tente dressée dans le jardin était placée une table abondamment servie ; chacun y prit place, et on remarqua que plusieurs sièges étaient vacants, notamment celui de la Reine. Comme on allait s'en inquiéter, le fond de la tente s'ouvrit et laissa voir les gradins d'une petite salle de spectacle avec la draperie en velours qui fournit le rideau. L'opéra-comique de Sedaine fut mutilé par les comédiens, ce qui n'empêcha pas les spectateurs de leur faire une chaleureuse ovation. Cependant comme la Reine achevait un couplet, un coup de sifflet retentit.

Les spectateurs stupéfaits se regardaient ; mais la Reine, comprenant aussitôt qu'un seul parmi tous pouvait se permettre un tel acte d'insolence, s'avança sur le bord de la scène et dit au Roi : « Monsieur, puisque vous n'êtes pas content de mon jeu, prenez la peine de sortir, on vous rendra votre argent à la porte. »

Cette altercation fut applaudie, et le Roi, honteux, demanda pardon à la Reine de sa hardiesse, au moment où, après avoir quitté son costume de villageoise, elle entrait dans la salle de bal.

La fête se termina cependant assez bien, malgré cet incident, et chacun se retira satisfait.

1. Ces messieurs faisaient parti du salon que Mme de Polignac avait formé pour plaire à Marie-Antoinette.

Le comte d'Artois venait très souvent à Bagatelle. Les écuries, dépôts temporaires, étaient sous les ordres du marquis de Polignac. La cave s'emplissait ; en 1782, on y descendit 1.500 bouteilles de champagne sur le compte de 7.000 bouteilles de la récolte de 1780, dont l'échanson du prince prit livraison.

Le maître, léger et frivole, était toujours accompagné d'un piquet d'honneur composé d'un officier supérieur, d'un lieutenant et de seize cavaliers de la garde royale. Cela n'empêcha pas de se produire le fait amusant suivant :

Antoine-Jean-Baptiste-Robert Auget, baron de Montyon, né à Paris le 23 décembre 1733, et destiné à la magistrature, devint avocat au Châtelet, puis maître des requêtes au conseil d'Etat, et successivement intendant de la province d'Auvergne, de la Provence et de l'Aunis. Homme d'un caractère intègre, il dut se démettre de son intendance pour avoir refusé d'exécuter dans sa province la suppression des cours de justice locale ordonnée par le chancelier Maupeou. Cependant, en 1775, il devint conseiller d'Etat. Etranger à Bagatelle, il s'y présenta pour la première fois avec une lettre d'introduction ; mais, s'étant égaré dans le parc, il avait pénétré directement dans le pavillon, et, trouvant l'antichambre et les salons du rez-de-chaussée vides, il s'était aventuré jusqu'au premier, où il avait rencontré le comte d'Artois, nu comme un ver, qui, par une chaleur torride, circulait dans l'appartement. Un mot spirituel qui échappa à M. de Montyon et que Bachaumont a le tort de ne pas nous rapporter, désarma le prince qui tonnait déjà contre l'intrus et brisait les sonnettes. Trois mois après, M. de Montyon était devenu gentilhomme de la chambre et familier du prince ; il lui resta fidèle jusqu'à l'exil [1].

Il fut son chancelier (1780).

Ce fut lui surtout qui accompagna le comte d'Artois à Bagatelle, où il occupait l'appartement de la marquise de Polignac. Il se réfugiait dans la bibliothèque hétéroclite qui y était installée et qui, sous la direction de M. l'abbé de Vauxelles, qui résidait au Temple, et sous l'inspection de M. Rivière, recevait ses ouvrages du

1. *Revue de Paris*, 1ᵉʳ juillet 1903, p. 17.

L'ENFANT AU HOMARD,
PAR LAMBERT-SIGISBERT ADAM (1700-1759)
Marbre appartenant à M. le Marquis de la Ferronnays.

libraire Saugrain, dont on trouve les factures dans les cartons des Archives.

Une autre aventure, contée dans la correspondance de Grimm et de Diderot, y arriva en mai 1779 :

> Quatre seigneurs polonais ayant désiré de voir le pavillon de Bagatelle, que M. le comte d'Artois a fait bâtir dans le bois de Boulogne, un des officiers de ce prince chargé de les y conduire, fut tout étonné de les voir s'arrêter tout à coup devant une statue de la salle à manger, s'embrasser avec beaucoup d'émotion, et fondre en larmes. Revenus un peu de ce premier attendrissement, ils apprirent à leur guide que la grande impression que leur faisait cette belle statue tenait à l'extrême ressemblance qu'il y avait entre elle et une de leurs parentes qui venait de mourir. M. le comte d'Artois n'en a pas été plutôt instruit, qu'il a fait donner des ordres pour leur envoyer l'original même de la figure qui les avait sincèrement touchés.

Allant d'une résidence à une autre, Mme la comtesse d'Artois vint souvent s'installer pendant plusieurs jours dans le gracieux château du bois de Boulogne. Il semble qu'elle y vint pour la première fois faire une saison pendant tout l'automne de 1782. « Les terribles résultats de la petite vérole de 1764 et la mort de Louis XV avaient triomphé des préjugés de la société tout entière, qui regardait l'inoculation comme un acte de rébellion contre la volonté divine : on n'a pas, disaient les adversaires de Jenner, le droit de se soustraire aux décrets de la Providence en se donnant une maladie, même pour en éviter les atteintes. La comtesse d'Artois, résolue à tenter l'aventure, confia le jeune duc d'Angoulême et sa fille à un médecin de Neuilly, qui pratiquait, disait-on, l'opération avec succès, et vint loger près d'eux à Bagatelle.

La princesse affectionnait cette résidence, y vint souvent, et la Reine, qui alors venait fréquemment à la Muette, venait parfois lui rendre visite. Elle la trouvait dans son salon de musique, jouant de la harpe ; ou bien dans la petite pièce spéciale située au-dessus du salon de musique que Belanger appelle « le Frison ». Gagelin était à la mode ; c'est de chez lui que viennent pommades, poudres à poudrer, odeurs, et principalement la

« pâte à la rose double », celles à « l'œillet » et à la
« giroflée double ». Sa poudre était à l'iris. En 1781
(juillet), elle commande deux masques à poudre avec des
yeux de cristal pour préserver sa vue. Elle a les mêmes
fournisseurs que la Reine : Beaulard, Grancher, dont l'enseigne était « Au petit Dunkerque », rue St-Sulpice ;
Dumont, le miniaturiste ; Campana l'Italien, qui faisait
les portraits à la « gouasse » ; Castriqué ; Van Spandonck,
qui peignait si joliment les fleurs ; Walbled, tant oublié,
et Sauvage.

C'était une de ses dames, Mme de Bourbon-Busset qui
faisait les commandes, tandis que M. de Maillé était
chargé de ce service chez M. le comte d'Artois.

**

Un certain nombre de fêtes, d'attractions et de dîners
furent donnés à Bagatelle par le comte d'Artois.

C'est le sieur Desclaux, commis des bureaux des
menus, qui prépare les spectacles et qui a le soin des
programmes et de la liste des invités. Il tient sur des
feuilles à part l'état des sujets de la danse et paie
4.287 livres rien que pour les seuls divertissements qui
furent donnés en septembre et en octobre 1782.

Mais où l'on puise un grand nombre de renseignements, c'est dans les cartons où se trouve le *service
de la bouche*. Ce service était composé de onze officiers : Missilier, contrôleur ordinaire ; Martin, chargé de
l'approvisionnement des vins et des liqueurs ; Arnould,
écuyer de la cuisine ; Sigé, cuisinier ; Roth, chef d'office ;
Constantin, pâtissier ; Crosnier, Marchand, Bonvalet,
aides d'office ; Petit, garçon hatier ; Boivin garçon de
fourneaux. Ils étaient accompagnés de marmitons,
coureurs, postillons, et tout ce monde se déplaçant
à chaque dîner que le comte d'Artois donnait à Bagatelle, on peut juger des frais considérables que cela occasionnait.

Nous avons pu relever tous les dîners donnés dans le
gracieux pavillon, grâce aux mémoires très bien tenus

par le sieur Missilier, ainsi que ce que chacun coûta[1] :

5 mars 1777, Voyage à Bagatelle,				
	dîner de Mgr :	606 liv.	10 sols	
2 avril —	—	645	8	
12 mars —	—	536	9	
3 mai 1779,	—	641	8	
10 — —	—	1133	9	
22 juillet —	—	1770	3	
14 août —	—	286	10	
17 — —	—	427	19	6 d.
28 — —	(Ce jour le Roi vint avec Mgr)	2417	2	
13 nov. —	dîner de Mgr :	4778	16	6

L'affiche de la fête qui fut donnée le mercredi des cendres 1780 annonçait : *Per omnia sæcula sæculorum ; le baron Schloff ;* et *le Chat perdu*, qui furent joués par la Dugazon, des Essarts, d'Azincourt et Mlle Lachassaigne. Le monde des spectateurs fut, paraît-il, si nombreux que, par la suite, le sieur Desclaux dut restreindre sa liste. Les gazons et les parterres étaient foulés, les arbustes arrachés, et le lendemain matin, le parc était dans le même état que si une armée de barbares y eût séjourné.

5 mai 1780,	Dîner de Mgr :	1992 livres	4 sols	
10 — —	—	1897	13	
17 — —	—	3292	19	
14 juillet —	—	502	5	
5 août —	—	584	1	
19 — —	—	426	9	
26 sept. —	—	3472	5	
7 déc. —	—	3559	15	
14 — —	—	4008	1	

Samedi 3 mars 1781, dîner à Bagatelle au retour des Barres aux Champs-Elysées.

5 mai 1781, le soir de la revue des gardes suisses faite dans la plaine des Sablons, 2.252 livres, 2 sols, dîner à Bagatelle.

1. Arch. nat. R¹ 338, registre; R¹ 339, R¹ 339, R 340, R¹ 341, R¹ 342, cartons.

10 mai 1781, dîner à Bagatelle et dépenses au complet.

18 décembre 1781, le dîner fut servi en l'honneur du Roi et la dépense s'éleva à 3.979 livres, 7 sols. Il y avait cinq tables, la table du Roi, de vingt-quatre couverts, la table des officiers aux gardes, la table des pages et gardes du corps et la table des porte-manteaux.

Pour nous rendre compte de ce que l'on servait à ces dîners, voyons simplement la liste des rôts que le savant rôtisseur, Bassinet, fit servir à la table du roi : 1 poulet de Caux bardé, 6 perdreaux rouges bardés pour deux plats, 48 mauviettes de Chartres bardées, 4 rouges de rivières, 3 poulets à la reine piqués et bardés, 8 bécassines bardées, 1 caneton de Rouen, 3 bécasses bardées, 2 poulets gras normands bardés et 5 sarcelles. Et qu'on se figure que tout était à l'avenant.

Du reste, on dépensa 1.350 livres (argent) de viandes, 819 livres de fruits et légumes, ainsi que 322 livres de fromages, beurres, œufs, etc. Rien que de pain, il y en eut 120 pour la table, 22 pour les potages, 48 de mie, 10 boisseaux de farine et 48 livres (argent) de pain pour les offices ! On ne peut s'étonner que d'une chose, c'est qu'il ne fût bu que 8 bouteilles de champagne, coût 28 livres.

Le 17 décembre, les écuries avaient dû fournir trois chevaux et une guinguette pour conduire les garçons au château, et le 19 il fallut louer un chariot et quatre chevaux pour y conduire le service.

Le 18 mars 1782, le comte d'Artois annonça un voyage à Bagatelle pour les premiers jours d'avril. En effet, comme il allait à Saint-Denis avec le comte de Provence, il le ramena à Versailles par le bois de Boulogne et le fit dîner dans sa petite maison. Il avait pour cela commandé un dîner somptueux. S'il le fut, ce dont nous ne doutons pas, les convives furent passablement incommodés par les insectes.

Quelques jours après, le 10 avril 1782, dîner donné en l'honneur de la Reine, 1.647 livres, 1 sol.

Le 18 avril 1782, nouveau dîner donné en l'honneur de la Reine, de 9 à 10 heures du soir, comprenant une table de 25 couverts pour la Reine, une table de 20 couverts pour ses officiers aux gardes du corps ; prévenu à midi que ce dîner n'aurait pas lieu, le pauvre ordonnateur fit néanmoins le relevé des dépenses que les préparatifs occasionnèrent.

4 mai 1782, dîner de Monseigneur. 1861 livres, 6 sols.
10 juin 1782, dîner de Monseigneur, 1661 livres, 8 sols.

Le 1er juin 1782, le comte d'Artois reçut à Bagatelle le grand-duc Paul et la grande-duchesse Marie, qui voyageaient incognito sous le nom de comte et comtesse du Nord.

Mme la baronne d'Oberkirch relate le fait dans ses mémoires [1] : « J'avais été le matin (1er juin 1782 [2]) à Bagatelle avec Mme la comtesse du Nord. C'est une charmante petite maison dans le bois de Boulogne, appartenant à M. le comte d'Artois qui en fit les honneurs avec sa grâce accoutumée. On y entendit un concert magnifique exécuté par les meilleurs musiciens de Paris. Mme la comtesse du Nord fut enchantée. La collation qui suivit fut des plus galantes. Il y avait les plus beaux fruits de primeurs qui se puissent rencontrer. M. le comte d'Artois est le prince le plus aimable du monde. Il a infiniment d'esprit, non pas dans le genre de M. le comte de Provence, c'est-à-dire sérieux et savant, mais le véritable esprit français, l'esprit de saillie et d'à-propos. La grande-duchesse en était ravie. »

Ce que la baronne ne dit pas, c'est que l'on y joua deux petits opéras-comiques aussitôt après le concert. L'un rappelle une des fêtes données par Mme de Monconseil, si ce n'est le même opéra-comique : *A trompeur, trompeur et demi*. L'autre fut : *Contentement passe richesse*.

Comme le comte et la comtesse du Nord remontaient en carrosse pour regagner Versailles, ils reçurent des mains d'un gentilhomme cet impromptu délicat que le galant comte d'Artois leur faisait remettre :

> Il suffit de vous approcher,
> Couple auguste, pour vous connaître.

---

1. *Mémoires de la baronne d'Oberkirch*, publiés par le comte de Montbrison, Paris, 1853, 2 vol. in-18.
   Et non 1781, comme beaucoup l'ont prétendu. Voir, du reste, pour corroborer les mémoires de la baronne d'Oberkirch, Arch. nat. R¹ 338.

Si vous voulez tout à fait vous cacher,
Voilez donc les vertus que vous laissez paraître [1].

Le dîner qui fut offert aux princes russes coûta à lui seul 1.883 livres, 5 sols.

A la fin d'août 1782, Mme la comtesse d'Artois annonça son arrivée à Bagatelle pour le commencement de septembre. Aussitôt tous les services se déplacèrent, vinrent au bois de Boulogne, et mirent le château en état de recevoir la comtesse et Marie-Antoinette, qui avait assuré qu'elle viendrait, ainsi que les nombreuses personnes qui devaient les accompagner.

Elles vinrent, en effet, à Bagatelle et y passèrent les 11 et 12 septembre. Il y eut bal et l'on dansa « au son des flûtes, des hautbois et au bruit des tambourins », tandis que des *symphonies* furent cachées dans les bosquets. Ces mêmes soirs, on illumina tout le parc, et on tira des feux d'artifices préparés par Courtille et Saugrin, entrepreneurs des fêtes royales, ces prédécesseurs de la dynastie des Ruggieri.

Le lundi 5 mai 1783, jour de la revue des gardes suisses dans la plaine des Sablons, nouveau dîner à Bagatelle composé de quatre tables pour les princes et les gardes ; une de 26 couverts, une de 8 couverts, une de 30 couverts, une de 10 couverts, et les autres comme à l'ordinaire.

Se leva-t-on très tard de table, les divertissements qui suivirent entraînèrent-ils fort avant dans la nuit. Quoiqu'il en soit, les convives couchèrent au château, et l'on s'amusa toute la journée du lendemain dans les jardins. Le soir eut lieu un nouveau grand dîner qui ne coûta pas moins de 2.146 livres, 6 sols, 6 deniers.

Quatre jours s'écoulèrent et, en revenant de Saint-Denis, où les princes étaient allés assister au service de bout de l'an du feu roi, un dîner plus modeste fut offert aux personnes de la suite. Il n'y eut que la table de Monseigneur, de 16 couverts, la table des officiers aux gardes de 30 couverts et toutes les autres comme à l'ordinaire. Coût : 1.787 livres, 7 sols [2].

---

1. *Mémoires de la baronne d'Oberkirch.*
2. Au dernier voyage du comte d'Artois, en mai 1783, il fumait telle-

Le dernier grand dîner de l'année 1783 eut lieu le 2 octobre, en l'honneur du Roi. Quoiqu'il n'y eût que la table du Roi de 18 couverts, la recherche des mets qui furent offerts dut être très grande, car Missilier, en relevant ses comptes, trouva qu'il revint à 3.302 livres, 6 sols. Dans la précipitation des services pour regagner Versailles dans la nuit, le pauvre Missilier s'aperçut en arrivant au château du Roi qu'il avait laissé son argent dans sa chambre à Bagatelle. Il envoya aussitôt un homme à cheval à Bagatelle le chercher, et, parti à 11 heures du soir, cet homme rentra à 1 heure du matin, porteur de la précieuse sacoche.

Quatre dîners seulement en 1784. Un le mardi 20 avril, une table de 4 couverts pour Monseigneur, et une de 2 couverts pour les officiers aux gardes qui l'accompagnaient. Coût : 284 livres, 16 sols. Un deuxième le 4 mai, jour de la revue des gardes suisses dans la plaine des Sablons, une table de 25 couverts pour Monseigneur ; une de 14 couverts pour les seigneurs, installée dans le cabinet des bains ; une de 30 couverts pour les écuyers et les officiers aux gardes, et une de 5 couverts pour les gardes du corps. Coût : 1.873 livres, 13 sols, 3 deniers.

Le 7 mai, la Reine ayant eu l'idée d'une partie de cabriolet, se dirigea par Sèvres vers le bois de Boulogne et entra à toute allure dans les jardins de son beau-frère. Il était midi. Le comte d'Artois, qui n'était jamais à court, trouva le moyen de faire dresser dans les jardins trois tables de 24, 12 et 16 couverts, et le déjeuner fut servi à l'anglaise. Missilier, qui énumère et inscrit tout sur ses feuilles de comptes, ajouta un dîner maigre particulier pour Mme Élisabeth composé de 5 entrées, 2 plats, 2 rôts et 2 entremets. Le tout revint à 1.152 livres, 13 sols.

Enfin, le 10 avril, eut lieu le dernier dîner qui ne coûta que 1.406 livres, 2 sols.

L'année 1785 ne donna également occasion qu'à trois dîners.

Le dîner du 30 avril, donné après la revue des gardes

---

ment dans la rôtisserie que l'on dut faire faire une gueule de loup en tôle sur chacun des tuyaux qui couvraient cette cheminée. Arch. nat. R¹ 379.

suisses, ne comporta que deux tables, une de 25 couverts et l'autre de 12 ; mais toutes deux furent grasses et maigres, et, dit Missilier, on y servit des nouveautés. Coût : 2.396 livres, 12 sols, 6 deniers. Et celui du 10 mai donné au retour de Saint-Denis, où Mgr et Monsieur étaient allés assister au service du bout de l'an du feu roi à Saint-Denis a coûté 1.761 livres, 26 sols, 9 deniers.

Mais le comte d'Artois vint passer à Bagatelle plus d'un mois, au commencement de l'automne 1785. Il quitta Versailles le 29 août et vint s'installer dans sa Folie, suivi de tous ses services, et naturellement de celui de la bouche. Missilier l'a dénombré et le voici : c'est Constantin, Crosnier, Petit, Cornillon, Truffé, Lafage, Violet, Lorier, le concierge, le valet de chambre de M. de Crussol, Le Clerc, garçon du château, le piqueur, cinq valets de pied et coureurs, l'argentier de Bagatelle, le portier de l'intérieur, huit cochers et palefreniers, le courrier de Monseigneur, le Roux, postillon, deux garçons servants, le garçon laveur, un commissionnaire et un tournebroche. Le comte d'Artois lui-même avait désigné ce personnel.

Après avoir chassé le 30 août et le 1er septembre à Saint-Cloud, tout en couchant à Bagatelle, son séjour pendant le mois de septembre paraît avoir été exempt de grandes réceptions.

Le 4 octobre seulement, il donna en l'honneur de la Reine un grand dîner qui ne coûta pas moins de 3.046 livres, 19 sols, 6 deniers. La somptuosité mérite l'énumération :

La table de la Reine se composa de 25 couverts, et on dut en faire deux autres de 12 couverts, chacune. Il fut servi à la table de la Reine : 2 potages, 4 grandes et moyennes entrées, 2 hors-d'œuvre de cuisine, 4 gros et moyens entremets, 8 plats de rôts, et 16 entremets ; les tables en suppléments eurent : 2 potages, 2 relevés, 10 entrées, 2 moyens entremets, 4 plats de rôts et 6 entremets ; tandis qu'à la table des écuyers composée de 20 couverts, furent servis : 2 potages, 2 grandes entrées, 2 moyennes entrées, 12 entrées, 26 entremets, 6 plats de rôts, 10 entremets ; sans compter les tables de la suite qui furent servies comme à l'ordinaire. Voilà de quoi faire rêver Pantagruel !

Le comte d'Artois quitta Bagatelle le 6 octobre, et Missilier compte qu'il a dépensé pour la bouche depuis le 29 août, sans compter le dîner donné à la Reine : 3.720 livres, 19 sols, 6 deniers.

Cinq dîners furent donnés en 1786 ; nous les résumons rapidement.

6 mai, dîner donné à Monseigneur au retour de la revue des gardes suisses. Il y eut 75 couverts, plus une table pour les valets de pied de Monseigneur et de Mgr le duc de Bourbon [1], une table de piqueur, une table pour les concierges et les suisses, et une table pour 16 suisses rouges et un sergent. Coût : 2.727 livres, 19 sols, 6 deniers. Il fallut pour ce dîner commander un supplément de vaisselle qui fut fourni par Duban, fayencier, rue Coquillière, et qui coûta 69 livres, 12 sols.

9 mai, grand dîner à Mme la comtesse d'Artois, à Mgr le duc d'Angoulême et à Mgr le duc de Berry. Coût : 2.550 livres, 16 sols, 6 deniers.

10 mai, dîner à Monseigneur, à Monsieur et leur suite au retour de St-Denis, après la messe du bout de l'an du feu roi.

16 juin, dîner donné à Monseigneur, et souper, car il y eut des comédies de jouées. Les comédiens et leur suite étaient vingt-sept à table. On servit des glaces aux deux repas et l'après-midi des rafraîchissements dans le jardin. Coût : 1.675 livres, 9 sols.

Le 28 septembre, on servit un dîner en l'honneur du Roi. Il y eut en tout 98 couverts distribués en 5 tables. Coût : 2.833 livres, 3 sols, 9 deniers.

Trois dîners furent encore donnés en 1787. Et d'abord un dîner qui devait être donné à la Reine le 9 mars fut décommandé le 8 à 11 h. du matin ; néanmoins les préparatifs coûtèrent 396 livres, 13 sols, 6 deniers. Ce dîner eut lieu le 20 mars. On chassa toute l'après-midi dans le bois de Boulogne et au dîner il y eut 86 couverts, y compris

---

1. Il faut rappeler ici que le duel du comte d'Artois et du duc de Bourbon faillit avoir lieu à Bagatelle. Il eut lieu le long du mur du bois de Boulogne, du côté du parc des Princes.

une table de 20 couverts pour les garçons du château, à la demande du prince d'Hénin. Coût : 3.014 livres, 1 sol.

Le samedi 14 avril, nouvelle chasse dans le bois de Boulogne, suivie de dîner. La Reine devait y venir quand, à 2 h. et demie, arriva un courrier de Versailles dire que la Reine ne viendrait pas. Elle manqua une belle occasion de manger du poisson. Missilier s'était muni de turbots, cabillots, aloses, esturgeons, filets de carlets, morues, etc. ; il avait aussi préparé un dîner maigre pour Mme Elisabeth. L'exercice de la chasse donna un grand appétit aux compagnons du comte d'Artois, car tout fut mangé. Coût : 2.738 livres, 12 sols.

Enfin, le 5 mai eut lieu le dîner après la revue des gardes suisses. Il y eut 78 couverts. On avait fait faire les glaces par l'office de Mme la duchesse de Polignac ; on fit quatre *sabotières* dont une aux fraises, et toutes les glaces furent aux fruits moulés, ce qui, ajoute Missilier, a coûté beaucoup de sel.

Cinq dîners encore en 1788.

Le 7 janvier, le dîner fut donné après la chasse que firent dans le bois de Boulogne Mgr le comte d'Artois, Mgr le prince de Condé et Mgr le duc de Bourbon.

Il y eut 70 couverts et la suite. Coût : 1.179 livres, 7 sols, 6 deniers.

Le dîner du 22 avril fut donné en l'honneur de la Reine et coûta 1.363 livres, 11 sols.

Celui du 30 eut lieu au retour de la revue des gardes suisses, et y assistèrent entre autres, le duc d'Orléans et le duc de Bourbon. Il y eut 71 couverts ; coût : 2.259 livres, 13 sols.

Le 5 mai fut donné un dîner au retour de Saint-Denis, composé de 49 couverts ; et le 12 mai fut donné simplement un dîner à Monseigneur qui coûta 1.366 livres, 6 sols, 6 deniers.

Un seul dîner en 1789, le 14 mai, au retour de la revue des gardes suisses, et Missilier compte dédaigneusement : 1.550 livres, 15 sols.

*
* *

Ainsi les visites de la cour à Bagatelle étaient fréquentes.

Malheureusement l'humidité abîmait tout. Le 18 mai 1784, il fallut réparer la plupart des peintures des boudoirs, comme nous le dit un rapport succinct [1] :

M. le surintendant nous ayant chargé de prendre connaissance des tableaux de paysage qui étaient à refaire dans le boudoir de Bagatelle, nous avons été à portée de voir à notre dernier voyage qu'il suffirait de refaire seulement les deux petits qui sont à droite et à gauche de la cheminée : Attendu que celui à gauche de la croisée peut être encore conservé dans l'état où il est actuellement.
Nous engageons en conséquence M. le surintendant à vouloir bien faire passer ses ordres à M. Robert pour refaire ces deux tableaux qui lui ont été payés 25 livres pièce.

Bagatelle avait du reste la renommée pour ses boudoirs. L'amusant Thiébaut nous donne la description d'un certain boudoir qui à lui seul suffirait pour donner de Bagatelle une mauvaise impression : « J'amenais souvent, dit-il, des dames à Bagatelle, et je m'amusais parfois de l'embarras que leur causait un boudoir dans lequel, au milieu des peintures, très peu orthodoxes, le plancher, le mur et le plafond étaient tout en glaces, et où il ne leur restait d'autre parti à prendre qu'à se dépêcher de faire de leurs robes des espèces de pantalons. »
Bagatelle cependant, à notre connaissance, ne vit aucune orgie.
Mais voici les premiers orages qui annoncent la Révolution. Le comte d'Artois montre aux nobles le chemin de l'exil. Il abandonne sa jolie maison, où les Gouthières, les Riesener, les ciseleurs et les artistes du meuble les plus habiles ont multiplié leurs productions et leur art.
Les gracieuses peintures des Hubert Robert, des Lagrenaie, des Callet, des Adam, des Dusseaux, et les sculptures de l'Huillier vont tristement affronter les colères révolutionnaires et assisteront aux ébats des bonnets rouges et des « directoires ». La porte du parc, dissimulée sous les ombrages, va tenter les amoureux, et le pavillon rustique du garde-portier abandonnera pour

---

[1]. Arch. nat. R¹ 389.

toujours son air simple et abandonné, car on y vendra maintenant des pâtisseries et on y boira des gobelets de vin. Les poètes y viendront et penseront comme l'abbé Delille au frivole comte d'Artois :

> Et toi, d'un prince aimable, ô l'asile fidèle,
> Dont le nom trop badin est indigne de toi.
> Lieu charmant, offre-lui tout ce que je lui dois,
> Un fortuné loisir, une douce retraite.
> Bienfaiteur de mes vers, ainsi que du poëte,
> C'est lui qui, dans ce choix d'écrivains enchanteurs,
> Dans ce jardin paré de poëtiques fleurs,
> Daigne accueillir ma muse....

CHAPITRE XI

BAGATELLE SOUS LA RÉVOLUTION ET LE DIRECTOIRE

L'Assemblée nationale s'empare du domaine de Bagatelle. — Il est estimé 60.000 francs. — Il fait partie de Neuilly. — Les jardins de Bagatelle ouverts aux promeneurs. — Une dénonciation. — Bagatelle fermé. — Les volontaires y logent. — Enlèvement des plantes rares. — Bagatelle conservé pour les divertissements populaires. — Il est loué à des entrepreneurs de réjouissances publiques. — On vend ou on transporte au garde-meuble tout ce qui s'y trouve. — Hubert Robert échappe à la guillotine. — Belanger enfermé au Temple. — Vente d'effets mobiliers. — La municipalité de Neuilly achète l'horloge de Bagatelle. — Vente des biens. — Bagatelle en adjudication. — Benoît Bernard acquéreur pour un groupe d'entrepreneurs de divertissements populaires. — Transformations. — Crainte de trahisons. — Compte rendu des journaux. — Chansons. — Fêtes. — Dîners. — Divertissements populaires. — L'amour. — Spectacles. — Mauvaises affaires. — Le restaurateur Born.

Situé dans une des parties les plus pittoresques du bois de Boulogne, le château de Bagatelle supportera les orages de la Révolution.

Quand le comte d'Artois eut franchi les frontières de France et se fut rendu à Turin, le 28 septembre 1789, il réforma sa maison et réduisit considérablement les dépenses occasionnées par Bagatelle. Le comte abaissa à 6.220 livres la dépense relative au gouvernement de sa maison, fixa les appointements du jardinier à 1.800 livres, supprima l'inspecteur des jardins et interdit l'emploi de toute espèce d'ouvriers. Mais il était trop tard[1]. L'Assemblée nationale s'empara de ses biens, et dans le relevé de ses hypothèques en 1789, le château de Bagatelle fut simplement porté pour mémoire, c'est-à-dire sans re-

---

1. Arch. nat. R¹ 361.

venu. C'est parce que ce château était construit sur les terrains domaniaux que la Convention refusa de le considérer comme actif aux mains des créanciers du jeune frère du roi.

Cependant, dans le relevé des biens qui fut fait en 1790 et qui fut signé le 1er septembre, Bagatelle figure pour une somme de 60.000 francs.

Par un décret du 31 août et une loi du 6 septembre 1791, on détermina les limites de la commune de Boulogne-lez-Paris. Par le procès-verbal de démarcation du 24 mai 1791, dont plusieurs exemplaires sont aux archives départementales, on remarque que le mur de clôture de Bagatelle du côté de Boulogne, et du côté du bois, servira de limite entre les communes de Neuilly et de Boulogne-lez-Paris, mettant le château sur la commune de Neuilly [1].

Après avoir rompu les premières barrières qui l'enfermaient dans les lois monarchiques, la foule des Parisiens et des provinciaux commençait à se répandre dans les domaines royaux, et profitait des premiers beaux jours de 1792 pour aller s'ébattre dans le bois de Boulogne. C'étaient des promenades, des jeux, des rires, des randonnées de voitures, si bien que, le 25 mai 1792, une dénonciation fut adressée au maire de Paris et au Comité de surveillance de l'Assemblée nationale par un fervent patriote qui veillait au bien public, et que voici [2] :

Déclaration du sieur Noël-Marie Lefèvre, commissaire de la Section des Tuileries, signalant la présence, le mercredi 23 mai 1792, au bois de Boulogne, dans une grande allée conduisant au château de Madrid, d'une centaine de voitures d'où descendirent quantité de gens titrés qui tinrent les propos les plus menaçants contre les patriotes, disant qu'ils trouveraient bien le moyen de les faire bientôt sauter, observant que les patriotes, inquiets du passage d'un nombre prodigieux de voitures allant au bois de Boulogne, Saint-Cloud et Bagatelle avaient demandé la permission d'organiser des patrouilles, mais que les municipalités de Passy, d'Auteuil et de Boulogne avaient refusé, n'étant pas dans les principes de la révolution.

1. Voir : Arch. départ. et aussi : *Histoire de Boulogne-Billancourt*, par M. Pencl-Beaufin, t. II, p. 45.
2. Arch. de la Seine. Originaux signés. A. N., D III, 235.

Le 30 mai 1792, le maire de Neuilly donnait connaissance au corps municipal d'une lettre datée de Saint-Denis, contenant l'arrêté pris par le directoire du département qui ordonnait que la maison de Bagatelle, jardins et lieux en dépendant fussent fermés à toute personne. Et le sieur Bressy, concierge et gardien de Bagatelle, dut veiller à ce que cet ordre fût ponctuellement exécuté.

Quelques mois après, le 12 octobre 1792, la municipalité de Neuilly recevait un arrêté du directoire du département qui autorisait 60 volontaires de la Légion du Midi à loger dans la partie gauche qui précédait le château de Bagatelle[1] et quarante chevaux dans les diverses écuries qui s'y trouvaient. Il était ordonné d'en faire part au gardien Bressy, qui y était établi en séquestre des effets mobiliers de ce domaine et de se concerter avec lui pour prendre les dispositions nécessaires à l'exécution de cet arrêté.

Mais « le corps municipal de Neuilly décida de prendre des mesures pour intercepter toutes communications entre les lieux qui seraient occupés par le détachement de la Légion du Midi et le surplus des bâtiments, parcs et jardins.

« Le 19 octobre 1792, le corps municipal était informé que le ministre de l'intérieur avait donné ordre au citoyen André Thouin, chef du Jardin national de botanique de Paris, de faire transporter avant l'hiver dans le dépôt confié à ses soins, les plantes rares qui se cultivaient à Bagatelle[2]. » La municipalité était invitée à lui permettre de remplir sa mission.

Tandis qu'on ordonnait la vente et la démolition de Madrid et de la Muette, un décret de la Convention du 16 floréal an II (lundi 5 mai 1793) — le citoyen Carnot, président, Couthon, rapporteur — décida que les châteaux et jardins ci-devant royaux ou princiers de Versailles, Bellevue, Saint-Cloud, Monceau, du Raincy, Sceaux, l'Ile-Adam, Vanves, ainsi que celui de Bagatelle au bois de Boulogne, ne seraient pas vendus, mais conservés et

---

1. C'est-à-dire dans le bâtiment des pages.
2. *Bulletin de la Commission municipale historique et artistique de Neuilly-sur-Seine*, article Circaud, 1901, p. 69.

entretenus aux frais de la République pour servir aux jouissances du peuple, ou former des établissements utiles à l'agriculture ou aux arts.

A Saint-Cloud, serait installée une école de sculpture, à Bellevue une école de peinture, à Monceau une école d'agriculture, au Raincy une école d'élevage, les éducations publiques s'installeraient à Versailles, et Bagatelle serait abandonné aux divertissements populaires.

Cette résolution ne fut pas appliquée, sauf en ce qui concerne Bagatelle, qui, en l'an V, fut loué à des entrepreneurs de réjouissances publiques.

Tant pour empêcher les détériorations et les dégâts que pouvaient commettre les visiteurs, que pour en faire quelque argent, tout ce qui était à Bagatelle fut transporté au garde-meuble ou vendu, sauf les six tableaux d'Hubert Robert, déjà abîmés par l'humidité, les dix tableaux de Callet, les panneaux et les dessus de porte.

Le délicat Hubert Robert n'échappa à la guillotine que parce qu'on guillotina un autre Robert à sa place. Accident, déclara-t-il, dont il ne se consolerait jamais. Quant à Belanger, suspect, il fut enfermé au Temple. Ayant réussi à sauver sa tête, il put, en 1795, en qualité de commissaire de la commune, faire le portrait de Louis XVII dans sa prison. Lorsque Louis XVIII rentra en France, Belanger rappela au comte d'Artois qu'il lui devait 280.000 francs, et se fit payer[1].

« Le 23 juillet 1793, la municipalité était invitée à nommer des commissaires pour assister au récolement et estimation des effets mobiliers qui se trouvaient dans la maison de Bagatelle ; elle désignait Jean-Claude Sabat, officier municipal, et Jean-Louis Delaizement pour assister à cette opération qui devait avoir lieu le vendredi 26 juillet 1793[2]. »

1. C'est lui qui avait bâti la plupart des hôtels galants de la Chaussée d'Antin, notamment celui de Mlle Dervieux, rue Chantereine. Il ne fut pas mieux payé ; mais, au lieu de plaider, il épousa Mlle Dervieux ; quand elle mourut, était Mme Belanger. Cela ne l'empêcha pas de devenir l'amant de sa rivale, Sophie Arnould. Voir Sophie Arnould, d'après sa correspondance et ses mémoires inédits, par MM. de Goncourt, 1859, in-8, p. 51 et suiv.
2. *Bulletin de la Commission municipale historique et artistique de Neuilly-sur-Seine*, 1904, p. 69.

C'est au cours de cette opération que fut remarquée l'horloge de Bagatelle par les officiers municipaux de Neuilly, et que ceux-ci observèrent combien elle serait utile pour Neuilly.

A la date du 7 brumaire an II (28 octobre 1793), nous trouvons la première délibération à ce sujet :

> Sur l'observation d'un membre, le conseil général de la commune nomme les citoyens Vallé et Ducormmeau pour se transporter sur-le-champ au Comité de l'Union des créanciers de Charles-Philippe (comte d'Artois) émigré, qui se tient chez le citoyen Javon, rue des Mauvais-Garçons, en grève à l'effet de les prier d'accorder l'horloge de Bagatelle qui est un très modique objet pour la masse des créanciers et un grand bien pour la commune de Neuilly en leur observant que, depuis la Révolution, les citoyens de la commune de Neuilly ont sacrifié une infinité de temps pour la conservation de la propriété de Bagatelle et qu'ils n'ont jamais réclamé aucune indemnité. Les prier de l'accorder au prix de l'estimation ou à tout autre prix raisonnable que le comité voudra faire.

Un autre arrêté du 18 brumaire an II (8 novembre 1793) fait supposer que l'horloge de Bagatelle fut adjugée à la commune de Neuilly :

> Sur la proposition d'un membre, le conseil général de la commune nomme les citoyens Thierry, officier municipal, et Mousse, commissaire, pour se concerter avec le citoyen Lepaute, à Paris, pour faire transporter l'horloge acquise par cette commune à la vente de Bagatelle, lesquels sont autorisés à faire toutes les dépenses nécessaires pour le transport de la dite horloge et sa mise en place ; lesquelles dépenses leur seront payées sur leur mémoire qu'ils présenteront en bonne forme. Ils se concerteront aussi avec le corps municipal sur la manière de la placer le plus commodément possible pour l'utilité du public.

A l'annonce que les commissaires de Neuilly allaient enlever l'horloge pour la transporter dans la commune, l'union des créanciers du comte d'Artois adressa au maire de Neuilly une lettre qui fut lue dans l'assemblée du 29 germinal an II (18 avril 1794).

Le maire fait lecture d'une lettre en date du 28 de ce mois, datée de Paris, à lui écrite par le citoyen Javon, conseil des créanciers de Charles-Philippe Capet, émigré ; portant que les créanciers unis à Charles-Philippe Capet, émigré, n'ont pas été plustôt instruits de l'adjudication faite à la commune de Neuilly de l'horloge étant dans la maison de Bagatelle, que, tant pour leur intérêt que pour celui de la République, ils se sont hâtés d'adresser au district de Franciade des réclamations contre cette adjudication et qu'ils ont lieu d'espérer qu'elles seront favorablement écoutées et que l'adjudication faite à la commune de Neuilly sera déclarée nulle.

Qu'ils viennent d'écrire au district pour l'inviter à prononcer avant de faire remonter et établir cette horloge dans un nouvel emplacement et qu'il ont engagé à prévenir la commune de n'opérer aucun changement avant qu'il n'ait porté de décision, et prient d'en faire part au conseil général de la commune, afin qu'il veuille bien ne rien entreprendre de nouveau au sujet de l'horloge.

Le corps municipal délibérant, l'agent national entendu, considérant que l'horloge en question n'a pas été achetée à la vente de Bagatelle par la commune de Neuilly, ni même à son nom, qu'elle a été adjugée à un marchand ou créancier de l'union ; que celui-ci a revendu à un autre particulier et que ce dernier a revendu à la commune de Neuilly, ce qui est même prouvé par le procès-verbal de vente.

Considérant que si les créanciers de Charles-Philippe Capet ont des réclamations à faire au sujet de l'horloge, ils doivent s'adresser au marchand à qui elle a été adjugée et non à la commune de Neuilly et que, tout considéré, il ne sera fait aucune réponse à la lettre, sinon au directoire du district ; en conséquence arrête que l'analyse du présent sera portée dans la correspondance du district, en le prévenant que l'horloge est en place à la commune de Neuilly depuis quatre jours.

Cette horloge était loin d'être sans valeur ; elle sortait d'ailleurs de chez le célèbre horloger Lepaute, auquel la commune s'était adressée pour la transporter de Bagatelle à Neuilly, et pour la mettre en place.

Une autre délibération du 6 prairial an II (25 mai 1794) nous apprend de quelle façon l'horloge fut payée :

Le citoyen Collière a déposé sur le bureau la somme de 1.302 livres, 15 sols, provenant de la vente de 5 épées,

4 plaques de ceinturon et du galon des habits provenant des cinq sergents suisses qui ont été arrêtés le 10 août 1792 ; lesquels épées, plaques et galon ont été vendus à Paris le 24 juillet 1793, en présence des citoyens Boutard, Michel et Collière.

De laquelle somme le citoyen Collière a déclaré avoir payé la somme de 624 livres montant de l'acquisition de l'horloge, et a déposé celle de 677 livres, 15 sols.

Le conseil général tient quitte et décharge ledit Collière de la totalité de ladite somme.

Le citoyen Sabat a déposé sur le bureau la somme de 30 livres, provenant de la vente des mauvais habits des mêmes suisses, de laquelle somme le conseil général le décharge de cet objet, dont acte, et déclare qu'il lui est dû la somme de 14 livres pour nourriture desdits sergents suisses pendant l'espace de temps qu'ils ont été détenus dans la maison d'arrêt ; laquelle somme il en fait don volontaire pour les frais de la pose de l'horloge.

Le conseil général reçoit l'offre du citoyen Sabat et arrête qu'il en sera fait mention au procès-verbal.

Le conseil général arrête que la somme de 677 livres, 15 sols et celle de 30 livres seront données sur-le-champ au citoyen Thierry, acompte sur ce qui lui est dû sur la pose de l'horloge comme en ayant été précédemment chargé. Ledit Thierry ici présent reconnaît avoir reçu cette somme comme acompte.

Enfin, le conseil arrêta le 6 brumaire an III (27 octobre 1794) que le restant des frais de la pose de l'horloge sera payé aux citoyens Thierry et Giraudeau :

Au citoyen Thierry	263 livres, 3 sols.
Au citoyen Giraudeau.	137 livres.
Total	400 livres, 3 sols.

En résumé, l'achat de l'horloge coûta 625 livres et sa mise en place 1.107 livres, 18 sols !

Au sujet de la vente des biens de Bagatelle, il est intéressant d'interroger les sommiers de Neuilly qui sont aujourd'hui aux Archives de la Seine, et dont voici un relevé des payements et des dépenses publié pour la première fois :

PAYEMENT FAITS SUR LES BIENS ET REVENUS

Le 17 brumaire an V de la République, reçu du citoyen Delmas commissaire à la vente du mobilier de la maison de Bagatelle provenant de Charles-Philippe ci-devant prince français émigré, la somme de cent quarante-huit mille, trois cent six livres, sept sols, pour le montant de la vente dudit mobilier suivant le procès-verbal en date des 10-30 octobre 1793 (vieux style), enregistré au bureau des registres des exploits les 14-19-26 et 31 dudit mois d'octobre.

Ledit payement fait savoir qu'un certificat du directoire du district de Saint-Denis portant autorisation au profit de Jean-Baptiste Guillot, créancier d'une somme de 14.000 livres montant de son acquisition, ledit certificat en date du 10 octobre 1793 . . . . 14.000 livres.

Quatre certificats du directoire de Saint-Denis en date du 29e jour du 1er mois portant autorisation au profit de Pierre Leblanc, créancier d'une somme de neuf cent trente-six livres, huit sols, quatre deniers pour le montant de laquelle somme, il a reçu depuis du mobilier 936¹ 8ˢ 4ᵈ.

Un autre certificat du directoire de Saint-Denis, en date du 9 octobre, portant autorisation au profit d'Antoine-François Callet[1] de la somme de trois mille trois cent trente-six livres sur laquelle somme il n'a acquis que pour dix-neuf cent une livres cinq sols en sa qualité de créancier.

Un autre certificat du directoire de Saint-Denis en date du 10 octobre 1793 au profit de Sylvain Caubert d'une somme de vingt-quatre mille six cent dix livres pour le montant de laquelle somme il a acquis du mobilier en sa qualité de créancier dudit Charles-Philippe

Un autre certificat du directoire du district de Saint-Denis du 1er du second mois de l'an V au profit dudit Sylvain Caubert d'une somme de vingt et un mille neuf cent quatre-vingt-six livres sur laquelle il a acquis seulement pour vingt et un mille huit cent soixante-neuf livres huit sols en sa qualité de créancier.

Un autre certificat du directoire de Saint-Denis, en date du 14e jour du 2e mois portant autorisation au profit de Jean-Albert, créancier d'une somme de dix-huit-cent quatre-vingt-douze livres pour le montant de laquelle il a acquis du mobilier en sa qualité de créancier.

    Louis Magnan.   31.400¹
    —   10.000¹

État des droits de timbre payés par le S. Delamy et pour inventaire : 2.244¹ 6ˢ. Reçu 39.452¹ 19ˢ 8ᵈ.

---

1. C'est le peintre dont nous avons parlé plus haut.

DÉPENSES FAITES POUR LE COMPTE DES ÉMIGRÉS

Payé le 29 janvier 1793 à Dormier, jardinier et gardien du château de Bagatelle, 328ˡ, 12ˢ.

Payé le 11 avril 1793 à Collière, receveur des contributions foncières de la commune de Neuilly, 977ˡ, 18ˢ.

Payé le 12 juin 1793 à Thibaut, gardien des scellés apposés aux meubles, charbon de terre et outils dépendant de la machine à Bagatelle, la somme de 962ˡ.

Payé le 24 août 1793 à Bressy fils, Thibault, Dormier, Darkevick et Leclerc, tous cinq gardiens de Bagatelle, 5.908ˡ.

Payé le 6 octobre 1793 à Bressy fils, 366ˡ, etc.

Payé à Colombel et Dragne, gardiens des scellés de Bagatelle, pour 19 jours de garde, 125ˡ, 8ˢ, et pour la nourriture d'un chien, 11ˡ, 8ˢ.

Payé au citoyen Baudry, gardien de Bagatelle, 37 fr. 50 pour ses gages des mois de floréal et prairial suivant l'ordonnance du bureau des domaines en date du 5 prairial an V.

Payé au percepteur de Neuilly, 1150ˡ, 18ˢ pour l'an V; au même 63ˡ, 3ˢ.

Payé au sieur Vitet, commissaire du dép., pour la destitution d'un gardien à Bagatelle 10 livres, 25 sols.

Et maintenant voici rapidement quelques faits :

26 nivôse an II (15 janvier 1794), le maire donne connaissance de l'arrêté du département qui autorise la municipalité à fournir aux gardiens de Bagatelle le bois nécessaire pour faire du feu et empêcher l'humidité de nuire dans les appartements de cette maison.

A la suite d'un rapport présenté par Couthon, le 7 mai 1794, à l'Assemblée, il fut décidé que Bagatelle ne serait pas vendu, mais conservé et entretenu aux frais de la République pour servir aux jouissances du peuple et former un établissement utile aux arts et à l'agriculture. Le corps municipal de Neuilly prit connaissance de ce décret dans sa séance du 9 prairial an II (28 mai 1794). Le Directoire lui recommandait de veiller avec soin à ce que rien ne fût enlevé ou dégradé, et l'engageait à se réunir pour la surveillance à exercer au receveur de la régie nationale [1].

1. *Bulletin de la Commission municipale historique et artistique de Neuilly-sur-Seine*, 1901, p. 72 et 73, ainsi que les deux documents suivants du 3 messidor an II et du 5 ventôse an III.

Le 3 messidor an II (21 juin 1794), la municipalité était informée par la Commission d'agriculture et des arts qu'il était accordé au citoyen Dormier le logement de l'ancien jardinier de la maison nationale de Bagatelle.

Le 5 ventôse an III (23 février 1795), Claude-Hubert Brandy, gardien de la pompe à feu du ci-devant d'Artois, émigré, venait déclarer que la grille de fer qui formait la fermeture de l'aqueduc et servait de garde-fou avait été emportée par la débâcle des glaces.

Un certain Lieuthraud, garçon perruquier, qui acquit d'énormes richesses par des moyens encore ignorés, et qui se fit appelé marquis de Beauregard acheta le château de Bagatelle après avoir acheté l'Hôtel de Salm et les superbes attelages de douze chevaux du prince de Croï.

Son passage très court n'y a laissé aucune trace.

Enfin, à court d'argent, le directoire décida de mettre le château de Bagatelle en adjudication, et fit placarder sur les murs de Paris une affiche dont voici quelques extraits :

Du 7 prairial, de l'an V[1] de la R. F. une et indivisible. Nous, membres composant le bureau du Domaine national du département de la Seine, par et au nom de la République française, en vertu de la loi du 28 ventôse de l'an IV, en présence, et du consentement du commissaire du Directoire exécutif, avons par ces présentes vendu et délaissé, dès maintenant et pour toujours, au citoyen Etienne Benoit,... à ce présent et acceptant pour lui, ses héritiers et ayant cause, le domaine national dont la désignation et la description suivent... le château de Bagatelle avec jardins, dépendances, bosquets et pompe à feu, avec le chemin qui conduit aux bâtiments de ladite pompe, le tout situé dans le bois de Boulogne, commune de Neuilly, canton de Clichy, et tenant du levant à l'allée de Madrid, du midi à celle de Longchamp, du couchant à celle de Neuilly, longeant les murs du bois, du nord au chemin Conty. La superficie totale, y compris l'emplacement de la pompe à feu et du chemin qui y mène, est de 44.104 toises ou 39 arpents soixante-deux perches, à la mesure locale de 20 pieds pour perche et cent perches pour arpent.

1. 26 mai 1797.

Il ne se présenta qu'un seul acquéreur, le citoyen Etienne-Benoit Bernard, négociant, demeurant à Paris, rue de Lille, n° 646. Dans certaines pièces d'archives, on le nomme simplement sieur Benoit, ce qui peut faire faire confusion, car son véritable nom est Bernard.

Il fut cessionnaire, après la soumission du 19 prairial an IV, par acte passé devant Raguideau, notaire.

Le sieur Benoit Bernard mit son architecte Etienne Bouvet, en rapport avec l'architecte du Domaine national Antoine-Charles Aubert, et l'affaire fut rapidement conclue. L'estimation des terres fut de 75.158 fr. 50 et celle des bâtiments de 135.000 francs. Le tout, c'est-à-dire 210.158 fr. 50, fut payé par l'acquéreur[1].

Benoit Bernard s'était rendu acquéreur pour un groupe d'entrepreneurs de divertissements publics : André Lhéritier, Jean-Baptiste-Louis Glouteau, Joseph Coste, Juste-Charles-Corneille Savouré, Jean-Louis Saucède et son frère Pierre Saucède[2].

Ces messieurs firent un certain nombre de transformations aux jardins et aux bâtiments, sans toutefois en changer l'ordonnance générale. On lit dans une lettre du 16 pluviôse notamment[3] :

> Il existe, à l'entrée du parc de Bagatelle, un pavillon qui jadis servait de logement au gardien de la porte de ce parc. Quoiqu'elle soit supprimée depuis longtemps, le même portier y a gardé son logement et y a établi un traiteur. Comme il est inutile de laisser plus longtemps ce particulier occuper le petit pavillon sans titre comme sans droit, puisqu'il ne paye aucun loyer. Si je puis le mettre en location, je vous observe que la République en tirera un loyer très conséquent, la demande m'en ayant été faite par plusieurs personnes, et je ne vois aucun inconvénient à le louer si Bagatelle n'est pas soumissionné ; avec d'autant plus de raison qu'il en est encore éloigné et se trouve à l'extrémité du petit parc.

La société Lhéritier mit un nouveau gardien à Baga-

---

1. Il restait dû le 5 germinal an IV : 27.036 livres, 14 sols, 1 denier.
2. Arch. de la Seine, 1365.
3. Registre de correspondances de Neuilly, du 29 thermidor an IV au 16 septembre 1860. Arch. de la Seine. Lettre n° 269.

telle, et retira celui de la pompe à feu et les deux qui étaient attachés aux bâtiments[1].

Elle donna aussitôt des fêtes et s'attira du commissaire de la municipalité de Neuilly des reproches formulés dans une lettre adressée à M. André, administrateur des domaines : « La société Lhéritier a donné deux fêtes au public depuis trois ou quatre mois sans avoir de patente... Ceux qui donnent des fêtes au Ranelagh n'ont pas non plus satisfait à la loi[2]. »

C'est vraiment un plaisir de feuilleter les gazettes du temps et d'en dégager le rôle de Bagatelle, devenu la promenade favorite des Parisiens et le lieu des rendez-vous à la mode.

Le Directoire, qui a exposé sa ferme volonté de faire disparaître les messieurs des bureaux, n'a pas abaissé ses regards sur ses écuries, où les messieurs vont assidûment faire leur cour. Tous les jours, une nuée d'écuyers charmants, de palefreniers anglais, à cadenettes, à oreilles de chien, montent déliciceusement les chevaux que la République fournit, pour son service au Directoire, et vont renforcer la troupe dorée de brillants cavaliers, qui se réunit exactement au bois de Boulogne, pour soupirer, à Bagatelle, après le retour de son auguste maître, et lui en préparer les moyens[3]...

Le doute augmente sur les menées des émigrés; on craint toujours un retour inopiné des nobles, des manœuvres contre la République, des trahisons qui conservent aux Parisiens l'émotion révolutionnaire.

Dans un rapport du comité de surveillance[4], on dit « qu'il y a tous les jours ou tous les deux jours à Longchamp et à Bagatelle un rassemblement de royalistes ». Pauvre Bagatelle ! tes murs n'inspirent guère la conspiration, mais les plaisirs, les chants et les rires.

Voici l'hiver avec ses courtes nuits, ses brumes et son

---

1. Lettres n°s 293 et 314.
2. Lettres du 9 fructidor n° 549.
3. Journal des hommes libres, du 3 thermidor (21 juillet 1796), Aulard. t. III. p. 335.
4. Rapport du bureau central du 13 thermidor an IV (31 juillet 1796) Aulard, t. III. p. 357.

cortège de neiges et de frimas ; mais qu'importe ! à Bagatelle il y a bon feu et bon gîte :

La saison froide et pluvieuse a totalement changé l'aspect de cette ville, sans diminuer de l'agrément qu'elle présente aux individus favorisés par la fortune ; les promenades brillantes des Champs-Elysées, les rendez-vous à Bagatelle, les courses à Boulogne... ont fait place aux concerts, aux bals, aux réunions dans les lycées, les cabinets littéraires et académies de jeux[1]...

C'est ainsi que la saison se passe ; on se rappelle la gaillarde chanson qui soulignait les promenades et les fêtes du comte d'Artois, où déjà les Parisiens voulaient se montrer :

> Si vous voulez vous promener
> Dans ce bois, charmante Isabelle,
> Nous pourrons, sans nous détourner,
> Aller jusques à Bagatelle.
>
> . . . .
> Quoi ! déjà votre pied mignon
> Dans ces sables tourne et chancelle
> Asseyons-nous sur ce gazon ;
> C'est le chemin de Bagatelle[2]...

Tous s'occupent de la jolie propriété et de ses agréables jardins, même les journaux de *Mode* :

O la jolie femme ! O la jolie tournure ! O le joli spencer ! Tels étaient les cris d'admiration qu'arrachait hier à Bagatelle une de nos belles de la bonne roche — un spencer n'est à proprement dire qu'une parure ridicule en été, surtout chez une de ces modernes Angots, dont les traits plats et communs assertissent une démarche plus plate et plus commune encore, — mais un spencer attaché par la main du goût sur un corps dessiné par celles des amours, telles sur la taille en un mot de la délicieuse Sophie, oui, un spencer est alors le véritable costume des grâces[3].

C'est une abondance d'articles célébrant les fêtes, le

---

1. Métra, Correspondance secrète, t. XVI, p. 217.
2. 5 prairial an V (24 mai 1797). Aulard, t. IV, p. 135.
3. *L'Ami des Lois*, du 3 brumaire an IV. Aulard, t. III, p. 537.

goût, la mode, le caprice pour Bagatelle, et en lire quelques passages vous font l'effet d'un feu d'artifice :

> Les fêtes de la Pentecôte ont été célébrées comme au temps jadis, et toutes les boutiques étaient fermées. Les promenades publiques, les lieux enchantés de Tivoli, de Bagatelle, de Passy [1], etc., étaient remplis, et un étranger qui se serait trouvé transporté tout à coup dans ces brillants théâtres des plaisirs du jour, n'eût jamais deviné qu'il eût été en France, dans un pays qui a été et est encore la proie de tous les fléaux réunis [2] !...
>
> On s'en est emparé [3], ils ont été loués, on en a fait des jardins et des maisons publiques, dans lesquels on n'entre qu'après avoir consigné préalablement un ou deux sous. C'est à ces adroits calculs que nous devons Tivoli, l'Elysée, la Chaumière, Bagatelle, etc. Les accessoires consistent, dans presque tous ces établissements, en une illumination de couleur, un feu d'artifice, un aérostat, une salle de danse où figure de pauvres filles à qui l'on a distribué des billets gratis, à condition qu'elles danseraient [4].
>
> Bagatelle ne perdra rien de son affluence, et nos aimables carracoleurs n'en seront pas moins empressés à y aller goûter le nectar et l'ambroisie que leur y promet le dieu du goût et de la variété... Désormais dès que la douzième heure du jour donne le signal du réveil, la douce Clarisse n'a que le temps de livrer ses appas aux heureux mystères de la toilette ; il est déjà quatre heures ; les ouvriers sont prêts ; on arrive à Bagatelle, on dîne délicieusement, on se promène ; la nuit approche..., on quitte ce séjour enchanteur... Aussi, vive Bagatelle [5] !
>
> La plupart des jeunes gens de Paris sont aussi ineptes qu'imprudents, ils passent les journées chez Velloni, à l'Elysée, à Bagatelle, dans les tripots, chez les filles et au spectable... [6]
>
> Paris, le 9 messidor. Le charmant jardin de Bagatelle fut hier le théâtre d'une scène assez plaisante. Un banquier huppé de Paris, que nous ne nommerons pas, y avait conduit

---

1. *Le Nouvelliste* veut indiquer ici le bal du Ranelagh.
2. 20 prairial an V. Aulard, t. IV, p. 155.
3. *Le Nouvelliste* parle des propriétés des nobles.
4. *Paris pendant l'année 1797*, par Peltier. N° du 5 juillet 1797 (Bibliot. nat., le 2 (871, in-8).
5. *Le Miroir*, 5 messidor an V. Aulard, t. IV, p. 185 et 189.
6. 29 ventôse an VI (19 mars 1798), Aulard, t. IV, p. 578.

une jeune et jolie nymphe, à laquelle il vient de sacrifier le précédent objet de ses amours. Assis dans un coin solitaire de ce jardin, nos deux amants savouraient le plaisir d'être ensemble, lorsqu'ils furent aperçus par l'amante délaissée ; celle-ci ne pouvant supporter un spectacle aussi déchirant pour son cœur, et se livrant aux transports de la jalousie, fond avec la célérité de l'éclair sur sa rivale, lui arrache sa perruque et la fait voler dans le jardin [1]...

On voit peu d'esprit public à Paris. La soif des plaisirs, les promenades à Bagatelle, le torrent de la mode, le jeu, les dîners, le luxe des ameublements, les maîtresses sont les objets qui occupent plus particulièrement la jeunesse parisienne [2].

La chanson à la mode n'était-elle pas :

> Chacun avec la même ardeur
> Va se rendre où l'amour l'appelle :
> C'est au séjour du vrai bonheur,
> Mais ce séjour est Bagatelle [3]...

Pendant ces années de vogue, quelques modifications avaient eu lieu dans la propriété. Les concessionnaires eux-mêmes n'étaient plus les mêmes, Benoit et Lhéritier avaient disparu pour faire place à la société Saucède, Glouteau et Coste ; Lhéritier s'était limité au restaurant et le glacier de Bagatelle était un Italien nommé Garchi.

La nouvelle société imagina, pour relever ses affaires, — car malgré l'affluence, les frais étaient tellement considérables que les bénéfices n'existaient pour ainsi dire pas, — de donner une fête magnifique en l'honneur d'Ali Effendi, ambassadeur ottoman, que le pouvoir exécutif venait de recevoir avec solennité. Il y eut concert, bal, festin, feu d'artifice, départ de montgolfières, tous divertissements si bien choisis que cela fit dire à un journal *Le Thé* : « Depuis que Bagatelle est devenu le guide des Parisiens, l'amour n'a pas cessé d'y faire des pèleri-

---

1. Du *Conservateur* du 10 messidor (28 juin 1798), Aulard, t. IV, p. 751.
2. *L'Ami des Lois* du 16 messidor (29 juin 1799), Aulard, t. V, p. 591.
3. Chanson du 13 ventôse an V (3 mars 1797).

nages ; par Ali Effendi, Bagatelle devient le Grand Caire, si les ordonnateurs de la fête qui lui est destinée ont l'intention d'offrir à ses yeux des signes propres à lui rappeler sa croyance... »

La fête réussit à merveille. Il y eut affluence et beaucoup de femmes, et des jolies, mais Bagatelle ne devint pas un harem.

Malgré ce succès, les associés ne réussirent pas. En 1798, ils essayèrent de liquider. Afin d'amener une nouvelle affluence et aussi pour varier les divertissements qu'ils donnaient, ils résolurent de construire un théâtre. On y donna sept ou huit spectacles. Mais les pièces étant toujours les mêmes et le public ne se renouvelant pas, il se lassa et il fallut cesser encore ce nouveau genre de plaisir.

Enfin, las de se ruiner, l'association mit en 1801 le domaine en vente « à l'étude de maître Raguideau, notaire à Paris, rue Saint-Honoré à côté de la place Vendôme ». L'affiche dit que l'on peut s'adresser à lui pour les renseignements, ainsi qu'à Pirault, avoué, rue Neuve-des-Petits-Champs, n° 463 ; et que, pour visiter, on n'avait qu'à s'adresser au concierge de Bagatelle[1].

Il ne se présenta pas d'acquéreur. Mais le sieur Born, fermier de la Société, rouvrit les portes de l'établissement et en soutint la renommée jusqu'en 1806. Il prit même l'adjudication des fruits que la municipalité de Neuilly s'était réservée, témoin la pièce suivante :

28 prairial.

Reçu du citoyen Born traiteur à Madrid la somme de 30 livres pour le montant de l'adjudication d'une récolte de cerises à faire dans la maison de Bagatelle ladite adjudication faite en la salle municipale de Neuilly le 18 du courant enregistré ce jour d'hui[2].

Les divertissements continuèrent, mais plus modérés. Le sieur Born se faisait la main avant d'entreprendre

---

[1]. A la liquidation de la Société, Coste et les ci-devant propriétaires de Bagatelle reçurent une assignation de Laflèche, boucher à Neuilly.

[2]. *Souvenirs de Neuilly*. Arch. de la Seine.

le si fameux restaurant de Madrid, qui existe encore aujourd'hui.

Deux faits encore[1] concernant des employés de Bagatelle :

Le 27 frimaire an II, Pierre Bouillet, maréchal de la 1re division de gendarmerie nationale du département de Paris, à la résidence de Neuilly-sur-Seine, recueillit un cadavre de femme au pont de Neuilly ; il avait été pêché à 7 heures du matin par Jean-Charles Compoint, pêcheur, et Marguerite Compoint, sa fille.

Le cadavre était vêtu d'une « cazaquine » de toile bleue, mouchoir de col de fond rouge, les cheveux châtain clair. Il était bancal des deux jambes. C'était Claudine-Emilie, la fille de Nicolas-François Thibault, pompier de Bagatelle, et de Jeanne Larivée sa femme. Elle s'était noyée le 10 brumaire au-dessus de la pompe à feu de Bagatelle, en lavant du linge.

Elle fut enterrée le 27 frimaire dans le cimetière de la commune de Neuilly.

Et dernièrement, c'est une plainte du 18 germinal an VI, devant le juge de paix de Clichy, en sa demeure de Montmartre, cour extérieure de l'ex-abbaye, déposée par Jean-Baptiste Boutard, agent municipal de la commune de Neuilly, et commissaire nommé par arrêté de l'administration municipale pour inspecter la recette du parc des Sablons et la police d'icelui...

Le rapport de Boutard dit en substance « que le jour d'hier, vers les huit heures de relevée, étant au passage où se prennent les billets pour l'entrée du parc des Sablons, et au bas de l'escalier du bureau des recettes, accompagné du citoyen Collière, le nommé Bressy fils, ancien concierge de la maison de Bagatelle.... l'aurait apostrophé en le traitant de f... gueux, f... coquin, terroriste, buveur de sang, septembriseur, et autres injures accompagnées de gestes et de menaces d'un bâton qu'il tenait à la main, alors, lui déclarant, ayant appris que le président de l'administration municipale du canton de

---

[1] Ces deux faits ont été pris par nous dans les dossiers des Archives de la Seine.

Clichy (le citoyen Billard) était dans ledit parc des Sablons, il est allé le chercher, et, l'ayant trouvé, il est revenu vers ledit Bressy fils, qui au même instant, lui a répété en présence dudit Billard les mêmes injures et menaces... et mil autres non moins apostrophantes, a ajouté de plus que le citoyen Charles, demeurant à Monceau et Collière à Neuilly... ont été insultés comme lui déclarant.... et que s'il ne l'a pas fait arrêter sur le champ c'était dans la crainte de troubler la fête publique qui se donnait dans le parc... ».

Nous ignorons si l'affaire eut une suite.

CHAPITRE XII

BAGATELLE ACHETÉ PAR L'EMPEREUR
LE ROI DE ROME

Bagatelle est mis en vente par Born sans succès. — Vente aux domaines. — L'affaire Saucède frères. — La propriété est réunie au bois de Boulogne. — Ceux qui y logeaient. — Baux de 1806-1807-1808. — Réparations. — Décision du ministre des finances. — On joint une pépinière aux domaines. — Le mobilier. — Le gibier du bois de Boulogne. — L'Empereur à Bagatelle. — Jérôme Lucchesini à Bagatelle.

De son côté, le sieur Born, seul sous-locataire alors du château, faisait peu d'affaires et désirait s'en débarrasser le plus rapidement possible. Il le mit en vente pour 70.000 francs, et M. Pirault-Deschaumes en annonça l'adjudication pour le 24 mai.

Il ne se présenta aucun acquéreur, et l'adjudication fut reportée au 24 juin quand, le 7 juin, l'Empereur fit acheter le domaine par l'administration à l'audience des criées au tribunal de 1re instance à Paris, moyennant 300.000 fr. indépendamment de 21.206 fr. pour les glaces et un lustre [1].

Le malheureux Born continuait cependant à tenir son établissement, et faisait annoncer partout que, « à compter du samedi 31 mai, les eaux jouent tous les jours jusqu'à celui de la fermeture », et que, jusque-là, le restaurateur continuera à servir.

Enfin, le 3 juillet 1806, il traita directement avec les Domaines, devint seul locataire et fit publier :

Le sieur Born, restaurateur, a l'honneur de prévenir le public qu'il continue son établissement de restaurant comme

[1]. Voir une lettre du 29 oct. 1806 aux Arch. de la Seine.

par le passé et de l'assurer qu'il apportera tous ses soins à le contenter. Il prie les personnes qui voudraient donner des repas de le prévenir la veille pour être mieux servies.

Tandis que, tant bien que mal [1], Born cherchait à soutenir la réputation de Bagatelle, l'administration des Domaines entrait en lutte ouverte avec les frères Saucède qui n'avaient pas payé la totalité des loyers qu'ils devaient à l'administration.

Maître Pirault-Deschaumes était l'avoué des frères Saucède [2], et celui de l'administration était M. Bergeron d'Augny. M. Vallon Villeneuve [3], receveur des Domaines nationaux, 1er et 2e arrondissement, écrivait à M. Bergeron d'Augny : « Je charge M. Bachellery de réunir les titres et pièces établissant la créance de l'administration sur les sieurs, Saucède frères, auxquels ce domaine avait été précédemment vendu et de vous les remettre avec les instructions nécessaires [4]. »

Il résulte de ces titres et de ces pièces que les Saucède étaient engagés dans l'affaire pour un capital de 27.036.70 fr. à intérêt 4 0/0, et qu'il restait dû par eux à l'administration la somme de 2.428 fr. 43, ce qui motiva une contrainte le 7 février 1807 et une autre le 12 mars de la même année.

Voici l'exposition de l'affaire de la Société Saucède, d'après une pièce du 24 thermidor an V.

Scellés sur le mobilier de Bagatelle, justice de paix de Clichy, Arch. de la Seine.

Jean-Baptiste-Louis Glouteau, Jean-Louis Saucède, Jean-Joseph Coste, tous trois sociétaires de ladite maison de Bagatelle..., lesquels ont dit qu'ils conviennent avoir fait l'acquisition du domaine de Bagatelle et dépendances conjointement avec le citoyen Daniel et par indivise avec lui acte reçu par le citoyen Raguideau, notaire à Paris, le 7 prairial dernier pour le montant de laquelle acquisition il a été remis au ci-devant propriétaire une portion du prix en espèces

---

1. On prétend que Mme Tallien et Mme de Beauharnais donnèrent des fêtes à Bagatelle.
2. Demeurant 11, rue du Faubourg-Poissonnière.
3. Il demeurait rue de Surenne, n° 25.
4. Arch. de la Seine. S. F. 154.

sonnantes et l'autre portion en billets à ordre payables à différentes époques et par le citoyen Coste et endossés par le C¹ Daniel Saucède et Glouteau pour le montant desquels lesdits sociétaires entendent dès à présent former opposition sur la portion d'acquisition du C¹ Daniel (jusqu'à parfait payement desdits billets), lesdits copropriétaires déclarant en outre qu'il a été question entr'eux d'un projet de société pour établir un restaurant à Bagatelle, qu'il devait être fait une mise de fonds par chacun d'eux pour parer aux frais de l'établissement, que cette mise de fonds n'ayant point été faite par le C¹ Daniel ils ne peuvent et ne doivent le regarder comme associé, vu que leur société les exposait à des pertes ou des bénéfices réels ; conséquemment lesdits copropriétaires, tout en reconnaissant le titre de propriété dudit citoyen Daniel pour les deux neuvièmes de l'immeuble de Bagatelle ne le reconnaissent point comme associé dans l'établissement et s'opposent autant que de besoin à l'inventaire et apposition des scellés des meubles et autres effets existant dans Bagatelle et ont signé sous toutes réserves de droits un mot rayé nul.

Saucède, Coste, Glouteau aîné.

Enfin, après bien des démarches, la Société Saucède fut dissoute entre André Lhéritier dit Daniel, Jean-Baptiste-Louis Glouteau, Joseph Coste, Jean-Louis Saucède, Pierre Saucède et Juste-Charles-Corneil Savouré. André Lhéritier consentait à la vente par licitation du mobilier et de l'immeuble, mais séparément et par deux adjudications, et cela parce que la dissolution de la Société avait été demandée et que le parc et le pavillon de Bagatelle devaient être fermés.

La conciliation ne se fit pas. Nous savons que ce fut Born qui devint propriétaire du domaine du comte d'Artois. Chacun se retira de la Société après avoir payé sa part, et ce furent les frères Saucède qui payèrent les derniers, après bien des démarches, des lettres et des contraintes : l'administration des Domaines les poursuivait avec opiniâtreté.

*
* *

En même temps que le château de Bagatelle rentrait dans les services des Domaines, l'Empereur en ordonnait sa réunion au bois de Boulogne. On estima alors le rapport à environ 11.000 francs [1].

Il y avait peu de monde qui y logeait. C'était le sieur Laurent Payen et sa femme, concierges, qui touchaient 1.200 fr. par an.

Jean-Marie Demaz, gardien de la pompe à feu et ouvrier jardinier, logeait à la pompe à feu et touchait 3 sous par jour.

Laurent Payen était autrefois agent général, à Mayence, de l'entreprise générale des transports. Mais il fit banqueroute en l'an XI et obtint la place de concierge à Bagatelle ; l'entreprise lui devait 18.000 francs.

Le jardinier était un nommé Jean-Baptiste Bourgleux né en 1787, qui avait gardé près de lui sa mère, ses frères et ses sœurs en bas âge, et avait succédé à son père mort en 1805. Logé à Bagatelle, il était autorisé à vendre de la bière et du vin aux cochers qui y amenaient des promeneurs. Ses appointements étaient de 900 fr. par an.

Quant aux ouvriers qui faisaient les petites réparations, c'étaient Boutoux, menuisier, rue de Bussy, maison Lolivet, que l'on qualifie dans une lettre de « très habile ouvrier » ; Leblond, couvreur à Boulogne ; Aubert, vitrier à Boulogne.

Le 16 février 1807, Born fut autorisé à faire un bail jusqu'au 1er novembre 1807. Les affaires allaient couci-couci. Le droit d'entrée, fixé alors à 0 fr. 75, produisit pendant les dix-huit jours du mois de juin : 353 fr. 65 c. et pendant le mois de juillet 486 francs. La pompe fonctionna le 15 juin, et cela nous apprend que chaque fois qu'on la met en mouvement, cela coûte 150 francs, que le sieur Born paye.

Avant le 7 juin 1805 le sieur Born payait 750 francs de loyer par trimestre. Mais voici que, le 1er novembre 1807, on propose un nouveau bail pour un an au même titre que les anciens propriétaires dont le bail cessa le 31 octobre 1806 ; on exécute en même temps une dé-

---

[1]. L'impôt foncier était à l'époque de 1.831 francs. Naturellement Bagatelle ne paya plus cet impôt à partir du 7 juin 1806 (lettre spéciale du 7 nov. 1807), conformément aux lois des 19 et 21 ventôse, an X.

cision du 26 décembre 1806, portant « qu'il sera distrait plusieurs parties du bâtiment, du consentement du sieur Born, par sa déclaration du 18 décembre 1806 », moyennant quoi il payera 2.400 francs de loyer et non plus 3.000 comme il était stipulé au précédent bail.

On y relève pour la première fois le nom de Born ainsi écrit : François-Ignace Born, traiteur, et Marie-Anne Melilinec, son épouse.

Par ce nouveau bail, Born est locataire du château, de toute la partie appelée les communs, du terrain et de l'espalier qui rejoint les deux bâtiments. Et l'on réserve les lieux qui servent au logement du jardinier ; le pavillon d'entrée pour le concierge, percepteur du droit d'entrée ; la chaumière, isolée dans les jardins ; le petit bâtiment de la serre chaude, isolé dans la partie gauche du parc ; les deux petits bâtiments de droite et de gauche placés à l'entrée de la première cour ; un petit logement dans l'intérieur du château et les deux grandes remises.

Mais une lettre de M. André de Breuil[1], inspecteur des Domaines, adressée à M. Gentil[2], directeur des Domaines à Paris, le 23 décembre 1807, nous donne de nouveaux renseignements : « Un M. Hebert, propriétaire de forges, et logé en ce moment au château de Bagatelle, est venu me trouver et m'a déclaré qu'il était dans l'intention de louer le château, le restaurant et le droit d'entrée à Bagatelle ; qu'il savait que le sieur Born avait fait une soumission à cet effet, et qu'il rehaussait cette soumission d'une somme de 500 francs ; il m'a en même temps annoncé qu'il avait sous-loué le château du sieur Born à qui il payait 500 francs. »

Ce M. Hébert était à Bagatelle depuis le mois de juillet. Born avait loué également une partie des communs à une dame Lourdet, qui prenait pension chez lui[3].

Ces faits firent écrire à M. André de Breuil :

J'ai dit (rapport du 30 juin 1806) que le domaine ne pouvait avoir aucune destination jusqu'à ce qu'il fût occupé con-

1. Il demeurait rue Neuve et Maison des Capucines.
2. Il demeurait rue Saint-Thomas-du-Louvre, n° 2.
3. Lettre du 24 décembre 1807. Arch. de la Seine. B 8¹ 235.

venablement et que si on n'en adjugeait la jouissance elle ferait enchérir les entrepreneurs de fêtes qui détérioraient le château... Si on se résoud à le faire, le domaine se louera facilement 7.000 francs.

Néanmoins ce fut Born qui resta locataire, un peu parce qu'il avait affermé le droit d'entrée à Bagatelle moyennant 2.400 francs, soumission du 12 octobre 1807, s'engageant à entretenir le jardin comme par le passé, à la condition qu'on lui donnât la jouissance du logement du receveur comme auparavant. De plus, après quelques tiraillements, il s'engaga à payer les appointements du concierge Payen[1] et ceux d'un garde[2].

Ce bail fut signé le 16 février 1907, et enregistré le 5 mars[3].

Il paya par ce bail 350 francs par mois pendant les six mois d'été, et 50 francs par mois pendant les six mois d'hiver, soit 2.400 francs par an.

Le bail de Born se renouvela en 1808[4] et le 28 mars 1809; ce fut le dernier.

Comme on peut s'en douter, la propriété avait besoin d'un énorme entretien et les bâtiments de fréquentes réparations.

D'après le décret impérial du 19 octobre 1806, l'Empereur n'avait autorisé que les réparations urgentes, qui furent évaluées à 19.202 francs. Mais, d'après les rapports des architectes des Domaines, on estimait qu'il fallait dépenser en plus, afin de mettre toute la propriété en état : 26.025 francs pour les bâtiments; 8.000 francs pour la pompe à feu, et 47.687 francs pour les bassins et les rivières.

On ne fit cependant que les réparations urgentes, exécutées par Marcel, entrepreneur, sous la direction de M. Bénard[5]. De même, le 23 juillet 1807, on fit des essais de la pompe à feu et on réussit à remplir les bassins afin de fournir de l'eau à l'arrosage des jardins.

---

1. Arch. de la Seine. Lettre du 15 mars 1808. B 8³ 235.
2. Arch. de la Seine. Lettre du 12 janvier 1808. B 8³ 235.
3. Arch. de la Seine. Fol. 126 V° cas. 2, B 8³ 235.
4. A cette occasion on fit un état de lieux.
5. Architecte du ministère des Finances et des Domaines.

Sur une décision du ministre des finances en date du 8 janvier 1807, il fut décidé[1] : 1° qu'il y aura pour le domaine de Bagatelle trois hommes qui y seront attachés, dont deux seront commissionnés comme gardes. Le troisième, Bourgleux, ci-devant jardinier, conservera son logement avec traitement de 600 francs par an ; 2° sept autres seront attachés tant au parc de Bagatelle qu'à celui de Monceau, sous la surveillance de Choringel, directeur jardinier, qui ordonnera tous les travaux des parcs et jardins. Ils seront payés par les Domaines. Seuls seront payés par l'enregistrement : le concierge, 1.320 francs ; le pompier Méaze, logé à la pompe, 638 fr. 75 ; et le taupier Chedot, 120 francs.

Enfin, en avril 1809, on réunit au domaine une pépinière : on répara les combles au mois de mai, coût : 276 fr. 25[2] ; et en novembre 1810 l'Empereur ne fit pas renouveler le bail de Born et fit remettre la propriété en parfait état, afin d'en faire un rendez-vous de chasse. D'après une lettre du 14 novembre 1810, on apprend que les travaux de réparations sont terminés et que Sa Majesté approuve que, pour l'ameublement, on se serve du mobilier qui a été acheté pour l'hôtel de Son Altesse Impériale Mme la grande-duchesse de Toscane et qui est rentré depuis au garde-meuble de la couronne[3]. On avait acheté alors 200.000 francs de meubles et on en tira d'abord pour 15.975 fr. 40 au garde-meuble. Puis on en reprit encore en 1812 pour 3.571 fr. 83, si bien que l'ameublement montait à la somme de 92.045 fr. 54 c.

Dans une autre pièce du même dossier[4] on lit :

1. Voir une lettre de M. Benard à M. Gentil. Arch. de la Seine, B 8³ 235.
2. Le 12 mai 1809, Robert Pialut, entrepreneur des terrasses et plantations du Gouvernement, demeurant à l'Etoile de Chaillot, demanda à entretenir les jardins de Bagatelle, de tailler les arbres fruitiers, tondre les arbres de palissades, faucher les gazons, labourer les massifs, entretenir les allées et garnir les jardins de fleurs, contre 2.000 francs par an et le bois provenant de la tonte, l'herbe fauchée, les fruits et la jouissance du logement du jardinier.
3. Pour plus de détails, consulter l'étude de notre confrère M. Paul Marmottan, intitulée : *Essai sur les divers mobiliers de Bagatelle de 1777 jusqu'à nos jours*, parue récemment dans le « Bulletin de la Société historique d'Auteuil-Passy ».
4. Arch. nat. O¹ 1581.

Devis pour le transport, placement et ajustage du mobilier de Marbœuf au rendez-vous de chasse de Bagatelle : 5.895 fr. 12 c.

Il fit remettre beaucoup de gibier dans le bois de Boulogne, surtout des cerfs, et donna pour l'entretien des avenues 25.000 francs par an sur sa cassette[1]. Il y vint déjeuner pour la première fois en 1811, « après avoir pris le plaisir de la chasse dans le bois de Boulogne[2] ». A la fin de juillet 1811, l'Empereur s'étant rendu seul à Bagatelle s'y fit servir à dîner. Il se plaignit du manque d'éclairage. Aussi le 1er août 1811, le duc de Frioul écrivit de Saint-Cloud au garde-meuble, annonçant que Sa Majesté n'avait pas trouvé assez de lumière dans le grand salon et ordonnait de faire faire immédiatement le nécessaire[3].

Il y revint dans les mêmes conditions en 1812, puis en 1813 : « Il regardait Bagatelle comme un lieu de plaisance où il pouvait établir son fils pendant les beaux jours du printemps. »

Le marquis Jérôme Lucchesini était venu à Paris en 1811 pour saluer l'Empereur au nom de sa souveraine la princesse Elisa Baciocchi, grande-duchesse de Toscane, et assista aux fêtes du baptême du roi de Rome ; il suivit les déplacements de la cour et en rendit compte dans son journal. Il écrit, à la date du 29 juillet 1811, à sa souveraine.

... Hier, après les cérémonies et les nombreuses audiences du dimanche, LL. MM. allèrent dîner à Bagatelle avec les princes Borghèse et de Neuf-Chatel et dix personnes de la ville, parmi lesquelles j'ai entendu nommer les ministres des finances et du trésor et Mme Edouard de Périgord...[4]

M. Charles Yriarte prétend que l'Empereur céda le château de Bagatelle à Lucien, puis au prince Borghèse. Nous n'en avons pas trouvé la preuve.

1. Voir le *livre des Cent-Un*, t. XV. p. 8. A Paris chez Ladvocat, 1834.
2. *Mémoires sur l'intérieur du Palais impérial*, t. IV. Beausset. Il était alors préfet du Palais.
3. *Journal de l'Empire* du 8 avril 1812. p. 3.
4. Voir à propos *Bagatelle pavillon de chasse sous l'Empire et la Restauration*, par M. Paul Marmottan, *Bulletin de la Commission historique et artistique de Neuilly*, fascicule de 1905.

CHAPITRE XIII

1814-1830

LE DUC DE BERRY, PUIS LE DUC DE BORDEAUX A BAGATELLE

Les alliés en 1814. — Bagatelle au duc de Berry. — Une chasse du duc de Berry. — Une carte d'invitation. — Il se rend à Bagatelle avec la duchesse. — Bagatelle à Mademoiselle. — Surveillance et jalousie de garde. — Le duc de Bordeaux. — Un enlèvement manqué.

Mais voici les premières défaites. L'Empereur gagne ses plus belles batailles avec des troupes jeunes et inexpérimentées, et il est acculé à Fontainebleau. Paris est aux mains des alliés. L'Empereur part pour l'île l'Elbe. Le comte d'Artois, lieutenant général des armées du royaume, rentre dans la capitale, le comte de Provence, son frère, a pris nom : Louis XVIII, et la royauté reprend ses droits.

Les places sont immédiatement données aux amis de la royauté. M. Desmazis est nommé administrateur du mobilier de la couronne ; M. le Fuel, conservateur, et M. Thierry, baron de Ville-d'Avray, intendant du garde-meuble.

Lors du premier siège de Paris, on fit rentrer au garde-meuble pour 58.694 fr. 09 de meubles venant de Bagatelle.

On en prit ou on en cassa pour environ 35.011 fr. 92 ; et il n'en resta dans le château que pour 1.911 fr. 36 [1].

Mais, aussitôt rentré à Paris, le pavillon de Bagatelle est donné au duc de Berry.

Le 1ᵉʳ juin 1814, M. le comte de La Ferronnays, premier gentilhomme de la chambre du duc de Berry,

---

[1]. Rapport à la date du 9 décembre 1814.

écrivit à M. Blancard d'Angers pour que l'on remeublât Bagatelle le plus tôt possible. Celui-ci fit parvenir l'ordre à M. Desmazis en y ajoutant : « le Roi veut que l'on fasse le moins de frais possible ».

Le 18 juin, Valentin, lustrier, demeurant rue Duphot, 19, replace les lustres, ce qui occasionne une dépense de 3.152 fr. 50.

Le 21 juin, Masault Merlin, demeurant rue Saint-Victor, 85, apporte pour 620 francs de couvertures.

Le 29 juin, Robin, horloger du roi, fournit pour 848 francs de pendules.

Et Paris, demeurant rue du Petit-Lion, faubourg Saint-Germain, apporte une cuvette spéciale de 7 fr. 50.

Quant aux meubles proprement dits, ils avaient été transportés par les soins de M. Desmazis.

Le 10 juillet, Mgr le duc de Berry vint déjeuner à Bagatelle avec une certaine affluence. M. de La Ferronnays, qui donne les ordres nécessaires, fait prendre à Saint-Cloud une tente pour la dresser dans les jardins.

Le 5 octobre, Jacob Desmalter, menuisier ébéniste, fabricant de meubles et de bronzes, rue Meslée, 17, fournit à Bagatelle pour 2.931 francs de meubles divers.

Le 8 novembre seulement furent placés les tapis dans les appartements du duc de Berry, et le 17 novembre M. de Blacas écrivit à M. Demazis afin de fournir les lits nécessaires à l'écuyer commandant, à deux piqueurs, à l'inspecteur des écuries, à quinze palefreniers et à un sellier. De plus, il fit meubler les logements nécessaires au gouverneur, à deux officiers, au concierge, à la lingère en chef, au frotteur, au balayeur, ainsi qu'à un jardinier en chef, à un garçon jardinier, à un pompier, à un inspecteur des jardins et à un portier à l'entrée des jardins, toutes personnes qui devaient composer la maison de Mgr le duc de Berry à Bagatelle.

Vers cette époque, deux hommes arrêtèrent de nuit un Cosaque qui emportait de Bagatelle un matelas et un lit de plume qu'il venait de voler, et le concierge Bressy, après avoir verrouillé le voleur, donna aux deux hommes 6 francs pour les récompenser.

Le 15 avril 1815, Darrac, tapissier, rue de Cléri

et rue Neuve-Saint-Eustache, 5, fait à Bagatelle pour 24.183 fr. 36 de réparations, et le garde-meuble, de son côté, fait pour 21.443 fr. 36 de fournitures. Le gardien Siroux s'était fait livrer quantité de plumeaux, de balais, de brosses et de cire (4 mai 1815), afin d'entretenir le nouveau mobilier [1].

Court règne; l'Empereur revient. D'un geste il assemble ses troupes, il est vainqueur à Ligny, mais il est battu à Waterloo. Pour la seconde fois, les alliés enserrent Paris. Le corps d'armée russe est logé dans le parc et dans les communs du château de Madrid, déjà disparu. Wellington est à la Folie-Saint-James, Osten-Sacken occupe le Petit-Madrid. Le général commandant le corps hanovrien loge au pavillon d'Armenonville. Mais, à la demande du comte d'Artois, Bagatelle n'est pas occupé. Ni ses bâtiments, ni ses jardins ne sont foulés par les bottes étrangères [2].

A nouveau Louis XVIII reprend le trône, et le comte d'Artois son titre. Mais ce n'est plus le même homme. Vingt-cinq ans d'exil lui ont pris la légèreté du corps, sinon la légèreté d'esprit, et cependant Bagatelle n'est plus en concordance avec son caractère.

Il en autorise la visite à certains jours aux personnes qui, préalablement, se sont munies d'une carte spéciale à sa chancellerie.

Mais la propriété reste à son fils le duc de Berry. A cette occasion S. M. Louis XVIII fit don au duc de Berry de tout l'ameublement de Bagatelle, dont l'inventaire annonça qu'il valait 97.298 fr. 26. Par conséquent, cet ameublement fut rayé des inventaires du garde-meuble royal [3].

Déjà, le 28 janvier 1815, moins d'un mois avant le débarquement de l'Empereur à Fréjus, retour de l'île d'Elbe (26 février 1815), le comte de La Ferronnays, premier gentilhomme de S. A. R. Mgr le duc de Berry, demanda différents objets au garde-meuble pour une fête qui devait avoir lieu le 2 février suivant.

1. Arch. nat. O³ 2020.
2. *Histoire des deux Restaurations.* Vaulabelle.
3. Arch. nat. O² 566.

En 1814, le duc de Berry avait donné une chasse au bois de Boulogne comme le signalent les journaux du temps :

Mgr le duc de Berry a chassé le daim hier dans le bois de Boulogne. Le rendez-vous était au pavillon de Bagatelle, où Son Altesse Royale avait fait préparer un déjeuner aux personnes qui devaient avoir l'honneur de chasser avec Elle.
La présence du prince avait attiré au bois de Boulogne un nombre considérable de dames qui s'y étaient rendues en calèche ou à cheval, et des cavaliers qui ont contribué à animer le mouvement de la chasse et à la rendre aussi animée qu'agréable.
Après la chasse, Son Altesse Royale a proposé aux dames qui s'étaient réunies à la mort du daim d'entrer à Bagatelle pour y prendre des rafraîchissements ; on avait dressé sous une tente une table où les dames seules se sont assises et dont Son Altesse Royale s'est plu à faire les honneurs. Toute la société a été, de là, conduite par Son Altesse Royale dans les jardins qui embellissent ce séjour.
Après cette réunion, à laquelle ont présidé une aimable aisance et une élégante simplicité, Mgr le duc de Berry est allé à Saint-Cloud pour y voir Monsieur [1].

Pour assister à ces chasses, on recevait une carte d'invitation ainsi conçue [2] :

Monseigneur le duc de Berry chasse le daim au bois de Boulogne le..... de ce mois.
M. de Glasson est invité de la part de Son Altesse Royale à venir déjeuner à Bagatelle et à prendre des rafraîchissements après la chasse.
Signé : Le comte de NANTOUILLET.
Le déjeuner sera à dix heures et demie.
Paris, le..... 1814.

---

1. *Moniteur universel* du 14 juillet 1814, publié par M. P. Marmottan dans le *Bulletin de la Commission municipale historique et artistique de Neuilly-sur-Seine* en 1905.
2. Publiée par M. Paul Marmottan dans le *Bulletin de la Commission municipale historique et artistique de Neuilly-sur-Seine* en 1905. Cette carte fait partie des collections particulières de M. Paul Marmottan.

Le duc de Berry vient à Bagatelle le 21 juin 1816 en grand équipage, en compagnie de sa jeune femme Marie-Caroline, qu'il venait d'épouser le 17 à Notre-Dame. Cette princesse écrit dans son journal :

Le 21 juin, le duc de Berry me donna le plaisir d'une chasse au bois de Boulogne, et d'un dîner avec la famille royale à Bagatelle. La journée fut charmante et je m'amusai beaucoup [1].

Mais, après l'assassinat du duc de Berry par Louvel, le 13 février 1820, il devint la propriété de la fille du duc de Berry, Mademoiselle, qui devait épouser un jeune prince de Modène.

En mai 1820, la princesse vint à Bagatelle. Craignant de nouveaux attentats, deux gardes du bois de Boulogne, Le Beschu et Durier, furent spécialement chargés de surveiller la propriété, le garde Le Beschu devant toujours se tenir à proximité de Mademoiselle, « assez loin pour ne pas être indiscret, assez près pour la préserver contre un assassin ».

La promenade de Mademoiselle s'effectua sans incident [2].

Quand, quelques mois après, le 29 septembre 1820 [3], naquit le duc de Bordeaux, salué du nom d'Enfant du Miracle, puis d'Enfant de l'Europe par le corps diplomatique, Bagatelle devint la propriété des Enfants de France, et le duc de Bordeaux y fut conduit plusieurs fois.

La liste des promenades du duc de Bordeaux à Bagatelle est facile à faire en lisant simplement le *Moniteur universel* qui à chaque fois les mentionne.

Naturellement les précautions furent doublées, et à ce sujet il est intéressant de rapprocher les mesures prises avant et après l'assassinat du duc de Berry. D'abord, nous voyons un rapport du 10 janvier 1820 [4], dont nous extrayons le passage suivant :

---

1. Vicomte de Reiset, *Marie-Caroline, duchesse de Berry*, 1 vol. in-4°, 1906, p. 56.
2. O² 560.
3. Id., ibid.
4. Id., ibid.

Un jour par semaine, le parc de Bagatelle est ouvert aux curieux; ce jour-là, un grand nombre de personnes en voiture et à cheval se rendent à Bagatelle. La demi-lune qui est au-devant de l'entrée du parc de Son Altesse Royale n'est point entourée de barrières; les troupes étrangères les brûlèrent en 1815. Il résulte de ce défaut de barrières que l'on attache les chevaux aux arbres et que souvent même les cochers mènent les voitures sous les taillis.

Il serait donc nécessaire autant qu'agréable pour l'entrée de Bagatelle que la demi-lune fût entourée de barrières.

Ces barrières furent posées; mais, aussitôt après l'assassinat du duc de Berry, le jour de visite fut supprimé, et il fut posté des gardes à l'entour de la propriété à plusieurs cent mètres dans le bois de Boulogne, sans compter les gardes spéciaux.

A la date du 6 décembre 1821, nous lisons dans un autre rapport:

Qu'un garde spécial pour Bagatelle doit se tenir sur la route de la Longue-Queue[1] pendant tout le temps que le duc de Bordeaux est à Bagatelle et qu'on doit faire faire deux battues par les gardes dans les massifs avoisinants, l'une à onze heures du matin, avant l'arrivée du prince, et l'autre à quatre heures du soir, après son départ.

C'était le garde Durier[2] qui était sur la route de la Longue-Queue, tandis que le garde Le Beschu suivait le prince à l'intérieur du parc. Durier, jaloux de la faveur dont jouissait Le Beschu, lui chercha querelle, réclama à ses chefs, jurant qu'il avait un égal dévouement à celui de son collègue et, pour faire droit à sa demande, il fut décidé que la garde de la route de la Longue-Queue se ferait entre eux à tour de rôle.

Le 23 août 1822, le duc de Bordeaux vint à Bagatelle, et comme à l'ordinaire on établit des postes sur les

1. Route qui longe le mur à l'intérieur du bois de Boulogne.
2. Commission de Garde particulier des forêts et chasses de la couronne par Louis Charles Marie Durier, demeurant à Longchamp, du 31 décembre 1816, parchemin, signé : Cte de Pradel, Directeur Général ayant le portefeuille, Grand Veneur ; de Girardin, capitaine des chasses du roi ; Froidure, Secrétaire Général de la Vénerie ; André, Intendant des domaines. Arch. nat. O¹ 1581, n° 281.

routes avoisinantes et dans les fourrés les plus proches[1].

Plus tard, le duc de Bordeaux séjourna dans la propriété construite par son grand-père.

« Richard Wallace possédait un tableau du peintre Raimond, représentant le duc de Bordeaux en costume militaire, arrivant par la route de Neuilly avec ses précepteurs et plusieurs officiers de la couronne, les soldats de la garde nationale formant un piquet d'honneur au pied du mur d'enceinte parallèle à la Seine[2]. »

Les événements de 1830 surgissent : le 27 juillet, les barricades s'élèvent ; on se bat dans les rues. Le bruit court qu'un rassemblement de 800 hommes se porte sur Bagatelle pour enlever le duc de Bordeaux ; le maréchal de Raguse donne ordre à son aide de camp, Louis de Komierouski, de se rendre à l'école militaire pour y prendre 150 lanciers et de se porter sur Bagatelle, de n'agir qu'à coups de plat de sabre et avec le bâton de la lance. Lorsque la petite troupe arriva, le duc de Bordeaux prévenu était déjà parti pour Saint-Cloud.

Pendant toute cette période, Bagatelle ne subit pas de modification, mais un simple entretien. Charles X ayant repris le chemin de l'étranger, après une dernière partie de whist à Saint-Cloud, le domaine de Bagatelle passa du domaine de l'État à la liste civile de Louis-Philippe[3].

1. Arch. nat. O³ 1025.
2. *Grande Revue*, 10 mai 1907, p. 158. Article de Robert Hénard. Ce portrait qui avait été trouvé par M. Mannheim avait été vendu par lui à Lord Hertford.
3. Loi du 2 mars 1832.

CHAPITRE XIV

1830-1870. — VENTE DU CHATEAU DE BAGATELLE PAR LES DOMAINES. — LORD HERTFORD. — LES NOUVEAUX JARDINS. — LE PRINCE IMPÉRIAL.

Visites à Bagatelle. — Quelques réparations et quelques faits.— Une fête. — Louis-Philippe veut vendre la propriété. — Nouvelle mise en vente sans résultat. — Achat de Bagatelle par lord Hertford. — Arrêté de main-levée. — Remise en état et achat de nouveaux terrains. — Nouvelles transformations des jardins et des boudoirs. — Le prince impérial à Bagatelle. — Déclaration de guerre.— Mort de lord Hertford.— La nouvelle pompe à feu.

Depuis l'avènement de Louis-Philippe, l'histoire de Bagatelle est sans grands événements. On en autorise l'entrée à divers personnages : au comte de Flahaut, lieutenant général, pair de France, qui peut y entrer avec sa voiture[1]; à Mme veuve Deville et sa famille[2] ; au comte François, de Nantes[3]; ainsi qu'à M. de Bréa, lieutenant-colonel au corps royal d'état-major[4]; de même qu'on en défend l'entrée à un nommé Lesire[5].

On y fait peu de réparations. Nous signalons : en juillet 1832, un curage de la grande rivière avant d'y amener les eaux, ainsi que des réparations aux couvertures. Les ouvriers occupés à ce travail firent des dégâts

---

1. Lettre du 25 mai 1832 à M. Margerie, receveur à Neuilly. Arch. de la Seine, Neuilly, 2.
2. Lettre du 4 juin 1832 à M. Margerie, receveur à Neuilly. Arch. de la Seine, Neuilly, 2.
3. Lettre du 24 septembre 1832 à M. Margerie, receveur à Neuilly. Arch. de la Seine, Neuilly, 2.
4. Lettre du 4 juin 1832 à M. Margerie, receveur à Neuilly. Arch. de la Seine, Neuilly, 2.
5. Lettre du 10 juillet 1832 à M. Margerie, receveur à Neuilly. Arch. de la Seine, Neuilly, 2.

dont l'estimation fut demandée à l'entrepreneur et payée.

Quelques faits : Sisan, garde à Bagatelle, donne sa démission et est remplacé par un nommé Maunier[1]. Chedot, taupier, réclame, le 28 mai 1833, son salaire de l'année 1832 qui ne lui a pas été payé (120 francs par an). Le 29 décembre 1832, le pompier attaché à la pompe à feu, Laporte, donne sa démission, qui est acceptée. Il n'y avait alors à Bagatelle que deux gardiens, deux jardiniers et un portier. Mais l'un des gardes, Maunier, ne tarde pas à encourir les rigueurs de ses chefs : d'accord avec Sisan, il vend à son collègue Mercier, garde de la Porte-Dauphine, des fagots et des madriers provenant de Bagatelle ; et, quelques jours après, le 16 mai, il amène à Bagatelle des amis à qui il donne « une brouette à l'usage des Enfants de France » ; cette dernière faute motiva son renvoi[2].

Une fête, une seule, fut donnée dans les jardins et les bâtiments de Bagatelle par les officiers de la deuxième légion de la banlieue, au profit des communes qui avaient souffert de l'épidémie[3].

C'est en 1833 que Louis-Philippe décida de distraire la propriété de Bagatelle de sa liste civile et de la vendre. On lit dans le *Moniteur* du 22 septembre : « C'est mardi prochain 24 septembre qu'aura lieu définitivement l'adjudication du château de Bagatelle, situé dans le bois de Boulogne. »

Personne ne se présenta pour acquérir la propriété ; alors on résolut de la mettre en location. Comme nous le dit le *Moniteur* du 17 juillet 1834 : « Le château de Bagatelle a été mis en location hier, par adjudication publique au prix de 8.025 francs par an pour trois ans. L'adjudicataire est M. Charles Testu. »

1. Lettre du 26 février 1833 à M. Margerie, receveur à Neuilly. Arch. de la Seine, Neuilly, 2.
2. Lettre du 24 mai 1832 à M. Margerie, receveur à Neuilly. Arch. de la Seine, Neuilly, 2.
3. Maunier était précédemment garde de l'ancien hôtel des gardes, rue Neuve-du-Luxembourg. En prenant son poste à Bagatelle il fut remplacé à l'ancien hôtel des gardes par un nommé Barbier Draveil (lettre du 25 février 1833, signée A. Dochereau. Arch. de la Seine 1865).

FOLIE D'ARTOIS SOUS LOUIS XVI, VUE DE L'ENTRÉE
D'après une estampe de la collection de M. Hartmann.

On lit, en effet, dans deux lettres des 18 et 19 juillet 1834, que M. Testu, ancien inspecteur général de cavalerie, demeurant à Paris, rue du Cherche-Midi, n° 42, demande à louer Bagatelle moyennant 8.025 francs par an et qu'il donne une caution de 2.000 francs[1].

Cette offre ne paraît pas avoir été suivie d'effet, car le *Moniteur* du 16 mars 1835 annonce à nouveau la mise en vente, « le mardi 31 mars 1835, du château de Bagatelle, qui a 21 hectares 75 ares », dont la mise à prix est de 235.000 francs, payables par cinquièmes et en quatre ans et trois mois, les droits d'enregistrement étant fixés à 2 0/0 ; après avoir eu une première tentative, vente le 17 mars[2].

Enfin, n'ayant pas encore trouvé d'acquéreurs, on remet en vente la propriété en septembre 1835[3] avec une mise à prix réduite à 180.000 francs[4].

Le procès-verbal de la première publication commence ainsi :

L'an mil huit cent trente cinq, le mardi 22 du mois de septembre, à deux heures de relevée, devant nous, Laurent-Pierre de Jussieu, maître des requêtes au Conseil d'Etat, secrétaire général de la préfecture du département de la Seine, délégué à cet effet par M. le conseiller d'Etat, préfet du même département, en présence de M. Charles Frédéric de Chavannes, vérificateur des domaines[5]...

Et on y indique que c'est par erreur que la propriété a été portée à 21 hectares 75 ares, car elle n'a en réalité que 16 hectares, 74 ares, 62 centiares.

Cette fois, le domaine de Bagatelle trouva un acquéreur, lord Richard Seymour Conway, comte de Yarmouth, marquis d'Hertford[6], qui l'acquit moyennant

---

1. Arch. de la Seine, Neuilly, 2.
2. Arch. de la Seine 1365.
3. *Moniteur* du 11 septembre.
4. On récolta à Bagatelle pour 600 francs de raisin (lettre du 26 septembre. Arch. de la Seine. Neuilly, 2). Voir aux appendices, n° 38, l'affiche de mise en vente qui donne les teneurs exactes de la propriété, ainsi que la clause additionnelle, appendices n° 40.
5. Voir appendices, n° 39.
6. Conway, pair d'Angleterre et d'Irlande, chevalier de l'ordre de la Jarretière, commandeur de la Légion d'honneur, décédé à Bagatelle

300.100 francs. D'après les conventions, la somme ne fut payée qu'en quatre ans; c'est-à-dire que le 10 septembre 1840, la mainlevée de l'inscription prise d'office le 29 octobre 1835 fut donnée.

En voici la teneur principale[1] :

Arrêté de mainlevée au profit de M. le comte de Yarmouth.

Nous pair de France, préfet de la Seine,

Vu la pétition par laquelle M. le comte de Yarmouth, propriétaire du château de Bagatelle, aux termes de la déclaration de commande qui lui a été consentie le 6 octobre 1835 par M. Moulineuf, avoué, qui s'en était rendu adjudicataire le même jour moyennant la somme de 313.000 francs exposé qu'il a entièrement payé cette somme et demande mainlevée de l'inscription prise d'office le 29 dudit mois au bureau des hypothèques de Saint-Denis, volume 175, n° 185, pour sûreté du paiement de la somme sus-énoncée ;

. . . .

Arrêtons,
Mainlevée pur et simple est faite.....
10 septembre 1840.

Il y avait déjà plusieurs années que la famille Hertford habitait Paris, et Francis Seymour, celui que le populaire de Londres appelait Lordone, le gros Lord, partageait son temps entre son pays d'origine et la France. Lors du blocus continental, il avait été retenu comme otage, et avait épousé une Italienne connue par sa beauté.

« Homme de fantaisie violente et peu soucieux du qu'en dira-t-on », il avait de l'esprit, des arts, des lettres, et s'était lié intimement avec le célèbre Rossini, qu'il coucha sur son testament pour quelques tableaux précieux. Au demeurant, il aimait à remplir le rôle de la Providence envers les artistes en détresse.

On raconte qu'ayant lu le gracieux roman de Balzac *la Fille aux yeux d'or*, il crut y retrouver une aventure personnelle, et se mit aussitôt en campagne pour

---

le 24 août 1870 à 11 heures du soir, âgé de 70 ans. Fils aîné de Francis-Charles Seymour, troisième marquis d'Hertford.

1. Arch. de la Seine 1365, nouvel ordre 1269.

causer avec le célèbre écrivain. Balzac était à une de ces époques de sa vie où, traqué, il fuyait devant la meute

De tous ses créanciers suivis de leurs petits,

cachant son adresse et refusant toutes lettres. Celles-ci s'amoncelaient dans les bureaux, au désespoir des facteurs et des amis de l'écrivain. Lord Seymour, cependant, finit par rencontrer Jules Lacroix, l'éditeur bien connu, qui avait épousé la propre sœur de Balzac, la comtesse Rzewuska. Rendez-vous fut pris au Café Anglais, où Jules Lacroix devait amener Balzac. Celui-ci accepta le rendez-vous pour se débarrasser de son beau-frère, mais ne vint pas. Furieux lord Seymour annonça à Jules Lacroix qu'il offrait de payer les dettes de l'écrivain. Jules Lacroix prit un nouveau rendez-vous et courut après son beau-frère. Ce fut peine perdue : Balzac refusa obstinément de venir au Café Anglais.

Lord Francis Seymour faisait partie du fameux cercle de l'Union où il jouait la grosse partie avec le baron Greffulhe et le baron James de Rothschild. Il mourut en 1842.

Il laissait deux fils : l'un, Henri, qui fonda le Jockey-Club dans une allée du bois de Boulogne, que l'on nommait à l'anglaise « le Mille de Dreck », et qui célèbre par ses fantaisies ruineuses, fit le désespoir d'un certain Labattre qui faisait tout ce qu'il pouvait pour dépasser inutilement les excentricités du célèbre lord. Il ne put y parvenir et en mourut de chagrin. Lord Seymour mourut en 1860, léguant toute sa fortune aux hôpitaux de Londres. Son autre fils, Richard Seymour, servit dans l'infanterie, puis dans la cavalerie comme lieutenant de hussards. Sa correspondance française avec son frère dénote qu'il connaissait au mieux notre langue. Il fit partie de la Chambre des Communes, et quand il vint en France, il se prit de goût pour notre pays, y voyagea beaucoup ; il s'y fixa, n'allant plus à Londres qu'à de rares intervalles.

De 1835 à 1848, il vint peu à Bagatelle, continuant à habiter son hôtel à l'angle de la rue Laffitte.

Lord Hertford trouva à Bagatelle le garde Jacques, qui avait remplacé Maunier et qui se retira dès son arrivée [1]. En mars 1835, le jardinier en chef de Bagatelle, M. Branchard, avait fondé à Billancourt une section de l'Association de prévoyance et de secours, avec caisse et maison de retraite des jardiniers de France, dont M. Auguste Coutel fut nommé président [2].

Dès 1840, lord Hertford fit remettre toute la propriété en état par son architecte M. Sylveira, mais n'en fit son séjour de prédilection qu'après 1848. On sacrifia les *surprises* de Blaikie, on construisit la nouvelle entrée sur le bois de Boulogne, et on disposa dans les jardins de grands vases, dépouilles monumentales du château de Vaux de Fouquet.

Lorsque, le 13 juillet 1852, la ville de Paris, autorisée par le Corps législatif, eut acquis le bois de Boulogne elle engloba une partie des terrains du château de Madrid, et les plaines dites aujourd'hui d'entraînement et de Longchamp. Elle se réservait, en outre, la faculté, de faire bâtir des maisons de plaisance entre le saut de loup de Neuilly et les jardins de Bagatelle. C'était perpétuer le souvenir du Petit-Madrid.

Aussi, afin d'éloigner le plus possible de chez lui ces nouvelles constructions, lord Hertford acquit par d'habiles transactions plusieurs hectares qu'il fit boiser à sa guise et enclore de murs. La propriété avait 47 arpents ou 150.000 mètres carrés. Mais, à la fin de l'empire, grâce à ces transactions faites avec MM. Doumerc, Behic et Cavé, directeurs des Beaux-Arts, qui possédaient une partie du Petit-Madrid, le domaine avait doublé.

On construisit la vaste orangerie. Les nouvelles écuries purent contenir 30 chevaux, et il y eut deux vastes remises. On logea les forges, les piqueurs, les jockeys et les valets. Le pavillon principal n'avait que deux chambres à coucher, éclairées sur la façade intérieure par deux petites lucarnes demi-circulaires. On éleva l'attique et

---

1. On lui donna le 8 août 1836 une indemnité de 454 fr. 45.
2. *Histoire de Boulogne-Billancourt*, par M. Penel Beaufin.

on y pratiqua des fenêtres. Le pavillon des pages fut simplement restauré pour recevoir les invités.

En même temps lord Hertford modifiait complètement l'aspect des jardins. Il en confia l'exécution à Varé, qui se rendait célèbre par ses travaux dans le bois de Boulogne et qui reçut de Barthélemy[1] cette apostrophe :

> Déjà les plus beaux noms forment sa clientèle :
> Fould au château du Val, d'Hertford à Bagatelle
> Sollicitent de lui la faveur d'un coup d'œil....

M. Robert Hénard a parfaitement décrit ces transformations ; nous allons lui emprunter quelques lignes[2] :

Le système d'eaux compliqué qui rendait trop humide le séjour de Bagatelle fut réduit et la rivière à moitié comblée ; on en conserva deux tronçons : le premier s'arrêta à la sortie du bosquet du Philosophe, et le second, comprenant le lac situé vis-à-vis du corps de logis principal et les méandres qui venaient après, finit au delà de l'Isle des Tombeaux ; le cours d'eau qui arrosait les pépinières fut par conséquent supprimé[3].

Il en advint de même des huttes, des cabanes, des ponts, des campements exotiques, des temples, des mausolées qui disparurent remplacés sur ces mamelons et les roches qui leur servaient de base ou de piédestal par des barres, des volières et des belvédères. Car, tout en condamnant ce décor de fantaisie, en renonçant aux lacets des sentiers dont il rectifia en maints endroits les « feintes irrégularités », lord Seymour sacrifia au pittoresque à sa manière. Varé dessina dans le terrain annexé une immense pelouse qu'il entoura d'allées sagement sinueuses et égaya d'un lac avec ruisseaux tributaires, grottes et cascades. Au milieu de la pelouse, on transporta l'un des pavillons des bains chinois expropriés du boulevard des Italiens ; on dissémina dans les massifs, au bord des plates-bandes, des moulages pris sur les vases de Versailles, des vases authentiques du château de Vaux, des statues provenant du château de Nicolaï, à Bercy. La *Pompadour* de Pigalle y fit pendant à l'*Amour brisant son arc* et à une réplique de la *Frileuse*.

1. Barthélemy, *le Bois de Boulogne*, poème en 2 chants, p. 11.
2. *La Grande Revue*, 10 mai 1907, p. 439.
3. L'île reçut la Vénus de Houdon en bronze.

Le jardin français, simplifié, perdit les découpures de ses boulingrins, l'originalité de sa salle de verdure, sa salle couverte, ses quinconces. Il est vrai qu'on en orna l'entrée en la flanquant de deux groupes du dix-huitième siècle.

Sur la droite des bâtiments, derrière la *Tour des Paladins* conservée par égard sans doute à son caractère romantique, derrière la route de pourtour de l'ancien parc, lord Seymour augmenta également son domaine dans des proportions presque égales au côté opposé. L'orangerie, quelques chalets rustiques s'élevèrent sur différents points de cette dépendance, à proximité du verger et du potager.

Egalement, la *Maison hollandaise*, demeure du portier du comte d'Artois, disparaît, ainsi que l'impénétrable taillis « où l'on avait laissé à dessein le temps et la végétation accomplir leur œuvre ». Le pavillon ne reçut que peu de modifications.

Le boudoir de droite reçut pour décoration les originaux des vues de Bagatelle, petites peintures à l'huile et à la gouache de Moreau le jeune, et dans le fond de l'alcôve, au-dessus d'un divan, on admirait un charmant portrait du comte d'Artois enfant, en habit de soie bleue chamarré d'or, en bas de soie blancs, donnant à manger aux cygnes, heureuse collaboration de Boucher et d'Oudry.

Les réparations générales furent faites par M. Augustin et les frères Adam. A son retour d'exil, le comte d'Artois avait fait badigeonner les nudités : Les peintures de Dusseaux, les noces de Psyché, le temple des Grâces, la baigneuse soutenue par des naïades, furent rendus au jour où lord Richard retrouva sous la colle les sujets intacts.

Lord Richard ne recevait que de rares amis : le baron d'Yvry, célèbre collectionneur ; le comte Lionel de Bonneval, qui lui contait les mondanités ; le duc d'Albuféra, qui lui parlait finances, et le major Fraser.

Après avoir reçu la visite de la reine Victoria, il établit dans son parc un manège où le prince impérial vint prendre ses leçons d'équitations, et souvent il reçut à Bagatelle l'Empereur, l'Impératrice et ses dames d'honneur. Il avait connu Napoléon III en Angleterre chez lady Blessington, et s'était lié d'amitié avec lui. Bientôt, il fut un des invités habituel de Compiègne et de Fontainebleau.

Mais tout change.

« On est à la fin d'août 1870 ; l'Impératrice, tous les jours de beau temps, vient rechercher le jeune prince qui jase sous l'œil paterne du vieux général Bachon avec les fils du sénateur Veuillard et les fils du docteur Conneau.

« L'Impératrice lunche avec ses dames d'honneur et les personnes amies sur la belle terrasse qui domine la plaine de Saint-James, et les potins vont leur train comme vous pensez.

« Dans le lointain du parc, un grand vieillard un peu voûté, le marquis d'Hertford-Seymour, appuyé sur le bras robuste de Richard Wallace, arrive juste devant le château, en même temps que l'Empereur et son fidèle, le général Fleury, tous deux en civil.

« Quelles nouvelles ? crie l'Impératrice. — Bonnes pour vous Madame, dans vingt-quatre heures la guerre sera déclarée à la Prusse.

« Je la verrai toujours s'élançant vers Napoléon, pâle comme un spectre, lui étreindre les mains, et se précipitant vers le petit prince l'élever en l'air en criant : « A Berlin ! A Berlin ! » Et tout le cortège suivit les souverains jusqu'à la grille d'honneur, qu'hélas ! aucun ne devait plus franchir.

« Vous avez sans doute entendu dire, malgré ses souffrances intolérables, combien le marquis aimait le franc rire gaulois.

« Quand nous revînmes au château, il avait le front pensif, la tête inclinée vers la terre. Tout à coup, se redressant d'un air vraiment prophétique il dit : « Pauvre « France ! pauvre Paris ! pauvre petit ! Ah ! cette « femme va nous plonger tous dans l'abîme !! »

« Au fur et à mesure que les désastres se succédaient aux frontières, lord Hertford avec Richard Wallace, organisa cette splendide ambulance de marche pour laquelle il fit un premier versement de 30.000 francs.

« Plus l'ennemi s'avançait, plus ce grand vieillard déclinait. Richard s'efforçait de lui cacher les nouvelles du dehors [1]... »

Le marquis d'Hertford expira et son convoi mit quatre heures pour se rendre au Père-Lachaise, « à travers Paris bouleversé par les préparatifs militaires, agité par l'effervescence populaire [2] ».

On peut voir à la Bibliothèque nationale la photographie d'une toile d'Alfred Decaen qui « représente l'héritier du trône sortant en calèche de Bagatelle, escorté d'un détachement de spahis. Une élégante construction Louis XV occupe, au fond de la composition, le milieu d'une ample demi-lune entourée de grilles et de pilastres surmontés de vases de pierre ».

***

En 1852, quand la plaine dite aujourd'hui d'entraînement fut comprise dans le bois de Boulogne, le marquis d'Hertford dut faire refaire la pompe à feu. On ne pouvait alors arriver à Bagatelle que par des chemins poudreux et effondrés. Pour abriter la première machine, on avait établi tout simplement un hangar autour duquel étaient venues se grouper successivement des constructions rustiques, des maisonnettes des plus primitives, espèces de cabarets où venaient se désaltérer nos pères.

« Ces constructions formaient l'ensemble de ce qu'on appelait pittoresquement la Maison-Rouge, si connue des canotiers et canotières de l'ancien et bon vieux temps, qui n'auraient jamais manqué d'y faire escale, attirés par les frétillantes fritures et les lapins sautés de la mère Laporte, la vénérable épouse du père Laporte, garde de ladite pompe. Détail curieux à signaler, c'est l'architecte Fontaine qui l'avait nommé à cet emploi en 1811. Ce brave Laporte était pensionné par le marquis d'Hertford. Il vit à son grand regret démolir en 1861 ce vieil engin

---

1. Passage d'une lettre de M. A. de Keroy à M. Cambis, de septembre 1890, publiée par M. Circaud dans le *Bulletin de la Commission municipale historique et artistique de Neuilly-sur-Seine*.
2. Le titre et la pairie avec les biens substitués passèrent à son cousin le général Francis-George-Hergh Seymour, né en 1812, lord chambellan de la Reine.

qu'il avait fait marcher, tant bien que mal, pendant cinquante ans.

« A cette époque, le marquis d'Hertford, commanda une machine nouvelle à la maison Derosne, Cail et Cie, et le vieux Laporte, malgré son grand âge, — 84 ans, — voulut la faire fonctionner le premier[1].

« Ce fut pour recevoir cette nouvelle machine que M. Léon de Sauges, architecte du vieux marquis, exécuta le gracieux pavillon que l'on voit aujourd'hui sur la rive droite de la Seine, faisant face aux terrasses de Bagatelle.

« Pour rendre hommage à la vérité, nous ajouterons que le préfet Haussmann pria le marquis d'Hertford de faire disparaître la Maison-Rouge et de la remplacer par un bâtiment plus en harmonie avec le nouveau jardin paysager qui avait été exécuté par M. Alphand, d'après les plans de l'architecte Hittorf.

« Le programme imposé à M. de Sauges était de dissimuler le séjour d'une machine à vapeur. Il fallait que l'édifice, isolé de toute construction, contentât à la fois les points de vue de Bagatelle, d'où on l'aperçoit de tous côtés, puis en même temps qu'il eût l'élégance et la sveltesse sans maigreur.

« M. Léon de Sauges adopta la forme rendez-vous de chasse, et plaça le bâtiment renfermant la machine entre la Seine et le monument. Il fit un logement au mécanicien et à sa famille dans le soubassement, en contre-bas de la terrasse.

« Au-dessus de celle-ci, il éleva le pavillon formant salon et servant de base à une tour-belvédère dans laquelle passe le tuyau de cheminée du foyer qui chauffe la vapeur. Le sommet de cette cheminée a la forme d'un vase[2]. »

Il est tel aujourd'hui qu'il était alors, et on peut toujours admirer son élégance. Le chemin de la pompe à feu fut supprimé le 20 décembre 1863 et le terrain qui mesurait 3.201 mètres carrés fut payé à lord Hertford, 8.200 francs soit 2 fr. 50 le mètre.

1. La pompe à feu de Belanger avait coûté 30.000 francs.
2. Art. de M. J. Gardener dans le *Moniteur des Architectes*, p. 215-216.

CHAPITRE XV

1870 - 1904. Les ambulances. — Le Trianon de Bagatelle — Philanthropie de Richard Wallace. — Amélie Castelnau. — Sir Murray Scott.

Après la mort du marquis d'Hertford, le domaine de Bagatelle passa entre les mains de son parent et ami Richard Wallace, qui le soigna durant sa maladie avec un dévouement filial[1] ; il lui légua aussi ses valeurs en portefeuille, ses collections et les propriétés qu'il avait achetées de son vivant.

Son premier devoir fut d'accomplir les vœux du marquis d'Hertford ; la guerre sévissait : il fit transformer les musées du boulevard des Italiens, de la rue Taitbout et d'Aguesseau en spacieuses ambulances.

Epris du désir de rendre de grands services humanitaires, il créa le splendide hôpital Hertford, les chapelles de la rue de Villiers et de la rue Bassano, des orphelinats. Il donna de perpétuels secours aux malheureux, offrit son aumône à toutes les bonnes œuvres, contribua à permettre à la ville de Neuilly de soutenir ses pauvres, et mit le sceau à sa popularité en créant les fontaines Wallace, œuvre du sculpteur Lebourg, grand prix de Rome.

Il se plaisait infiniment dans le joli domaine de Bagatelle et il entreprit les transformations que le marquis d'Hertford n'avait pas voulu accomplir, après avoir fait transporter les collections en Angleterre.

Dès 1873, il choisit son architecte, et ce fut M. Léon de Sauges.

Il fit abattre le « bâtiment des pages » qui se trouvait au premier plan, cachait le pavillon principal, res-

1. En raison des soins qu'il lui a donnés pendant une cruelle maladie.

treignait les abords et dissimulait l'arrivée. Richard Wallace aimait les lignes droites à la française et les axes ; il prit donc un grand parti et fit place nette en détruisant l'avant-corps de fond en comble, augmentant d'autant la cour d'honneur, qu'il ferma simplement à l'entrée par deux pavillons de gardes. A droite et à gauche de cette vaste arrivée, il ménagea deux longues terrasses au niveau du vestibule du pavillon de Belanger, établissant sous celle des deux qui regardait la Seine, pour le service des domestiques, douze chambres et les nouvelles cuisines et dépendances qui prenaient jour sur le bois de Boulogne, et réservant le dessous des terrasses qui donnaient sur le parc aux magasins aux marbres, caisses et matériel dépendant des grandes collections formées par lord Hertford, qu'il allait considérablement augmenter[1]. Richard Wallace transporta les collections en Angleterre et transforma Bagatelle.

Sa femme était française, son fils fut soldat.

Lieutenant aux cuirassiers de la garde, officier d'ordonnance du général Vinoy, George Wallace, avec le 13e corps, échappe au général Tumpling et de Mézières rentre à Paris. Richard s'y enferme.

« Çà et là, sont venus prendre place quelques beaux bustes de Houdon et de Pajou, des meubles de Boulle et de Riesener, des commodes de Caffieri, un charmant plafond de Boucher orne le boudoir de l'ouest, et, sur les murs, quatre panneaux de Lancret provenant du pavillon de Marly semblent faits pour cette pièce. Dans le boudoir de l'est, on a mis un plafond de Lemoine, le beau portrait du comte d'Artois enfant, peint par Boucher en collaboration avec Oudry, et les vues de Bagatelle peintes à l'huile et à la gouache par Moreau le jeune. Voilà pour le rez-de-chaussée.

« Au premier étage, à peine entré dans le petit appartement, on voit qu'il a pris un air plus moderne ; mais tout ce qui tient aux murs même a gardé son caractère. La chambre du comte d'Artois n'a plus les tapisseries qui en faisaient une tente. On a substitué une cheminée

1. On estime ces collections à plus de 2 millions. Ch. Yriarte.

à une autre, changé la forme des fenêtres pour obtenir plus de jour ; mais on a gardé les jolis bronzes dessinés par Belanger pour le grand maître de l'artillerie. Et là encore, dans la proportion jointe à la grâce, et l'appropriation parfaite de chambres minuscules aux aises du corps humain. L'escalier qui mène du rez-de-chaussée à ces chambres fait penser à celui d'un yacht par sa dimension. Il est regardé comme un véritable chef-d'œuvre pour la facilité de l'accès et ce privilège de rester presque monumental sur les mesures les plus modestes. Au surplus, ces petits appartements, avec leurs dégagements secrets et l'indépendance absolue de chaque pièce par rapport à la pièce voisine attestent la préoccupation du comte d'Artois et sentent « la petite maison [1] ».

Après la répression de la Commune le capitaine Wallace avait donné sa démission. Il mourut dans une pièce du Trianon qui dès lors resta fermé. Richard Wallace entretenait à Bagatelle vingt jardiniers sous la direction d'un chef habile.

Depuis plusieurs années Richard, Wallace, se renfermant dans son grand œuvre, restait isolé dans son paradis, Bagatelle, et ses souffrances se calmaient un peu. Suivant son désir, dans la chambre et dans le lit du marquis d'Hertford le grand philanthrope s'éteignit le dimanche 20 juillet 1890.

Le domaine passa entre les mains de sa veuve, née Amélie-Charlotte Castelnau, qui vécut peu à Bagatelle et qui à sa mort institua pour son légataire universel son secrétaire sir Henri Murray Scott.

1. Nous signalons une monographie du château de Bagatelle, faite par M. Guérinet, éditeur d'ouvrages documentaires sur les arts décoratifs, qui obtint l'autorisation municipale de faire photographier les intérieurs et détails tant du pavillon du comte d'Artois que du Trianon. C'est une suite de cent planches sans texte.

CHAPITRE XVI

BAGATELLE ACHETÉ PAR LA VILLE DE PARIS
LES EXPOSITIONS

Bagatelle mis en vente par Murray Scott, le conseil municipal de Paris, dans sa séance du 11 juillet 1904, autorisa par 54 voix contre 18, le préfet de la Seine à l'acheter pour la somme de 6.500.000 francs et à obtenir dans ce sens un décret d'utilité publique. Dans la même séance, les dates de paiement furent fixées.

Voici les détails de l'opération :

En 1903, des bruits fâcheux circulaient sur la vente du domaine de Bagatelle.

La commission municipale, historique et artistique de Neuilly-sur-Seine émettait un vœu au conseil municipal de Paris pour la conservation de ce domaine.

La commission du Vieux Paris s'en inquiétait également, et M. le préfet de la Seine lui déclarait dans sa séance du 17 mars 1904 qu'il avait introduit un mémoire auprès du conseil municipal concernant l'acquisition par la ville de Paris du domaine de Bagatelle et son incorporation au bois de Boulogne.

Le 25 mars 1904, le conseil municipal, sur la proposition qu'en faisait M. Evain au nom de la 3ᵉ commission, prenait la résolution suivante :

Vu le mémoire en date du 25 mars 1904, par lequel M. le préfet de la Seine lui demande l'autorisation de poursuivre les formalités d'expropriation du domaine de Bagatelle, appartenant à sir Murray Scott, pour l'incorporation au bois de Boulogne, sur le rapport de M. Evain, au nom de la 3ᵉ commission.

Délibère :

Art. 1ᵉʳ — M. le préfet de la Seine est autorisé à poursuivre les formalités d'expropriation du domaine de Bagatelle pour cause d'utilité publique, en vue de son incorporation au bois de Boulogne.

Art. 2. — M. le préfet de la Seine est autorisé à poursuivre en tant que de besoin les négociations en vue de l'acquisition par la ville de Paris du domaine de Bagatelle, sauf retour devant le conseil au sujet de l'acceptation définitive du prix.

A la suite de cette délibération, une enquête sur le projet fut ouverte à la préfecture de la Seine et à la mairie de Neuilly-sur-Seine du 1er avril au 1er mai 1904, M. Murray Scott, craignant l'expropriation, décida de mettre en vente toutes les sculptures en marbre, pierre et bronze qui ornaient les jardins.

La vente eut lieu le 22 juin 1904 et tout fut dispersé sous le marteau du commissaire-priseur. Pour le domaine de Bagatelle, pour la ville de Paris et surtout pour l'art français, n'avoir pas pris les mesures nécessaires pour empêcher cette vente est une faute impardonnable.

Dans la réunion du conseil municipal du 11 juillet 1904, MM. Paul Escudier et Jousselin déposaient au nom de la 3e commission un nouveau rapport tendant à l'acquisition de Bagatelle.

Sir Murray Scott, demanda 8 millions.

Puis après pourparlers, 7.500.000 francs, puis 7 millions. Enfin, après de nouvelles démarches, le conseil municipal put obtenir le domaine pour 6.500.000 francs ce qui remettait le mètre à 27 francs.

Le lendemain même de ce décret, M. le préfet de la Seine se rendit chez Me Robineau, notaire de sir Murray Scott et signait le contrat d'acquisition[1].

Cette vente donna lieu à un procès qui fut plaidé le 6 mars 1905.

Sir Murray Scott, l'ancien secrétaire et héritier de Richard Wallace, avait chargé M. Maurice Isabey, petit-fils du célèbre peintre et architecte, de vendre le château de Bagatelle. Acheté par la ville de Paris, M. Isabey réclamait à sir Murray Scott le versement de la commission promise, soit 300.000 francs.

---

1. Voir appendices, n° 41.

Pl. VIII.

LA FOLIE D'ARTOIS SOUS LA RESTAURATION, VUE DU COTÉ DE NEUILLY
D'après une lithographie de la collection de M. Hartmann.

Renvoyé à huitaine, le jugement fut prononcé en faveur du demandeur.

***

Depuis que le château appartient à la Ville, il est destiné à servir à des expositions.

Au mois de décembre 1905, le conseil municipal votait, sur la proposition de M. Jousselin, la résolution suivante, concernant l'affectation du domaine de Bagatelle :

Tout en conservant d'une manière générale, les dispositions actuelles du parc, son aspect élégant, soigné et paré, il serait possible de créer dans les 25 hectares de ce domaine, un jardin de collections non pas botaniques et purement scientifiques, mais de collections horticoles d'arbustes et de végétaux d'ornement groupés avec méthode.

Nous n'avons encore nulle part en France de jardin de cette nature, et, sans vouloir copier l'établissement anglais de Kew, on pourrait s'en inspirer pour réaliser cette tentative intéressante.

Les plantations actuelles du parc constituent déjà un beau fonds d'arbres d'ornement du climat de Paris; il n'y aurait qu'à les compléter successivement en suivant un ordre de classement par essence.

On consacrerait, d'autre part, à des collections spéciales, des emplacements convenables par leur disposition, leur sol ou leur exposition: on y trouverait, par exemple, un rosarium, une collection de plantes de rocailles, de plantes aquatiques, sarmenteuses ou grimpantes, des variétés de clématites, de vignes vierge, de chèvrefeuilles, avec les plus belles liliacées, etc., etc.

Le développement, et on peut dire la prépondérance de l'industrie agricole de la région de Paris, qui doit lutter maintenant contre d'importants rivaux d'Angleterre, d'Amérique, de Belgique, de Hollande et d'Allemagne, justifierait un effort de cette nature, et nous avons tout lieu de croire que la plupart des horticulteurs nous prêteraient volontiers leur concours. Ces expositions permanentes et instructives de fleurs donneraient à ces horticulteurs le moyen de mettre en lumière leurs plus récentes productions, tout en permettant aux amateurs, toujours plus nombreux, d'y trouver charme et profit.

Ainsi disposé, le parc de Bagatelle serait ouvert au public dans les mêmes conditions que les squares de Paris et le même règlement y serait applicable.

S'inspirant de ce qui précède, M. Quentin-Bauchart et plusieurs de ses collègues déposèrent une proposition concluant :

1º Au vote du principe de l'établissement à Bagatelle d'un parc botanique, d'une station d'étude de botanique et de culture;

2º A l'organisation de cultures botaniques appliquées à l'art, ainsi qu'à celle d'un musée et d'exposition des arts de la plante dans l'un des pavillons du parc;

3º A l'envoi d'une délégation du conseil aux jardins de Kew, près de Londres, proposés comme le type dont il y a lieu de s'inspirer, sans se borner cependant à une copie servile;

4º A la désignation d'une commission spéciale composée de membres des 3e et 4e commissions, qui auraient à s'occuper de tous les détails d'organisation de la création projetée à Bagatelle.

Renvoyée aux commissions et à l'administration pour étude préalable, cette proposition reçut son accomplissement en partie, et chaque année on peut admirer dans les jardins de Bagatelle, des essais de mosaïque et la roseraie.

***

De même, Bagatelle fut choisi sur l'initiative de M. Roll pour que chaque année fut donné une exposition rétrospective des Beaux-Arts. L'entrée étant payante, le tiers de la recette fut alloué à la ville de Paris pour augmenter son patrimoine artistique.

La première exposition fut donnée dans le palais du domaine de Bagatelle du 12 mai au 30 juin 1906. Il y fut exposé 226 œuvres d'art signées par 150 artistes parmi lesquels on remarquait les Eugène Boudin, les Carolus Duran, les Georges Carteau, les Charpentier, les Courtois, les Durot, les Galland, les Jeanniot, les Meissonier, les Rixens, les Stetten, les Weerts et les Toulmouche.

Une nouvelle exposition rétrospective de portraits de femmes (1870-1900) y fut organisée par la Société nationale des Beaux-Arts, du mercredi 15 mai au dimanche 15 juillet 1907.

Les portes furent ouvertes de 9 heures du matin à 6 heures du soir, et le prix d'entrée fut ainsi fixé :

10 francs le mardi 14 mai, jour du vernissage ;
2 francs le mercredi 15 mai, jour de l'ouverture ;
5 francs les vendredis ;
Le premier dimanche : matinée 2 francs ; après-midi, 1 franc :
Les autres dimanches : matinée 2 francs ; après-midi, 0 fr. 50 :
Les autres jours de la semaine, sauf le vendredi, 1 franc toute la journée.

Seuls, les sociétaires français et étrangers ayant au moins six années de sociétariat furent admis, dans leur section respective, à exposer leurs œuvres et à en présenter deux. Beaucoup en présentèrent davantage.

Un éblouissement, un charme des yeux ! un régal comme bien peu d'artistes, même parmi les plus solidement réputés, ne nous en procurèrent jamais ; véritable bouquet de merveilles, qui appellent la surprise et l'admiration ! [1]

En vérité, 117 artistes sont représentés par 176 œuvres.

Pouvons-nous les citer tous ? ce n'est guère du cadre de cet ouvrage, mais, cependant nous ne résistons pas au désir de citer quelques-unes de ces œuvres.

Ainsi, comment ne pas s'arrêter devant les Cabanel, dont les trois portraits sont admirables ? surtout celui de la duchesse de Luynes et de ses enfants.

Et non loin, nous voyons le portrait de Mme Bartet, dans son rôle d'Adrienne Lecouvreur (G. Courtois). La superbe artiste est bien telle que nous la connaissons, fière et douce, c'est-à-dire deux fois femme.

Mais quels sont ces tons, déjà gravés dans ma mémoire ? je connais cette façon, c'est Chaplin ! Oui, c'est

---

1. Journal le Gaulois du 10 mai 1907. Article : Parisiana.

le portrait de Mme de Kersaint, c'est le portrait de Mme de la Rochefoucauld. Quel charme dans cette peinture! quel peintre! Je le vois encore dans son hôtel de la rue de Lisbonne, aujourd'hui démoli, et dans sa charmante propriété de Jouy-en-Josas, où j'ai passé d'heureux jours avec son fils Robert, ami trop tôt disparu et son fils Arthur. On s'y rencontrait aussi avec le sublime Mihaly Munkaczy, qui passait des journées entières immobile à contempler l'horizon et qui, à force de fixer les yeux sur la nature, a été bu par elle.

Qu'on se rappelle son Christ, exposé au salon de 1895, qui fit dire au poète :

Le Christ livre son corps aux infâmes bourreaux.
Livide et calme, il est, sous la fureur humaine,
Son doux regard pardonne et sa douceur ramène :
Eux, ont les yeux de sang des farouches taureaux.

Au loin vers l'Infini s'envolent les oiseaux
Effrayés du spectacle. Encore c'est à peine,
Planant sur la hauteur qui de douleur est pleine,
Si les fiers lammargiers quittent les hauts réseaux.

Seigneur Christ! ton martyre au bonheur nous convie
Pour nous rendre meilleurs, tu nous donnes ta vie,
Aux ténèbres, pourtant, existent des humains.

O Seigneur! O Christ saint! Si l'un dans sa furie
S'éloigne de ton ciel, se plaît dans la türie,
Pour le sauver encore attache-lui les mains!

Gustave Doré a fait un portrait en médaillon de Sarah Bernhardt qui est ce qu'il y a de plus parlant. C'est d'un charme infini. La grande tragédienne est coiffée d'une étoffe arabe, mais de tons chauds, et cela s'harmonise avec un nuage de poudre sur les cheveux, qui fait vibrer les yeux, grands et expressifs.

On admirera le ton des chairs du portrait de la duchesse de Vallombrosa. Cabanel a répété l'original, il a fait là une beauté.

Nous citerons le portrait de Mlle Sabine (Pannemaker), travail délicieux ; le portrait de Mme Henry Fouquier, par Ricard ; Mme Toulmouche, par Delaunay.

Le portrait de Mme de Noailles, par La Gandara, est essentiellement littéraire. Certes, la jeune poétesse apparaît comme une sybille dans un miroir argenté et pâle. Mais on ne peut que rendre hommage à l'artiste d'avoir bien rendu l'artificiel du modèle.

Et Mlles Dubufe, par G. Dubufe, que c'est simple et joli !

Puis voici la sanguine, tête de femme, par Puvis de Chavannes ; le pinceau de Courbet, nous donnant la Femme au gant, dont les détails datent l'œuvre ; les Regnault, les Riesner, les Besnard, les Bastien-Lepage.

Comme on admire l'eau-forte de Waltner, lady Ormonde et les deux Rodin.

Mais il semble que l'exposition a été faite pour les Winterhalter. Trois portraits : S. M. l'impératrice Eugénie, la duchesse de Morny, la marquise de Las Marismas ; l'Impératrice les domine toutes deux par sa grâce et par son charme. Un fouillis de dentelles, fleurs et rubans, un teint idéal, une main digne d'Holbein. En résumé, trois œuvres, trois merveilles.

En 1908, la nouvelle exposition rétrospective de portraits complétant la série que la Société nationale des Beaux-Arts inaugura en 1907, s'ouvrit le 15 mai pour être fermée le 14 juillet. On y trouva cette fois, réunies, les célébrités de 1830 à 1900.

« Les hommes et les femmes dont les noms auront retenti sous Louis-Philippe, la deuxième République, le second Empire et la troisième République, formèrent une galerie qui eut auprès du public un succès plus grand que l'Exposition de 1907.

« On y vit, avec Ingres, le plus grand représentant de l'art français à son époque, Baudry, Cabanel, Carpeaux, Couture, Champmartin, Chaplin, Courbet, Chasseriau, Cogniet, Dehodencq, Paul Delaroche, Flandrin, Manet, Meissonier, Millet, David d'Angers, Puvis de Chavannes, Ricard, Riesner, Dantan jeune, Regnault, etc. ; enfin tous les maîtres de la peinture ou de la sculpture de cette intéressante période. »

L'exposition de fleurs, la roseraie, autant d'agréments

donnés constamment à Bagatelle, en font un séjour des plus agréables.

En somme, cette exposition est une idée heureuse et séduisante, due à M. Roll, le distingué président de la Société nationale des Beaux-Arts.

**

Bagatelle! Elevé par la main d'un prince léger et libertin, avec le goût imprécis de l'époque, le château de Bagatelle était destiné à abriter comme son grand cousin le Louvre, les œuvres d'art de nos artistes après avoir contenu les nombreux chefs-d'œuvre qu'y avait réunis lord Hertford.

Aujourd'hui le public insouciant des dimanches s'y promène sous le regard paternel des gardiens, et pense à part lui que le seul monument qui reste du roi Charles X est la Folie du comte d'Artois.

APPENDICES

APPENDICE I

Brevet qui accorde au sieur Paul Bellanger et à sa femme Louise-Marie-Magdelaine Charpentier, la jouissance leur vie durant d'un logement qu'ils occupaient, près une porte du bois de Boulogne[1].

Aujourd'huy 22ᵉ juillet 1716. Le Roy estant à Paris, voulant gratifier et traiter favorablement le sieur Louis-Paul Bellanger, conseiller de Sa Majesté en ses conseils et son advocat général en sa cour des aydes de Paris, et Louise-Marie-Magdelaine Charpentier, son épouse, et estant informé qu'ils désiroient s'assurer leur vie durant la jouissance d'un logement qu'ils occupent actuellement près *une des portes du bois de Boulogne située entre le château de Madrid et la porte de Longchamp*, lequel logement on a pris aux dépens des jardins dont la jouissance appartient au capitaine dudit chasteau, aux offres qu'il en a faites de payer la somme de quatre mille livres entre les mains du trésorier des bastimens de Sa Majesté pour être employés à la construction d'un logement nécessaire pour la faisanderie, laquelle tombe en ruine et doit estre rétablie dans un lieu plus convenable à cet usage, Sa Majesté est de l'avis de M. le duc d'Orléans, son oncle, Régent, et du consentement du sieur d'Armenonville, capitaine dudit chasteau, a accordé et fait don audit sieur Paul Bellanger et à ladite dame Louise-Marie-Magdelaine Charpentier, son épouse, de la jouissance leur vie durant et au survivant des deux, du logement qu'ils occupent actuellement près une des portes du bois

---

1. Arch. nat. O¹60*, p. 103.

de Boulogne située entre le chasteau de Madrid et la porte de Longchamp consistant en deux corps de logis au costé de la dite porte, dont l'un contient une petite salle, cuisine et office, autant au premier étage et pareils logement au-dessus, et l'autre contient un sellier, chambres pour les domestiques, écuries et remises, ensemble en deux arpens ou environ de terres, estant autour de la maison pour en faire cour sablée ou jardin, avec faculté à eux d'y faire des bastimens, impenses et améliorations que bon leur semblera, sans néanmoins que leur décebs arrivant, leurs héritiers en puissent prétendre aucun remboursement, etc.

APPENDICE II

Brevet qui accorde aux sieur Maréchal d'Estrées et à la dame son épouse, la jouissance leur vie durant d'un logement au château de Madrid[1].

Aujourd'huy 17 aoust 1720. Le Roy estant à Paris, étant informé que les sieur et dame Bellanger auxquels Sa Majesté avait accordé par brevet du 22 juillet 1716 la jouissance leur vie durant d'un logement scize près d'une des portes du bois de Boulogne *entre le château de Madrid et la porte de Longchamp*, et de cours et jardins en dépendant en auraient fait cession et transport sous son bon plaisir au sieur Maréchal d'Estrées et la dame son épouse ensemble les impenses, augmentations et améliorations qu'ils y auroient faits, le tout dépendant de la capitainerie dudit château de Madrid dont est pourvu le sieur d'Armenonville, conseiller ordinaire en son Conseil d'Etat, secrétaire d'Etat et de ses Commandemens, lequel auroit agréé ladite cession, et transport, et en conséquence aurait consenty par acte signé de luy et cy attaché que nouveau brevet fût accordé par Sa Majesté audit sieur Maréchal d'Estrées et à la dame son épouse pour jouir leur vie durant dudit logement, cours et jardins ensemble les augmentations, impenses et améliorations qui ont déjà été faites ou qu'ils pourront y faire cy après. Et Sa Majesté voulant gratifier et favorablement traiter tant ledit sieur Maréchal d'Estrées que ladite dame son épouse, elle leur a accordé et

---

1. Arch. nat. 0¹64*, p. 232.

fait don de la jouissance leur vie durant et du survivant des deux les susdits logements, cours et jardins leurs appartements et dépendance avec faculté d'y faire telles impenses et améliorations que bon leur semblera, sans néanmoins qu'eux ni leurs héritiers après leur décès en puissent prétendre aucun remboursement, lequel cas arrivant ledit sieur d'Armenonville ou ses successeurs en ladite capitainerie rentreront en possession dudit logement, cours et jardins en l'état où ils se trouveront, m'ayant pour cet effet Sa Majesté commandé de leur en expédier le présent brevet qu'elle a signé de sa main et fait contresigner.

APPENDICE III

DIALOGUE

ENTRE M. ET MADAME D'AVERNE ET M. D'ALINCOURT.

SCÈNE I

M. D'AVERNE

J'ay reçû tout l'argent, et vous êtes livrée,
M'amour la Dibaguet et Biron dès ce soir,
Pour finir le marché doivent venir vous voir ;
Enfin vous triomphez, Parabère exilée
Est un gage assuré de l'amour du Régent.
Mais, mieux qu'à ses discours j'en crois à son argent,
Ennemi, je le sais, de prouesses frivoles
Cet amant pour raisons nous compte des pistoles,
Car c'est là le vrai point, tout le reste est phœbu.

MADAME D'AVERNE

Vous le voulés, Monsieur, je vous ferai cocu,
Bientôt sur votre front, le Régent de la France,
Plantera le long bois...

M. D'AVERNE

        C'est corne d'abondance,
Cocu soit ; que me fait ce chimérique affront ?
Ce titre n'est vilain que pour ceux qui le font
Gratis, mais la monoie en répare la honte,
Que m'importe après tout ? j'en ferai mieux mon compte.
Soions riches, morbleu ; moquons-nous de l'honneur ;

Ce n'est qu'aux sots à qui cocuage fait peur,
Il n'est pour la faveur de route plus commune,
C'est par ce seul canal qu'à présent la fortune
Chez les plus hauts hupez à la cour s'introduit ;
Plus a gagné de Pr... à partager son lit
Avec le duc B..., qu'il n'eut fait à la guerre ;
Et tant d'autres que lui...

MADAME D'AVERNE

Mais, que dira ma mère ?
Doutez-vous que ceci n'excite son courroux ?

M. D'AVERNE

Votre mère ! eh mon Dieu, vaut-elle mieux que vous ?

MADAME D'AVERNE

J'apréhende surtout mes quatre oncles Boissise.

M. D'AVERNE

Vos oncles ? l'un est gueux, les autres sont d'Eglise,
Pour apaiser leurs cris, sur eux on répandra
Les grâces, les faveurs...

MADAME D'AVERNE

Mais, chacun glosera
Le public déchaîné...

M. D'AVERNE

Beau sujet de contrainte !
Craignons de rester gueux, n'aions point d'autre crainte,
Mais, laissons ce discours, je vous l'ai déjà dit :
J'ai donné ma parole, et cela vous suffit.

SCÈNE II

MADAME D'AVERNE, SEULE.

Va, ce n'est point pour toi qu'ici je capitule :
Si je parais avoir encor quelque scrupule ;
Ce n'est point sur le fait d'un mari, mais mon cœur
Sensible encore aux traits de cette vive ardeur
Que depuis plus d'un an d'Alincourt à fait naître,
Gémit d'être infidelle. Ah ! je le vois paroître...
Que faire, malheureuse, en ce fatal moment !
De quel œil dois-je encor regarder cet amant ?
Sans doute, il vient ici ranimer ma tendresse...
Cachons-lui, s'il se peut, ma nouvelle faiblesse.

SCÈNE III

MADAME D'AVERNE, M. D'ALINCOURT

M. D'ALINCOURT

Un bruit assez étrange est venu jusqu'à moi,
Madame, et je l'ai cru trop peu digne de foi.
On dit, et sans horreur je ne puis le redire,
Qu'avec vous le Régent...

MADAME D'AVERNE

Bas! bas! vous voulez rire.

M. D'ALINCOURT

Non, la peste m'étouffe, à présent je le crois.
Vous recevez ce bruit avec trop de sang froid,
Pour m'en faire douter.

MADAME D'AVERNE

Mais vous n'êtes pas sage,
Marquis, vous méritez ce plaisant badinage...

M. D'ALINCOURT

Eclaircissons le fait, parlons sérieusement :
Est-il vrai, qu'avec vous doit coucher le Régent?
Vous ne répondez rien ?... ce silence m'étonne...

MADAME D'AVERNE

Eh! qui vous a chargé du soin de ma personne ?
Je puis comme il me plaît user de mes apas :
Ils sont à moi.

M. D'ALINCOURT

D'accord, je n'en disconviens pas.
Mais depuis plus d'un an j'en suis dépositaire.
Tout Paris le sçait bien, et même mon grand-père
Me voioit à regret emploier ma vigueur
A servir vos désirs : j'avouerai mon erreur,
J'avais crû que par là j'avais droit sur nos flames.
Mais, puisque vous servant du droit acquis aux dames,
Vous voulez être ingrate, il faut vous imiter ;
J'irai porter ailleurs mes vœux. Sans me vanter
Je crois facilement pouvoir trouver fortune.

MADAME D'AVERNE

Vous vous moquez ! Marquis. De la blonde à la brune
Vous aurez à choisir. Un seigneur tel que vous
Peut-il jamais manquer ? Ah ! vous êtes bien fou
De vous fixer à moi, vous gagnerez au change :
Il n'est point sous vos lois de cœur qui ne se range ;
Beau, bien fait, vigoureux...

M. D'ALINCOURT

Il vous en souvient donc ?
A parler franchement, votre nouveau mignon
A plus d'argent que moi ; mais, par ma foi, du reste...
Je ne troquerois pas.

MADAME D'AVERNE

Eh ! qui vous le conteste ?...
C'est mon goût.

M. D'ALINCOURT

Votre goût ? Eh ! mon Dieu ! depuis quand ?...
Je vous avois connû l'appétit plus gourmand :
Je ne m'attendois pas à cette repartie !

MADAME D'AVERNE

Sçavez-vous bien, Monsieur, que la plaisanterie
Commence à me lasser ?

M. D'ALINCOURT

Brisons-là, j'y consens :
Aussi bien mon courroux s'est contraint trop long temps.
Pour la dernière fois vous me voiez, ingrate,
Ne craignez pourtant point que contre vous j'éclate.
Je connais votre cœur, je dois vous mépriser ;
Et même cet amant, qui vient me déplacer,
Vous faisant éprouver toute son inconstance.
Sans que j'en prenne soin, remplira ma vengeance.
Avant qu'il soit trois mois, vaudeville et chanson
Feront de vos attraits l'énumération ;
Et jusqu'aux Apollons de la Samaritaine,
Tous à vous célébrer exerceront leur veine.

APPENDICE IV

Vente de la terre de Gravelle à Philippe Levesque.

« En suite de la minute d'un contrat de vente par Mᵉ François Pingré, seigneur de Farivillières, Gayette, Montabre, Gravelle et autres lieux, conseiller du Roy en son grand conseil, et de dame Caterine Pépin, son épouse, à Philippe Levesque, écuyer, conseiller secrétaire du Roy, maison couronne de France et de sa Finance, de la terre et seigneurie de Gravelle ses appartenants et dépendances tant en fief que roture situé en la paroisse de Saint-Georges-Dannest, près la ville d'Etampes et autres héritage et rente, mentionnés audit contrat passé devant Navarre en la minute et son confrère notaire, le 6 octobre 1705, est la quittance dont la teneur suit...

Et le onze juin mil sept cent six après midi sont comparus par devant les... notaires soussignés MM. Louis Charpentier, conseiller du roi, ancien auditeur en sa chambre des comptes, demeurant à Paris rue Geoffroy-l'Asnier, paroisse St-Gervais, receveur général de l'hôpital général de cette ville de Paris et en cette qualité, dépositaire des titres et effets des successions de défunt ledit Mᵉ François Pingré, Sgr de Farivilliers et de ladite dame Caterine Pépin, son épouse, par arrêt du parlement des 20 mars dernier et sept du présent mois, les pauvres dudit hôpital général légataires universels desdits défunts... suivant leur testament olographe, celui de ladite dame en date du 15 novembre 1703, reconnu par acte passé devant Meunier et Navarre le 6 décembre suivant, déposé pour minute audit Navarre le 2 janvier 1706 ; et celui dudit sieur de Farivilliers en date du 11 avril 1704, aussi déposé pour minute audit Navarre le 6 février dernier ; lequel sieur Charpentier en ladite qualité de receveur général dudit hôpital, ... a reconnu et confessé avoir reçu de Mᵉ Pierre-Philippe Levesque, conseiller du roy, maitre ordinaire en sa chambre des comptes, fils unique et seul héritier dudit sieur Philippe Levesque son père, secrétaire du roi, à présent décédé, demeurant rue de la Tissanderie, paroisse St-Jean-en-Grève, à ce comparant, qui a payé audit sieur Charpentier audit nom, en louis d'argent et de billets de monnaie ayant cours, ... la somme de cinquante-deux mille huit cent soixante-sept livres dix-sept sols, savoir cinquante mille livres en principal faisant les cinq premiers payements de dix mille livres chacun que ledit défunt sieur Levesque s'est obligé de payer audit sieur et dame de Farivilliers en déduction de cent vingt mille livres, prix de la vente qu'ils lui ont faite de la terre et fief de Gravelle,... déclarant le sieur Levesque que ladite somme par lui présentement payée a été celle de cinquante mille livres qu'il a reçu pour le prix de la terre de Vaugrigneuse et meubles étant en scellé, par écrit sous-seing privé portant promesse d'en passer contrat par devant notaires lorsque l'acquéreur le désirera. Fait et passé à Paris en la maison dudit sieur Charpentier ledit jour et an... le tout demeuré en la garde de Navarre, l'un des notaires soussignés.

Signé : SAVIGNEZ, NAVARRE.

APPENDICE V

Brevet qui accorde à la dame marquise de Monconseil la jouissance sa vie durant d'un logement appelé Bagatelle[1].

Aujourd'hui 28 may 1747, le Roy étant à Versailles s'est fait représenter son brevet du 6 juin 1746 par lequel Sa Majesté aurait agréé la cession faite par le sieur marquis de Beringhen, gouverneur du château de Madrid et capitaine dudit parc au sieur Levesque de Gravelle, censeur au Parlement de Paris, de la jouissance sa vie durant d'un logement appelé Bagatelle scis près d'une des portes du bois de Boulogne entre le château de Madrid et la porte de Longchamp et des cours et jardins en dépendant, lequel logement ledit sieur Levesque de Gravelle ait de l'agrément dudit sieur Marquis de Beringhen fait cession et transport par acte passé le 26 du précédent mois et au pardevant Baron et son confrère notaire à Paris en faveur de la dame Cécile-Thérèze-Pauline Rioult de Cursay, marquise de Monconseil, pour jouir par elle sa vie durant..., etc.

1. Arch. nat. O¹ 91, p. 251.

APPENDICE VI

Brevet de don de deux arpents de terre joints à la maison appelée Bagatelle en faveur de dame marquise de Monconseil [1].

Aujourd'huy vingt-cinq octobre mil sept cens quarante-huit le Roy étant à Fontainebleau s'est fait représenter son brevet du vingt-huit may mil sept cent quarante-sept par lequel Sa Majesté aurait accordé et fait don à la d⁰ Cecile-Therèze-Pauline Rioult de Cursay, marquise de Monconseil de la jouissance sa vie durant du logement appelé Bagatelle scis près d'une des portes du bois de Boulogne entre le château de Madrid et la porte de Longchamp et des cours et jardins dépendant le tout a elle cédé par le S⁺ Levesque de Gravelle conseiller au Parlement de Paris par acte passé entre eux le vingt-six du dit mois de may mil sept cens quarante-huit par devant Baron et son confrère notaire à Paris, et Sa Majesté voulant donner à la d. marquise de Monconseil une nouvelle marque de sa bienveillance en confirmant le don contenu au dit brevet du vingt-huit mai mil sept cent quarante-sept aux termes et clauses et conditions y énoncées Sa Majesté a bien voulu y ajouter en faveur de lad. d. marquise de Monconseil le don de deux arpents deux tiers d'arpents et quarante-trois toises trois quarts de toises superficielles de terrain attenant d'un côté au mur de clôture du bois de Boulogne servant de mur de face a lad. maison de Bagatelle et de mur de clôture à la basse cour et au Potager de lad. maison du côté de la Prairie pour du tout jouir par lad. d. marquise de Monconseil sa vie durant avec faculté d'y faire telles impenses et amélioration que bon lui semblera, sans néanmoins qu'après son décès ses héritiers puissent prétendre aucun remboursement lequel cas arrivant le d. marquis de Beringhen ou ses successeurs au Gouvernement du château de Madrid rentrerait en possession dudit logement, cours et jardins et terrains et dépendances énoncés au brevet du vingt-huit may mil sept cent quarante-sept et au présent que pour assurance de sa volonté Sa Majesté m'a commandé d'expédier, qu'elle a signé de sa main et fait contresigner par moy Conseiller-Secrétaire d'Etat et de ses commandements et finances.

LOUIS PHELIPPEAUX.

[1]. Arch. nat., t. 171¹¹.

APPENDICE VII

Extrait des registres du Conseil d'État au sujet du don du Roi de deux arpents de terre. 12 novembre 1748[1].

Sur la requête présentée au Roi en son Conseil par la dame marquise de Monconseil, contenant que par brevet du vingt-huit may mil sept cent quarante-sept, Sa Majesté luy a accordé et fait don du logement, cour et jardin apellé Bagatelle situé dans le parc de Boulogne, avec leurs apartements et dépendances, pour en jouir ainsy qu'en a jouy le S. de Gravelle, avec faculté d'y faire telles impenses et améliorations que bon luy sembleroit, sans néanmoins qu'après le décès de la supliante, ses héritiers puissent prétendre aucun remboursement, lequel cas arrivant le S^r marquis de Beringhen ou ses successeurs se rentreront en possession dudit logement, cour et jardin en l'état où ils se trouveront alors ; que par autre brevet du vingt-cinq octobre mil sept cent quarante-huit Sa Majesté en confirmant le don antérieur en celuy du vingt-huit may mil sept cent quarante-sept a bien voulu y ajouter un nouveau don de deux arpens deux tiers d'arpens et quarante trois toises et trois quartiers de toises superficielle de terrain, tenant d'un côté au mur de clôture dudit parc de Boulogne servant de mur de face à ladite maison de Bagatelle et de mur de clôture à la basse-cour et au potager de ladite maison du côté de la Prairie, pour du tout en jouir par ladite supliante sa vie durant aussy avec faculté d'y faire telles impenses et améliorations que bon luy semblera, mais aux mêmes conditions portées par le premier brevet du vingt-huit may mil sept cent quarante-sept. Que comme elle désirerait faire enclore ladite partie de terrain pour agrandir le jardin de ladite maison, elle a recouru à Sa Majesté pour la suplier de vouloir bien l'y autoriser et que c'est dans ces circonstances qu'elle a esté conseillée de se pourvoir en ce conseil requeroit la suppliante qu'il plût à Sa Majesté luy permettre de faire enclore de murs le terrain contigu à la maison apellée Bagatelle consistant en deux arpens deux tiers d'arpens et quarante-trois toises trois quarts de toises à prendre dans le dit parc de

1. Arch. nat., t. 471^{ct}.

Boulogne depuis le mur actuel de ladilte maison et jardin jusqu'à la ligne tracée en rouge sur le plan dressé à cet effet pour en jouir ainsy et de même que la ditte maison et jardin, vers la ditte requeste, ensemble les brevets des vingt-huit may mil sept cent quarante-sept et vingt-huit octobre mil sept cent quarante-huit cy-dessus mentionné, le plan du terrain énoncé au brevet du vingt-cinq octobre au dit an mil sept cent quarante-huit, et l'avis du S. du Vaucel, grand maistre des Eaux et Forêts du département de Paris, du trente juillet au dit an mil sept cent quarante-huit, ouï le rapport du sieur de Machault, conseiller ordinaire au Conseil royal, contrôleur général des finances. Le Roy en son conseil ayant égard à la requeste a permis et permet à la suppliante de faire enclore et réunir à la maison appellée Bagatelle située dans le parc de Boulogne les deux arpens deux tiers d'arpens et quarante-trois toises trois quarts de toises de terrain dépendant du dit parc de Boulogne tenant d'un côté au mur de clôture du même parc servant de mur de face à la ditte maison de Bagatelle et de mur de clôture à la basse-cour et au potager de la ditte maison du côté de la prairie mentionnée au brevet du vingt-cinq octobre mil sept cent quarante-huit et ce suivant l'alignement qui en sera donné par le sieur du Vaucel, grand maistre des Eaux et Forêts du département de Paris, à la charge que la ditte supliante ne pourra couper ni essorter en aucune partie les bois étant sur les deux arpens deux tiers d'arpens quarante-trois toises et trois quarts de toises de terrain en question. Sa Majesté s'en réservant d'en faire faire la coupe à son profit, ainsy et lorsqu'il lui plaira de l'ordonner, en sera le présent arrest enregistré au greffe de la Maitrise particulière de Paris, pour y avoir recours si besoin est. Fait au Conseil d'Etat du roy tenu à Fontainebleau le douzième jour du mois de novembre mil sept cent quarante-huit.

 Collationné.   EYNARD.

Enregistré au greffe de la Maitrise particulière des Eaux et Forêts de Paris en vertu de l'ordonnance de Monsieur le Grand Maître, relevé sur les conclusions de Monsieur le procureur du Roy, le onze décembre mil sept cent quarante-huit.

       (Signature illisible.)

APPENDICE VIII

Notes sur la famille du marquis Guinot de Monconseil.

D'après les papiers de l'inventaire fait à la mort du marquis de Monconseil nous trouvons :

Antoine Guinot
épouse
Marguerite Ferrand

| Etienne-Louis-Antoine Guinot | Elisabeth | Marguerite | Henriette |

Et d'autres pièces que nous citons simplement pour servir à l'arbre généalogique de la famille Guinot :

1° Contrat, le 11 septembre 1773, entre *Jacques-Louis Guinot de Soulignac*, ancien major au régiment de Beaujolais et *Guinot de Monconseil*, par lequel ils font une rente de 1.800 livres, au principal de 36.000 livres à la dame Elisabeth Gommier de la Gachetière, veuve de Claude-Nicolas Morel, seigneur de Cremery, demeurant à Tonnay-Charente.

Les mêmes, le 1er mars 1765, avaient constitué 1.800 livres de rentes à Pierre Denoncourt, membre du Comité perpétuel de l'Académie de chirurgie, demeurant à Paris, rue de l'Echelle, sur une maison sise rue de Varenne, au principal de 16 000 livres.

2° Le 10 novembre 1788, a été inhumé en le cimetière le corps de demoiselle *Suzanne Guinot*, de cette ville, décédée d'hier, avec le secours des sacrements, âgée de 83 ans, fille légitime de *Messire Guinot et de Marie-Magdelaine Legay*; présents et témoins : Elie Potar et Etienne Charron qui seul a déclaré savoir signer [1].

3° En 1785, la marquise de Monconseil paye 300 livres de rente aux demoiselles *Guinot de Chatelard* pour leur pension, sur le trésor royal.

4° M. de Saint-Simon, s'occupa spécialement des biens que M. de Monconseil avait en Alsace. Un contrat fait le 29 sep-

---

1. Extrait des registres de l'Eglise paroissiale de Saint-Martin de la ville de Pons, diocèse de Saintes. Signé : Ferret, curé de Pons; certifié véritable par Jean-François Lauranceau, avocat au parlement, sénéchal, juge civil criminel, gruerie, voyerie et de police de la ville de Pons. Cachet Lauranceau.

tembre 1774, provient d'une donation et substitution du 5 février 1763.

Un nouvel acte que voici fut fait le 22 février 1784 :

Entre *Jean-Louis Desnier Darchiac, comte de Saint Simon*, lieutenant général des armées du Roi, et *Jacques-Louis Guinot de Soulignac*, ancien major au régiment de Beaujolais infanterie, demeurant à Saintes, paroisse Saint-Maur et Saint-Michel.

Au sujet de la donation et substitution au profit de l'hôpital de Neuf-Brissac; lesquels meubles consistent en des maisons, bâtiments, jardins et biens dépendant que possédaient M. de Monconseil sous le nom de *Favorite* et *Bagatelle*, près la ville de Colmar.

M. de Saint-Simon agissant au nom et pour Mme de Monconseil par procuration du 6 janvier 1783 passée devant Mes Fram et Margantin, notaires au Châtelet.

Autorise M. Guinot de Soulignac à toucher la rente de 1.200 livres, au principal de 24.000 livres due par M. de Bruges de la ville de Colmar, ce capital provenant de la vente de bienfonds et meubles compris dans la donation de M. de Monconseil à M. de Soulignac, malgré le droit de Mme de Monconseil de jouir sa vie durant de tous les biens comme il est dit aux contrats de mariage de Mme de la Tour du Pin et et Mme la princesse d'Hénin.

La rente sera versée à partir du 1er janvier 1783 sous charge de 550 livres d'aumône avec elle envers l'hôpital de Neuf-Brissac[1].

APPENDICE IX

Acte de mariage de M. de Monconseil et de Mlle de Curzé[2].

L'an mil sept cent vingt-cinq, le vingtième de novembre après la publication d'un banc fait canoniquement à Paris dans la paroisse de Saint-Nicolas-des-Champs et dans celle de Saint-Roch, ainsi qu'il nous est apparu par le certificat du sieur Cordellier, vicaire de Saint-Nicolas-des-Champs, en datte du douze de novembre de la présente année et par le certificat Bance, vicaire de la paroisse Saint-Roch en datte du... et veu

1. Lettres de Guinot de Soulignac au sujet des biens d'Alsace du 27 décembre 1782 et du 19 janvier 1783.
2. Nous devons cet acte à l'obligeance de M. Gailly de Taurines.

la dispense des deux autres bancs accordés par Monseigneur le Cardinal de Noailles, archevêque de Paris en datte du douze novembre de la présente année signé de Noailles et plus bas Chevallier. Les fiançailles préalablement par nous célébrées avecq les cérémonies accoutumées le dix-neuf du présent mois, veille de la célébration, munis du consentement du sieur Bance vicaire de la paroisse Saint-Roch à Paris en datte du seize novembre de la présente année, du consentement de très hault et très puissant seigneur Monseigneur le duc d'Antin, fondé de procuration pour dame *Marguerite de Ferrand*, veuve de feu hault et puissant seigneur *Antoine Guinot* chevalier seigneur *de Montconseil*, épousé en secondes nobces de *Messire Desnier Darchiac* chevalier marquis de *Saint-Simon*, mère de hault et puissant seigneur *Estienne Guinot* chevalier seigneur de *Montconseil* et autres lieux et seigneuries du consentement de très hault et très puissant seigneur messire *Le Tonnelier* marquis *de Breteuil* ministre Secrétaire d'Etat au département de la Guerre, fondé de procuration pour Messire *Séraphin Rioult* chevalier seigneur *de Curzé*, père de demoiselle *Cécile-Thérèze Rioult de Curzé*, ont esté par nous mariés et reçu de nous la bénédiction nuptiale, hault et puissant seigneur *Estienne Guinot* seigneur *de Montconseil* et autres lieux, mestre de camp du Régiment de Montconseil infanterie, introducteur des ambassadeurs et princes étrangers près de Sa Majesté, filz de messire *Anthoine Guinot* seigneur *de Montconseil* et de dame *Marguerite Ferrand* demeurant à Paris, sur la paroisse de Saint-Nicolas-des-Champs et damoizelle *Cécile-Thérèze de Curzé* fille de messire *Séraphin Rioult* chevalier seigneur *de Curzé* et de dame *Elizabeth Blondot*, demeurant à Paris, paroisse Saint-Roch, lesquels nous avons mariés dans la chapelle du *château de Bellebat* situé dans la paroisse de *Courdimanche* diocèse de Sens avec la permission de Monseigneur l'archevêque de Sens en datte du seizième jour de novembre de la présente année, fait au *château de Bellebat*, paroisse de *Courdimanche* le dit jour en présence et assisté de :

Etienne de Monconseil ;

Cécile-Térèze de Rioult de Curzé ;

Le duc d'Antin (fondé de procuration de Marguerite Ferraud, mère de M. de Monconseil) ;

De Breteuil (fondé de procuration de M. de Curzé, père de la contractante);
Mondot de Curzé ;
Fleuriot de Nouilly :
Berthelot depuy ;
Le duc Mazarin ;
Hercule de Rohan ;
Hubert comte de la Feuillade ;
d'Autrey.

SAMSON,
Curé de Courdimanche.

APPENDICE X

Société dramatique de Bagatelle[1].

Lorsque les grands seigneurs du siècle dernier se montraient en déshabillé dans leurs petites maisons, ils y admettaient leurs intimes et quelques affidés seulement, en évitant de mettre le reste du public dans leur confidence.

M. de Soleinne possédait, dans sa magnifique collection dramatique, un manuscrit relié en maroquin bleu, contenant le *Recueil des fêtes données par Mme la marquise de Monconseil à Sa Majesté le roy Stanislas* (en 1756), in-8 de 60 pages,...

Nous possédons le manuscrit contenant le récit de ces divertissements ; il a pour titre : *Fête donnée à Mgr le maréchal duc de Richelieu, par Mme la marquise de Monconseil à Bagatelle, le 18 aoust 1762, par MM. Favart et de Santerre*, manuscrit in-8 de 90 pp., le volume, mêlé de prose et de vers, contient une sorte de *Prologue* dont la scène s'ouvre sur le *Séjour de Mélisse*. Là il n'est permis qu'à un seul mortel d'entrer en maître ; le couplet suivant désigne les mérites qu'il doit réunir sur l'air : *le Malheureux Lisandre* :

> Il faut que ce guerrier rassemble
> D'incomparables qualités ;
> A son nom seul de tous côtés
> Il faut qu'on s'attendrisse et tremble ;
> Qu'il soit volage, mais constant,

---

1. D'après Arthur Dinaux, *les Sociétés badines*, t. I, p. 66-70.

> Superbe, altier, doux et galant,
> Pourfendant Géant et Pucelles,
> Qu'il serve l'amour en tout lieu,
> Et qu'il lui dérobe ses ailes.

L'Amour, sortant d'un buisson, s'écrie :

> Je l'ai trouvé, c'est Richelieu !

Après le *Séjour de Mélisse* vient un pot-pourri intitulé : l'*If*, dans lequel, parmi plusieurs compliments adressés à Richelieu on trouve celui-ci :

> Après avoir bien dépeuplé,
> Il ira dans maints climats,
> Afin de réparer les dégâts,
> Qu'auront causés ses combats.

L'Amant-Jarretière, qui vient ensuite, est une chanson sur l'air Colin la, lala, l'a baisée, beaucoup trop décolletée pour qu'on en puisse rien citer. *La Glacière*, et *l'Amant-Horloge*, formant deux pièces chantées qui terminent ce divertissement.

Suit enfin l'*Amour naïf*, parodie d'Annette et Lubin, pièce en un acte mêlée de couplets et terminée par un vaudeville. Parmi les chanteurs... on voyait... *Cailleau*, libraire et poète fort gai, dont Pigault-Lebrun a tracé un portrait assez vrai dans son *Enfant du Carnaval*.

Mais dans tout ceci, il n'est nullement question de l'*Ordre de Bagatelle*.

APPENDICE XI

Harangue du Magister du village au Roy.

Sire, excusez si j'venons pour avoir l'honneur de vous saluer ; c'est que j'suis ne vous déplaise, Jean Giroux l'Magister du village. C'est aujourd'hui, la fête du lieu ; et quand ça n'la s'rait pas, il suffit, que Votre Majesté est ici, pour que ce soit la fête de tout l'canton. C'est en vertu de ça, Sire, que l'Procureur fiscal, le Marguiller, l'Bedeau, l'Collecteur et toutes les grosses têtes d'not' paroisse avons fait une assemblée en magnière d'arcademi, à ç'a l'fin d'affistoler un' zarangue en façon de compliment d'particitation pour inviter vot' Majesté, Sire, à venir à la foire du village. Ils avont fait la dessus tarabusté l'invention d'leur çarvelles pour trouver queuq'chose digne d'être capable d'célébrer vos louanges ; mais après avoir bian ruminé, il s'est trouvé que ces grands esprits n'étiont sus vot' respect que des bêtes, com' ça s'pratique.

C'est qu'c'est vrai, quand il s'agit de louer queuq' zeun qui est au-dessus d'la louange l'plus habile n'est morgué qu'un sot : et pis qu'est c' qu'j'dirions ? Qu'ous êtes un grand Roi, et par dessus çà, un grand homme ? Et pis qu'ous êtes une merveille, pus merveilleuse encore qu'toutes les merveilles qu'ous avez faites ? gnia pas d'enfants qui n'en dise autant : et pis s'il fallait conter toutes ces merveilles-là, j'en aurions pour d'ici à demain.

Toussaint Crochet not' greffier qui fait toujours le capable et l'oliberius à cause que son cousin issu d' gearmain est garçon limonier chez l'Opéra a dit com'çà qu'on trouvait d' l'esprit tout fait à l'usage d'tout l'monde et qui gniavait qu'à commander à Paris un compliment bien troussé sous les chargniers des innocens, et qu'il étiont tretous des dindons d' vouloir faire d'la dépense d'esprit pour queuq' zeun qui en avait pu qu'tout l'monde ensemble, et qui en baillait à tous ceux qui l'approchiont. Tatigué c' s'rait porter d'liau à la rivière, on n' regard'pas l' soleil avec des lanternes.

Tenez, ai-je dit, gnia que l'cœur qui parle et quand c'est li qui nous mène, on n'va pas par quatre chemins, il n' faut pas tant d' beurre pour faire un quarteron, et bonte et aye, va comm' j'te pousse, tant y a que c'est moi qui parlerons au bon roi Stanislas.

« Toi m'a dit Crochet ? — Moi-même. — Vante t'en-zen ; jarnigué, j'suis un vivant d'tout cœur. Et qu'est-c'qu' j'crains donc ? C'est une majesté qui est si bonne, qu'elle écoute un enfant qui li parle ; et tantiqueune j'm' fais fort d' l'engager à v'nir chez nous dà !

J'gage tout not' vaillant qu' ça n' s'ra pas, me fit Toussaint Crochet ; tope tout not' vaillant ce li fis-je, j' n' regrettions pas not' fortune ; j' s'rons trop payés par l' plaisir d' l'voir. Et bian, s'il n'viant pas ce li fis-je, j' n'regrett'rons que sa présence. En fin finale quand on a vu la fermeté d'ma résolution, on m'a envoyé en forme d' depité vars Vot' Majesté, Sire, et sans chercher midi à 14 heures, j' v'nons vous prier là... tout à la bonne franquette d'nous accorder l'honneur qu' j' demandons d' v'nir voir la foire du village.

DIXI

Air : *Carillon de Merluzine*.

LE CARILLONNEUR

Sire, si vous le trouvez bon,
Je suis l'Carillonneur Simon ;
C'est moi qui chaque jour de fête,
Carillonne à fendre la tête.
Don, don, don, don, don, don, don,
Et j' vous fêt'rons com'not'patron.

Duo des *Cloches de Ninette*.
Le Carillonneur et sa femme.

LE CARILLONNEUR

A quatre lieus à la ronde
S'entendra not' Carillon
Don, don, don, don ;
Mais toutes les cloches du monde
Font moins de bruit que votre nom.

LA FEMME

Sire, c'est moi qui féconde
Le carillonneur Simon ;
Mais toutes les cloches du monde
Font moins de bruit que votre nom.

ENSEMBLE

A quatre lieus à la ronde
Don, don, don,
Il faut que l'écho réponde
Don, don, don,
Réponde à not' carillon
En l'honneur d'un roi si bon.
Qu'à la ronde
L'écho réponde
Don, don, don, don, don, don.
Mais toutes les cloches du monde,
Font moins de bruit que vot' nom.

APPENDICE XII

Mémoires de maçonnerie faits pour Mme de Monconseil en sa maison de Bagatelle en 1767 sous les ordres de M. Pluyette, architecte du Roi, par Le Tellier, entrepreneur, qui permettent de connaître à peu près le nombre[1] des pièces de Bagatelle.

Au grand corps de logis : Chambre de madame.
        Boudoir.
        Corridor.
        2ᵉ pièce après l'escalier.
        3ᵉ pièce après l'escalier.
        4ᵉ pièce après l'escalier.
        5ᵉ pièce après l'escalier.
        Pièces au bout du corridor.
        Palier du grand escalier.
Au rez-de-chaussée dans le salon à droite de l'escalier.
        Palier.
        Salle à manger.
        Pièce ensuite.
        Chambre à coucher.
        Au mur de face sur le jardin.
        Au mur de face sur le bois.
        Au perron.
        Au mur de face en retour, côté du
         parterre.
dans l'orangerie au-dessus de la terrasse du balcon.
— la serre séparant la pièce en dessus.
— la laiterie.
— l'office sur les champs.
— la pièce ensuite.
— la boucherie.
— le charbonnier.
— le passage allant aux cuisines.
— la serre aux légumes.
— le garde-manger.
 Cuisine.

1. Arch. nat. T. 206⁷.

au pavillon en aile formant avant corps entre le grand corps de logis et celui des cuisines.
au mur de clôture séparant le jardin de la basse-cour.
au bâtiment des écuries et cuisines.
dans les greniers.
à l'escalier.

Au 1er étage : Dans la chambre à coucher.
— garde-robe.
— pièce ensuite.

au mur de face.
sur la basse-cour.
aux latrines.
au mur de face sur le grand chemin côté des champs.
sur le grand chemin.
au logement du concierge.
dans l'antichambre.
— le cabinet à droite de l'escalier.
— la chambre à coucher.
— l'écurie.
au pan de bois sur la face.
au mur pignon.
dans l'écurie attenant la porte charretière côté du bois.
— le potager.
à la porte cochère de l'entrée en face du corps de logis.

Total : 3.790 l 12 s.

APPENDICE XIII

Documents divers sur les réparations faites à Bagatelle pour Mme de Monconseil.

Réparations de maçonnerie, en 1763, par Le Tellier, à la cuisine, à la grande porte d'entrée du bois, dans la cour et dans les souterrains. Ce même Le Tellier avait fait en 1758-1759 de nouvelles réparations pour la somme de 265 livres 4 sols. sous la direction de M. Pluyette dont il existe un mémoire de sa main.

Mémoire de peintures et dorures faites par Boquet de 1761-1764 pour la somme de 6.234 livres.

Mémoire de maçonnerie, en 1763, cité plus haut, pour la somme de 82 livres 12 sols.

Mémoire de maçonneries, faites de 1760-1762, également par Le Tellier, pour la somme de 185 livres, 17 sols, 5 deniers.

Mémoire de vitreries faites par Guerrier pour la somme de 56 livres 5 sols 6 derniers.

Mémoire de charpentes faites par Brullée en 1763 (avril) pour la somme de 351 livres 5 sols.

Mémoire de peintures faites par Boquet de 1764 à 1769 pour la somme de 3.074 livres 19 sols.

Mémoire de treillages faits en 1765 par Louis Langelin pour la somme de 117 livres 12 sols payées chez Roulland, banquier, le 24 août 1766.

APPENDICE XIV

Fournisseurs de Mme de Monconseil à Bagatelle.

Duvaux, boucher à Pontoise, fournitures faites en 1766 (210 livres).

Saulnier, épicier à Neuilly, fournitures faites en 1764 (993 livres, 4 sols).

APPENDICE XV

Abonnement pour le service de l'eau.

Les soussignés Perrier, frères et Compagnie, entrepreneurs de la distribution des eaux de la Seine par les machines à feu établies en vertu d'un arrêt du Conseil d'Etat du Roi du 7 juin 1777 revêtu de lettre patente du même jour, enregistré au Parlement le 16 juillet 1778, d'une part;

et Madame la marq. de Monconseil, d'autre part.

3 muids d'eau de la Seine par jour moyennant 150 livres par an, plus 150 livres pour pose de tuyaux pour la
Pompe à feu[1].

APPENDICE XVI

Contrat de mariage[2].

Du contrat de mariage de très haut et très puissant sei-

1. Arch. nat. t. 206¹⁻³.
2. Arch. de la Seine, 622.

gneur Augustin-Louis-Charles, comte de Lameth, capitaine à la suite au régiment de Berry cavalerie, seigneur de Dame Raucourt, Beaucourt, Montigny, La Marie de Ponce Mareuil et autres lieux.

Et de très haute et très puissante dame Cécile-Suzanne de la Tour du Pin, mineure fille de très haut et très puissant seigneur Jean-Frédéric de la Tour du Pin de Gouvernet, comte de Solin, marquis de la Rochechalais, baron de Cusagus, seigneur de la chatellenie d'Ambleville, maréchal de camps et armées du Roi et de très haute et très puissante dame Cécile-Marguerite de Monconseil son épouse qu'il a autorisée.

Passé devant M⁰ Trutal un des notaires sousignés qui en sa minute et son confrère les dix-neuf et vingt-sept janvier mil sept cent soixante-dix-sept.

En présence de très haute et très puissante dame Cécile Rioult de Cursay, épouse de très haut et très puissant seigneur Etienne Guinot, marquis de Monconseil, seigneur de Tesson, Courcoucy, Thessel, Rioux et autres lieux, lieutenant général des armées du roi, inspecteur général d'infanterie, la dite dame de Monconseil se portant audit contrat de mariage comme fondée de la procuration du dit seigneur son mari spéciale à cet effet passée devant Retif notaire royal à Saintes le vingt-trois mars mil sept cent soixante-seize dont une expédition légalisée faisant mention du contrôle de la minute et certifiée véritable est demeurée annexée au contrat de mariage.

A été extrait littéralement ce qui suit en faveur dudit mariage la dite dame marquise de Monconseil ayeule maternelle de la dite demoiselle future épouse, procuratrice du dit seigneur marquis de Monconseil a audit nom donné à titre de donation entre vifs irrévocable à la dite dame future épouse ce accepté tant par les seigneurs et dame Comte fille, et Comtesse de la Tour du Pin que par la demoiselle leur fille d'eux en tant que de-assistée et autorisée de la somme de cinquante mille livres qui ne sera exigible qu'un an après le décès dudit seigneur marquis de Monconseil et dont les intérêts seront payés par chaque année et de six mois en six mois à compter du jour de la célébration par ledit seigneur marquis de Monconseil ainsi que l'y oblige Madame son épouse au dit nom de douze cent cinquante livres seulement sans retenue quelconque aux termes de sa procuration ; les dit seigneur et dame Comte et Comtesse de la Tour du Pin s'obligent solidairement par les présentes pour compléter aux dits seigneur et demoiselle future épouse les intérêts sur le pied du denier vingt-cinq sans retenue et la dite somme de cinquante mille livres ci-dessus stipulée sept cent cinquante livres par chaque année jusqu'au remboursement de la dite somme de cinquante mille livres à l'époque ci-dessus fixée.

Par la procuration ci-devant datée et énoncée.

Le dit seigneur marquis de Monconseil a donné pouvoir à la dite dame son épouse de constituer en dot à la dite demoiselle de la Tour du Pin leur petite-fille en considération de son mariage la somme de cinquante mille livres avec les intérêts le tout payable comme il est ci-dessus dit affecté et hypotéqué tout ses biens présent et avenir.

Extrait et collationné par les conseillers du roy notaires à Paris susdit le vingt-deux août mil sept cent quatre-vingt-trois sur la minute dudit contrat de mariage et l'exposé de la dite procuration y annexée, le tout demeuré au dit M° Trutal, notaire.

APPENDICE XVII

Sur la maison de la rue Sainte-Anne.

1° La maison de la rue Sainte-Anne qui appartenait aux Montmorency-Laval fut achetée à vie par Victor-Thérèze Charpentier d'Ennery pour Mme de Monconseil qui en paya le loyer tous les six mois à raison de 350 livres par semestre. (Acte du 9 avril 1761).

2° Acte du 23 février 1765.

Entre Guinot de Monconseil et sa femme, demeurant rue Sainte-Anne, paroisse Saint Roch,

et André-René Le Boullengé de Capelle, maître des comptes, dame Charlotte-Louise Le Clerc du Coudray, son épouse, et Salomon Le Clerc du Coudray, tous trois demeurant rue des Orties paroisse Saint-Germain-l'Auxerrois.

Les premiers abandonnent leur maison louée pour 9 ans, pour le bail qui reste à courir (entrée des Guinot le 1ᵉʳ janvier 1764) suivant le bail passé par M° Denis Dameur procureur au parlement, tuteur honoraire des mineurs Montmorency-Laval, devant Boulard notaire à Paris le 1er septembre 1763, à l'exception des pièces, cénacles ou chambres au 1er étage à droite en montant l'escalier, faisant le dessus des entresols sur les remises qui restent à Mme de Monconseil, où elle a mis une communication. Elle fera fournir la communication sur l'escalier de la maison, à partir du 1er mars 1764, contre 4.600 livres par an payable par quartier et d'avance.

  Monconseil.   Le Boullenger de Capelle.
 Cursay de Monconseil.   Le Clerc le Boullengé.
        Louise Du Coudray.

APPENDICE XVIII

Sur la Terre de Rioux et sur la Terre de Courcoucy

Peu de documents se trouvent aux Archives nationales sur la terre de Courcoucy. Le seul est un bail à un nommé Marra, fermier ou receveur de la terre, fait en 1755 moyennant la somme de 2.130 livres par demi-année [1].

Plus important est le dossier ayant trait à la terre de Rioux.

1° Cette terre fut achetée pendant la communauté du marquis et de la marquise moyennant la somme de 70.000 livres. Mme de Monconseil entrait dans cette acquisition pour 25.000 livres. La date de cette opération ne figure pas parmi les pièces qui nous sont passées par les mains.

Quoi qu'il en soit, cette terre qui relevait de la baronnie de Didonne, appartenant au marquis de Sennecterre, ne paraît pas avoir rendu au marquis Guinot les bénéfices qu'il comptait en tirer, car, en 1743, il songea à la vendre. Un acquéreur se présenta sous le nom d'Antoine-François Sarranton et le contrat de vente fut signé le 29 janvier 1744. Par ce contrat, Antoine Sarranton devait payer au marquis Guinot la somme de 80.000 livres dont 10.000 pour pot-de-vin, 25.000 comptant et, quant aux 45.000 restant ils étaient payables par une rente annuelle de 2.250 livres, rachetable. Il y était fait réserve du four banal dont M. de Rabaine avait la jouissance sa vie durant; et il y était expressément inscrit que le mar-

---

1. Arch. nat. T. 206¹.

quis Guinot pouvait y chasser, conservait les *beau guets* et *corvées* que l'acquéreur acquit dans la suite sur les droits de la terre de Pons. Mais en réalité, le marquis Guinot ne jouit que de la moitié des guets et corvées, l'autre moitié appartetenant aux demoiselles de Rioux[1].

2º Contrat d'acquisition

19 janvier 1744.

Pardevant le notaire royal immatriculé au conseil souverain d'Alsace résident à Strasbourg soussigné fut présent en personne Messire Etienne-Louis Guinot marquis de Monconseil maréchal des camps et armées du Roy;

Lequel a volontairement reconnu, confessé et déclaré avoir vendu, délaissé et transporté comme par ces présentes il vend délaisse et transporte en tous droits et propriété pour toujours irrévocablement et promet garantie de tous troubles évictions et autres empêchements généralement quelconque;

A Monsieur Antoine-François Sarranton conseiller aulique de Sa Majesté impériale, demeurant ordinairement à Calais; et dame Amélie-Frédérique-Josèphe Graff son épouse present et acceptant pour eux leurs hoirs et ayant cause: la terre et seigneurie de Rioux située en Saintonge appartenant à mondit seigneur marquis vendeur comme elle se contient et comporte avec tous ses droits appartenances et dépendances et telle qu'il en a toujours dû jouir jusqu'ici et qu'il l'a acquis par décret forcé des héritiers de feu M. Guinot de Rioux, la dite terre relevant de la baronnie de Didonne appartenant à M. le marquis de Sennecterre.

. . . .

Fait à Strasbourg... après midy en présence des sieurs Estienne Cosme Denizet, secrétaire de M. Saint-Pierre Commissaire des guerres et Gabriel Tallet cy devant garde magasin des fourrages tous les deux domiciliés en cette dite ville témoins requis qui ont signé avec les dites parties et le dit notaire Mᵉ Haquiaut est la minute est luy demeurée, collationné.

1. Arch. nat. T. 206⁴⁻⁵.

Antoine Sarranton, sorte d'aventurier, ne remplit pas ses engagements Il ne paya même pas la première année de la rente rachetable. Le marquis Guinot patienta. Pendant ce temps, c'est-à-dire pendant les années 1744, 1745 et 1746, Antoine Sarranton louait à Jean Fleury notaire royal, procureur d'office de la baronnie de Rioux et greffier de la dite ville, demeurant paroisse Saint-Martin, la terre du Chaigneau située dans la terre de Rioux, comme le prouve l'acte de comparution des deux personnes, à la date du 28 août 1746. De même, le 5 septembre 1747, il loua à Martin Botton, notaire demeurant au bourg de Meusac-les-Epeaux, la terre de Rioux, consistant en : Château noble, bâtiment, métairie, jardin, terres labourables et non labourables, prés, bois, taillis, ajoncs, rivière, rentes, cens, droits et rentes banales de biens roturiers, non compris naturellement le four banal, biens corvée, droits de guet, péage, droits de foire et de halle. Location par bail de 9 années moyennant 3.000 livres par an[1].

Cependant, fatigué de ne rien recevoir, M. Guinot de Monconseil s'adressa à la justice, et reprit possession d'une partie des terres de la seigneurie de Rioux. Là-dessus, Antoine Sarranton chercha à se défaire de la terre et s'adressa à M. de Polignac beau-frère de M. Guinot de Monconseil comptant trouver en lui un acquéreur. Il en écrivit au marquis Guinot, alors en Alsace. Voici la lettre[2] que celui-ci adressa en réponse :

Schelestadt.

24 avril 1747.

« J'ai reçu Monsieur la lettre que vous m'avez fait l'honneur de m'écrire le 5 de ce mois par laquelle vous me faites connaître la ferme résolution où vous êtes de vous défaire de la terre de Rioux et que vous souhaitez savoir la dernière résolution de mon beau-frère Polignac... (M. de Polignac ne veut pas acquérir)... mais comme il paraît vraisemblable que Mme de Monconseil touchera bientôt 25.000 livres provenant d'une maison que Madame sa mère (Cursay) a vendue 140.000 livres et que je suis obligé de fournir un emploi pour

1. Arch. nat. T. 206¹,⁵.
2. Id. T. 206⁵.

placer les 25.000 livres en assurant l'usufruit à Mme de Cursay. je vous offre les 25.000 livres laquelle somme jointe à celle de 35.000 livres feront ensemble 60.000 livres. Si la proposition vous agrée vous n'avez qu'à voir M. Baron mon notaire... Mais je dois vous prévenir qu'en reprenant la terre de *Riou* pour 60.000 livres je voudrais trouver le moyen de ne pas payer de tausévente ».

Cette proposition semble avoir mis le trouble en l'esprit d'Antoine Sarranton. Il est possible même que le marquis le poursuivit plus activement pour non payement de la vente rachetable. Cela, surtout, fait croire à Mme Sarranton, que le marquis est capable à ce sujet d'une habile manœuvre, car elle lui écrit le 3 juin 1747 : « ...Ecrivez bien une fois pour toutes que vous n'avez pas vendu Riou pour le reprendre, ni pour nous le faire revendre... »

Au reçu de cette lettre, M. de Monconseil répondait à Mme Sarranton[1], le 18 juin 1747 :

« ...Ce n'est que par ses pressentes sollicitations et l'entière résolution où je l'ai vu pour vendre qu'il m'avait déterminé à écouter ses propositions. Et de plus je ne m'étais aussi avancé vis à vis de Mlle de Rioux pour acheter sa portion, car sans la réunion de la terre je ne pouvais pas y penser. Et puisque vous croyez qu'il est de votre intérêt de garder votre moitié de terre, vous faites fort bien de refuser votre consentement à la vente. »

Le même jour, d'Huningue, où il était alors en garnison, M. de Monconseil écrivait à M. Sarranton :

« Je vous envoie Monsieur, la lettre que j'ai reçue de Mme Sarranton, par laquelle vous verrez qu'elle s'oppose entièrement à la vente que vous proposez. Et comme je ne veux pas être l'auteur de la contradiction qu'il pourrait y avoir entre vous deux, je retire ma parole et jai l'honneur d'être Monsieur, votre, etc. »

M. Sarranton n'accepta pas que M. de Monconseil reprit sa parole, et l'affaire continua son chemin en procédure, le marquis étant poursuivi par la dame Sarranton qui moins que jamais voulait céder sa portion de terre. Elle présentait l'affaire d'une façon toute différente comme nous le voyons.

1. Cette lettre et celle qui suit sont aux Arch. nat. T. 206[5].

Dans une pièce de procédure du 8 août 1755 on lit les passages suivants qui suffisent à établir l'état de la question :

« ...La contestation qui divise les parties est très importante, elle mérite toute l'attention de la cour. La prétention du sieur marquis de Monconseil ne tend à rien moins qu'à dépouiller la dame de Sarranton de la moitié d'une terre assez considérable située à Rioux en Saintonge et à la réduire dans un état malheureux en lui enlevant la plus grande partie de ce bien ; la dame de Sarranton est bien fondée à s'opposer à des entreprises aussi téméraires et aussi illicites. Le délit de fait, le détail de la procédure, la position des moyens qui militent en faveur de la dite dame de Sarranton serait de plusieurs mobiles pour déterminer la cour pour décider au gré de la dame de Sarranton et prononcer en conséquence des conclusions... »

Au mois de juin 1738 la demanderesse a épousé le sieur Antoine-François de Sarranton suivant l'extrait de la célébration de leur mariage délivré à Worms en Allemagne le 28 décembre 1745. L'Allemagne est régie par le droit écrit et par conséquent il n'y a point de communauté de biens entre mari et femme ; il n'a été fait entre la demanderesse et son défunt mari aucun contrat de mariage d'où il s'ensuit que la non communauté de biens a toujours eu lieu entre eux.

Pendant cette non communauté et le 29 janvier 1744 par contrat passé à Strasbourg devant Haquiaut notaire royal, immatriculé au Conseil souverain d'Alsace, insinué, ensaisiné et revêtu de toutes les formalités, le sieur Guinot de Monconseil a vendu et transporté audit Sr Antoine-François de Sarranton et à la dame demanderesse lors son épouse, la terre et seigneurie de Rioux en Saintonge, moyennant le prix et somme de 70.000^l, etc.

Il est facile de concevoir, attendu la dite non communauté que des dits 25.000^l partie du prix de la vente il en a été payé sçavoir : 12.500^l par ledit Sr de Sarranton et pareille somme de 12.500^l par la dite dame de Sarranton et de ses deniers.

Le 28 mars 1746 il a été compté avec le dit S^r marquis de Monconseil de toutes les sommes tant en intérêts dus jusqu'au 1er janvier précédent à raison de la vente de la dite terre et seigneurie de Rioux ; par ce compte il n'est plus dû au dit

Sr marquis de Monconseil que la somme de 32.000¹ dont intérêt a commencé au dit jour premier janvier 1746.

Le 6 avril suivant il a été payé aud. Sr marquis de Monconseil la somme de 582¹ 4ˢ acompte sur la rente à lui due qui ne subsistait plus alors qu'à raison de 1.600¹ par an due sur la dite terre de Rioux pour l'année 1746.

En l'année 1747 le sieur de Sarranton a conçu le dessein de se défaire de la dite terre et de la retrocéder au Sr marquis de Monconseil, mais sçachant qu'il ne pouvait disposer que de la moitié, il a fait les derniers efforts pour tacher d'engager la dame son épouse de vendre aussi la moitié à elle appartenant dans la dite terre ; mais c'est à quoi la dite dame a toujours résisté.

Lettres.

Mais à l'insu de la dame de Sarranton, son mari a de nouveau fait de nouvelles « instances auprès du dit Sr de Monconseil qui y a adhéré, et pour mieux tromper la dite dame de Sarranton, ils ont imaginé et consenti ensemble une manœuvre particulière ».

Le 12 janvier 1748 intervenait la sentence de la cour qui ordonnait que faute de payement par les de Sarranton de la somme de 6.750¹ d'arrérages de la rente de 2.250¹ par eux constitués par contrat le contrat serait et demeurerait résolu, en conséquence, que le Sr marquis de Monconseil rentrerait en propriété, possession et jouissance de la terre de Rioux en rendant et payant la somme de 25.000¹ en déduction de la somme de 10.000¹, à charge à M. de Monconseil d'exécuter le bail fait par le Sr de Sarranton à Martin Botton le 5 septembre dernier, et que les de Sarranton étaient condamnés aux dépens.

Cette sentence ne put être expédiée, levée et signifiée que le 13 janvier 1748, devant Baron et son confrère notaires à Paris.

A cette époque, 1748, M. de Monconseil ne prend pas le titre de seigneur de Rioux. Les papiers d'affaires le nomment Guinot, comte de Monconseil, seigneur d'Ambleville, Courcoucy et autres lieux, demeurant en son hôtel de ville de Saintes.

Le procès se continua donc. On trouve des pièces de procédure en quantité et des sentences datées en 1747 du

22 février, 24 avril et 18 juin ; en 1755 du 12 août, des 12 et 14 novembre ; ainsi que du 14 février 1756.

Mme Sarranton poursuivante habitait alors la ville d'Avesne en Hainaut et avait pour procureur à Paris, Thomas-Élie Geoffroy demeurant rue Culture.

M. de Monconseil paraît aimer les procès et être âpre au gain. Dès le 17 mars 1725, alors qu'il logeait près de Saint-Nicolas-des-Champs, rue Neuve-Saint-Martin, il fit un procès à son tapissier qui avait la prétention de garder ses meubles jusqu'au jour où il aurait reçu le prix des réparations qu'il y avait faites.

Or par sentence du 4 décembre 1755 le procès dont nous nous occupons se résumait ainsi [1] :

1° Il résultait du contrat de vente fait à la dame Sarranton et à son mari, un droit de propriété sur la moitié de la terre de Rioux, droit qu'on ne pouvait lui enlever sans son consentement.

2° La dame de Sarranton n'a pu être dépouillée du droit de propriété qui lui appartient sur la terre de Rioux, par la sentence collusoire passée entre son mari et le sieur de Monconseil.

Signé : Fosseyeux, conseiller rapporteur.
Me Huchede, avocat.
Geffroy, procureur.
des Haye, procureur.

3° Sur ce, après un inventaire de la terre de Rioux fait en exécution des sentences précédentes, le 27 février 1758, on lit dans une autre pièce du 8 may de la même année, que M. Sarranton étant mort, M. de Monconseil attaque Mme Sarranton pour payement de la terre de Rioux.

Ce procès qui traînait en longueur, fut encore l'occasion de nouvelles demandes de renseignements en 1764. En effet, ne sachant ce qu'était devenue Mme Sarranton, M. de Monconseil écrivit à un certain Vanvormhoud, demeurant à Dunkerque, qui par sa situation pouvait répondre au marquis :

« François Sarranton, dit-il dans sa lettre, né au Quesnoy, a deux frères, a vécu à Calais, est fils d'un médecin de Calais dont la veuve y tient un petit commerce de thé. Il est resté jusqu'à 20 ou 22 ans à Calais sans état. Il a quitté ses parents

1. Arch. nat. T. 206, ¹⁰.

fort jeune; s'est établi à Worms où il s'est marié et il y a eu l'entreprise des hôpitaux à l'année, et est mort à Paris, a eu plusieurs enfants ; la veuve demeure à Avesne et y a l'entreprise des fournitures de lits pour les troupes. »

Qu'advint-il par la suite de ce procès interminable, les Archives nationales ne nous le disent pas. Quoi qu'il en soit le partage de la terre de Rioux dut se perpétuer car en 1778 nous lisons dans un acte du marquis Guinot qu'il se dit possesseur « en partie de la baronnie de Rioux ».

Il était à cette époque chevalier de Saint-Louis.

APPENDICE XIX
Sur la terre de Roissy

La terre de Roissy paraît avoir été une acquisition faite par les époux de Monconseil vers 1740.

Cette terre intéressant spécialement les Guinot de Monconseil, nous nous bornons à citer quelques pièces curieuses la concernant :

1° 2 juillet 1746. Acte sous seing privé entre Mme de Monconseil fondée de procuration de M. Guinot de Monconseil du 22 juin 1740, autorisé à abandonner à Humbelot, huissier des tailles de l'élection de Paris, la ferme seigneuriale de Roissy en Brie appelée ferme de Lalleau à titre de régie pour dix années à commencer aux jachères de 1746 moyennant 2.970 livres par an en deux payements égaux [1].

Comme, le 1er mai 1740, le Sr Humbelot n'avait pas encore payé une seule année de son loyer, on le vendit et on le renvoya.

2° Un mémoire de maçonneries faites au château de Roissy de juin à décembre 1746 par Robequin, habitant au village de Moissy le Neuf.

3° Vente de la terre de Roissy par M. de Monconseil à M. de Beauval [2], ainsi que de la Maison Rouge, à Noël 1774, moyennant le prix de 10.500 livres de principal [3].

D'après une pièce de 1781 [4], M. de Monconseil paraît n'avoir encore reçu ni l'argent du capital, ni les intérêts dûs par M. de Beauval.

1. Arch. nat., T. 206⁴
2. Mme de Beauval devint la comtesse de Semmecourt.
3. Arch. nat., T. 206¹⁻³.
4. Arch. nat., T. 206⁴.

APPENDICE XX
Documents sur la famille de La Chambre

1° 5 février 1650. — Copie du contrat de mariage de Charles de La Chambre seigneur de Branaud, la Motte et autres lieux avec Mlle Marie Labbé.

2° 15 juillet 1702. — Ordonnance de Michel Begon, intendant en la généralité de la Rochelle qui maintient le dit La Chambre dans sa qualité de noble, ordonne qu'il sera inscrit sur le catalogue des nobles du lieu de sa demeure et jouira des privilèges attachés à sa qualité de noble.

3° 28 octobre 1705. — Mariage de Charles de La Chambre, seigneur de la Motte, fils naturel et légitime de Louis de La Chambre et Reine de la Chambre, au logis noble de la Motte, paroisse de Thénac; avec Mlle Catherine de Florimon, fille de Philippe de Florimon et de Dlle Catherine Rousseau, du bourg de St-Font sur Gironde. Avec le consentement des parents et de Louis Guinot, écuyer seigneur de la Chataigneray, de Jean Mainiel écuyer seigneur d'Escurat, Dlle ( ) ses alliés, célébré par Hercule de Florimon, prêtre curé de la paroisse de St-Font et archiprêtre de Mortaigne, son oncle paternel.

4° 23 décembre 1738. — Charles de La Chambre seigneur de la Motte Thénac et Charles de La Chambre son fils, lieutenant d'infanterie au régiment de Monconseil, et Alexandre François Joubert, seigneur de Saint-Christophe et Jeanne de Montalembert son épouse, et Jeanne-Estelle Joubert leur fille : consentent au mariage de Louis-Charles de La Chambre avec Jeanne-Estelle Joubert.

5° 23 janvier 1744. — Naissance de François-Louis Julien-Alexandre-Charles de La Chambre, fils de Louis-Charles de La Chambre et de Jeanne-Estelle Joubert de Saint Christophe.

6° 4 février 1766. — Extrait du contrat de mariage de Charles de La Chambre avec Dlle Combanel du Gibanel devant Arnaud notaire.

7° Extraits baptismaux des enfants de Louis-Charles de La Chambre seigneur de Cheron époux de Jeanne de Combanel de Gibanel :

A. — Marie de La Chambre née le 26 août 1772.

B. — Baptiste-Pierre-Modeste-Louis de La Chambre, né le 13 juillet 1778.

APPENDICE XXI

M. de Monconseil prépare le partage de ses biens entre ses enfants

Dès 1760, M. de Monconseil s'occupa du partage de ses biens, et Mme de Monconseil s'y était intéressée. Elle en avait écrit à une personne très au courant des coutumes de Saintonge qui lui envoyait le 31 octobre 1764 les renseignements suivants :

« La coutume de Saintes appelée Lusance pour la distinguer de la coutume de St-Jean-d'Angély, l'une et l'autre formant la loy municipale de la province de Saintonge, règle de droit d'ainesse au chateau et préclotures, en outre au quint de tous les biens nobles. En partant de cette loy qui ne souffre ni restriction ni modification, je suppose que :

Tesson[1] et Guinot soient de la valeur de	150.000 l
Courcoucy	100.000 l
Rioux	80.000 l
	330.000 l
Le droit d'ainesse donne :	
Chateau et préclotures de Guinot	40.000 l
Quint de 110.000 l de Guinot	22.000 l
— 100.000 l de Courcoucy	20.000 l
— 80.000 l de Rioux	16.000 l
	98.000 l

« Je suppose qu'il n'y ait point de biens roturiers. S'il en était autrement, il faudrait distraire la valeur sur le prix de la terre, attendu que le droit d'ainesse ne se prend que sur les biens nobles.

« Il y aura de la difficulté pour régler les préclotures du chateau de Guinot, attendu, M. de Monconseil ayant formé deux pareils enclos de murs, des jardins, cours, avenues, et fait édifier un chateau considérable, il ne sera plus possible de reconnaitre les anciennes préclotures, et si l'on regardait comme précloture toutes les allées qui sont plantées sur les terres qui avoisinent le chateau, l'ainé emporterait un

---

1. Il y avait trois moulins à Tesson.

domaine immense et le règlement de ses droits donnerait matière à de grandes contestations.

« Deux moyens se présentent pour les éviter; le premier, que par un testament des père et mère les préclotures soient réglées; les anciennes ne pouvant plus se reconnaître..... le second moyen serait de balancer cet avantage qui est considérable par une donation en faveur de Mlle de Monconseil [1] de tous les biens de libre disposition situés en Saintonge; à la faveur de cette donation, elle emporterait le tiers des biens nobles et roturiers (le droit d'ainesse distrait) ce qui ne pourrait et ne devrait pas empêcher qu'on ne réglât les préclotures..... si on y manque on ménagera entre les deux sœurs un procès inévitable.

« Votre portion d'acquit est libre entre vos mains, vous pouvez madame en disposer, mais conservez toujours la jouissance et ne souffrez pas qu'il soit fait brèche à votre domaine dans la constitution qui pourrait être faite.

« On m'a assuré ce matin qu'il était parti cinq chevaux de l'équipage pour Paris, les gens qui étaient venus en province ont été congédiés il y a longtemps. Un aumonier originaire de Courcoucy fait les rolles d'aumonier et de secrétaire, c'est un ex-jésuite qui a du mérite, on dit qu'il sera du voyage, s'il est en place lors du départ: vous serez madame exactement informée du jour qu'il sera certain !

« Le neveu du grand aumonier, Gayelle, le marquis de la Prune enseigne aux Gardes-Françaises, était pour environ le tiers dans l'office de receveur de tailles, dont le père de mon gendre était titulaire. J'ai acquis par décret cet office pour mon gendre. M. de la Prune en est en fureur, c'est ce qui donne lieu au procès.

« M. le cardinal de Bernis est à Alby du 19 de ce mois, j'ai lieu de croire qu'après ses visites faites, son amour pour la paix lui fera prendre connaissance de nos contestations, dès que vous aurez madame la bonté de vous (y) intéresser et de faire écrire en faveur de ma famille; je vous supplie de ne parler que de M. de Vesian le fils (qui est mon gendre) sollicitez en faveur du jeune homme les bontés de Son Eminence. Le sr de Tain mon fils qui est actuellement à Alby sera à

1. Il est ici question de Mme la princesse d'Hénin.

même de lui rendre un compte exact de toute cette affaire, j'ose vous demander promptement vos bons offices.

« Mon fils ne peut rester à Alby que jusqu'au 20 oct. Il sera forcé de se rendre à Montpellier pour faire juger mon procès contre M. de la Prune, avant le 1er janvier que le semestre des juges qui sont instruits prend fin.....

« Si vous croyez madame devoir adresser vos lettres à mon fils à Alby, son adresse est M. de Tains chez M. de Vesian ancien officier de dragons à Alby en Languedoc[1]. »

Quelque temps après la même personne écrivait à Mme de Monconseil :

« Le droit d'ainesse consiste dans le chateau et préclotures, ensemble le quint de tous les biens nobles.

« L'ainé dans chaque sénéchaussée n'a droit à prendre qu'un chateau avec ses préclotures quoiqu'il y ait plusieurs terres dans la même sénéchaussée dépendante de la même succession. Mais ce quint appartient par préciput à l'ainée par son droit de primogéniture, telle est la loi... Ainsi l'ainée aura un seul chateau et préclotures pour toutes les terres de la sénéchaussée de Saintonge, le chateau et préclotures d'Ambleville dans la sénéchaussée d'Angounois, et en outre le quint de toutes ces terres[2]. »

Il apparaît très nettement dans ces lettres, que Mme de Monconseil voulait favoriser ou tout au moins faire que sa seconde fille, Mme la princesse d'Hénin, reçût à la mort de son père une part considérable de sa fortune.

Le grand acte qui occupa les dernières années de M. de Monconseil fut son testament.

Dans cette pièce, il donne la préférence à sa fille cadette, la princesse d'Hénin à laquelle il donne le marquisat et le chateau de Guinot avec tous les meubles... 320.000 livres; la maison qu'il possédait à Saintes avec les meubles[3]... 30.000 livres; et la maison de la rue de Varenne à Paris... 160.000 livres; soit en tout 510.000 livres[4].

---

1. La signature est illisible.
2. Ces 2 lettres sont aux Arch. nat., T. 206[1-3].
3. Voir l'appendice suivant.
4. La maison de la rue de Varenne fut occupée en 1761 par le comte de Caraman, beau-frère de la princesse d'Hénin. En 1762 on y logea des gardes françaises.

« Je me suis déterminé à lui assurer ce lot, écrit-il à sa femme, parce que je ne connais point de terre au Prince d'Hénin qu'il puisse habiter en cas de ces événements qui arrivent aux courtisans, ministres ou favoris du maître, d'ailleurs suivant la coutume de Saintonge, les biens de la femme sont inaliénables.

« Ambleville est une belle terre; Mme de la Tour du Pin aurait pu en augmenter le revenu considérablement, mais comme je ne lui connais point d'amélioration je ne l'estime qu'à 250.000 livres; argent comptant donné le jour du mariage 30.000 livres; la maison de Paris rue des Jeuneurs 75.000 livres; la terre et le chateau de Rioux 100.000 livres[1]; en contrats sur la ville de Paris 115.000 livres; les 34 actions de la compagnie des Indes ou leur valeur si elles sont vendues 69.000 livres[2]. Un contrat de constitution sur la terre de Tonne Boutonne 30.000 livres; soit en tout 669.000 livres.

« Sur les quelles on prélèvera les 50.000 livres que je donne à Mlle de la Tour du Pin ma petite-fille; les 10.000 livres que j'assure à M. de Gouvernet son frère mon petit-fils pour lui acheter une compagnie de cavalerie; 13.747 livres dues aux sieurs de la Vallée et Goncherit marchands à Paris, créanciers de Mme de la Tour du Pin et 3.300 livres au sieur Tabutaud ancien fermier d'Ambleville.

« A l'égard de l'argenterie et argent monnayé, contrats d'obligations, de constitutions et généralement tous les autres effets[3] qui ne seront point énoncés dans ce testament, seront partagés entre nos deux filles après notre mort; et les dettes, legs, pensions et autres charges seront également acquittés par moitié. J'attendrai de vos nouvelles pour écrire mon testament, je pense que vous ne tarderez pas à m'en donner. Vous savez comme moi que les 115.000 livres sur la ville de Paris ne rapportent pas le d^{er} 25.

1. Voir ce que nous disons ailleurs de cette terre. Il est à supposer qu'à cette époque, M. de Monconseil était rentré en la possession complète du domaine.
2. En effet, le 16 décembre 1775, M. de Monconseil écrivait à la marquise qu'il cherchait à les vendre.
3. Il faut citer ici qu'il avait des actions de la compagnie d'Asphalte. M. Anzillon de la Sablonnière, qui habitait la Maison Rouge sur les terres de M. de Monconseil, était propriétaire d'un quarantième, étant propriétaire « d'une action d'un sol dans quarante, dont le fond est de 3.000 livres » (mai 1711). Arch. nat., T. 206¹.

« Adieu, je vous embrasse bien tendrement, et je souhaite que vous jouissiez longtemps de nos dispositions.

« MONCONSEIL.

« A Madame la Marquise de Monconseil,
dans son hôtel rue Sainte-Anne [1] »,

APPENDICE XXII

*Brevet qui confirme la vente faite par le sieur Gillet
à M. de Monconseil de la maison de Saintes* [2]

A La Muette, le 28 mars 1774.

Aujourd'hui... le Roy .. le nommé Pierre Gillet, orphèvre à Saintes et Marie Salvetat, sa femme, ayant très humblement représenté à Sa Majesté que par contrat du 21 août 1772, ils ont vendu au sieur marquis de Monconseil, une maison avec un jardin située au fauxbourg de Saint-Pallais, moyennant une somme de 5.500 fr., laquelle ils ont employés à leur commerce, mais qu'étant issus de Parents R. L. R. et ignorant le règlement et ordonnance qui les obligeaient à obtenir le brevet de Sa Majesté pour autoriser ladite vente, ils la supplient de vouloir bien la confirmer...

APPENDICE XXIII

Mort et enterrement de M. de Monconseil

Or, en 1782, M. de Monconseil mourut. Son testament n'avait été achevé et signé que le 22 juillet 1780. Il s'éteignit dans un appartement qu'il occupait à l'extérieur du couvent des religieux cordeliers « faubourg et paroisse Saint-Vivien de Saintes ». Il avait quatre-vingt-six ans.

Il demandait dans son testament à être inhumé dans l'église de la paroisse où il décéderait et prohibait toute pompe funèbre ; qu'on lui fit un service dans chaque paroisse dont il était seigneur, dans la quinzaine, dans la quarantaine et au

---

1. Cette lettre du 16 décembre 1775 porte le cachet rouge du marquis.
2. Arch. nat. O¹ 119. p. 103.

bout de l'an, ainsi qu'il fût dit cent messes dans chacune de ces églises[1].

Voici la copie de la pièce relevant les sommes qui furent payées pour son enterrement :

	Livres	Sols	Den.
Payé à la dame, veuve Maréchal, marchand de cierges, torches et encens	112	11	»
— Laurent, pour drap de mort, habits de deuils et capuchons	665	17	»
— Duchaine, pour crêpes distribués par M. de La Tour du Pin, aux dix chefs de corps et officiers qui l'avaient accompagné	74	»	»
— Martin, pour gants blancs	41	12	»
— Magnier, pour le cercueil et les bancs	15	»	»
— — pour les offrandes	48	»	»
— Vincent, pour peindre les écussons, torches, cierges, et pour les livrées et cordons peints autour des églises de Tesson et de Rioux	187	»	»
— au greffier de Saintes, pour l'expédition du procès-verbal d'ouverture du testament, droit de M. le président et les gens du Roy	38	4	»
— à MM. les curés de Rioux, Tesson, Thénac et Courcoury, pour les messes	400	»	»
— au sieur Retif, notaire, pour le contrôle et les honoraires du testament	900	4	»
— au greffier de Saintes, pour les scellés et droits du président	690	6	»
— au greffier de Saintes, l'expédition du procès-verbal de vérification et mainlevée des scellés	27	7	»

— au sieur Bonneau, l'huissier de police, pour avoir été garder pendant dix jours les meubles placés dans les appartements qu'avait occupés M. de

---

1. Il fit également un legs à l'hôpital de Saint-Louis de Saintes et un legs aux pauvres.

Monconseil au couvent des Cordeliers.	60	»	»
— au sieur Fervent, procureur de Saintes, pour droits d'assistance auxdits procès-verbaux d'ouverture du testament et vérification des scellés.	27	10	»
— pour les offrandes du premier service fait à Tesson.	9	18	»
— au greffier de Pons.	625	18	»
— — —	57	9	»
— au sieur Boureau, procureur à Pons, pour port de lettres.	1	4	»
— pour les offrandes du 2ᵉ service à Tesson.	6	»	»
— pour dépenses faites à Guinot le jour du convoi des services du 14 octobre au 17 novembre (Etats de M. l'abbé Deschamps, aumônier).	135	10	»
— pour le pain fourni tant aux domestiques du château qu'aux étrangers.	74	10	4
— pour autre dépense faite à Guinot.	34	4	»
— au sieur Merle, orfèvre, pour ses vacations lors de l'inventaire.	12	»	»
— aux sieurs Heurtaux et Guichard pour leurs journées lors de l'inventaire.	176	»	»
— pour droits de minute, contrôle, etc.	1.011	»	9
— aux curés de Thénac, Tesson[1], etc.	300	»	»
— au sieur Durret, pour façon des habits des domestiques, gens de Guinot.	45	»	»
— à Deschamps, aumônier.	500	»	»
— Forestier, secrétaire.	200	»	»
— Grégoire, chef de cuisine.	108	»	»
— Ardouin, —	52	»	»
— Oron, valet de chambre.	100	»	»
— Joseph, cocher.	42	»	»
— Boivin, palefrenier.	126	»	»
— Boin dit Poitevin, laquais.	129	»	»
— L'Eveillé, concierge.	262	»	»

[1]. Il y avait un vicaire secondaire à Tesson, et on lui avait fait faire un logement particulier.

—	Bouffineau, maître valet.	120	»	»
—	Theriau, postillon.	180	»	»
—	Torlay, jardinier	75	»	»
—	Jeanne Bertin, servante.	147	15	»
—	Laperche, garde-chasse.	100	»	»
—	La Luneau, servante	90	»	»
—	La Roux, —	84	»	»
—	Favre, fils du métayer et garde.	100	»	»
—	au curé de Thénac	36	12	»
—	pour les cierges au service de Tesson où assista M. de Saint-Simon.	43	14	6
—	pour les cierges au service de Rioux, au sieur Charpentier	23	1	3
—	au sieur Lamartinière, avocat, pour ses consultations concernant le deuil, les frais, les scellés, les inventaires, etc.	24	»	»
	Total [1]	8.212	14	4

APPENDICE XXIV

État des charges et revenus de M. de Monconseil

Un état des charges et des revenus de M. de Monconseil n'est pas inutile à donner ici, et nous y ajouterons en note des renseignements complémentaires :

CHARGES

Rentes seigneuriales sur les biens fonds en roture, tant à Saintes qu'à Tesson, Thénac, Courcoucy et Rioux. . 100 [l]

Les vingtièmes de Tesson et de Monconseil [2]. . . . . . . 1.120 [l]
Les vingtièmes de Courcoucy . 992 [l]
— de Rioux . . . 480 [l]
Du fond acquis nouvellement à Thénac . . . . 14 [l] 8 [s] } 2.773 [l] 10 [s]
De la métairie des Touches, en Rioux. . . . . 16 [l] 16 [s]
Des prés de Saintes. . . . . . 128 [l]
Des marais salants . . . . . 6 [l] 6 [s]

1. Il faut ajouter 4 livres 4 sols au sieur Jugeau pour le louage de la chaise qu'occupait M. de Monconseil à la cathédrale les jours de sermon.
2. Il y avait une métairie à Monconseil.

APPENDICES 255

La rente due au Prince de Pons, pour les biens corvées et Guet . . . . 200 [1]

L'aumône assurée aux pauvres des quatre paroisses de Tesson. Thénac, Courcoucy et Rioux . . . . 1.200 [1]

Legs viagers qui s'éteignent :
- à Grégoire. . . . . 300 [1]
- Prou. 150
- Bouffineau 200
- Torlay. 150
- Joseph. 200   } 1.550 [1]
- Ardouin. 100
- Mlle de Laage [1], religieuse à l'abbaye. 50
- Bironneau 400

L'intérêt, du 4 mai 1784, de la somme de 24.000 livres, prix de l'acquisition des douaires que le sr Gautret a faits en Rioux [2]. 1.008 [1]

Gages annuels :
- à Bouffineau, concierge. . . . . . 200 [1]
- Ardouin, garde-chasse 100
- Torlay, jardinier. 200
- Meraud, couvreur 110

REVENUS

Prix du bail de Tesson et de Monconseil. . . . . . . 8.500 [1]
— — Courcoucy. 6.200
— — Rioux (avant 1784 : 4.000 [1]), aujourd'hui. 3.500

Rente sur le fief de la Malterrière (1.100 livres au capital de 24.000 livres réduite en faisant distraction des 3/20). 924

Rente de 45 livres due par M. Berthon, assise sur un pré à La Pallue 45

1. Contrat de constitution de 50 livres de rentes envers Mlle de Laage, Marguerite, le 27 avril 1768, postulante dans la communauté de l'abbaye royale de Notre-Dame, hors les murs de la présente ville (Saintes) du jour où elle sera dame de chœur jusqu'à sa mort; fait au parloir devant Jacques-Elie Servant, demeurant en la paroisse de Sainte-Colombe à Saintes, et maître Jean Charron, notaire royal, demeurant au bourg de Thénac. Arch. nat., T. 206 1-3.
2. On proposa à cette époque à Mme de Monconseil de donner la terre de Rioux contre des rentes sur le clergé au denier 20.

Prix du bail d'une pièce de pré à La Pallue, achetée en 1780. 66
Pré venant de l'acquisition de Rouffiac réservé dans l'acte d'arrentement par supposition 250
Aussi par supposition de prés, qui viennent de la dame veuve Garnier et du nommé Lhonneau suivant les actes des 1er juin 1772 et 6 août 1774. 90
Produit annuel de marais salants. 35
Maison de Saintes 1.000
La petite Borderie de Touches, non compris la ferme de Rioux 200
Produit annuel par supposition de toutes les obligations réservées dans la ferme de Tesson et de Monconseil 1.200
Produit annuel des contrats de rentes constitués de M. de La Chambre, des nommés Bouquet, Chotard et Benetrau qui ne sont pas compris dans les baux de terre. 247

RÉSUMÉ

Revenus. . . . . 22.457 [1]
Charges . . . . 7.441 10 s
                                15.015 10 s

APPENDICE XXV

Partage des biens de M. de Monconseil

Le mardi 12 novembre 1782, eu lieu le partage des biens de M. de Monconseil et les conventions entre Mme de Monconseil, Mme de la Tour du Pin et Mme d'Hénin. L'acte ne fut clos que le 20 août 1783 chez le notaire Trutal [1], car il fallait auparavant procéder à l'inventaire.

Cet inventaire [2] fait à la requête de Mme de Monconseil, par son beau-frère, M. le comte de Saint-Simon, par devant Bironneau et Rétif, notaires royaux à Saintes, eut lieu les 16, 18, 19, 20, 21, 22, 23, 25, 26, 27, 28 novembre et les 2, 3, 4, 5, 6, 7, 8, 9 et 10 décembre 1782.

---

1. Arch. nat., T. 206 1-3.
2. Id. T. 206, fort registre.

L'inventaire fait seulement au château de Guinot et à l'appartement de Saintes produisit 78.536 livres 10 sols 6 deniers[1].

Outre l'argent trouvé à Guinot (2.082 livres 16 sols) et à Saintes (4.548 sols), la pesée de l'argenterie fournit 489 marcs 49 [2] :

Nous croyons intéressant de donner dans cet article un résumé de cet inventaire, qui comprend 187 feuillets.

INVENTAIRE

Sous ce couvert est la première expédition de l'inventaire des meubles effets ustensiles, titres papiers et renseignements délaissés par haut et puissant seigneur messire Etienne-Louis-Antoine de Guyot, marquis de Guinot et Monconseil.

Fait, etc...

« Mais nous sommes rendus au château de Guinot paroisse de Tesson......... au mandement de haut et puissant seigneur messire Jean-Louis Desnier Darchiac, comte de Saint-Simon, lieutenant général des armées du roy, demeurant ordinairement en son château, paroisse dudit St-Simon agissant comme fondé par procuration de haute et puissante dame Cécile-Thérèze-Pauline Rioult de Cursay, douairière et donataire en usufruit de haut et puissant seigneur Monsieur E.-L.-A. de Guinot, etc.

Le dit seigneur comte de St-Simon aurait donné sa requête au sieur juge de Pons appointé le 14 du mois de son ordonnance judicative de son transport avec le substitut et le greffier pour le jour de hier 9 h. du matin audit château, où le sieur Sellot greffier ne se rendit qu'après les trois heures de relevé......... la délivrance faite à nous dit notaire des clefs au nombre de trente-quatre......... desquels le dit Sellot greffier était nanty et est demeuré véritablement déchargé pour être les scellés trouvés sains et entiers et restés encore à la garde des sieurs Grégoire Beaudry et Pierre Rouffinaud.

La chambre qu'il occupait attenant le salon à manger, le tout au rez-de-chaussée sous le pavillon à droite du dit château prenant jour sur la cour...... Nous nous sommes transportés au-devant de la fermeture de la porte de ladite cour...

---

1. Il y a un état spécial de l'argenterie.
2. Citons une chaise à porteurs vendue 66 livres à M. de Beaune.

Le dit seigneur comte de St-Simon d'après la déclaration présentement faite par Maitre Nicolas-Pierre-Augustin-Alexandre Deschamps aumônier du dit feu seigneur marquis de Monconseil que les livres, journaux et renseignements concernant les domestiques étaient posés dans une petite armoire dénommée le trésor placé dans l'angle du salon à manger... On y trouva 2 petits livres pour 1782 et vingts clefs que les notaires[1] gardèrent.

50 louis en or de 24 livres pièce, etc.

Et étant montés tous en compagnie au premier étage et parvenus au-devant de la porte de la chambre régnant sur celle du billard.

Le 18 novembre on convoque Marie Heurtaux, veuve de Jean Maigné, et Catherine Guichard épouse de Jean Frémond marchandes fripières de Saintes pour apprécier les étoffes.

Pierre Torlay jardinier du château ; orangerie 19 y compris 2 citronniers.

5 pièces de tenture de tapisserie en laine à personnages faitte à l'antique appréciés 50 livres.

6 tableaux, dont un sur carton représentant Louis 14.

3 cartes sur grand papier avec leurs baguettes de bois peintes en noir représentant les édifices et maisons royales de Paris.

Jean Richard cultivateur à la maitairie de la Touche, paroisse de Rioux. Les Gautret frères marchands fermiers actuels de la terre et seigneurie de Tesson à eux dues par la métairie de Loumade.

Joseph Magnier, dit Champagne, charron habitant au village de chez Perron paroisse dudit Tesson.

Un carosse à 4 places.

1 voiture de campagne.

Il y a une chapelle au château.

1 cheval d'un âge inconnu 30 livres.

Dans la cave : ..Duquel susdit nombre de 346 bouteilles, 160 se sont trouvées pleines et par la dégustation d'Icelle dont 3 ont été débouchées il a été établi que 90 contiennent du vin vieux du cru du Médoc, en partie abcinthé, 60 autres du même cru moins vieux et plus potable et 50 autres de vin de Bourgogne avarié 60 livres.

1. Bironneau et Rétifs, notaires à Saintes.

3 barriques de vin rouge de l'année dernière du pays 145 livres non compris les fuls.

5 barriques de vin rouge.

6 barriques de vin rouge.

11 barriques de vin blanc.

7 chevaux.

5 furent envoyés au comte de la Tour du Pin occupant l'hôtel seis rue et paroisse Saint-Maur de la ville de Saintes.

Les 7 autres vendus. Sçavoir : un cheval surnommé Badin au père prieur de l'hôpital de la charité.

La jument poitevine à Cadoreau de Rioux.

La jument au poil rougeâtre à M. de Pumart.

La jument au poil souri à M. le chevalier de la Porte.

Le cheval surnommé Mouton à M. Darmé.

Et les 2 autres surnommées Le Turc et Le Robuste à M. Daussy commissaire des guerres.

11 chiens courants à M. Henry D'Eguère.

5 vaches laitières.

Dans les papiers on trouva : Un mémoire de notes concernant le dénombrement du marquisat de Guinot :

Lettres patentes portant établissement d'une maison de charité à Tesson.

Liasse contenant l'acte de fondation pour l'éducation de plusieurs demoiselles de condition au couvent des filles mères Notre-Dame de Saintes.

Lettres patentes établissant les foires et marchés à Tesson contenant 4 cahiers y compris la requête présentée au parlement qui en a permis l'enregistrement.

Une copie signée duc de Choiseul de la ratification d'une donation de 10.000 livres de rentes ou pension viagère faite par le roy de Pologne à M. et à Mme de Monconseil.

Un petit arbre généalogique de la famille avec 4 différentes connexions de places militaires.

Pièces concernant le dénombrement du fief de la Chucherie relevant du marquis de Monconseil.

Un sac contenant les lettres patentes qui érigent la terre de Tesson, Gradel, Thenac et Courcoucy en marquisat sous la dénomination de marquisat de Guinot fait tant à Bordeaux qu'à la cour des aydes avec plusieurs contrats d'acquisition faites par le dit seigneur de Monconseil pour augmenter ledit marquisat, au nombre de 60.

Dénombrement, hommages, etc., remontant à 1457 jusqu'en 1610 des fiefs concernant les Chaigeaux passés au seigneur de Rioux en 1529 et un hommage rendu à Pons par le seigneur de Monconseil en 1635.

3 anciens censifs de la seigneurie de Tesson.

11 registres d'audiences de la juridiction de Tesson avec toutes les procédures de greffe jusqu'en 1773 inclusivement.

Baillettes de la terre de Courcoucy.

1 liasse de 10 anciens titres concernant la seigneurie du prieuré de Saint Eutrope de Saintes, avec une procédure informe commencée depuis longtemps entre le sieur Pichon de la Gard et le dit prieuré.

Un dénombrement de 1540 et un autre de 1632; une transaction entre M. le prince de Pons et M. Le Blanc seigneur de Courcoucy de 1638. Copie d'un arrêt qui maintient ledit seigneur de Courcoucy dans le droit de pêche avec 3 hommages sur papier timbré de 1601, 1605 et 1632.

Un censif de la terre de Courcoucy.

Lettres patentes portant établissement de foires et marchés à Rioux.

Une quittance sur parchemin donnée à George le meunier.

Sentence du Bureau des domaines en faveur du seigneur de Rioux.

Arrêt contre le seigneur de Thenac.

Partage de Rioux et Cravant avec 2 titres aussi très anciens qui constatent que le champ de foire est dans un terrain appartenant au seigneur de Rioux.

Pièces de procédure instruite en 1768 au sénéchal de Saintes entre dame Marie Guinot, les sieurs Nicolas Dubois et Louis Guinot, sieur de Moragne.

Pièces de procédure contenant le décret de la terre de Rioux en 1737 et 3 anciens papiers cencifs de Rioux, avec un papier de recette.

Le décret des biens de M. Tizon du 18 mars 1628.

Une sentence de l'officialité de Saintes parlant entérinement du bref de dispense pour la célébration du mariage de messire Gilles de Guinot et Charlotte de Bremond, du 3 janvier 1646.

Une autre dispense du second au troisième degré accordé par le roy à Gilles de Guinot et Jeanne Vigier, du 28 janvier 1666.

Une sentence arbitrale entérinée sur la réddition de compte fourni à Mlle de Monconseil du 27 juillet 1724.

8 contrats de mariage des ancêtres du marquis de Monconseil datés 1611, 1640, 1641, 1658, 1659, 1679, 1692.

Expéditions sur testament 1606, 1633, 1640, 1650, 1667, 1678, 1679, 1681, 1753.

Copies et transactions avec le délaissant de biens-fonds fait par le dit Monconseil au curé de la paroisse de Thénac à la charge de dire 12 messes annuellement par acte du 25 oct. 1731, mise en forme à Gemozac le 26.

Ensemble une délibération des habitants de la même paroisse portant acceptation du susdit délaissement par acte du 20 nov. 1735, contrôlé à Saintes le 22.

Une déclaration notarié en forme fournie par Mlle de Monconseil au seigneur de Villars, du 20 décembre 1759.

Une procédure instruite au sénéchal de Saintes entre messire François Raymond de Rivières, dame Anne Ferrand, épouse de M. de Saint-Simon, M. Guinot de Moragne et autres remontant en l'année 1710.

Une procédure en 1766 et 1767 entre Guinot de Monconseil et le Sr Poitevin consernant le retrait des terres et seigneuries de Mauléon en Rouffiac et un pré en enclave devant la ville de Saintes.

Production pour messire Jacques de Francfort écuyer seigneur des Fribaud deffendeur contre demoiselle Henriette Guinot de Monconseil dont l'instance portée au sénéchal de Saintes remonte à 1722.

Liasse de pièces qui établissent que les auteurs de Guinot avaient en propriété des marais sallants en la paroisse de Saint-Jean-d'Angely remontant à 1618

Hôtel de Guinot à Saintes, rue Saint-Maur, présentement occupé par le comte de la Tour du Pin, lieutenant général commandant dans la province de Poitou, Aulnis et Saintonge.

Jean Girard dit l'Eveillé, concierge.

Ardouin ancien domestique du feu marquis.

Joseph Merle marchand orphèvre appreciateur.

Appartement à l'extérieur de la maison des religieux conventuels, faubourg de St-Vivien, Saintes :

Ouverture faite de la porte de partie du dortoir dépendante

dudit appartement avons remarqué une armoire moyenne très ancienne faite jadis en parqueterie.

Un vestibule ou corridor prenant jour à l'autre bout par une croisée sur la terrasse.

107 volumes.
Salle à droite.
Petite chambre.
Salle à gauche.

Partie du cloître formant entrée à l'appartement au 1er étage, autre porte, antichambre et remise.

APPENDICE XXVI
M. Bironneau chargé d'affaires de Mme de Monconseil.

On remarquera que depuis son mariage, M. de Monconseil avait acquis en Saintonge pour 31.194 livres, 19 sols, 9 deniers de terres.

Le lot de Mme de Monconseil se composa : 1° de ses biens personnels s'élevant à 89.524 livres, 13 sols, 1 denier, et 2° des biens en communauté s'élevant à 457.394 livres, 8 sols, 8 deniers.

Le lot de Mme la princesse d'Hénin fut en réalité composé de :

La terre de Courcoucy..............	141.000 l
Le terre de Monconseil.............	27.000 l
Son rapport de la valeur de la maison rue de Varenne....................	120.000 l
A prendre sur le rapport des pensions.	673 l 17 s 5 d
	288.673 l 17 s 5 d

Ce fut le notaire Bironneau qui s'occupa de faire valoir les terres de Mme de Monconseil à partir de 1783. Nous avons de lui une lettre importante que voici :

« Madame,

« Je suis charmé que les états que je vous ai envoyés aient servi à régler vos petits comptes avec madame la princesse d'Hénin.

« Actuellement, je vais reprendre la suite de ceux des recettes et dépenses faites tant par M. le comte de Saint-Simon que par moi et partir pour cela du dernier arrêté signé de vous Madame et daté du 20 juin 1785.

« En conséquence, vous trouverez ci-joint le compte de tout ce qui a été reçu et dépensé depuis cet arrêté jusqu'à ce aujourd'hui 7 février.

« Vous y verrez que la recette s'élève à   8.720^l 2^s 10^d
et la dépense à...   8.239^l 12^s 10^d
_____
480^l 12^s

« N'ayez donc plus de scrupules Madame et servez vous à votre gré du montant des lettres de change que je vous ai fait passer, ce qui est bien à vous, puisque j'ai encore 480 livres 10 sols en caisse en y comprenant les 367 livres 16 sols de Mme la comtesse de Ueth (Mlle de Broglie) que j'y ai versées, dès que vous avez bien voulu les lui acquitter. Je ferai de ces 480 livres 10 sols l'usage qu'il vous plaira de me prescrire.

« Je vois par la lettre de Mme d'Hénin à M. Faure qui me l'a communiquée, qu'elle n'accepte pas l'offre du sieur Roudier pour le petit fief de Thénac, j'en suis faché, car je crains bien qu'on ne puisse en tirer de quelqu'autre un aussi bon parti. Je dois voir cet acquéreur sous peu de jours, je lui ferais part de la dernière volonté de la princesse et l'engagerais de mon mieux à y souscrire. Les objets sont à sa convenance mais il y a beaucoup de rentes dues à ce fief qui sont un peu chères de sorte qu'il craint l'abandon des fonds de la part des rentiers : quelques-uns même, menacent déjà de déguerpir ce qui pourrait faire tort à la vente de ce fief. MM. de Saint-Simon et Le Faure croient que 33.000 livres forment toute sa valeur.

« Bironneau.

« Saintes, 7 février 1786. »

APPENDICE XXVII

*Madame la marquise de Monconseil
à Passy*[1]

Dans notre histoire du château de Bagatelle, nous disons que Mme de Monconseil habita Passy. Il nous paraît inté-

___
1. En 1766, elle loua à Belleville une maison appartenant à M. Favart. Arch. nat., T. 206³.

ressant de donner ici quelques renseignements sur la maison que la gracieuse marquise loua et sur son séjour si près du bois de Boulogne.

L'entretien de Bagatelle était devenu trop dispendieux pour elle et elle en avait vendu l'agrément à M. de Boisgelin, qui cependant n'avait pas obtenu du Roi un brevet de don à vie du domaine, brevet dont la marquise conservait la jouissance.

Quoiqu'elle eût son hôtel rue de Varennes, un vaste appartement rue Sainte-Anne dont les Montmorency-Laval étaient les propriétaires et qu'elle songea alors à louer un hôtel Chaussée-d'Antin, ce qui devait avoir lieu en 1776, Mme de de Monconseil avait passé de si bonnes années au bois de Boulogne, qu'elle ne put résister au désir de s'en rapprocher et qu'elle loua rue Basse, près la seigneurie, une maison qui appartenait à M. Bertin et connue sous le nom de « maison des parties casuelles ». Vers 1773, M. Bertin vendit cette maison à M. Leroy de Chaumont.

C'est en 1774 que Mme de Monconseil loua cette maison. Le premier bail d'une année fut signé le 1er mai[1] « moyennant le prix de 3.000 livres payable par termes de six mois et d'avance[2] ».

Cette maison se composait d'un grand corps de bâtiment à deux ailes, et de deux étages, dont faute de plan et d'estampes, nous avons une description sommaire donnée par un « mémoire des fournitures de papier et collage fait pour Mme de Monconseil en sa maison à Passy sous les ordres de M. Doyen marchand tapissier, par M. Berger marchand de papier rue Saint-Nicaise, dans le courant du mois de juillet 1785[3].

En dehors des pièces de réception, salle commune et salle à manger, il y avait au rez-de-chaussée, aile gauche, cinq chambres occupées par le portier[4], le garçon d'office à côté, M. Coquet, M. Tournon et la garde-robe de M. Grégoire,

---

1. Arch. nat., T. 206¹⁻³.
2. Id., T. 206⁵.
3. Id., T. 206¹⁻³. Le mémoire, vérifié, s'élève à la somme de 865 livres 10 sols, 6 derniers.
4. Le concierge fut de 1774 à 1786 un sieur Joly ; et de 1785 à 1790 un sieur Lajou.

Baudry, maître d'hôtel, premiers domestiques de la maison qui suivaient la marquise dans ses déplacements.

Au premier étage, la chambre de la marquise donnant sur la rue communiquait à deux gardes-robes, l'une sur la cour, l'autre sur la rue ; en dehors de la chambre de Mme Tournon, était la chambre de Mme la princesse d'Hénin, la fille choyée de Mme de Monconseil, Bijou ; cette chambre en alcôve était encadrée de deux niches qui servaient de garde-robe.

Dans notre *Histoire de Bagatelle*, nous disions en parlant de Mme la princesse d'Hénin : « Sa réputation fut attaquée en deux occasions ; d'abord au sujet du chevalier de Coigny, et ensuite du marquis de Lally-Tollendal. La première de ces médisances fut à peine fondée, la seconde devint respectable, car il s'ensuivit une amitié dévouée qui dura jusqu'à la mort[1]... »

Si la première de ces médisances ne dura guère, elle fut cependant fondée. M. le chevalier de Coigny avait un vaste appartement au deuxième étage de la maison, au-dessus de celui de Mme la princesse d'Hénin. Cet appartement se composait d'une chambre, d'une alcôve, d'un cabinet, une garde-robe, ainsi que d'une chambre pour son domestique. Étant le seul personnage qui habita la maison en dehors de la domesticité, nous croyons qu'il vaut mieux ne pas insister.

A ce même étage, mais alors du côté droit, était le cabinet de M. Battaise, le commun pour les domestiques, une grande chambre, une garde-robe, la chambre du vieux domestique Jean-Théophile Sibille, valet de chambre, qui malheureusement n'a laissé aucun mémoire, celle des femmes de chambre et celle des femmes de Mme la princesse d'Hénin.

Tandis que Mme de Monconseil gardait auprès d'elle sa fille chérie et M. le chevalier de Coigny, sa fille aînée Mme de la Tour du Pin était exilée à l'aile droite dont elle occupait le rez-de-chaussée et une partie du premier étage. On trouvait à ce rez-de-chaussée la chambre de la comtesse, la chambre de Mme et de Mlle Melede, celle de sa femme de chambre sous l'escalier, la cuisine, l'office et la chambre du

---

1. *Vie de la princesse de Poix*, par la vicomtesse de Noailles sa petite-fille, publiée en 1855 par Mme la duchesse de Mouchy, fille de la vicomtesse de Noailles. Bibl. nat.. Ln[27] 16445. p. 26-28.

cuisinier, tandis que le premier étage se partageait en quatre chambres ou garde-robes, à l'usage des invités.

Autour de la maison régnait un petit jardin entretenu par un sieur Bassot. Mais voici Louis XVI marié, et la reine fait de fréquentes visites au château de la Muette où elle passa sa dernière nuit, avant de se rendre à Versailles qui devait lui donner tant de joies et ses premières douleurs.

Mme la princesse d'Hénin était dame du palais de Marie-Antoinette et l'accompagnait à la Muette, tandis que le prince d'Hénin, capitaine des gardes du corps du comte d'Artois, accompagnait ce prince à Bagatelle, qui devenait si gracieux sous la baguette magique de Belanger. Il est bon de dire que si la princesse d'Hénin avait des attentions pour le chevalier de Coigny, son mari en avait de plus connues pour Mlle Raucour, la célèbre tragédienne. Elle recevait de lui une rente viagère de 18.000 livres comme nous le prouve une quittance signée de sa main en date du 1er janvier 1792 et dont voici la teneur :

« Je soussignée, reconnais avoir reçu de M. le prince d'Hénin la somme de 18.000 livres pour une année de la rente viagère que j'ai sur mon dit prince, laquelle échoie le dernier décembre mil sept cent quatre vingt onze ; la présente quittance annulle toutes celles que j'aurais pu donner dans le courant de la dite année quatre vingt onze tant au nom de M. le prince d'Hénin qu'en celui de M. Happey son chargé d'affaires. Paris ce premier janvier mil sept cent quatre vingt douze.

« DE RAUCOUR. »

La tragédienne avait alors trente-neuf ans.

Le dernier paragraphe de cette quittance s'explique en ce que Mlle Raucourt paya son peintre M. Aubert en mandats de M. le prince d'Hénin sur M. Happey et acceptés par lui. Le premier de ces mandats de 200 livres payables le 30 juin 1791 ; le deuxième également de 200 livres payable fin août ; et le troisième de 147 livres, payable fin octobre de la même année [1].

Le prince d'Hénin qui habitait alors rue Royale, avait du

1. Arch. nat., T., 580³.

reste un quart de loge à la Comédie-Italienne, loge n° 2, au quatrième, côté du roi, et qui lui coûtait 300 livres par an [1].

Le résultat de la vie séparée que menaient les deux époux fut que chacun fît de telles dépenses, que le prince pour sa part devait le 1er octobre 1790 : 144.890 livres, 6 sols, 1 denier. Et que le sieur Caillou chargé de mettre de l'ordre dans ses affaires n'arriva qu'à de piteux résultats, les dépenses excédant toujours les recettes [2].

Le prince et la princesse d'Hénin étaient du reste séparés de biens par sentence rendue en la chambre du conseil du Châtelet, le 5 juin 1784.

La vie à la Cour que menait la princesse l'engagea également à faire des dépenses assez considérables. Dès l'année 1773, Mme de Monconseil était obligée d'emprunter 75.000 livres pour payer les dettes de sa fille.

Elle ne pouvait pas se contenter des nouveautés vendues dans les boutiques de Paris. Très éprise de toilettes, le 10 mars 1785 elle fait remettre au capitaine du vaisseau *Le Dauphin* qui arme pour la Chine une liste d'objets de toutes sortes et principalement d'étoffes de soie, ainsi qu'une somme de 5.876 livres d'avance, avec une recommandation au capitaine, celle de ne rien omettre et de ne pas regarder à la dépense [3].

Il en est de même pour ses bijoux. L'enfant gâtée de Mme de Monconseil devant assister à une fête, emprunte à la comtesse de Simiane quelques-uns de ses bijoux, notamment une paire de Mirza consistant en chacun dix pierres fines et une boucle de ceinture moulée de vingt-six pierres fines et une plume de héron (7 juin 1787).

Mais la maison de M. Leroy de Chaumont avait fréquemment besoin de réparations qui étaient faites au compte de Mme de Monconseil. Les mémoires des entrepreneurs sont vérifiés et abaissés par Belanger, le premier architecte du comte d'Artois. C'est Briant, le serrurier [4] ; Dupeux, l'entrepreneur de maçonnerie, demeurant à Passy rue de l'Eglise ;

---

1. Arch. nat., T. 580³. Quittance du 17 septembre 1791.
2. Id., T. 580³. Voir deux états du sieur Caillou, le 1er du 13 février 1792, le 2e du 31 janvier 1793.
3. Id., T. 206⁸.
4. Id., T. 206⁸. Mémoire de 1785. Arch. nat., T. 206¹⁻³. Mémoire du 30 mai 1787.

Menageot, qui refait la couverture[1] ; Roger, le peintre[2] ; André, le frotteur qui habite au château royal de la Muette ; Bragairat, le paveur ; Bondet, le carreleur ; et le mémoire des raccommodages d'ébénisterie faits aux meubles de la maison de Mme la marquise de Monconseil, à Passy, par le Maize, maître menuisier, entrepreneur des bâtiments du roi, demeurant au château de la Muette[3]. Et nous citons pour mémoire les réparations faites à la diligence de campagne[4].

Lorsque Mme de Monconseil mourut en son hôtel de la Chaussée-d'Antin en 1786, un inventaire de ses biens fut fait.

Le jeudi 15 février 1787, les hommes de loi vont du village de Passy distant d'une lieue de ladite ville (Paris). Là « est une maison appartenant à la ditte dame défunte à vie seulement, et la propriété à M. Leroy de Chaumont, la ditte maison sise rue Basse et où ils sont arrivés à neuf heures du matin ». La prisée fut faite par maître Duchemin sur la présentation qui en fut faite par dame Elisabeth Mongeot, femme dudit sieur Baudry, ci-devant nommé concierge de ladite maison et y demeurant.

La maison avait été louée meublée. Il ne fut donc inventorié que les vêtements, les bijoux, etc.

Ce qui nous a paru intéressant à noter, ce sont les principaux ouvrages de la bibliothèque qui se composait d'environ deux mille cinq cents volumes et qui nous montrent ce qu'une grande dame de cette époque, intelligente et lettrée, pouvait lire avec le plus d'agrément.

C'est la *Bible*, par Sacy ; les *Sermons* du Père Neuville ; les *Caractères* de Théophraste ; les *Maximes pour l'instruction d'un roi* ; l'*Histoire naturelle* de Buffon ; les œuvres de Saint-Réal ; le *Traité des Etudes*, par Rollin ; les œuvres de Clément Marot ; les *Géorgiques*, traduction de l'abbé Delille ; le Théâtre de Corneille, Molière, Favart, Voltaire, *Shakespeare* ; les œuvres de la Chaussée ; l'histoire de don *Guichote* ; le

---

1. Menageot et son fils demeurant à Paris, rue de Gaillon, Butte Saint-Roch ; mémoire d'avril à juin 1786.
2. Roger, demeurant à Passy. Montant du mémoire : 283 livres, 17 sols, 7 deniers. Arch. nat., T. 206[1-3].
3. Arch. nat., T. 206[1-3].
4. Id., T. 206[8]. N'oublions pas le sieur Pharaon, boulanger à Passy.

Calendrier Fidel ; les œuvres de Fontenelle : le *Roman de Clelia ;* les *Œuvres du Sentiment,* par Darnaud ; le *Roman de Circé ;* les romans historiques de Mlle de la Force ; les œuvres de Mme de la Fayette ; les mémoires de Cécile, par M. de la Place ; la *Nouvelle Héloïse ;* les œuvres d'Hamilton ; les *Aventures de Robinson Crusoé ;* les *Mémoires d'un homme de qualité,* par l'abbé Prévot et huit volumes de la bibliothèque des français, de l'abbé Gouget.

Tout cela estimé fut vendu aux enchères, et le montant fut intégralement partagé entre les deux sœurs : Mme de la Tour du Pin et Mme la princesse d'Hénin.

La maison de la rue Basse fut abandonnée par les filles de Mme de Monconseil, et connaître quels furent les autres locataires sort du cadre de cette petite notice.

APPENDICE XXVIII

Dix-huitième conseil de Monseigneur le comte d'Artois tenu à Versailles le 20 août 1775[1].

Monseigneur

à la droite	à la gauche
M. le Chancelier.	M. Laurent de Villedeuil, secr. des commandements.
M. de Montcrif, 1er conseiller.	
M. Danjou, intendant des finances.	M. Guyot de Fremont, contrôleur général.
M. Elie de Beaumont, intendant des finances.	M. de Cheveru) intendants M. de Beauvoir) des finances.
M. Nogaret, trésorier général.	M. Rousselot) conseillers.
M. Doilot) conseillers. M. Bourboulon)	M. Delaune)

M. de la Robolle, avocat général.
M. Silvestre, procureur général.

Et à une table placé à costé de la cheminée et de Mgr, derrière le tabouret de M. le chancelier, M. Bourdin secrétaire du conseil[2].

3 — Arrêt pour la nomination des commissaires de Mgr pour l'acquisition de Bagatelle dans le bois de Boulogne.

Mgr, désirant acquérir de M. Pierre-Gabriel-Maurice Joseph

1. R¹ 388, p. 41.
2. Une note dit que cet arrêt est du 24 sept. 1775.

d'Alsace de Henin Lietard comte de Bossu prince de Chimay Grand d'Espagne de la première classe, et madame Laure Auguste de Fitz James son épouse l'usufruit par eux acquise du sieur de la Regniere d'une maison cour et jardin appelée Bagatelle située près d'une des portes du bois de Boulogne entre le chateau de Madrid et la porte de Longchamp le dit usufruit placé sur la tête et pendant la vie de la dame marquise de Monconseil à qui le feu Roi en avait fait don par deux brevets du 28 may 1747 et 25 octobre 1748 et l'intention de Mgr étant que les glaces, ornements, meubles et effets mobiliers qui seront dans la dite maison soient compris dans l'acquisition qu'il entend en faire aux conditions cy après exprimées ouï le rapport du sieur Danjou conseiller en tiers des conseils et intendant de ses maisons domaines et finances et en le brevet sus datté et les ventes successives faites par la dite dame de Monconseil au sieur comte de Boisgelin, par lui au sieur de la Regnière et par le dit sieur de la Regnière aux dits sieurs et dame prince et princesse de Chimay les 30 juin 1772, 21 mars, 18 et 22 sept. 1774.

Monseigneur étant dans son conseil a ordonné et ordonne que par le sieur Bastard son chancelier garde des sceaux et surintendant de ses maisons jardins batiments domaines et finances et le sieur Danjou conseiller en tous ses conseils intendant de ses maisons domaines et finances qu'il nomme et constitue ses commissaires à l'effet de ce qui suit. Il sera passé pour lui et en son nom avec les dits sieurs Prince et Princesse de Chimay solidairement et sous toute garantie de droit au contrat contenant vente et cession de leur part au profit de Mgr sous l'acceptation des dits sieurs des commissaires de l'usufruit de la maison appelée Bagatelle et ses dépendances ensemble de tous les meubles meublants, glaces ornements et effets mobiliers généralement quelconque tels qu'ils sont compris dans l'état qui en a été annexé à la minute de l'acte passé devant Laleu et son confrère notaires au Chatelet de Paris le 21 mars 1774 entre le sieur comte de Bois Gelaint[1] et le sieur de la Regnière lequel contrat sera fait aux conditions et moyennant les prix qui suivent :

1º A la charge de rendre au décès de Mme de Monconseil

1. Mis pour Boisgelin.

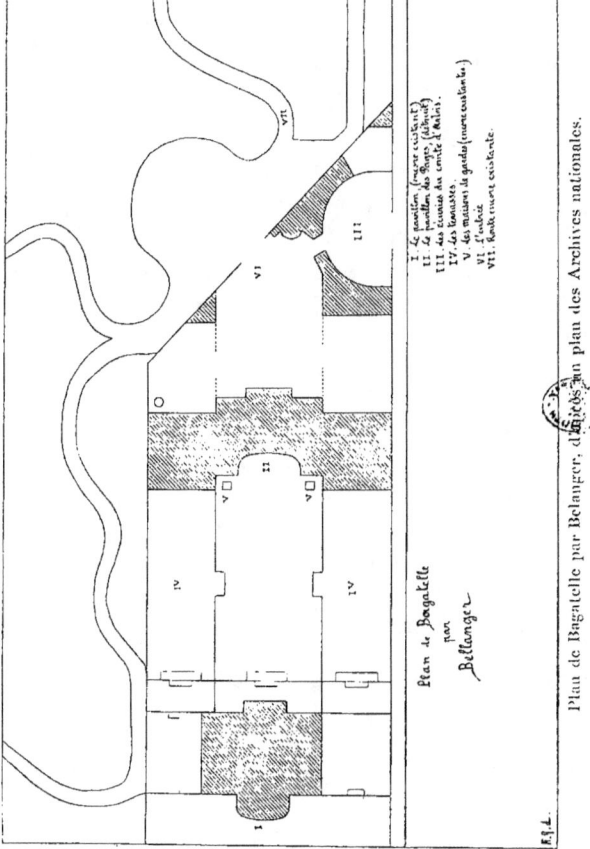

Plan de Bagatelle par Belanger, d'après un plan des Archives nationales.

la dite maison et dépendances en tel état de réparation et de la même manière que la dite dame en est tenue en sorte qu'elle ni son représentant et ayant cause n'en soyent inquiétés ni poursuivis ;

2° De payer les droits auxquels la vente pourra donner lieu ;

3° De payer pour le prix du dit usufruit la somme de 21.000 livres soit aux dits sieurs Prince et Princesse de Chimay soit à ceux auxquels ils pourront faire délégation de tout ou partie dudit prix ;

4° De payer pareillement la somme de 15.000 livres pour le prix des glaces, ornements, meubles et effets mobiliers contenus dans l'état annexé à l'acte sus datté.

Moyennant les dites conditions et payement les dits sieurs commissaires feront subroger Mgr par les dits sieurs Prince et Princesse de Chimay dans tous les droits et actions résultant du contrat de vente à eux faite de la susdite maison et dépendance par le dit sieur de la Regnière par acte passé devant Laideguine et son confrère notaires au Chatelet de Paris le 22 septembre 1774 et notamment dans le droit de se faire rendre par la succession et héritiers de la dite dame de Monconseil la somme de 160.000 livres dans le cas où la dite dame prédécéderait le dit sieur prince de Chimay et dans le droit résultant du cautionnement de la dite Marquise de Polignac pour l'exécution de la dite condition stipuleront généralement toutes les autres clauses et conditions requises en pareil cas, Mgr lui donnant à cet égard tout pouvoir, signé Bastard et Danjou.

APPENDICE XXIX

Note sur Belanger.

Belanger, le célèbre constructeur de Bagatelle, fut admis chez Sophie Arnould, dont les mots sont célèbres[1] en 1771 et,

---

1. Dans l'Arnoldiana, nous trouvons le suivant : Mlle Miré fut plus célèbre par les passions qu'elle inspira que comme danseuse. Un musicien qu'elle avait favorisé étant venu à mourir, Sophie composa son épitaphe, qui est bien aussi une épigramme : la mi ré la mi la (La Miré l'a mis là).

Une autre fois, Sophie disait, en voyant jouer une actrice fort maigre : « Il n'est pas nécessaire d'aller à Saint-Cloud pour voir jouer les eaux. » Elle n'épargnait pas ses camarades.

comme il était jeune et aimable, que l'amoureuse cantatrice le prit comme successeur du comte de Lauraguès[1] dont elle avait eu trois enfants dont l'un. Constant Dioville de Brancas, colonel au 11ᵉ régiment de cuirassiers, fut tué à l'affaire de l'île de Lobau.

M. le docteur Chandebois s'exprime ainsi au sujet de cette liaison :

« Un instant, elle songea à quitter sa vie turbulente pour épouser ce petit bourgeois qui ne demandait pas mieux.

« *Mlle Arnould, après s'être égayée aux dépens de tant d'autres, vient de fournir matière aux rieurs par le mariage le plus sot.*

« Ainsi s'exprime Bachaumont, et comme lui tout le monde crut à ce mariage. On cria à la mésalliance. Une reine de l'Opéra épouser un architecte! Quelle chute affreuse! Elle laissa croire assez longtemps qu'elle était devenue Mme Belanger et ne se fâcha point des plaisanteries quand on lui demanda ce qu'elle comptait faire de cet architecte :

« *Il utilisera, répondit-elle, les pierres qu'on lance dans mon jardin.*

« Sophie n'eut jamais un ami plus dévoué que ce mari de comédie. Le secret connu, il resta son défenseur et son conseiller, veillant sur elle de près ou de loin. Intendant de sa fortune et de sa gloire, il l'empêchait d'emprunter à trop gros intérêts, il lui organisait des triomphes au théâtre ; il défendait sa réputation l'épée à la main. N'exagérons pas, son duel avec le marquis de Villette ne fut pas terrible ; il avait été convenu que les deux rivaux se présenteraient l'un contre l'autre, l'épée à la main, qu'on les séparerait ; ce qui a été fait. Ce fut un duel pour « semblant ».

« Belanger voulait faire plus, il rêva un temple pour sa divinité. Chassée de son hôtel de la rue des Petits-Champs par l'incendie de l'Opéra, Sophie s'était réfugiée dans un appartement de la rue Caumartin, où elle s'y trouvait à l'étroit. Il résolut de lui bâtir une demeure plus belle encore que le palais de la Guimard. Il se mit à l'œuvre et fit merveille. Cet hôtel était un éblouissement, tout de marbre et d'or avec des

---

[1]. Il donna à chacun de ces enfants 1.500 livres de rente, comme le témoigne la pièce des Arch., y. 425.

peintures splendides, des jardins, des statues... Malheureusement, il n'exista jamais que sur le papier[1].

« Belanger bâtissait en Espagne, Sophie s'y était prise trop tard ; suivant une expression de l'époque, le Pactole commençait à tarir dans son boudoir. Déjà, en 1774, l'étoile de notre héroïne était à son déclin : une à une, la fortune lui reprenait toutes les faveurs dont elle l'avait comblée. Son premier revers date de 1766, c'était un avertissement, elle ne songea pas à en tenir compte. Chutée, dans Sylvie, elle dut abandonner ce rôle.

« Deux ans plus tard, elle eut la malencontreuse idée de prendre celui de Colette, dans *le Devin du Village*, composé par Jean-Jacques Rousseau, à Passy, lorsqu'il y prit les eaux. Elle y fut détestable, de l'avis même de ses amis. Ne voulant pas s'avouer vaincue, elle désira alors interpréter Colin dans la même pièce, rôle que Mme de Pompadour avait joué au château de Bellevue, avec le plus grand succès. Sophie échoua encore et ne fut pas applaudie comme elle s'y attendait.

« *Ah! dit-elle en rentrant au foyer, je le sens maintenant l'habit ne fait pas le moine.*

« En 1778, elle fut forcée de quitter le théâtre : sa voix l'avait trahie. Il lui restait son esprit, et on ne manqua pas de le lui dire pour la consoler. Marin, doyen des gens de lettres, lui adressa les vers suivants :

> Quand on a tant d'esprit, de grâce, de finesse,
> Comment peut-on éprouver des regrets !
> Les agréments de la femme...
> Valent-ils tous les dons que le ciel vous a faits,
> Ces mots heureux, ces vives réparties
> Ces traits brillants, ces aimables saillies,
> Cet art de raconter qu'on n'imite jamais ?
> C'est ainsi que par ces bienfaits
> La Nature vous dédommage,
> Qu'elle vous venge de l'outrage
> Que les ans font à vos attraits.

« Chose curieuse, cet impromptu est écrit au dos des deux billets d'entrée que Belanger avait fait graver pour les personnes désireuses de visiter Bagatelle après l'achèvement des travaux. Ce sont deux petites cartes à la Fragonard, tirées en

---

1. Biblioth. nat., Cabinet des Estampes, Topographie de Paris, t. 80.

bistre et représentant sous de grands arbres des sphinx jetant de l'eau dans un bassin. Au milieu on lit :

BAGATELLE

Laissez entrer la personne qui vous remettra le présent
Ce. 17

POUR QUATRE PERSONNES

« Le comte d'Artois permit, en effet, aux Parisiens de visiter le palais qu'il venait d'improviser; ils y accoururent en foule. Mlle Arnould s'y trouvait avec Belanger. Fière de son succès, elle lui murmura à l'oreille :

« *Vous devez être bien satisfait de votre ouvrage, Paris s'occupera longtemps de Bagatelle.*

« Au moins les revers ne chassent pas Belanger; on le retrouve encore auprès de Sophie, faisant ménage avec elle. C'est elle qui veut rompre leur liaison, elle s'éprend de Florence, un des plus tristes acteurs de la Comédie-Française. Belanger se plaint, essaye de remontrances ; l'ingrate, pour le nouveau venu, congédie le vieil ami, lui écrit pour lui signifier de ne plus remettre les pieds chez elle. Que fait alors l'amant en disgrâce ? Il met sous un nouveau pli la lettre qu'il vient de recevoir, lettre qui ne porte pas de nom et il l'expédie à Florence. Florence se croit congédié, n'ose reparaître. Quand le quiproquo s'expliqua, la fantaisie de Sophie était passée ; elle fut la première à rire de ce bon tour. Murville en fit une pièce : *mon compte-rendu*, disait-elle [1]. »

Les années sombres commencent bientôt après; adieu les jours de fête, le bon temps d'autrefois où tout était beau. Belanger lui-même l'abandonna pour épouser Mme Dervieux. Sophie se retire à Clichy-la-Garenne où elle est surprise par un camarade, cuisinant, faisant un roux.

— Tu crois que je ne pouvais faire qu'une rousse?

Allusion à la chevelure de sa fille Alexandrine.

---

[1]. Bull. de la Société historique d'Auteuil et de Passy.

APPENDICE XXX
Note sur Chalgrin

Jean-François-Thérèze, né à Paris en 1739, mort à Paris le 21 janvier 1811. Il appartenait à une famille honorable de la bourgeoisie parisienne. Il obtint en 1758 le grand prix de l'Académie d'Architecture et une pension du Roi pour résider trois années en Italie. A son retour de Rome, il construisit en 1765, pour le duc de la Vrillière, l'hôtel existant encore aujourd'hui a l'angle de la rue de saint Florentin et de la rue de Rivoli et qui appartient aujourd'hui à la famille Rothschild. Chalgrin fut admis à l'Académie royale d'Architecture en 1770 et à l'Institut en 1799. Architecte du Roi, premier architecte du comte de Provence et intendant des bâtiments du comte d'Artois, Chalgrin épousa en premières noces Marguerite-Emilie-Pulchérie, fille de Claude-Joseph Vernet, le célèbre peintre de marines.

APPENDICE XXXI
Extrait des registres du conseil d'État
Marly, 2 mai 1781 [1].

Le Roy étant informé que pour rendre les abords du château de Bagatelle appartenant à M. le comte d'Artois, frère de Sa Majesté, plus commodes et plus agréables, il est nécessaire d'ouvrir deux routes dans le bois de Boulogne :

La première : partant de Bagatelle à la porte des Princes ;

La deuxième : partant de Bagatelle à la porte Maillot, passant par la croix d'Armenonville ;

Et qu'il serait aussi nécessaire de redresser et d'élargir la route venant du château de Madrid à Bagatelle et allant à la porte de Longchamp.

Ouy le rapport du sieur Moreau de Beaumont, conseiller d'Etat ordinaire et au conseil royal des finances... et en présence du sieur Louis-Francois Du Vaucel, grand maître des Eaux et Forêts de Paris...

Signé : Amelot,
Du Vaucel,
pour Monseigneur, comte d'Artois.
Deroy.

[1]. Arch. nat. Z¹ᵉ 296.

APPENDICE XXXII

Extrait de l'acte de mariage de Louis-Bruno de Boisgelin[1]

...... Jean de Dieu Raimond du Boisgelin, archevêque d'Aix, comme procureur de Regnault-Gabriel du Boisgelin, son père, baron de la Roche-Bernard, marquis de Lucé, les Loges, les Gailleules, la Plesse, la lande de Lucé, ci-devant Cœtlogon, comte de Mesmeuf, Saint-Didier, la Baudière et le Plessis-Raffray, seigneur des chatellenies de Buhen, Précréhan, Jolly et autres lieux, président à mortier au parlement de Bretagne...... mariage entre Louis Bruno du Boisgelin de Lucé et Marie-Catherine de Boufflers le 15 septembre 1760, à Paris...... En présence de : l'agrément du Roi et de la Reine, du roi de Pologne, du Dauphin, de la Dauphine, de Mmes Adélaïde, Victoire, Sophie et Louise, du duc d'Orléans, du duc de Chartres, du prince de Condé, du comte de Clermont, du prince et de la princesse de Conti, du comte de la Marche, de Mlle de Sens, du marquis de Boufflers de Remiancourt, colonel du régiment Dauphin, de Stanislas Catherine, abbé de Boufflers, Charles-Juste de Beauvau, de Ferdinand-Jérosme chevalier de Beauvau, de Léopold-Clément marquis de Bassompierre, de dame Charlotte de Beauvau, de Jean de Bassompierre, d'Anne-Marguerite de Bassompierre, de Gabrielle-Diane de la Baune épouse de M. le comte de Choiseul, de Florent-Claude du Chatelet, de Louis-Patience Dowrant comte de Croix, etc.

Le contrat fut signé les 21, 22, 26 et 27 décembre 1760, par devant Mᵉ Delaleu, sous le régime de la communauté de biens.

Le futur apportait son emploi de maître de la garde-robe qu'il avait acheté à M. de Maillebois 640.000 livres; 180.000 livres provenant de la vente de sa charge de premier cornette de la première compagnie de cornette, à M. de Rochechouart.

La future apportait 50.000 livres.

APPENDICE XXXIII

Notes diverses complétant le texte sur les travaux et les personnes employées à Bagatelle[2]

22 octobre 1775. — Brevet d'inspecteur des bâtiments sans appointement, accordé au sieur Mulard, p. 9.

1. Archives de la Seine.
2. Arch. nat. R^1 313, registre.

28 janvier 1776. — Brevet d'inspecteur des bâtiments aux appointements de 1.200¹ par an à partir du 1ᵉʳ janvier pour le sieur Mulard.

Règlement du 9 février 1777, pour le service particulier de la bouche de Mgr le comte d'Artois pendant ses voyages à Bagatelle, p. 15.

9 mars 1777. — Traitement de 24.000¹ à M. le prince d'Hénin pour la dépense du canton de chasse donné par le roi à Mgr à St-Germain, p. 15.

15 juin 1777. — Agrément de la charge d'intendant de Mgr en faveur du sieur Chalgrin, 1ᵉʳ arch. de Monsieur.

Agrément de la charge d'intendant de Mgr en faveur de Moyreau, p. 16.

22 juin 1777. — Renonciation de Mgr à la casualité de la charge de Mgr le prince d'Hénin, capitaine de ses gardes du corps.

22 juin 1777. — Gratification de 2.400¹ à Belanger, p. 19.

24 août 1777. — Supplément annuel de 12.000¹ à compter du 1ᵉʳ février au traitement du prince d'Hénin pour le canton de chasse, dans la capitainerie de St-Germain.

7 septembre 1777. — Retraite du jardinier Blanchard avec 400¹.

21 septembre 1777. — Nomination du jardinier Kotter.

12 juillet 1778. — Paiement de 923¹,12ˢ pour le quartier d'avril 1778 seulement, des dépenses ordonnées par M. le prince d'Hénin, au château de Bagatelle, p. 22.

3 octobre 1779. — Fixation de 24.000¹ de la dépense à faire au jardin anglais de Bagatelle y compris la clôture et tout l'aménage intérieur.

25 juin 1780. — Brevet d'inspecteur des jardins de Mgr aux appointements de 1200¹ et de 600¹ de gratification annuelle en faveur du sieur Blaikie, jardinier anglais, p. 32.

6 août 1780. — Belanger qui a construit les écuries de Madame, reçoit 1269¹, p. 34.

24 décembre 1780. — Château reçoit son brevet d'expert, p. 38.

24 décembre 1780. — Traitement personnel du prince d'Hénin de 48.000¹, ancien conservateur des chasses à St-Germain, p. 39.

8 juillet 1781. — Décision sur machine proposée pour faire venir de l'eau à Bagatelle, p. 43.

22 juillet 1781. — Don d'un brevet d'inspecteur des bâtiments à Briasse. 28 octobre 1781.
Ordonnance de 244^l,8^s pour solde des fonds avancés par Belanger pour Bagatelle.
9 juin 1782. — Ordonnance de 3.385^l, pour ses appointements du 15 août 1779 et 1780.
9 juin 1782. — Ordonnance de 10.000^l à M. le prince d'Hénin, pour cause connue de Mgr, p. 49.
30 juin 1782. — Bon pour une somme de 30.000^l au prince d'Hénin au 1er janvier prochain, remboursable sur son traitement en... (sans date) [1].
15 décembre 1782. — Payement de 1350^l au sieur Belanger pour les plans de Bagatelle donnés au comte du Nord.
6 avril 1783. — Distribution de 4290 plants d'arbres étrangers à prendre dans les pépinières de Bagatelle.
15 juin 1783. — Ordonnance de 15.000^l aux sieurs Perriers, faisant le solde de 30.000^l, prix de la machine à feu par eux établie à Bagatelle.
10 août 1783. — Retenue de 20.000^l sur la finance de la charge d'insp. des bâtiments en faveur du sieur Chalgrin.
17 août 1783. — Ordonnance de 3970^l au sieur Weber, chirurgien, pour pansements, soins donnés aux ouvriers employés aux travaux de Bagatelle, de septembre 1777 à février 1781.
14 décembre 1783. — Gratification à Belanger de 3.000^l pour dessins offerts à Monseigneur.
7 février 1785. — Ordonnance de 2.000^l de gratification à Belanger pour travaux extraordinaires en 1784.
18 décembre 1785. — Don fait à M. le comte d'Adhémar, de la machine hydrolique de Bagatelle, raccommodée et transportée à Thun [2].
13 août 1787. — Approbation de distribution faite d'arbres provenant des pépinières de Bagatelle.
17 février 1788. — Approbation de distribution faite d'arbres provenant des pépinières de Bagatelle.

---

[1]. Rendu à Turin en sept. 1789, le comte d'Artois accorda au prince d'Hénin 10.000^l de rente. Inutile de dire qu'ils ne furent jamais payés. Arch. nat. R^1 361.
[2]. Village du Nord, arrondissement de Valenciennes.

APPENDICE XXXIV

Garde-meuble du comte d'Artois

Situation par aperçu des dépenses, depuis janvier 1779 jusqu'au 1ᵉʳ juillet 1780. Sommes dues aux fournisseurs[1].

Bagatelle: années 1778-1779 et 6 premiers mois de 1780

Lenormand, pour l'étoffe rose du boudoir	1.150ᴸ
Nau, pour toutes les autres étoffes de soie	11.000
Ledreux, mᵈ de crin, plume, laine, toile, etc.	22.000
Jacqmard, pour les toiles de Jouy	9.674
Bailly, pour les Perses	6.800
Lizeliers, marchand de franges	19.000
Jacob et Boulard, menuisiers	12.000
Rode, sculpteur	7.800
Aubert et Ramier, peintres, 6.500 et 1.100	7.600
Denizot, ébéniste	9.000
N.., autre partie d'ébénisterie et lanterne dorée	———
Laroué pour toilette et tables	3.800
Gouthière, cizeleur-doreur	———
Raimond, pour trois feux en or moulu	1.150
Le Paute, horloger	12.000
Robert, papetier	2.200
Fremont, linger, compris les extraord. des chasses	13.607
Les frais journaliers et déboursés du garde-meuble	38.000
Signé Jubault.	176.781ᴸ

APPENDICE XXXV

Ouvriers employés aux travaux de Bagatelle de 1776 à 1789[2]

Tolède, coloriste.
Parrot, corroyeur.
Buquet, couvreur.
Charuel, couvreur.
Ménard, rocailleur.
Chassat, fontainier.
Legrand, chaudronnier.
Deumier, serrurier.

Constantin, peintre.
Durand, marinier.
Dubreuil, élagueur.
Bailli, treillageur.
Colinet, charpentier.
de Vèze, charpentier.
Pellagot, charpentier.
Magnant, maçon.

1. Arch. Nat. R¹ 367.
2. Arch. nat. R¹ 308.

Guerrier, vitrier.
Aubert, peintre, sculpteur.
Lhuillier, peintre, sculpteur.
Duffaux, peintre.
Lamarre, paveur.
Hunoux, paveur.
Corbillet, menuisier.
Bocciardy, marbrier.
Carbel, marbrier.
Boudet, carreleur.
Pirotte, ferblantier.
Vallée, épinglier.
Porlier, épinglier.
Villemorin, m^d de graines.
Lucas, plombier.
Gondoin, plombier.
Presles, miroitier.
Després, fondeur.
Metter, fumiste.
Coubert, employé à la maison à feu.
Mézières, sculpteur.
Auger, peintre d'ornement[1].

APPENDICE XXXVI

Frais faits à Bagatelle en 1786 : 16.336^l,14^s,6^d

Savoir : Fourniture de deux feux à figure de bronze antique, le reste doré d'or mat, placés dans le boudoir et dans la salle de bains et nettoyage des bronzes.

Fourniture des étoffes employées au renouvellement des rideaux et des housses des sièges du salon.

Fourniture de laine, crin, plume, coutil, toile à matelas et toile d'Alençon employés à la garniture de quatre tabourets et à réparer des matelas et traversins.

Fourniture de toile forte pour couvrir le dôme du salon et de toile de coton pour doubler les housses des sièges.

Fourniture de linge pour remplacer les pertes faites en 1784 et 1785.

Fourniture de dix bancs de plusieurs dimensions placés en divers endroits du jardin.

Fourniture d'une commode en bois de noyer pour le jardinier, et réparations de divers meubles.

Tentures en papier dans neuf pièces différentes, au Pavillon et au gouvernement (Pavillon des Pages).

Sommes payées par l'officier du département, pour acquisition des bois de quatre tabourets placés dans l'Hermitage, de quatre peaux de maroquin vert pour les couvrir ; pour démontage, réparation et augmentation de toutes les franges et les glands pour les appliquer sur un nouveau fond ; répa-

---

1. Ces quatre derniers d'après un compte de 1778.

ration de divers meubles, cardages des matelas des différents lits de service, frais de voyages et de voitures de transport ; le tout suivant les mémoires vérifiés et réglés, et les rôles énoncés dans l'état ci-après.

APPENDICE XXXVII

Quelques détails sur les prix des travaux et sur l'ameublement de la Folie-d'Artois

23 novembre 1777 [1]. Au sieur Morel entrepreneur de
Bagatelle ; accompte sur son entreprise . . 30.000¹
22 juin à décembre 1786 [2], dû au sieur
Belanger. 68.141¹,11ˢ
décembre 1777, dû au sieur Chalgrin . . . 990
 — — — Bressy, concierge 1.663 ,16 ,3ᵈ
 — — — Thibault, de la
 — — —. pompe à feu . 2.238 ,18 ,4
 — 1781,[3] payé pour 24 paires de draps 3.400
En 1784, — à Froment, linger. . 13.705 , 6 ,6
En 1788, — au sieur Presles mi-
     roitier 15.000

APPENDICE XXXVIII

Ordonnancements de paiements d'ouvriers [4]

Il est ordonné au sieur Bourboulon, trésorier général de nos maisons et finances, de payer au comptant :
Au sieur Ramier, peintre-doreur, 240¹ pour l'année 1781
 — — — 360 — 1786
A la Vᵛᵉ Porlier, épinglière 7 ,3ˢ — —
Au sieur Metter, fumiste 300 — 1782 à 1784
 — La Place, mᵈ de fer 954 ,19 —
 — — — 32, 7 — } 1785 à 1787
 — Colinet, charpentier 2.011 , 9 — 1786 à 1787
 — — — 914 ,16,9ᵈ — 1791
 — — — 413 ,14 ,6 —
 — — — 6.056 ,14 ,4 — 1788 à 1789

Mémoire des étamages et raccomodages faits par Beurier,

1. R 8, R 9, R 10, R 11, R 12, détail de travaux.
2. Arch. nat. R¹ 309, ainsi que pour les trois comptes suivants.
3. Arch. nat. R¹ 310, ainsi que pour les trois comptes suivants.
4. Arch. nat. R¹ 429.

m^re poêlier, chaudronnier, rue Montmartre, du 4 avril 1781 ; 137ˡ,10ˢ¹.

APPENDICE XXXIX

Papiers de liquidation ²

Mémoire du sieur Guéroult, m^d mercier, pour le garde-meuble de Bagatelle :

1786, le montant est de 316ˡ,17ˢ, ordonnancé le 2 mars 1788, et non payé.

1787, le montant est de 21ˡ,12ˢ, ordonnancé le 5 octobre 1788, et non payé.

1788 et 1789, le montant est de 209ˡ,4ˢ, ordonnancé le 25 mai 1791, et non payé.

Mémoire du sieur Carbillot, entrepreneur de bâtiments :

1786, le montant est de 2.301ˡ,13ˢ, ordonnancé le 25 mai 1788, et non payé.

1787, le montant est de 834ˡ, ordonnancé le 21 septembre 1788, et non payé.

1788 et 1789, le montant est de 8.198ˡ,15ˢ,5ᵈ, ordonnancé le 8 mai 1792, et non payé.

Mémoire du sieur Bailly :

1787, le montant est de 2.132ˡ, ordonnancé le 25 mai 1791, et non payé.

1788, le montant est de 2.983ˡ,11ˢ, ordonnancé le 25 mai 1791, et non payé.

1789 et 1790, le montant est de 2.702ˡ,10ˢ, ordonnancé le 25 mai 1791, et non payé.

APPENDICE XXXX

Vers de Lemière sur Bagatelle

Figurez-vous cette plaine riante,
Ou, de Saint-Cloud s'étendant vers Neuilly
Parmi les fleurs la Seine tournoyante
Cherche à fixer son cours enorgueilli.
L'on n'y voit point ces bruyantes cascades

1. Arch. nat. R¹ 338.
2. Arch. nat., t. 1686, pièce 1269.

Dont nos regards sont d'ailleurs attristés ;
Mais de ces bords les tranquilles Naïades
Invitent l'âme aux douces voluptés.
Du goût anglais, imitateur fidèle,
L'art en ces lieux surpasse son modèle.
Bellanger dicte en souverain des lois
Et pour orner la beauté naturelle
De tous côtés son adresse entremêle
Les verts gazons et les fleurs et les bois.
Apollon trouve une gloire nouvelle
A s'y montrer sous les traits de d'Artois ;
Tous les plaisirs y vinrent à son choix,
Et ce jardin que sa voix immortelle
En se jouant, a nommé Bagatelle,
Peut éclipser le jardin de nos rois

APPENDICE XXXXI

Pavillon de Hollande

Inventaire du mobilier en 1812 [1]

Vestibule	980 »
Salle à manger à droite	6.101 40
Salle à manger à gauche.	7.355 58
Grand salon	23.003 04
Boudoir à droite.	8.228 10
Cabinet de garde-robe	374 »
Boudoir à gauche.	4.095 »
Cabinet de garde-robe	245 »
Petite pièce à l'entresol	595 »
Escalier	280 »

Premier étage

Antichambre	296 »
Salon	2.092 »
Chambre à coucher.	8.252 93
Cabinet de garde-robe	80 »
Pièce à droite.	1.623 »
Chambre à coucher	1.304 50
Garde-robe	41 »
Antichambre à gauche	160 »

1. Arch. nat. O² 700.

Petit salon.	817 50
Chambre à coucher	15.351 61
Garde-robe à côté	70 »
Chambre à coucher à gauche	1.384 »
Petite pièce à l'entresol	313 »
Garde-meuble.	4.518 43
Pâtisserie	79 »
Cuisine.	395 »
Boucherie.	45 »
Rôtisserie.	312 »
Office	28 »
Commun	823 »
Pavillon du concierge	789 »
Bureau du concierge.	65 »
Frotteur	244 25
Magasin	1.722 20
	92.045 54

APPENDICE XXXXII

Affiche de mise en vente du château de Bagatelle en 1835.

On fait savoir qu'en exécution des lois relatives à la vente des biens appartenant à l'Etat, notamment de celles des 15 et 16 floréal an X, 5 ventôse an XII, 21 mai 1826, et de celle spéciale du 2 mars 1832, il sera procédé, par devant M. le Conseiller d'Etat, préfet de la Seine, en présence de M. le Directeur de l'Enregistrement et des Domaines au même département, dans la salle des criées établie à l'Hôtel-de-Ville, à la réception des premières enchères et à l'adjudication définitive en un seul lot du domaine de Bagatelle, formant ci-devant partie de la dotation de la couronne.

La première séance d'enchères aura lieu le mardi 22 septembre 1835, à une heure de relevé.

Et l'adjudication définitive, le mardi 6 du mois d'octobre suivant.

Désignation sommaire :

Cette propriété consiste en un grand parc et jardin clos de murs et palissades, ayant sa principale entrée dans le parc de Boulogne, sur l'avenue dite de Longue-Queue, conduisant de Madrid à la route de Longchamp ;

En un pavillon principal ou *château*. ;

En un bâtiment, dit du *Gouvernement*, consistant en deux pavillons aux côtés, et bâtiment les reliant circulairement, élevés : les pavillons, d'un rez-de-chaussée surmonté d'un premier et d'un deuxième étage, et l'autre d'un premier étage sur rez-de-chaussée, greniers aux combles couverts en ardoises;

En petits bâtiments des dépendances consistant, dans la première petite cour, à droite, en un pavillon en bois ; en la deuxième cour, en bâtiments d'écuries, en une sellerie, à gauche ; en deux tourelles et une porte de sortie sur le chemin allant à Neuilly ;

En un bâtiment d'écuries dans la troisième petite cour ;

En deux pavillons de surveillans, élevés sur caves, d'un rez-de-chaussée et d'un premier étage, avec comble couvert en ardoises.

Tous ces bâtiments, formant l'habitation principale, avec trois cours, la première formant place circulaire ; la seconde, entre les bâtiments des dépendances dites de la conciergerie ; et la troisième, en avant du pavillon principal, dite *cour d'Honneur*.

Dans le jardin, en un bâtiment dit la *vacherie*, servant au jardinier, précédé d'une cour et melonnière, avec porte charretière sortant sur le chemin de Neuilly, et suivi d'une basse-cour, dans laquelle un bâtiment adossé au précédent, faisant une serre et un poulailler au-dessus ;

En une faisanderie et potager à la suite ;

En un bâtiment appelé *Pavillon Mademoiselle*, avec corps de bâtiments en retour, et deuxième pavillon parallèle au premier, formant un rez-de-chaussée et écuries, avec comble couvert en ardoises ;

Et un autre pavillon au devant, dit *Pavillon du Prince*, élevé sur étage souterrain d'un rez-de-chaussée avec galerie, et couvert en ardoises :

En un corps de garde rustique adossé au mur du parc, et petit appenti en retournant ;

En un pavillon du portier à l'entrée principale, élevé d'un premier étage sur rez-de-chaussée et comble ;

En une chaumière circulaire et une laiterie gothique dans

la partie sud-est ; dans cette partie, longeant le mur de la propriété voisine, est un chemin de servitude pour cette propriété, séparé du parc de Bagatelle par un palis ;

En un bâtiment de la pompe à feu, située sur le bord de la Seine, avec un chemin y conduisant ;

Enfin, en réservoirs, rochers, bassins, rivières, îles, ponts, grottes, statues, etc., ainsi qu'il est plus amplement décrit au procès-verbal dressé par M. Lelong, architecte, en date, au commencement, du 23 juin 1832, clos le 28 août de la même année, et figuré au plan ci-joint, lesquels sont déposés au bureau du domaine de la préfecture.

Les glaces scellées ou non scellées, et autres objets mobiliers font partie de l'adjudication.

Cette propriété tient du côté du sud et du sud-ouest dans toute son étendue, au parc de Boulogne ; au nord, au chemin de Boulogne à Neuilly ; au nord-est, au jardin de Madrid.

La superficie en bâtiments, cours et jardins est de seize hectares, soixante-quatorze ares, soixante-deux centiares, ci . . . . 16 h. 74 a. 62 cent.

La mise à prix, calculée à raison de douze fois son produit, conformément à la loi du 5 ventôse, an XII, a été estimée par le procès-verbal ci-dessus relaté, à la somme de cent quatre-vingt mille francs, ci . . . . 180.000 fr.

Charges, clauses et conditions de l'adjudication.

L'adjudicataire paiera le prix de son adjudication de la manière suivante :

Le montant de l'adjudication sera divisé par cinquièmes ; le premier cinquième sera payé sans intérêts dans les trois mois qui suivront l'adjudication et avant la prise de possession ; le second un an après l'expiration des trois mois qui suivront l'adjudication ; et les autres cinquièmes ainsi successivement d'année en année ; les quatre derniers cinquièmes porteront intérêt à cinq pour cent, sans retenue, jusqu'à parfait paiement, de manière que la totalité du prix soit acquitté dans l'espace de quatre ans et trois mois.

Le Préfet pourra exiger de l'adjudicataire, dans le cas où il ne serait pas certain de sa solvabilité, bonne et suffisante caution pour sûreté du prix de la vente.

Les personnes qui voudront enchérir seront tenues de se faire connaître et de justifier de leur solvabilité ; et, à défaut de solvabilité reconnue, elles seront tenues de disposer le premier cinquième du prix de l'objet à vendre entre les mains du secrétaire général de la Préfecture.

Dans tous les cas, ceux qui se présenteront pour enchérir seront tenus de consigner les droits d'enregistrement fixés par la loi, à deux pour cent du prix de l'adjudication.

A l'égard des autres charges générales et particulières, on pourra prendre communication tous les jours au bureau du Domaine de la Préfecture, place de l'Hôtel-de-Ville, de deux à quatre heures, et à la Direction des Domaines du département de la Seine, rue de la Paix, n° 3, Hôtel du Timbre, à Paris ; dans les deux endroits on délivrera des permis pour visiter la propriété.

Le Directeur de l'Enregistrement et des Domaines du département de la Seine,

Paris, le 31 août 1835. D'Hochereau.

Vu l'affiche ci-dessus, et autre part, ensemble les clauses et conditions qui y sont énoncées ;

Le Conseiller d'Etat, Préfet de la Seine, Arrête : Ladite affiche sera imprimée et placardée dans tous les lieux où besoin sera.

Fait à Paris, le 3 septembre 1835 [1]. Cte de Rambuteau.

Imprimerie de Bourgogne et Martinet, rue du Colombier, n° 30.

APPENDICE XXXXIII

Vente de biens nationaux

CHATEAU DE BAGATELLE

Procès-verbal de première publication

L'an mil-huit-cent-trente-cinq, le mardi 6 octobre 1835, à deux heures de relevée, devant M. . . . .

En présence de M. . . . . . ., vérificateur des Domaines, stipulant pour le directeur des Domaines du département de la Seine, en la salle des ventes établie au chef-lieu de la Préfecture, il a été procédé, dans la forme suivante et conformément aux lois relatives à la vente des Domaines nationaux, notamment à celle des 15 et 16 floréal an X, 5 ventôse

1. Arch. de la Seine 1365. Nouvel ordre.

an XII. . . . . à la première publication, criée et réception d'enchères indiquées à cejourd'hui par l'affiche apposée dans tous les lieux nécessaires et accoutumées pour la vente du château de Bagatelle, en un seul lot, indiqué dans ladite affiche et ci-après plus amplement désigné.

Cahier des charges
désignation, description et consistance

Cette propriété consiste en un grand parc et jardin clos de murs et palissades. Elle renferme présentement trois ouvertures sur le Bois de Boulogne, donnant la première, qui est l'entrée principale, sur le rond de Bagatelle en face de l'allée de ce nom, et la seconde, à l'extrémité du domaine, presqu'en face la route de l'Angle ; la troisième est une porte bâtarde placée à l'autre extrémité du domaine, presque vis-à-vis la route de la Tournelle.

Ladite propriété consiste, en outre, en un pavillon principal au château, élevé d'un rez-de-chaussée, premier étage et deuxième dans le comble, offrant vestibule, salons, salle à manger, salle de billard, chambres à coucher, boudoir, offices, cuisines, glacière, etc., etc., armé d'un paratonnerre, et ayant terrasse, grille et couverture en plomb.

En un bâtiment, dit du *Gouvernement*, consistant en deux pavillons aux côtés et bâtiment, les reliant circulairement, élevés : les pavillons, d'un rez-de-chaussée, premier et deuxième étages, et l'autre d'un premier étage sur rez-de-chaussée, greniers aux combles couverts en ardoises.

En petits bâtiments, des dépendances consistant, dans la première petite cour à droite, en un pavillon en bois ; en la deuxième cour, en bâtiments d'écurie, en une sellerie à gauche, en deux tourelles et portes de sortie sur le chemin allant à Neuilly.

En un bâtiment d'écurie dans la troisième petite cour.

En deux pavillons des surveillants, élevés sur caves, d'un rez-de-chaussée et d'un premier aux combles, couverts en ardoises.

Tous ces bâtiments formant l'habitation principale avec trois cours, la première formant place circulaire, la seconde entre les bâtiments des dépendances, dits de la conciergerie, et la troisième en avant du pavillon principal, dite cour d'honneur.

Parc, jardin et dépendances

Dans la partie Nord-Est, le bâtiment de la *Vacherie* consistant en deux pavillons élevés d'un étage, servant au jardinier, précédé d'une cour et melonnière, avec porte charretière sortant sur le chemin de Neuilly et suivi d'une basse-cour dans laquelle un bâtiment adossé au précédent, faisant une serre et un poulailler au-dessous.

Et une faisanderie, serre, volière, labyrinthe, au sommet duquel un kiosque rustique, une chaumière vis-à-vis la rivière et le potager.

Dans la partie Sud-Ouest, en un bâtiment dit le *pavillon de Mademoiselle*, avec corps de bâtiment en retour et deuxième pavillon parallèle au premier, formant un rez-de-chaussée et écuries et avec un comble couvert en ardoises.

En un autre au-devant, dit le *pavillon du Prince*, élevé sur étage sur terrain d'un rez-de-chaussée avec galerie.

En un kiosque près les fortifications commencées, corps de garde rustique adossé au mur du parc et petit appentis en retournant.

Partie du Sud-Est. Un pavillon servant de logement au portier, élevé d'un rez-de-chaussée sur caves, d'un premier étage et d'un second dans les combles.

Près la palissade une grotte sous une montagne et rocher au-dessus de laquelle est le réservoir alimentant toutes les rivières ; en bas une rivière toute sinueuse, à son extrémité un pont en briques, au-dessus de l'arche une chute d'eau alimentant le canal faisant suite à cette rivière.

Une grande chaumière circulaire et une laiterie gothique.

Partie Nord-Est. A la pointe côté du Nord, un corps de garde rustique entre le château et le corps de garde, et dans la prairie, un bassin et rocher ; proche ce bassin est le commencement du passage de servitude à la propriété voisine bordée d'un palis dans toute sa longueur.

La grande rivière formée de plusieurs bras, au milieu une île, grotte et rocher au-dessus duquel est la nappe en plomb formant bassin, alimentant cette rivière et faisant une cascade, un petit bateau ramier affecté à cette rivière et un port pour embarquer ; à côté un pont en bois.

Le jardin et un parc dans lesquels sont tous les pavillons et dépendances ci-dessus sont clos de murs dans toute la longueur côté de la Seine, et en retour, côté de la porte de Longchamp, en prolongement vers l'entrée, une palissade en bois faisant demi-lune au pavillon du portier ; continuation de la palissade jusqu'à l'extrémité du parc.

Bâtiment de la Pompe à feu, construit en maçonnerie et un terrain bordant la Seine, rez-de-chaussée, premier étage et comble, à côté un atelier, un charbonnier et un petit caveau.

Le terrain au-devant planté d'arbres et arbustes ; à l'extrémité sur la berge est l'embouchure de l'aqueduc servant à la conduite d'aspiration, laquelle est cintrée et forme chaussée au-dessous.

Une pente douce bordée de palis conduisant à la Seine.

Dans la cour existe deux étables à vaches, une écurie, une grange et un four, la plupart construits en bois, planches et légère maçonnerie qui ont été établis et construits aux frais du sieur Laporte, mécanicien, et qu'il pourra enlever.

Du bâtiment de la Pompe on arrive au chemin de Neuilly par une chaussée droite, non pavée, bordée de chaque côté par un fossé. A droite dans la longueur, quatre regards en maçonnerie donnant sur la conduite principale en fonte, fermés chacun par un tampon dans un châssis en pierre.

La superficie générale de cette propriété, tant en bâtiments et cours qu'en jardins, est d'environ seize hectares, soixante-quatorze ares, soixante-deux centiares (16 hectares, 74 ares, 62 centiares)[1].

Ladite propriété tenant du levant au jardin de Madrid, du couchant et du midi dans toute son étendue, au parc de Boulogne et du nord au chemin de Boulogne à Saint-Denis, contenant 16 hectares, 74 ares, 62 centiares, et estimée par procès-verbal de M. Lelong, architecte-expert estimateur, en date au commencement du 28 juin 1832 et clos le 23 août de la même année, devoir en revenu, valeur de 1790, la somme de 19.583 francs et en capital, à raison de douze fois le revenu, la somme de deux cent trente-cinq mille francs ; mais par décision du Ministre des Finances, en date du 22 juin 1835, la mise à prix a été fixée à 180.000 fr, sur l'enchère de laquelle somme la propriété dont il s'agit sera adjugée définitivement

---

1. Elle avait été indiquée par erreur de 21 hectares 75 ares.

le mardi 6 du mois d'octobre 1835 au plus offrant et dernier enchérisseur sous les conditions ci-après :

Charges, clauses et conditions générales

Article premier. — L'adjudicataire payera le montant de son acquisition en numéraire dans la caisse du receveur des douanes de l'arrondissement de la situation du lieu adjugé.

Art. 2. — Le paiement sera fait de la manière suivante. Le montant total de l'adjudication sera divisé par cinquièmes ; le premier cinquième sera payé sans intérêts, dans les trois mois de l'adjudication, et avant la prise de possession ; le second cinquième un an après, à partir de l'expiration des trois mois après l'adjudication, et les trois autres cinquièmes aussi successivement d'année en année ; ces quatre derniers cinquièmes porteront intérêt à 5 pour 100 sans retenue, jusqu'à parfait paiement, de manière que la totalité du prix soit acquittée dans l'espace de quatre ans trois mois.

Conformément à la décision de S. E. le ministre des Finances, du 7 septembre 1809, les acquéreurs qui anticiperont leurs paiements ne pourront prétendre à aucun escompte, mais seulement à la cessation des intérêts des sommes payées, avant leur exigibilité.

Art. 3. — L'adjudicataire sera tenu de payer les frais de timbre, ces frais consistant en ceux du présent procès-verbal de vente, de l'expédition nécessaire au directeur des Domaines et de l'expédition qui sera remise à l'acquéreur, et, dans les vingt jours de l'adjudication, le droit d'enregistrement, à raison de 2 pour 100 du prix de l'adjudication.

Art. 4. — Les paiements seront poursuivis et recouvrés en vertu du procès-verbal d'adjudication dont une expédition sera remise immédiatement à cette fin au directeur des Domaines.

Art. 5. — Si l'adjudicataire n'a pas soldé la portion du prix de son acquisition aux échéances et dans les proportions stipulées par l'article 2, le directeur des Domaines décernera contre lui une contrainte qui sera visée par le Préfet du département, et si, dans la quinzaine de la signification qui lui en sera faite, il n'a pas acquitté le terme dont il serait en retard, la déchéance sera prononcée par le Préfet, et la reprise de possession par le Domaine aura lieu conformément aux dispositions de l'ordonnance du roi du 11 juin 1817.

L'adjudicataire ne sera pas poursuivi par folle enchère, mais il sera tenu de payer forme de dommages et intérêts, une amende égale au dixième du prix de l'adjudication, dans le cas où il n'aurait encore fait aucun paiement ; cette amende ne sera que du vingtième s'il a payé un ou plusieurs acomptes, le tout sans préjudice de la restitution des fruits.

Cette amende sera déterminée par l'arrêté qui prononcera la déchéance, et le recouvrement en sera fait en vertu de cet arrêté.

Art. 6. — Le Préfet pourra exiger de l'adjudicataire et de ses commands ou amis, dans le cas où il ne serait pas certain de la solvabilité, bonne et suffisante caution pour sûreté du prix de vente.

Il sera statué sur l'exigibilité de cette caution savoir : à l'égard de l'adjudicataire, dans les dix jours de l'adjudication ; et à l'égard des commands ou amis, dans les dix jours de la nomination ou élection.

Art. 7. — L'adjudicataire aura droit aux loyers, à compter du jour de son adjudication, sans cependant pouvoir exercer aucun recours de garantie et requérir aucune indemnité de diminution de prix pour raison des loyers qui auraient pu être payés d'avance.

Il sera tenu de payer la contribution foncière, à compter également du jour de l'adjudication.

L'expédition entière de l'acte d'adjudication ne sera délivrée aux acquéreurs qu'après qu'ils auront justifié, par certificat du directeur des Contributions, qu'ils ont fait la déclaration de la nature et de la contenance des immeubles à eux vendus, afin que lesdits immeubles se trouvent compris sous le nom des nouveaux propriétaires dans les états de section, et par suite au rôle de la contribution foncière et mise sur la représentation de la quittance qui lui sera délivrée par le receveur du Domaine, constituant le payement du premier cinquième du prix de l'adjudication.

Art. 8. — L'adjudicataire aura, contre les locataires des anciens possesseurs, l'action en réalisation ou en éviction qui résulte de la loi du 15 frimaire an II, et de celles y relatives qui ont précédé ou suivi.

Mais dans le cas où le locataire tiendrait son bail de la Préfecture de la Seine ou de toute autre autorité constituée, ledit bail sera exécuté selon sa forme et sa teneur, conformément à l'article 2 du titre II de la loi du 5 décembre 1790, sans que ledit locataire puisse être expulsé, même sous l'offre des indemnités de droit et d'usage.

Au surplus, l'ajudicataire, dans l'un et l'autre cas, demeurera subrogé aux droits et actions de l'Etat.

L'adjudicataire laissera aux locataires la faculté d'enlever les objets qu'ils justifieront leur appartenir.

Art. 9. — L'adjudicataire prendra le domaine vendu dans l'état où il est actuellement, avec toutes les charges passives improprement appelées servitudes, charges de ville et de police dont il peut être légitimement tenu, sans autre garantie que des tenants et des aboutissants, et sans par lui pouvoir prétendre aucune diminution de prix, ni exercer aucun recours pour raison des réparations, dégradations, changements, défaut de mesure, quotité, consistance, existence de bâtiments, charges actives ou passives, pour quelques autres causes que ce soient ou puissent être prévues ou non prévues, exprimées ou non exprimées.

Art. 10. — Les glaces scellées et les objets mobiliers, tels qu'instruments de jardinage, meubles rustiques, font partie de l'adjudication.

Art. 11. — L'adjudicataire ne pourra faire aucune coupe de bois, ni démolition, avant d'avoir soldé le prix entier de la vente et les sommes accessoires, à peine d'exigibilité de ce qui reste dû au moment de ladite coupe ou démolition, à moins qu'il n'ait obtenu l'autorisation du Préfet, sur l'avis du sous-Préfet de l'arrondissement de la situation du Domaine, et après la réception d'une caution bonne et solvable.

Art. 12. — L'adjudicataire pourra, dans les trois jours de l'adjudication, faire des déclarations d'amis ou de commands. Dans ce cas, il n'est dû, pour l'acte de déclaration, qu'un droit fixe. La faculté d'élire des amis ou commands ne pourra être exercée par l'adjudicataire qu'au profit d'un seul individu, conformément à l'avis du Conseil d'Etat, approuvé le 30 janvier 1809.

Art. 13. — Les déclarations d'amis ou commands, qui ne seraient pas faites dans le délai ci-dessus fixé, et les reventes, seront assujetties à la perception du droit d'enregistrement ordinaire, et ce, sans préjudice de l'exécution du décret du 13 septembre 1791, lequel porte : « Le délai pour faire et accepter les déclarations de commands ou élections d'amis, demeure fixé dans toute la France, pour toute espèce de biens, ou pour tous effets, à six mois, à compter de la date des ventes ou adjudications, contenant les réserves en vertu desquelles elles auront été faites.

« En conséquence, toute personne au profit de laquelle aura été faite, et qui aura accepté, dans les six mois d'une adjudication de biens nationaux, en vertu des réserves et aux mêmes conditions qui y sont stipulées, une déclaration de commands ou élection d'amis portant sur les biens compris dans ladite adjudication, sera de plein droit subrogée à l'acquéreur qui aura fait cette déclaration ou élection d'amis, et ne pourra, en payant à la nation le prix desdits biens, être recherchée ni poursuivie soit hypothécairement, soit autrement, par qui que ce soit, du chef dudit acquéreur. »

Et sans préjudice également des dispositions de l'instruction décrétée le 3 juillet 1791, conçues en ces termes : « Lorsqu'un bien compris en un seul lot d'évaluation ou d'estimation, crié et adjugé pour un seul et même prix, est divisé ensuite, soit entre l'adjudicataire et ses commands, soit entre différents particuliers, par des élections d'amis ou nomination de commands, faites exprès ou dans l'adjudication même, la créance de la nation n'en demeure pas moins une indivisible ; l'adjudication ne devient pour l'adjudicataire primitif un titre réel incommutable, la propriété ne se fixe irrévocablement sur sa tête, que du jour où il en aura rempli toutes les conditions :

« Jusque-là, les diverses parties du bien adjugé demeurent hypothéquées à la totalité du paiement, et restent toutes également sujettes à la revente, à défaut de paiement d'aucune des parties du prix de l'adjudication. »

Art. 14. — Les biens sont vendus franco et quitte de toutes dettes, rentes et redevances foncières, dons donaires et hypothèques ; il sera requis par le Préfet, aux frais de l'adjudicataire, une inscription hypothécaire, pour sûreté du prix de l'adjudication, sans préjudice et sous la réserve du droit de propriété au profit de l'État jusqu'à l'entière exécution de toutes les conditions de l'adjudication.

Art. 15. — 1° Toute personne qui voudra enchérir sera tenue de justifier d'un domicile certain, par un certificat du Maire, et d'une contribution foncière ou mobilière au lieu de son domicile si elle acquiert en son nom, ou d'une procuration en forme, ainsi que du domicile et de l'acquit des contributions du constituant.

Dans ce dernier cas, les pouvoirs seront déposés sur le bureau, avant l'ouverture des enchères, après avoir été certifiés véritables et paraphés par les porteurs d'iceux.

A défaut de ces justifications, le premier terme de l'objet à vendre, d'après la première mise à prix, sera déposé entre les mains du secrétaire général de la Préfecture.

Les commands ou amis qui seront présentés par l'adjudicataire seront tenus de faire les mêmes justifications et autres qui seraient dans le cas d'être exigées par la suite des adjudicataires de biens nationaux.

Ces justifications ne seront point considérées comme justifications absolues de solvabilité, et ne détruiront point l'effet des dispositions de l'article 6, qui pourra toujours recevoir son exécution.

2° Ne seront point admis à enchérir ceux qui, s'étant rendus adjudicataires de biens nationaux, n'ont point acquitté les termes échus, ou qui, ayant déjà subi l'événement d'une folle enchère ou d'une revente, n'auraient pas payé depuis les sommes dont ils sont restés débiteurs.

3° Ne seront point non plus admis à enchérir les particuliers étant manifestement en état d'ivresse.

Art. 16. — Ne seront reçues les enchères de sommes exagérées, ni celles au-dessous de cinq francs pour un objet estimé cent francs ; de vingt-cinq francs pour un objet au-dessus de mille francs, et de cent francs quand le domaine excédera cent mille francs.

Charges, clauses et conditions particulières

Aucune ouverture, entrée ou jours autres que ceux existants ne pourront être pratiquées sur le parc de Boulogne, sans que l'adjudicataire en ait demandé et obtenu la permission de M. l'Intendant général de la liste civile.

L'adjudicataire sera tenu de défendre s'il le juge convenable, et à ses risques contre M. Doumerc, propriétaire voisin, sur l'ancienne contestation relative à la propriété d'un terrain de cinq mètres de largeur, longeant le mur du parc du côté du jardin de Madrid, et ce sans que le Domaine de l'État puisse en rien être recherché ni inquiété, relativement à cet objet.

La mise à prix est fixée à cent quatre-vingt mille francs, ci . . . . 180.000 fr.

Fait et proposé par le directeur des Domaines soussigné, A Paris, le 31 août 1835.

Signé : d'Hochereau.

Vu et approuvé par Nous, conseiller d'État, Préfet du département de la Seine,

Comte de Rambuteau.

A Paris, le 3 septembre 1835.

Clause additionnelle : cahier des charges [1]

La propriété annoncée comme appartenant à M. Doumerc a été formée originairement de démembrement de l'ancien château royal de Madrid. Elle a successivement porté les noms de Petit-Madrid, Madrid-Conti et Madrid-Maurepas.

Mlle de Charolais en obtint l'engagement moyennant le paiement d'une finance de 44.000^l par arrêt du Conseil, du 13 septembre 1735. A son décès, la propriété passa à M. le prince de Conti, son légataire. En 1782 ce prince la vendit à Mme de Maurepas qui plus tard la donna par testament à Mme de Flamarens.

Cette dame en était en possession, à l'époque de la promulgation de la loi du 14 ventôse an VII sur les domaines engagés. Elle fit la soumission prescrite par cette loi pour devenir propriétaire incommutable.

Les sieurs Contepié, Lelong et Aubert, architectes, furent nommés experts pour procéder à l'estimation et à la description de la propriété afin d'arriver à la fixation du quart à payer au Trésor par l'engagiste.

La propriété fut portée à 60.800 fr. d'après le revenu présumé de 1790.

Le procès-verbal du sieur Régnard fut homologué par un arrêté du Préfet du 12 brumaire an X, qui fixe à 15.200^l le quart à payer par Mme de Flamarens pour devenir propriétaire incommutable. Dans le procès-verbal du 13 germinal an IX, les

---

[1]. Ces clauses furent écrites le 6 octobre 1835.

tenants de l'immeuble qui appartient au sieur Doumerc sont ainsi indiqués :

« Il tient premièrement, du côté du levant, au bois de Boulogne par le chemin de Bagatelle, deuxièmement, du couchant, à la prairie qui borde la Seine et au chemin de Neuilly à Longchamp, troisièmement, du midi, *au passage contenu entre cette propriété et celle de Bagatelle*, quatrièmement enfin au nord au sieur Albert, acquéreur du château de Madrid. »

Le procès-verbal contient ce qui suit sous l'article 24 de la désignation :

« Au delà du mur de clôture du côté de Bagatelle est un paysage commun aux deux propriétés ; il sert d'entrée à la basse-cour et au logement du jardinier. Il communique au chemin de Bagatelle ; il a huit mètres dix-sept centimètres de largeur ; il est bordé de deux rangées de trente-deux marronniers. »

Sur le plan annexé à ce procès-verbal ce passage commun est figuré comme s'étendant depuis le bois de Boulogne par allèsement au mur de la propriété (celle de M. Doumerc) jusqu'à l'endroit où ce mur fait un retour d'équerre pour suivre la limite de la portion du parc de Bagatelle qui fait hache sur la première propriété. On y trouve figurée aussi une baie de porte charretière pratiquée dans ce mur, à l'extrémité du passage. Aujourd'hui indépendamment de cette porte il existe, au milieu environ du même mur, une petite porte cavalière.

Le domaine de Bagatelle, qui avait été vendu nationalement, le 7 prairial an V, en vertu de la loi du 28 ventôse an IV, fut racheté par l'Etat le 7 juin 1806 suivant jugement d'adjudication de l'audience des criées du tribunal civil de la Seine. Il entra en 1810, dans la dotation immobilière de la Couronne. Il paraît qu'à cette époque et sur l'invitation qui lui fût adressée au nom de l'Empereur, le sieur Doumerc fit murer les deux portes dont on vient de parler. Il paraît aussi qu'à la même époque la liste civile fit disparaître la palissade en échalas qui formait la clôture de Bagatelle sur l'ancien passage, et que l'emplacement du paysage se trouva ainsi uni au parc de Bagatelle.

Cet état de choses dura jusqu'en 1828, mais des dégradations ayant été faites au mur de clôture de la propriété de M. Doumerc par les sentinelles placées dans le parc de Bagatelle, ce propriétaire, par deux lettres des 13 mai et 14 juin 1828 adressées à M. le baron de Damas et qui existent dans le dossier de l'administration des Domaines, demanda que ce mur fut réparé et qu'on rétablit l'ancien paysage appelé *route de la croix de Catelan* qui séparait les deux propriétés.

Après une longue correspondance entre les différents agents de la Couronne et le sieur Doumerc, les réparations demandées furent effectuées et la liste civile fit construire vers le commencement de 1830, le palis d'échalas qui subsiste aujourd'hui et au moyen duquel s'est trouvé à peu près dans les limites originaires l'ancien paysage commun indiqué dans les procès-verbaux et plan ci-dessus énoncés comme séparant la propriété de Bagatelle de celle appartenant à M. Doumerc. Les choses étaient en cet état à l'époque de la révolution de Juillet; depuis elles n'ont pas changé.

Tels sont les faits qui se rattachent à la contestation existant entre l'État et le sieur Doumerc. L'acquéreur devra les faire valoir, ainsi qu'il avisera, à ses risques et périls.

Charges, clauses et conditions particulières

Aucune ouverture, entrée ou jours autres que ceux existant ne pourront être pratiqués sur le parc de Boulogne, sans que l'adjudicataire en ait demandé et obtenu la permission de M. l'Intendant général de la liste civile [1].

APPENDICE XXXXIV

Acquisition du domaine de Bagatelle par la Ville de Paris [2]

L'ordre du jour appelle la discussion du rapport présenté par MM. Paul Escudier et Jousselin, au nom de la 3ᵉ Commission, tendant à l'acquisition du domaine de Bagatelle, au bois de Boulogne.

Ce rapport a été imprimé et distribué (n° 61 de 1904).

M. Paul Escudier, l'un des rapporteurs. — Nous avons l'honneur, au nom de la 3ᵉ Commission, de vous proposer l'acquisition du domaine de Bagatelle.

Les documents annexés à mon rapport vous indiqueront les

1. Arch. de la Seine, 1365.
2. Bulletin municipal de la ville de Paris, 12 juillet 1904.

longues négociations qui ont été échangées avant d'arriver au résultat actuel.

Nous nous contenterons de vous indiquer sommairement les raisons qui militent en faveur de cette acquisition.

Par une délibération en date du 25 mars dernier, le Conseil a autorisé l'Administration à poursuivre les formalités d'expropriation et à continuer les négociations en vue d'une acquisition amiable.

Nous vous rappellerons que, tout au début, le prix demandé par sir Murray Scott était de 8.000.000 de francs. Successivement le prix est tombé à 7.500.000 francs et enfin à 7.000.000 de francs, prix auquel l'Administration nous invitait à traiter.

Après de nouvelles et laborieuses démarches, nous sommes enfin arrivés à 6.500.000 francs, prix qui nous paraît raisonnable, et qui, étant donnée la superficie du domaine qui est de 24 hectares environ, remet le mètre à 27 francs.

Cette question tranchée, nous plaçant au point de vue parisien, nous n'hésitons pas à vous dire que ce serait, à nos yeux, un véritable vandalisme de permettre à un groupe de spéculateurs d'élever des immeubles dans cette partie du bois de Boulogne et de démolir cette jolie habitation de Bagatelle et son merveilleux parc.

Depuis deux ans, avec l'accroissement des voies de communication et principalement avec la construction du Métropolitain, le bois de Boulogne est devenu manifestement insuffisant, il suffit de voir, les dimanches et les jours de fête, la cohue invraisemblable des promeneurs qui l'envahissent.

Nous avons là une occasion unique d'agrandir cette promenade favorite des Parisiens ; nous pensons qu'il est de notre devoir de vous la proposer.

En conséquence, Messieurs, nous avons l'honneur de vous soumettre le projet de délibération suivant.

« Le Conseil,

« Vu le mémoire, en date du 4 juin 1904, par lequel M. le Préfet de la Seine : 1º lui expose l'état des négociations entreprises avec sir Murray Scott en vue de l'acquisition du domaine de Bagatelle et lui demande de décider s'il accepte de traiter à l'amiable avec ce propriétaire : 2º lui soumet les résultats de l'enquête administrative qui a eu lieu à Paris et à Neuilly-sur-Seine sur le projet d'acquisition dont il s'agit, et lui demande l'autorisation de poursuivre en tout état de cause l'obtention d'un décret déclarant d'utilité publique l'incorporation du domaine de Bagatelle au bois de Boulogne ;

« Vu sa délibération du 25 mars 1904 ;

« Vu les dossiers d'enquête, ensemble l'avis de la Commission spéciale instituée par arrêté préfectoral du 23 mars 1904 ;

« Vu l'avis de la Commission supérieure de voirie ;

« Vu la lettre de Me Robineau, notaire, en date du 19 mai 1904 ;

« Vu la note de M. le directeur des Finances, en date du 28 mai 1904 ;

« Vu l'avis de la Commission des indemnités ;

« Sur le rapport de MM. Paul Escudier et Jousselin, au nom de la 3e Commission,

« Délibère :

« Article premier. — M. le Préfet de la Seine est autorisé à traiter à l'amiable avec sir Murray Scott en vue de l'acquisition du domaine de Bagatelle, moyennant le prix de 6.500.000 francs, productif d'intérêts à 3 % à dater de la prise de possession dûment constatée, qui devra avoir lieu d'ici le 1er octobre, ledit prix stipulé payable de la façon suivante :

2.000.000 de francs d'ici au 31 décembre 1904, 1.000.000 de francs en 1905, 1.000.000 de francs en 1907, et le reste du prix au 1er janvier 1908, avec faculté d'anticipation pour la ville de Paris, étant entendu que les fractions pour les paiements ne pourront être inférieures à 500.000 francs.

« Art. 2. — M. le Préfet de la Seine est autorisé à poursuivre l'obtention d'un décret déclarant d'utilité publique l'incorporation du domaine de Bagatelle au bois de Boulogne.

« Art. 3. — Il sera fait face à la dépense, jusqu'à concurrence de 2.000.000 de francs, à l'aide du prélèvement sur les chapitres suivants du budget de 1904 :

« Chap. 51, § 9, art. 1er, 152.851 fr. 29 c.

« Chap. 51, § 5, art. 1er, 24.855 fr. 58 c.

« Chap. 59, § 2, art. 1er, 56.223 fr. 90 c.

« Chap. 60, § 1er, article unique, 1.766.069 fr. 23 c.

« Ensemble, 2.000.000 de francs, dont il y aura lieu de poursuivre au préalable la désaffectation.

« Le surplus du prix d'acquisition, soit 4.500.000 francs, sera payable, savoir : 1.000.000 de francs en 1906, 1.000.000 de francs en 1907 et 2.500.000 francs au 1er janvier 1908, ainsi que les intérêts à 3 0/0, et il sera fait face à cette dépense ainsi qu'aux frais sur les ressources générales des budgets correspondants, sauf à créer d'ici là des ressources extraordinaires qui permettraient au besoin d'anticiper sur les époques de paiement ci-dessus, conformément à la faculté que la Ville s'est réservée. »

M. CHAUSSE. — Messieurs, je viens présenter quelques courtes observations contre les conclusions de la 3ᵉ Commission.

On a paru faire grand état de ce que nous avions émis un vote de principe en invitant l'Administration à étudier l'affaire de Bagatelle.

Si un vote de principe ainsi émis nous engage comme on le dit, il deviendra bien difficile d'engager des négociations sans craindre de ne plus avoir la liberté d'accepter ou de refuser l'affaire mise à l'étude.

J'exprime aussi le regret que le rapport ne soit pas accompagné d'un plan. Dans une affaire aussi importante, cela eut été très utile.

Le terrain de Bagatelle perd de sa valeur parce qu'il est enclavé dans notre domaine.

On nous dit d'autre part que le bois de Boulogne est insuffisant. Le rapport s'exprime ainsi :

« Depuis deux ans, avec l'accroissement des voies de communication et principalement avec la construction du Métropolitain, le bois de Boulogne est devenu manifestement insuffisant, il suffit de voir, les dimanches et les jours de fête, la cohue invraisemblable des promenades qui l'envahissent.

« Nous avons là une occasion unique d'agrandir cette promenade favorite des Parisiens ; nous pensons qu'il est de notre devoir de vous la proposer. »

Il y a un moyen bien simple de donner aux Parisiens plus d'espace, c'est de réduire le nombre des concessions qui occupent le quart ou le cinquième du bois. Je citerai : deux champs de course, le champs d'entraînement, le polo équestre, le jardin d'acclimatation, sans compter cinq chalets, deux pavillons, des restaurants, etc.

L'acquisition de Bagatelle n'augmentera pas les surfaces mises à la disposition du public, si l'on continue à enfermer des parties du bois dans des clôtures et à les réserver ainsi à des particuliers.

Chaque année, M. le Préfet de la Seine nous demande la création de nouveaux centimes additionnels afin de pouvoir équilibrer le budget de la Ville. Cela prouve que ce budget n'a pas l'élasticité suffisante pour nous fournir les ressources nécessaires pour une dépense qui, comme celle-ci, a un caractère purement somptuaire.

Les besoins scolaires ne sont pas satisfaits ; il nous faut renouveler les baux de maisons d'écoles que nous avons en location faute de ressources pour pouvoir en construire.

Nous ne pouvons doter suffisamment les services d'assistance et nous sommes obligés de refuser des pensions représentatives à ceux qui y auraient droit.

Dans de telles conditions, je ne vois pas comment nous pourrons trouver les millions nécessaires pour l'acquisition qu'on nous propose et, pour ma part, je me refuse à y souscrire alors que, ainsi que je viens de l'indiquer, nous ne pouvons doter suffisamment nos œuvres d'enseignement et de bienfaisance. (Très bien !)

M. Landrin. — Il y a quelques jours, j'ai exposé devant le Comité du budget mon opinion sur l'acquisition qui nous est proposée.

J'ai dit et répété que, selon moi, la vente du domaine de Bagatelle n'amènerait pas la construction d'immeubles qui dépareraient le bois de Boulogne.

D'un autre côté, le bois de Boulogne, nous dit-on, n'est pas assez grand pour les besoins de la population qui va y prendre l'air.

On nous a dit aussi que la population de Paris augmentait et et que le bois de Boulogne pourrait devenir insuffisant.

J'estime que, s'il devenait nécessaire de dépenser une somme aussi forte pour créer une promenade, il serait nécessaire de la créer sur un autre point de la périphérie.

A Londres, il existe des parcs dans tous les quartiers, et les habitants peuvent aller y respirer sans être obligés d'entreprendre un véritable voyage.

Je crois que nous devrions imiter cet exemple et créer sur d'autres points de la banlieue des parcs spacieux.

Mais la dépense de 7 millions qu'on nous propose est une dépense somptuaire, et notre situation financière ne nous permet pas de semblables dépenses, alors que nous avons tant d'infortunes à soulager.

A la 3ᵉ Commission j'étais resté sur la réserve, ne voulant prendre de décision qu'après un examen approfondi. Aujourd'hui je crois devoir voter contre le projet d'acquisition qui nous est soumis.

M. Faillet. — J'appuie de toute mon énergie le langage que vient de tenir M. Landrin. On vient de nous demander 7 millions, alors que nous avons de si grandes difficultés à boucler notre budget et que les œuvres d'assistance et les œuvres scolaires ne sont pas suffisamment pourvues.

Quand nous aurons trouvé des fonds pour les pensions représentatives et pour les œuvres humanitaires, nous penserons aux bagatelles (Rires).

M. Henri Turot. — Je voterai les conclusions de la Commission, mais sans enthousiasme. Les raisons qui me déterminent sont les suivantes : je me place au point de vue d'un particulier qui serait propriétaire du bois de Boulogne ; celui-ci considérerait certainement comme une bonne opération l'achat d'une enclave qui peut devenir plus tard une menace ou une gêne. Ce que nous refuserions d'acheter 6 millions et demi aujourd'hui, nos successeurs, dans vingt ans, le paieraient peut être 15 millions. (Très bien !) A un autre point de vue, j'ai été très frappé de l'évolution qui s'est produite dans les habitudes de la population parisienne depuis l'établissement du Métropolitain. Il est certain que le dimanche, toute la population ouvrière, principalement celle des 18e, 19e, 20e arrondissements qui borde les boulevards extérieurs, émigre vers le bois de Boulogne.

Mais il est vraiment scandaleux de voir payer 6 millions et demi un domaine qui ne valait autrefois que 300.000 francs et dont la valeur a été augmentée par les embellissements dont la Ville l'a entouré. Nous aurions là une belle occasion d'appliquer une proposition déposée jadis par MM. Adrien Weber et Landrin et que je reprends aujourd'hui même.

J'espère que lorsque nous discuterons cette proposition qui a pour but de faire bénéficier de ces plus-values par moitié les propriétaires et la ville de Paris, vous serez d'accord avec moi. (Aux voix !)

M. Gay. — Nous votons la mort dans l'âme parce que nous ne pouvons faire autrement.

Plusieurs voix. — La clôture ! La clôture !

La clôture est prononcée.

M. le Président. — Nous allons voter sur le projet de délibération proposée par la 3e Commission.

Je mets aux voix l'art. 1er ainsi libellé.

« Article premier. — M. le Préfet de la Seine est autorisé à traiter à l'amiable avec sir Murray Scott en vue de l'acquisition du domaine de Bagatelle, moyennant le prix de 6.500.000 francs, productifs d'intérêts à 3 % à dater de la prise de possession dûment constatée, qui devra avoir lieu d'ici le 1er octobre, ledit prix stipulé payable de la façon suivante :

« 2.000.000 de francs d'ici au 31 décembre 1904, 1.000.000 de francs en 1906, 1.000.000 de francs en 1907, et le reste du prix au 1er janvier 1908, avec faculté d'anticipation pour la ville de Paris, étant entendu que les fractions pour les paiements ne pourront être inférieures à 500.000 francs. »

Il y a une demande de scrutin.

Le scrutin auquel il est procédé sur l'art. 1er du projet de délibération donne les résultats suivants :

Nombre de votants.... 69
Majorité absolue....... 35
Pour................. 50
Contre............... 19

Le Conseil a adopté.

Ont voté pour :

MM. L. Achille, Alpy, d'Andigné, Archain, d'Aulan, Barillier, Bellan. Gabriel Bertrou, Billard, Brenot, Bussat, César Caire, Ernest Caron, Chassaigne-Goyon, Chautard, Adolphe Chérioux, Dausset, Deville, Duval-Arnould. Paul Escudier, Evain, Henri Galli, Gay, Georges Girou, Armand Grébauval, Houdé, Jolibois, Jousselin, Roger Lambelin, Lampué, Levée, Emile Massard, Joseph Menard, Gaston Mery, Adrien Mithouard, Opportun, Adrien Oudin, Pannelier, Patenne, Maurice Quentin, Quentin-Bauchart, Ranson, Ambroise Rendu, Félix Roussel, Camille Roussel, Arthur Rozier, Santon, Sohier, Tantet, Henri Turot.

On voté contre :

MM. Paul Brousse, Chausse, Colly, Faillet, Fribourg, Heppenheimer, Lajarrige, Landrin, André Lefèvre, Le Grandais, Marsoulan, Alfred Moreau, Ernest Moreau, Navarre, Poirier de Narçay, Poiry, Ranvier, Rebeillard, Henri Rousselle.

Excusés :

MM. Berthaut, Froment-Meurice, Mossot, Piperaud.

N'ont pas pris part au vote.

MM. Desplas, V. Gelez, Hénaffe, Le Menuet, Pierre Morel, Paris, Weber.

M. Chausse. — Nous nous souviendrons de ce vote.

M. Paul Escudier, rapporteur. — Il y a des dépenses nécessaires pour une ville comme Paris.

M. Adolphe Chérioux. — C'est l'hygiène de la population parisienne qui était en jeu.

M. Chausse. — Allons donc ! Ce n'est pas sérieux.

M. Landrin. — Non, il n'est pas sérieux de dire qu'il s'agit de l'hygiène de la population.

M. Rebeillard. — On aurait mieux fait de voter six millions pour les écoles.

M. Arthur Rozier. — J'ai voté les conclusions de la Commission pour les mêmes raisons données par mon collègue et ami Turot.

Je ne veux pas que nos successeurs viennent nous faire le reproche que nous avons à adresser à nos prédécesseurs, qui ont laissé dans le bois de Boulogne une enclave dont le prix était de 300.000 francs et qui nous coûte aujourd'hui six millions et demi ; je ne veux pas que nous soyons amenés à dépenser plus tard 12, 15 ou 20 millions pour acheter ce domaine (Très bien !)

M. Adolphe Chérioux. — C'est voler comme un homme qui a le sens pratique des affaires.

M. Landrin. — Dans dix ans nous ne l'aurions pas acheté, voilà tout ! Nous n'étions pas forcés d'acheter.

M. Fribourg. — J'ai voté contre l'article premier. Il m'a suffi de comparer avec quelle facilité l'Administration trouve deux millions aujourd'hui et quelles difficultés elle soulève chaque fois que des réparations urgentes sont demandées dans nos écoles ou des améliorations pour les travailleurs.

M. le Président. — Je mets aux voix l'article 2, ainsi conçu :

« Art. 2. — M. le Préfet de la Seine est autorisé à poursuivre l'obtention d'un décret déclarant d'utilité publique l'incorporation du domaine de Bagatelle au bois de Boulogne. »

L'article 2 est adopté.

M. le Président. — Voici l'article 3 :

« Art. 3. — Il sera fait face à la dépense, jusqu'à concurrence de 2.000.000 de francs, à l'aide du prélèvement sur les chapitres suivants du budget de 1904 :

« Chap. 51, § 9, art. 1er, 152.851 fr. 29 c ;

« Chap. 54, § 5, art. 1er, 21.855 fr. 58 c. ;

« Chap. 59, § 2, art. 1er, 56.223 fr. 90 c. ;

« Chap. 60, § 1er, art unique, 1.766.069 fr. 23 c. ;

« Ensemble, 2.000.000 de francs, dont il y aura lieu de poursuivre au préalable la désaffection.

« Le surplus du prix d'acquisition, soit 4.500.000 francs sera payable : savoir, 1.000.000 de francs en 1906, 1.000.000 de francs en 1907 et 2.500.000 francs en 1908, ainsi que les intérêts à 3 0/0, payables annuellement, et il sera fait face à cette dépense ainsi qu'aux frais sur les ressources générales des budgets correspondants, sauf à créer d'ici là des ressources extraordinaires qui permettraient au besoin d'anticiper sur les époques de paiement ci-dessus, conformément à la faculté que la Ville s'est réservée. »

M. André Lefèvre, rapporteur général du budget. — Je suis de ceux qui tout à l'heure ont voté contre l'art. 1er, non seulement pour les considérations développées par MM. Chausse et Landrin, mais encore à cause de la combinaison financière proposée.

Vous avez décidé de faire une opération entraînant une dépense de 6.500.00 francs.

Sur cette somme, vous n'avez que 2 millions ; quant au surplus, vous ne savez pas sur quelles ressources vous pourrez le payer.

M. SAUTON. — Sur les ressources générales du budget.

M. ANDRÉ LEFÈVRE. — Sur les ressources générales du budget, me dit-on, ou sur les ressources extraordinaires. ou même sur des ressources à créer. Cette multiplicité d'imputations m'inquiète. Je préférerais qu'il n'y en eût qu'une et qu'elle fût bonne.

Vous allez donc voter d'avance l'inscription d'une somme de 1.000.000 au budget de 1906, que vous ne connaissez pas, de 1.000.000 en 1907 et de 2.500.000 francs en 1908, sans préjudice des intérêts, alors que ni en 1907, ni en 1908 vous n'aurez à compter sur les plus-values de l'exploitation du gaz.

C'est là une déplorable politique financière à laquelle je refuse de m'associer.

Ce n'est pas au moment où nous n'avons point de ressources suffisantes pour les hôpitaux et les écoles, ce n'est pas au moment où nous sommes obligés de serrer de très près la moindre dépense en faveur de notre personnel que je voterai l'acquisition de Bagatelle par les singuliers moyens financiers qu'on nous propose.

M. LE PRÉSIDENT. — Je mets aux voix l'art. 3.

Il y a une demande de scrutin.

Le scrutin auquel il est procédé sur l'art. 3 du projet de délibération donne les résultats suivants.

Nombre de votants..... 64
Majorité absolue........ 33
Pour................... 46
Contre................. 18

Le Conseil a adopté.

Ont voté pour :

MM. L. Achille, Alpy, d'Andigné, Archain, d'Aulan, Barillier, Bellan, Gabriel Bertrou, Eugène Billard, Brenot, Bussat, César Caire, Ernest Caron, Chassaigne-Goyon, Chautard, Adolphe Chérioux, Dausset, Duval-Arnould, Paul Escudier, Evain, Henri Galli, Gay, Georges Girou, Houdé, Jolibois, Jousselin, Roger Lambelin, Lampué, Le Menuet, Levée, Emile Massard, Joseph Menard, Gaston Mery, Adrien Mithouard, Adrien Oudin, Patenne, Maurice Quentin, Quentin-Bauchart, Ambroise Rendu, Félix Roussel, Camille Roussel, Arthur Rozier, Sauton, Sohier, Tantet, Henri Turot.

Ont voté contre :

MM. Paul Brousse, Chausse, Colly, Fribourg, Heppenheimer, Lajarrige, Landrin, André Lefèvre, Le Grandais, Marsoulan, Alfred Moreau, Ernest Moreau, Navarre, Poirier de Narçay, Poiry, Ranvier, Rebeillard, Henri Rousselle.

Excusés :
MM. Berthaut, Froment-Meurice, Mossot, Piperaud.

N'ont pas pris part au vote :
MM. Desplas, Deville, Faillet, V. Gelez, Armand Grébauval, Hénaffe, Pierre Morel, Opportun. Pannelier, Paris, Ranson, J. Weber.

M. LE PRÉSIDENT. — Je mets aux voix l'ensemble.
L'ensemble est adopté (1904).

M. LE PRÉSIDENT. — Je suis saisi de la proposition suivante de M. Poirier de Narçay. Notre collègue en demande le renvoi à la 4e Commission :

« Le Conseil
« Délibère :

« L'immeuble de Bagatelle sera consacré aux enfants des écoles dont l'état de santé impose le séjour à la campagne.
« Signé : Poirier de Narçay, Henri Galli, Dausset. »

Le renvoi à la 4e Commission est prononcé.

APPENDICE XXXXV

Décret du Président de la République Française

Le Président de la République française,
Sur le rapport du ministre de l'intérieur et des cultes,
Vu les délibérations du conseil municipal de Paris en date des 25 mars et 11 juillet 1904 ;
La délibération du conseil municipal de Neuilly-sur-Seine en date du 12 février 1904 ;
Le plan parcellaire des lieux ;
Le procès-verbal de l'enquête à laquelle il a été procédé le 18 mai 1904 ;
Ensemble, l'avis de la commission d'enquête ;
Les propositions du préfet de la Seine et les autres pièces de l'affaire ;
La loi du 3 mai 1841 ;
L'ordonnance du 18 février 1834 ;
La section de l'intérieur du conseil d'État entendue.

Décrète :

Art. 1er. — Est déclaré d'utilité publique dans la commune de Neuilly-sur-Seine, l'incorporation au bois de Boulogne du domaine de Bagatelle.

Art. 2. — Le préfet de la Seine est autorisé à acquérir, soit à l'amiable, soit, s'il y a lieu, par voie d'expropriation, en vertu de la loi du 3 mai 1841, les terrains dont l'occupation est nécessaire pour la réalisation du projet, lesdits terrains tels qu'ils sont désignés par une teinte jaune sur le plan parcellaire ci-annexé. L'immeuble ainsi acquis ne pourra être affecté qu'à des services publics.

Art. 3. — La présente déclaration d'utilité publique sera considérée comme nulle et non avenue si les expropriations à effectuer pour l'exécution des travaux ne sont pas accomplies dans le délai de deux ans à compter de ce jour.

Art. 4. — Le ministre de l'intérieur et des cultes est chargé de l'exécution du présent décret.

Fait à Paris, le 8 janvier 1905.

ÉMILE LOUBET.

Par le Président de la République :

Le président du conseil,
ministre de l'intérieur et des cultes,

E. COMBES.

BIBLIOGRAPHIE

Ouvrages qui ont servi à l'auteur pour composer cet ouvrage

Bibliographie nationale.

Nouvelles acquisitions françaises, n° 9.639.
Bagatelle : feuille détachée du *Pall Mall Magazine*, Londres, avril 1896, pp. 533 à 545. Trad. de l'anglais d'un art. de Charles Yriarte.
Journal de Barbier.
Almanachs royaux de 1700 à 1790.
Sourches.
Mémoires de Saint-Simon.
Mémoires du duc de Richelieu.
Mémoires du duc de Luynes.
Mémoires de d'Argenson.
Mémoires de Bachaumont.
Mémoires de Madame Campan.
Mémoires de Madame d'Abrantès.
Correspondance de Madame, duchesse d'Orléans. Paris, Quantin.
Journal et mémoires de Mathieu Marais (1715-1737). Paris, Firmin Didot.
Correspondance complète de Madame la Marquise du Deffand. Ed. Plon. 1865.
Mémoires de Madame d'Epinay.
Mémoires de Bezenval.
Mémoires de Madame de Genlis.
Mémoires de la baronne d'Oberkirsch.
Mémoires sur l'intérieur du Palais Impérial, par Beausset.
Chroniques et légendes des rues de Paris, Ed. Fournier.
Mercure de France.
Recueil d'architecture civile des environs de Paris. J. C. Kraft. Paris, Crapelet. 1812. 1 vol. in-fol.
La Folie Saint-James à Neuilly, Abbé Bouillet. Paris, Plon, 1894.
Histoire de Neuilly, Abbé Bellanger.
Histoire du diocèse de Paris, par l'abbé Lebœuf.
Rectifications et additions à l'Histoire du diocèse de Paris, par F. Bournon.
Aventuriers et femmes de qualité, par M. Ch. Gailly de Taurines, Hachette et Cie, 1907.

État des communes à la fin du XIXe siècle, publié sous les auspices du Conseil général. *Neuilly-sur-Seine*, Montevrain, 1904.
Histoire de France pendant le XVIIIe siècle, par Lacretelle jeune.
Bulletin de la Société Historique d'Auteuil et de Passy.
Bulletin de la Commission municipale de Neuilly-sur-Seine.
Recherches historiques sur le système de Law. E. Levasseur.
Recueil Clairambault-Maurepas. Chansonnier historique du XVIIIe siècle.
Chronologie historique militaire, par Pinard.
Dictionnaire de la Noblesse. La Chesnaye-Desbois.
Les maîtresses du Régent. Lescure.
Mémoire pour servir à l'Histoires de la Calotte. Maropolis, 1735.
Mélanges de Boisjourdain.
2.500 actes. . . . . par le Marquis de Surgères.
Répertoire universe. et raisonné de jurisprudence civile, criminelle, canonique et bénéficiale, ouvrage de plusieurs jurisconsultes mis en ordre par M. Guyot, écuyer, ancien magistrat. A Paris, chez Visée, libraire, rue de la Harpe, près de la rue Serpente. M.DCC.LXXXIV. T. IV.
Armorial Général, par J.-B. Rietstap.
Le Nouveau Dialogue des morts.
Vie de la princesse de Poix, par Mme la vicomtesse de Noailles. Paris 1855.
Œuvres de Voltaire. Ed. Garnier.
La France sous Louis XV, par Jobez.
The letters of Philip Dormer Stanhope. 1893.
Dictionnaire des Théâtres, Léris.
Gustave III et la cour de France, par A. Geffroy.
Les Sociétés latines du XVIIIe siècle, par Arthur Dinaux.
Rulhières, œuvres.
Ode sur la mort de Mme la marquise de Monconseil dédiée à la mémoire de son illustre bienfaitrice par M. Dudéré de Laborde, ancien lieutenant aux grenadiers de France, brochure in-8° 1787.
Journal de Louis XVI, par Louis Nicolardot.
Jules Flammermant, T. III.
La Grande Revue, Les Jardins de Bagatelle, par Robert Hénard. 10 mai 1907.
Revue de Paris, Mémoires de Bagatelle, par Ch. Yriarte. 1er juillet et 1er septembre 1903.
Histoire de Boulogne-Billancourt, par Paul Beauflu.
Aulard.
Correspondance secrète. Métra.
Paris pendant l'année 1797, par Peltier.
Le livre des Cent-Un. A Paris, chez Ladvocat, 1834.
Journal de l'Empire.
Histoire des deux restaurations, par Vaulabelle.
Moniteur universel du 14 juillet 1814.
Marie Caroline, duchesse de Berry, par le vicomte de Reiset. 1906.
Le Bois de Boulogne, poème en 2 chants, par Barthélemy.
Le Moniteur des Architectes.

Journal Le Gaulois.
— Officiel.
— Municipal de la Seine.
Nouvelle description des environs de Paris, par J.-A. Dulaure. Paris, Lejay. 1787. 2 vol. in-12.
Dictionnaire de tous les environs de Paris, par M.-G. St. A. 1818.
— Historique de la ville de Paris et de ses environs, par Hurtaut et Magny. Paris. Moutard, 1779.
Note sur le Bois de Boulogne, par M. Barres. Paris. Imprimeries Réunies. 1900. in-4°.
La France artistique et monumentale. Art. Charles Yriarte.
L'Arnoldiana.
Annales de la Société libre des Beaux-Arts.

Bibliothèque Nationale. — Manuscrits.

Pièces originales 1705, p. 174.
— — p. 177.
— — p. 187.
— — p. 198.

Bibliothèque de l'Arsenal.

Manuscrits 3.269, 3.270, 3.271.

Archives Nationales.

O¹ 3413.
O¹ 1581.
O² 560.
O² 700.
O³ 1025.
O³ 1026.
O³ 2.020.
Q¹ 1090.
Q¹ 1070.
R³ n° 3.
R³ n° 4.
R¹ 213 (Cursay-Titres.
R¹ 307-389.
R¹ 429 (1781-1792).
R¹ 513 (1773-1789).
R¹ 520-521.
X¹b 8982.
T. 471¹¹.
T. 206¹.
T. 206⁸.
T. 206⁷.
T. 1634.
T. 1686.
Z² 2.633 à 2.636.
Y. 58.

Archives de la Seine.

S. F., 454.
1365.
B8³ 235.
622.
Neuilly, 2.
A. N. D III, 235.
Sommiers de Neuilly.
Registres de correspondance de Neuilly.

Archives administratives de la Guerre.

Dossier Guinot de Monconseil.

Archives impériales d'Autriche.

Pièces 24 et 55.

ESSAI D'ICONOGRAPHIE

CHATEAU ET JARDINS

Le grand pavillon, avec dôme et cour d'honneur, gr. av. l.
Le château, gr. av. l. avec remarque par A. Filliol.
Le parc et l'obélisque, gr. par Fessard l'aîné.
Le pont rustique, le lac.
>(Ces cinq gravures dirigées par Née, sont du XVIIIe siècle.
> Appart. à M. Félix Potin.)

Vue du parc (grotte sur le lac),
Le pont chinois ;
L'hermitage ;
Cellule de l'hermitage ;
>(N°s 1 à 4 des Cahiers de Lerouge).
> Appart. à M. Charles Chaudebois.

Projet de château pour Bagatelle, par Brongniart (1739-1815).
 Aquarelle originale de lui, en 1779.
Vue de Bagatelle en 1783, gr. av. l.
Vue de Bagatelle en 1818, lith. de Bourgeois.
Vue de Bagatelle sous la Restauration. Ricois, pinx., Bonnemaison dir., Jacottet del., lith. sur chine.
Château de Bagatelle, sous l'empire. Lemaitre del., lith. sur chine, de C. Motte.
 Appart. à M. Hartmann.

Bagatelle, Specth del., Daronstedt, sc. 1797.
Bagatelle en 1850, dessin de Grandsire, gr. sur bois.
Bagatelle. — Le pavillon des Philosophes, gr. à Paris, chez Chereau, édit.
Vues du pavillon de Bagatelle, du côté de l'entrée, construit en soixante-quatre jours, sur les dessins d'Alexandre Bellenger, premier architecte de Mgr le comte d'Artois. L. Belanger, pinx, dirigé par Née, 1787.
Décoration intérieure de la chambre à coucher du comte d'Artois à Bagatelle. — Reproduction du dessin de Belanger à la Bibliothèque Nationale.
Intérieur de la chambre à coucher du comte d'Artois. — Id.
 Appart. à la Commission Historique de Neuilly.

Pavillon de Bagatelle. — Vue de côté de l'entrée, d'après la gravure de Belanger. — Héliogr. Lemercier. (France artistique et monumentale).
Bagatelle, d'après Heilburth-Deville, sculp. Impr. Salmon.
Vue du château et d'une partie du parc de Bagatelle, Mongin, pinx. — Chapuy, sc. — Gravure en couleurs.
Bagatelle. Lith. Fonrouge, Paris, place du Louvre.
Vue du pont chinois dans le jardin de Bagatelle. — Petite gravure en couleurs.
Vue du Grand Rocher, gr. en couleurs in-8.

   Appart. à M. de Cambis.

N° 31. Dossier à la plume, rehaussé d'aquarelles, intéressant par le sujet et les personnages qui animent la composition. Signé et daté en bas, à gauche : J. D. Dugourre, 1779. Haut. 28 cent. 1/2; larg. 40 cent.

   Appart. à M. X...

Vue du pavillon de Bagatelle situé sur le bord de la Seine, bâti par Bellenger en 64 jours. — Krafft, del. — Boullay, sc. (planche 117 de l'ouvrage de Krafft.)
Détail du pavillon de Bagatelle. — Krafft, del. — Baillay, sc. (planche 118 de l'ouvrage de Krafft).
Vue d'un des aspects intérieurs du jardin de Bagatelle d'où l'on découvre les hauteurs du Mont-Valérien, le village de Puteau, les communs et l'intérieur de la cour qui conduit au pavillon, planté d'après les dessins de Belanger, premier architecte de Mgr le comte d'Artois. Belanger, pinx. Grav. de Liquet, aîné.
Vue d'un des aspects intérieurs du jardin de Bagatelle, représentant le pont de la cascade de l'Hermitage. L. Moreau, pinx, dirigé par Née.
Vue d'un des aspects intérieurs du jardin de Bagatelle, représentant l'obélisque et la cascade en face du pavillon. L. Moreau, pinx, gravée par Fessard aîné. Commission municipale Historique et Artistique de Neuilly.
Vue du Pont Chinois dans le jardin de Bagatelle, situé dans le bois de Boulogne. Moreau pinx. Elise Saugrain, sc., épreuve avant la lettre. Collection Couvreux.
Jardin de Bagatelle. — Krafft, del. Boullay, sc. (planche 117 de l'ouvrage de Krafft).
Vue de la cascade ou rocher près de la cabane des Druides, dans le jardin de Bagatelle. — Moreau pinx. Elise Saugrain, sc., 1785. Epreuve après la lettre.

   Appart. à M. Paul Blondel.

Vue du Pont Chinois dans le jardin de Bagatelle. — Moreau pinx. Elise Saugrain, sc. Epreuve avant la lettre.
Vue de la Cascade ou rocher près de la cabane des Druides, dans le jardin de Bagatelle. — Moreau pinx. Elise Saugrain, sc., 1785. Epreuve avant la lettre.
Bagatelle à Sir Richard Wallace. Dessin d'Anastasi.

Premières armes de Mgr le duc de Bordeaux. — Présenté à
S. A. R. Mgr le duc de Bordeaux par son très humble serviteur Canu. Gravure en couleurs. Dessiné et gravé par Canu.
    Appart. à M. Garnier.

Bagatelle (Illustrations du Gaulois du dimanche 4-5 février 1905).
Jardins de Bagatelle (Illustrations Fémina, 1er août 1902).
Bagatelle. — Façade principale. Restauration de M. de Sauges,
  architecte, 1876 (Moniteur des Architectes, 1876).
Château de Bagatelle. — Façade latérale. Etat antérieur à la
  Restauration, faites en 1864 par M. L. de Sauges, architecte.
Imprimerie Lemercier (Moniteur des Architectes).
Bagatelle. — (Illustrations du Monde Illustré, 19 mai 1904).
Bagatelle. — (Illustrations de l'Illustration, 28 janvier 1905).
    Appart. à M. H.-G. Duchesne.

    T. X, N° 82. *Vue du Pavillon de Bagatelle* [1].

Le pavillon de Bagatelle est situé à l'extrémité du bois de
Boulogne, entre le village de Neuilly et l'abbaye de Longchamp.
Cet endroit, qui appartient à Monseigneur comte d'Artois, a été
construit en 64 jours, par M. Belanger, architecte de ce prince,
et réunit tout à la fois la noblesse, les grâces, la richesse et le
bon goût. Trois cours précèdent ce bâtiment, celle d'honneur est
décorée de statues dans des niches, et une rampe même à la
porte du pavillon qui est orné de colonnes. Quatre bustes en
marbre d'après l'antique, posés sur des cypes, et une nymphe
placée sur un piédestal, ornent le vestibule. Les différents
appartements fixent l'attention des spectateurs par la beauté de
leurs glaces, de leurs ameublements et de leurs peintures. Outre
la décoration de ce bâtiment on y admire encore les vues pittoresques qui s'offrent de tous côtés. Le cours de la Seine, l'abbaye
de Longchamp, le Mont Valérien et le pont de Neuilly, y
présentent les tableaux les plus intéressants. Bagatelle était
autrefois un petit château qui fut longtemps occupé par
Mlle de Charolais, dans l'enceinte duquel elle donnait des fêtes
où les garçons et jeunes filles du voisinage venaient danser.

    T. X, N° 83. Bagatelle.

Vue d'un des aspects intérieurs du Jardin de Bagatelle, d'où
l'on découvre les hauteurs du Mont-Valérien, le village de
Puteaux, les communs et l'intérieur de la cour qui conduit au
pavillon.

Les jardins de Bagatelle, plantés d'après les dessins de
M. Bellanger, offrent un autre genre de plaire. On y voit le
tableau d'une nature agreste, riante et embellie par la main des
talons ; au lieu de la dégrader, de l'assujetir à ses caprices, l'art
l'a respecté et lui a rendu un hommage pur, en tachant d'imiter

---

    1. Les quatre vues qui suivent font partie du Voyage Pittoresque
de la France. A Paris, chez Lemay, libraire, quai des Augustins.

ses grâces naïves, ses belles horreurs et son heureux désordre. Tous les objets que l'on rencontre dans ces jardins, font succéder dans l'âme des sensations douces et énergiques, rappellent des souvenirs agréables et charment tour à tour le cœur et les yeux.

T. X, N° 84. Bagatelle.
Vue d'un des aspects intérieurs du jardin de *Bagatelle* représentant l'obélisque et la cascade en face du pavillon.
La composition des jardins de Bagatelle est très ingénieuse, ce n'est point cette froide et majestueuse symétrie, ces perpétuels alignements qui ne produisent qu'une stérile admiration. La première vue qui s'offre en y entrant est remarquable. Une vaste prairie bordée de bois, de coteaux, enrichie d'un petit lac sur lequel flotte une jolie pirogue, laisse voir dans le lointain un obélisque égyptien. On y voit encore un rocher élevé, duquel sort une nappe d'eau qui tombe en forme de cascade, et de chute en chute se mêle avec fracas dans le lac qui lui sert de bassin. L'eau de cette cascade vient d'un réservoir pratiqué au sommet du rocher et que l'on remplit au moyen d'une machine hydraulique.

T. X, N° 85. Bagatelle.
Vue d'un des aspects intérieurs du jardin de Bagatelle représentant le pont et la cascade de l'hermitage.
L'hermitage de Bagatelle est protégé par une clôture formée ainsi que les portes avec des branches d'arbres toutes brutes. On y voit une maison et un oratoire couverts de chaume, qui sont soutenus par des arbres vivants. Tout est propre dans cet hermitage, et y respire cette simplicité, cette industrie qui accompagnent par l'ordinaire ces sortes de retraites. On dit que cet endroit était habité autrefois par un hermite qui vivait du produit du champ qu'il cultivait de ses propres mains, et que dans la suite, cet anachorète se trouvant trop faible pour soutenir la vie solitaire, l'abandonna et prit le parti des armes. Les jardins de Bagatelle renferment en outre beaucoup d'autres objets de curiosité, tels que les pavillons Indien et Philosophe, des grottes souterraines, des bustes et des figures de marbre élevés sur des piédestaux qui rappellent la gloire et l'antiquité.

Collection Carnavalet

Vers 1810. — Vue de Bagatelle, eau-forte non signée 16 1/2×11. Au fond d'une place sablée côté de Neuilly, à laquelle on arrive par deux allées, on voit le pavillon du comte d'Artois. Quelques personnages circulent à l'entrée du pavillon et dans les jardins.
Vers 1828. — Château de Bagatelle. — Asselineau del., lith. de C. Motte. 15 1/2 × 11, 2. — Vue du côté Boulogne ; une calèche quitte le pavillon. — 2. Reproduction de la même dans La Mode, livre des salons et des châteaux.

Vers 1785. — Vue du Pavillon. — Gravure non datée. — L. Bellanger, Pinxit ; dirigée par Née.

Vue du côté Boulogne. — On remarque une grille qui du côté du bois de Boulogne côtoie la terrasse de droite, ainsi qu'un grand lampadaire, à l'angle de la terrasse du pavillon et de celle qui fait face à la Seine. — Personnages.

1783 — Vue du château de Madrid et du pavillon de Bagatelle, près de Paris. — Gravure L.-G. Moreau, pinxit ; Elisée Sangrain, sculp. 1783. Moreau direx., 48,1 × 2,68.

Vue prise de Suresne, vers Neuilly. On remarque du pavillon de Bagatelle du côté regardant Boulogne et un coin du bâtiment des pages. — Le grand intérêt de cette gravure est la représentation de la pompe à feu.

Vers 1780. — Vue des jardins de Bagatelle. — Gravure au burin par Fessard l'aîné, 39 × 24.

Au premier plan la cascade et le lac, sur lequel vogue une nacelle. — Au fond l'obélisque. — Personnages.

Vers 1783 — Vue d'un des aspects intérieurs du jardin de Bagatelle représentant le pont de la cascade et l'hermitage, planté d'après les dessins d'Alexandre Belanger, premier architecte de Mgr comte d'Artois. — L. Moreau, pinxit ; dirigée par Née. 39,5 24.

Vers 1810. — Château de Bagatelle. — N° 22. — Gravure Lemaitre del. Lith. Liguy frères, R. Salle-au-Comte, 10. — 24, 2 × 15, 7.

C'est la vue du Pavillon, façade de Boulogne, un grenadier l'arme au bras est en sentinelle sur la terrasse du Pavillon. Un officier gravit les degrés qui montent au Pavillon. On remarque par la fenêtre ouverte à gauche, un lustre que l'Empereur fit placer.

1882. — Premières armes de Mgr le duc de Bordeaux. Dessiné et gravé par Canu, rue St-Jacques, n° 29. Déposé à la Direction. Gravure coloriée. Gravure. — 23,5 × 17, 5.

Légende : Le 29 septembre 1822, anniversaire de sa deuxième année, Mgr le duc de Bordeaux allant à Bagatelle, on fit une halte dans le bois de Boulogne à l'effet d'attacher à S. A. R. les épaulettes de la Garde, on lui mit aussi le bonnet de chasseur de grenadier et le fourniment complet. — Arrivé à Bagatelle, Mgr le duc de Bordeaux mit pied à terre et commanda le poste à qui il fit faire divers maniements d'armes et rompre les rangs.

Présenté à S. A. R. Mgr le duc de Bordeaux, par son très humble et très obéissant serviteur Canu.

On remarque un poteau sur lequel se lit : Route de Henri... Bagate..., huit grenadiers, un sous-lieutenant et un tambour. Mademoiselle sœur du duc de Bordeaux et deux femmes dont l'une porte un troisième enfant.

Vers 1860. Gravure au burin représentant la « machine hydraulique de Bagatelle, au bois de Boulogne » que construisit L. de Sauge, architecte de Lord Hertfard. Non daté, et non signé. 11 × 16.

Monde Illustré, n° 385. — Dessin de M. Reichau, qui à l'occasion de la fête des fleurs donne une vue de la porte de Bagatelle, qui ne représente pas la porte d'aujourd'hui. Vue intérieure.

1834. — Rep. d'une gouache représentant la pompe à feu de Bagatelle. 11, 8 × 4. Très intéressante, sign. illisible.

1809. — Vue prise dans les jardins anglais de Bagatelle. — — Environs of Paris. — Bridge at Bagatelle. — N° 13. — J. C. Nattes delin. — J. Hill, Aquatinta. — Published 1809, by William Miller Albemarle Street et Vendemaire Mard End. Reprodution coloriée. — Le sujet, œuvre d'artiste, n'est pas exact à la vérité.

Vue du château et d'une partie du Parc de Bagatelle. — Peint par Mongin, gravé par Chapuy, déposé à la bibliothèque impériale. A Paris, chez Bance, l'aîné, rue St-Denis, n° 214. 38×29.

La vue est prise du bois de Boulogne. On voit la rivière, l'embarcadère, la grille qui clôt le jardin et au fond le pavillon. Personnages.

Vers 1780. — Plan du jardin de Bagatelle, colorié. S.d. S.n. Très intéressant au sujet des bâtiments et au sujet des jardins. 84×44.

Cabinet des Estampes à la Bibliothèque Nationale.

Plan général de Bagatelle bâti par M. Belanger, prieur. Encre de Chine, 38×24 (planche 49 d'une série).

On y remarque : Buste de Lucullus, banc de Roche, cabane de l'Ermite, obélisque, guérite, lac, jardin de Diane, cabane des Druides, Cascade en rocher, Pont chinois, temple de Pan, un faune, vase aux poissons, maison Hollandaise, petite tente tartare, vigne italienne, balançoire chinoise, buste d'Apollon, pont de Palladio, glacière et des écuries projetées donnant sur le bois de Boulogne. T. int.

Plan général de Bagatelle, eau forte. N.d. N.S. 15×10.

Plan gravé du pavillon et des terrains. Chine, 38×24. N.d. N.S.

L'arrivée d'un carosse au pavillon des pages. On remarque sur la gauche un puits et un artiste dessinateur. Chine, 38×24.

Les jardins, vue de la rotonde du parc, dans les allées deux amoureux. Chine, 38×24.

La même vue, prise d'un autre côté, on remarque une statue et le kiosque chinois. Chine.

La même que l'aquarelle de Carnavalet. Chine.

Pompe à feu de Bagatelle.

Pompe de Bagatelle sur les bords de la Seine près le pont de Neuilly, 1813. — Dessin à la plume, rehaussé à l'encre de Chine, S. S.

Appart. à M. Hartmann.

Pompe à feu du château de Bagatelle. — Coupe transversale (Moniteur des Architectes, 1873, planche 29).

Pompe à feu du château de Bagatelle. — L. de Sauges, architecte (Moniteur des Architectes, 1872).
    Appart. à M. H.-G. Duchesne.

Vue de la pompe à feu de Bagatelle, Gelhart, del. Lemercier litho.
    Appart. à M. Libert.

Bagatelle (Le Château d'eau). — Henry Havard, direc., héliogr, Imprimerie Lemercier (France Artistique et Monumentale).
    Appart. à M. E. Circaud.

Topographie.

Plan manuscrit et colorié du jardin de Bagatelle, relevé et dessiné en 1813, par C. Toyot.

Plan des Jardins de Bagatelle, dédié à Mgr le Comte d'Artois, frère du Roi, par son très humble et très obéissant serviteur Le Rouge, ingénieur géographe du Roi, 1784 (Ce plan porte la signature autographe de Belanger).
    Appart. à M. Garnier.

Plan général de Bagatelle, par M. Belanger, — Prieur fecit (ce plan porte les indications des monuments qui existent dans le jardin).
    Appart. à M. Circaud.

Plan de Bagatelle, dressé sur les dessins de M. Belanger (petit plan en couleurs).
    Appart. à M. de Cambis.

Plan du bois de Boulogne, par N. de Fer.
—   —   — par l'abbé Delagrive.

Plans manuscrits de la Folie d'Artois, 9 feuilles, demi grand aigle dont un plan des jardins par Blaikie. Arch. nat. N. III, 586.

Portraits.

Charles Philippe de France (Comte d'Artois), d'après le portrait original en possession de M. le comte François des Cars. Gravé par Freschi, publié à Londres en 1804.

Charles-Philippe de France, Monsieur, frère du Roi. Danlon pinx. Schiavonetti, sc.
    Appart. à M. Bihn.

Sir Richard Wallace. — Baudry del. Jacquemart sc.
    Appart. à M. de Cambis.

Charles-Philippe, comte d'Artois, né à Versailles le 9 octobre 1757. F. Bonneville del.
    Appart. à M. E. Potin.

Belanger, célèbre architecte. Lettre a. s. ; 6 fructidor an III.

Sculpture.

Le duc de Berry. — Petit buste en bronze doré sur socle en marbre jaune de Sienne.

Appart. à M. le comte Henri de Bari.

Amour en bronze, par Pigalle. — Il était placé à l'entrée de l'escalier du pavillon.

Collection Wildenstein.

Statue en marbre blanc, plus grand que nature, exécuté en 1750 par Lambert-Sigisbert Adam (1700-1759). *L'Enfant au homard*. Sur la base, la signature Lem. Sigisbert Adam, inv. et fec. 1750. Haut. 97 cent. Haut. du socle, 1 m. 02. Ce sujet fut exécuté par le comte d'Argenson et figura au salon de 1750.

Appart. à M. le marquis de la Ferronnays.

Très grande colonne en marbre sur piédestal en marbre blanc et granit rose ; chapiteau corinthien et embase ou bronze doré. Elle est surmontée d'un groupe nymphe et enfant, par J. B. Lemoine. C'est l'*Astronomie* dont nous donnons un cliché dans l'ouvrage.

Collection Wildenstein.

Divers.

Le Santos-Dumont IX au-dessus de Bagatelle (Vie au Grand Air, 16 mai 1903).

Concert de mobiles à Bagatelle, en 1870, grav. en bois.

Appart. à M. Saffroy.

Funérailles de sir Richard Wallace. Le convoi quittant Bagatelle. Dessin de Destez (Monde illustré, juillet 1890).

Appart. à M. P. Blondel.

Affiche de 1793. — Décret de la Convention relatif à la préservation des parcs et maisons ci-devant royaux (Bagatelle y est visé).

Invitation du duc de Berry, adressée à M. Glasson pour prendre part à une chasse au daim à Bagatelle.

Appart. à M. Paul Marmotton.

Allons à Bagatelle ! gravure charge, en couleur, des modes de la Restauration. A Paris, chez Martinet.

Souvenir de Longchamp : *La pompe à feu de Bagatelle*, 1873. Edouard Detaille pinx. Lalauze sc.

Appart. à M. Ch. Chandebois.

La même, eau-forte, rehaussée en couleur.

Appart. à M. Hartmann.

Lettre a. s. de Lord Hertford, en date du 17 avril (sans indic. d'année)

Appart. à M. E. Potin.

TABLE ALPHABÉTIQUE

de tous les noms cités

A

Abeille (ordre de l'), 94.
Acacias (avenue des), 133.
Achille. L., conseiller municipal, 305.
Adam, peintre, 155, 198.
Adélaïde (madame, fille de Louis XV), 37, 100, 278.
Adhémar, (M. d'). 142, 143, 280.
Adrienne Lecouvreur, 211.
Afrique, 53.
Aguesseau (le chancelier d'), 15.
Aguesseau (rue d'), 203.
Aiguières (N. d'), 109.
Aiguillon (duchesse douairière d'). 97.
Albert (le sieur), acquéreur du château de Madrid, IX, 164, 299.
Albuféra (duc d'), 198.
Alby (ville d'). 248, 249.
Ali Effendi, 171, 172.
Alincourt (marquis d'), 11. 217 à 220.
Allemagne, 38, 92, 209, 242.
Allumette (ordre de l'), 94.
Aloyau (ordre de l'), 94.
Alphand, 201.
Alpy, conseiller municipal, 305, 308.
Alsace (province d'), 30, 35, 36, 108, 226, 227, 239.
Alsace (Thomas - Alexandre - Marc, comte d'), 106.
Alsace (Pierre-Gabriel-Maurice-Joseph d'), prince de Chimay (comte de Bossu), 106, 110, 117, 119, 270, 271.
Alsace (Anne-Gabrielle d'), 106.
Alsace (Gabrielle-Charlotte-Françoise d'), 106.
Alsace (Alexandre-Gabriel-Joseph d'), 107, 111.
Alsace (Charles - Alexandre - Marc - Marcellin), voir Hénin.
Altarés (ordre des), 94.
Amant-Horloge (l'), pièce chantée, 230.
Amant-Jardinier (l'), comédie. 43.
Amant-Jarretière (l'), comédie, 230.
Ambleville (seigneur d'), 243, 249, 250, voir J.-F. de la Tour du Pin.
Ambong, Marguerite-Thérèse, 26.
Amelot, 5.
Amérique, 8, 136, 209.
Amour naïf (l'), parodie, 230.
Amours de Bastien et de Bastienne, comédie, 77.
Amyot, 19.
Andigné (d'), conseiller municipal, 305, 308.
André, frotteur, 268.
André de Breuil, administrateur des domaines, 168, 179, 188.
Angiviller (comte d'), 89.
Angle (route de l'), 290.
Angleterre, 4, 54, 92, 124, 193, 198, 204, 209.
Angoulême (duc d'), voir comte d'Artois.
Angoulême (duc d'), fils du comte d'Artois, 145, 153.
Angoulême (duché d'), 249.
Angrand, maître des requêtes. VI.
Angrand (dame), VI.

TABLE ALPHABÉTIQUE

Annibal, 57.
Antibes, 38.
Antin (duc d'), VI, 4, 31, 228.
Antin (madame d'), 13.
Anzillon de la Sablonnière (M.), 250.
Apchier (chevalier d'), 99.
Araignée (ordre de l'), 94.
Archain, conseiller municipal, 305, 308.
Ardouin, menuisier, 253, 255.
Ardouin, 261.
Argenson (marquis d'), IV, 4, 5, 12, 14, 32, 33, 35, 39, 93.
Argenteuil (ville d'), 127.
Ariague, banquier, 11.
Arles (ville d'), 109.
Arles (maison du comte d'), 128.
Armenonville, voir Fleuriot.
Armenonville (croix d'), 135, 277.
Armenonville (pavillon d'), 185.
Arnould, écuyer de la bouche, 146.
Arnould, Sophie, 107, 160, 273 à 276.
Arnould, Alexandrine, 276.
Aron (l'), 125.
Arsenal, (bibliothèque de), 41, 45, 51, 61, 128.
Artaud, notaire, 246.
Artois, apanage, 112.
Artois (comte d'), III, 3, 110, 111, 117, 119, 120, 121, 122, 123, 124, 126, 127, 128, 129, 135, 136, 137, 139, 141, 142, 143, 144, 145, 146, 147, 148, 149 à 156, 157, 160, 161, 162, 164, 169, 177, 183, 185, 198, 204, 205, 214, 267, 269, 270, 271, 277, 278, 284.
Artois (comtesse d'), 127, 128, 145, 150, 153.
Artois (Folie d'), 1, 203.
Asie, 53.
Asnières (ville d'), 127.
Asphalte (campagne d'), 250.
A trompeur, trompeur et demi, comédie, 149.
Aubert, comte de la Feuillade, voir ce nom.
Aubert, vitrier, 178.
Aubert, peintre, 266, 281, 282.
Aubert, architecte, 167, 298.
Auger, peintre d'ornement, 282.
Auget de Montyon, voir Montyon.

Auguenum (combat d'), 34.
Anguerre, voir Hoguers.
Augustin (M.), 198.
Augustin (quai des), III.
Aulan (comte d'), conseiller municipal, 305, 308.
Aulard, 168, 169, 170, 171.
Aunis (prince), 144, 261.
Autray (d'), 31, 229.
Autriche (archives impériales d'), 120.
Auvergne (prince), 99, 144.
Auvers (Tour d'), 19.
Auvers-Saint-Georges, paroisse, 19, 21.
Avernes, Antoine de Bernart, comte d'Orbec (marquis d'), 10.
Avernes (Ferrand d'), 10, 217 à 220.
Avernes (madame d'), 10, 11, 12, 217 à 220.
Avesne (ville d'), 244, 245.
Avranches (ville d'), 9.
Azincourt (d'), 147.

B

Bacciochi, Elisa, 181, 182.
Bachaumont, 98, 99, 144, 274.
Bachellery, 176.
Bachon (général), 199.
Bacquereau, Catherine, 26.
Bailly, 140, 141, 281, 284.
Bagatelle (ordre de), 94, 230.
Bagatelle, petite maison en Alsace, 36, 227.
Baletti, acteur, 61, 74.
Baletti (Mme), actrice, 43, 54, 61, 74.
Baletti (Mlle), 64.
Balzac, 194, 195.
Bance, vicaire, 228.
Bar (duc de), voir Stanislas.
Bar (duc de), voir Berthelot-François.
Barbier, avocat, VI, 3, 10, 11, 12, 50, 95.
Barbier Dreveil, 192.
Barillier, conseiller municipal, 305, 308.
Baron, notaire, 222, 223, 241, 243.
Bartet (Mme), 211.
Barthélemy, poète, 197.
Bassano (rue), 203.

Bas-Rhin (armée du), 35.
Basse (rue), 111, 268, 269.
Bassinet, rôtisseur, 148.
Bassompierre (Mme de), 61, 65, 95.
Bassompierre, Anne-Marguerite, 278.
Bassompierre, Jean, 278.
Bassompierre, Léopold-Clément, 278.
Bassot, jardinier, 265.
Bastard, 119, 270, 271.
Bastia, 38.
Bastien Lepage, 213.
Battoise (M.), 265.
Baudière (la), 278.
Baudouin (famille des), de la Haute-Alsace, 101.
Baudry, 5, 165, 268.
Baudry, peintre. 213.
Baune, Gabrielle-Diane, 278.
Baye (voir Berthelot).
Baye (Mme de), 61, 65, 75, 94, 101.
Baye (Mlle de), 51, 53, 61.
Baye (fief), 101.
Bayeux (ville de), 19.
Bazin, Toussaint-Simon, 19.
Bazin, Marguerite, 19.
Beaucourt (fief), 236.
Beaudry, Grégoire, 253, 255, 257.
Beauharnais, (Mme de), 176.
Beaujolais (régiment de), 227.
Beaujon, 130.
Beaulard, marchand de Paris, 141, 146.
Beaumont-les-Tours, 109.
Beaumont (Elie de), 269.
Beaune (M. de), 257.
Beauregard (marquis de), voir Lieuthraud.
Beausset, Préfet du Palais Impérial. 182.
Beauval (M. de), 245.
Beauval (Mme de), 245.
Beauvoir (de), 269.
Beauvau (Charles-Juste de). 278.
Beauvau, Charlotte, 278.
Beauvau, Ferdinand-Jérosme, 278.
Beauvau-Craon (René-Marc de), 107.
Beauvau-Craon (Gabrielle-Françoise de), 107.
Bégon, Michel, intendant, 246.

Behic, directeur des Beaux-Arts. 196.
Belanger, premier architecte du comte d'Artois, 111, 119, 121, 122, 126, 127, 134, 141, 142, 145, 160, 201, 204, 205, 266, 267, 273 à 276, 279, 280, 283.
Belgique, 209.
Belhomme, maison, 104.
Bellan, conseiller municipal, 305, 308.
Bellanger, avocat général à la cour des aydes de Paris, XIII, 2, 6, 7, 21, 80, 215, 216.
Belleville, 263.
Bellevue (château de), 159, 160, 275.
Belobat (château de), 30, 228.
Bénard, 180, 181.
Bénédictines de Notre-Dame de Consolation du Chasse-Midy, religieuses, 105.
Bénetran, sieur, 236.
Bénévent, Henri, (seigneur de), 10.
Benoit, voir Bernard.
Berain, 142.
Bercy (ville de), 197.
Berger, 264.
Bergeron d'Augay, 176.
Beringhen (marquis de), X. XIII, 22, 23, 24, 222, 323, 224.
Berlin (ville de), 59, 199.
Bernard, Etienne-Benoit, 166, 167.
Bernart (Antoine de), voir Avernes.
Berneuil (seigneur de), 109.
Bernis (cardinal de), 248.
Berry (duc de), 153, 183, 184, 185, 186, 188.
Berry, cavalerie (régiment de), 102, 236.
Berthelot, Etienne, 101.
Berthelot de Baye, François, 26, 31, 38, 101, 104.
Berthelot de Duchy, 30.
Berthelot de puy, 31, 229.
Berthelot de Séchelles, J.-B. 25.
Berthelot de Pleneuf, Etienne, 26.
Berthon (M.), 255.
Bertin (M.), 111, 264.
Bertin, Jeanne, servante, 254.
Berthaut, conseiller municipal. 305, 308.
Bertolde à la cour, comédie, 53.
Bertrou, conseiller municipal, 305, 308.

TABLE ALPHABÉTIQUE

Besenval, 97, 142, 143.
Besnard, peintre, 243.
Beuvron (Mme de), 14.
Bideau (Mme), VI.
Billancourt (ville de), 196.
Billard, citoyen, 174.
Billard, conseiller municipal, 305, 308.
Billet de Marson, 102.
Biron (duc de), V, VI, 122, 217.
Bironneau, 253, 256, 258, 262, 263.
Blacas (duc de), 184.
Blaikie, jardinier, 121, 122, 124, 131, 132, 196, 278.
Blancard d'Angers, 184.
Blanchard, jardinier, 279.
Blessington (lady), 199.
Blondot, Catherine-Thérèze-Elisabeth-Améline, 25, 228.
Blot (Mme de), 64, 65, 74, 76, 78, 94, 99, 100.
Blot-le-Château, 99.
Blot-l'Eglise, 99.
Blot (comte de), 99.
Bocciardy, marbrier, 282.
Boin, laquais, 253.
Bois (sieur du), géographe, VI.
Boisgelin (Louis-Bruno de), 110, 118, 264, 270, 278.
Boisgelin (Raimond de), 278.
Boisgelin (Regnault-Gabriel de), 278.
Boisjourdain (mélanges de), 11.
Boivin, palefrenier de Guinot, 253.
Boivin, garçon de fourneaux, 146.
Bohème, 59.
Bonaparte, Lucien, 182.
Bonn (ville), 43.
Bondet, carreleur, 268.
Bonneau, huissier de police, 252.
Bon-Secours (chapelle de), 50.
Bons Enfants (rue des), 23.
Bontoux, menuisier, 178.
Bonvalet, aide d'office, 146.
Boquet, peintre-doreur, 234, 235.
Bordeaux (ville de), 97.
Bordeaux (duc de), 187, 188, 189, 259.
Borghèse (prince), 182.
Born, restaurateur, 172, 175, 176, 177, 178, 179, 180, 181.

Bossu (comte de), voir Pierre d'Alsace.
Botton, Martin, notaire, 240, 243.
Boucher, 198, 204.
Boudin, Eugène, 210.
Boudet, carreleur, 282.
Bouffineau, maitre valet, 254, 255.
Boufflers (duc de), 95.
Boufflers (Mme de), 64, 65, 95, 96.
Boufflers (abbé de), 65, 78, 95, 102, 105, 278.
Boufflers, Marie-Catherine, 278.
Boufflers de Remiancourt, 278.
Boulard, notaire, 238.
Boulard, menuisier, 281.
Boulle (meubles de), 204.
Bouillet (P.), gendarme, 173.
Boulogne-sur-Seine (ville de), 178.
Boulogne (bois de), II, VI VIII, IX, X, 1, 2, 3, 4, 6, 7, 9, 10, 12, 13, 14, 21, 23, 24, 35, 41, 43, 44, 66, 78, 80, 82, 84, 86, 119, 120, 122, 133, 136, 145, 148, 150, 151, 153, 154, 157, 158, 159, 166, 168, 178, 182, 186, 188, 192, 195, 196, 197, 200, 204, 207, 208, 264, 269, 270, 277, 287, 288, 290, 299, 301, 302, 303, 304, 305, 309.
Boulogne à Saint-Denis (chemin de), 292.
Boulogne-les-Paris, 158.
Bouquet, sieur, 256.
Bourbon (duc de), 153, 154.
Bourbon-Busset (Mme de), 146.
Bourbon-Condé (Louise-Anne de), dite Mlle de Charolais, voir ce nom.
Bourboulon (M. de), 128, 269, 283.
Bourdin, 269.
Boureau, procureur, 253.
Bourg-la-Reine (ville de), 132.
Bourgleux (J.-B.), jardinier, 178, 181.
Bourgogne (Marguerite de), 18.
Bourgogne (duchesse de), 15.
Bourgogne (hôtel de), 18.
Bournon, Fernand, I, II, III, XIII, XV, 10.
Bournonville (Marie-Françoise de), 6.
Boutard, citoyen, 163, 173.
Bouteville (maison de), 128.
Bouvet, architecte, 167.
Bragairat, paveur, 268.

Branchard (M.), 196.
Branaud (fief de), 246.
Brancas, (Constant Dioville de), 274.
Brandy, pompier, 166.
Bréa (M. de), 191.
Brehet de Lagrange, notaire, 107.
Bremond (Charlotte de), 269.
Brenot, conseiller municipal, 305, 308.
Bressy (père et fils), gardien de Bagatelle, 125, 159, 165, 173, 184, 283.
Bretagne (province de), 8, 9, 38.
Breteuil (Le Tonnelier, marquis de), voir Le Tonnelier.
Briant, serrurier, 267.
Briasse, inspecteur des Bâtiments, du comte d'Artois, 121, 124, 136.
Brie (gou ernement de), 101, 245.
Briqueman (marquise de), VI.
Brionne (comtesse de), 98.
Brissac (M. de), 44.
Brissac (Mme de), X.
Brisson, président, 19.
Broglie (Charles de), 107, 109.
Brossoré, 33.
Brousse, Paul, conseiller municipal, 305, 308.
Bruges (M. de), 227.
Brullée, charpentier, 235.
Brunoy (château de), 128.
Buffon, 268.
Buhen (fief de), 278.
Bully (M. de), VI.
Buquet, couvreur, 284.
Bussal, conseiller municipal, 305, 308.
Bussy (rue de), 178.

C.

Cabanel, peintre, 211, 212, 213.
Cadoreau (sieur), 259.
Caffiéri, 201.
Cail, maison, 204.
Caillou, Louis-Nicolas, 107, 267.
Caire, César, conseiller municipal, 305, 308.
Calais, ville, 55, 239, 244.
Callet, peintre, 142, 155, 160, 164.
Calonne (M. de), 129.

Calotte (histoire de la), 11, 91.
Calvaire (moines du), 122.
Cambis (M. de), 200.
Cambis, Jacques-François (Vicomte de), 107.
Cambrai, ville, 16.
Campan (Mme), 142.
Campana, aquarelliste, 146.
Canada, 10.
Capucines (maison des), 179.
Carafa (ordre de la), 94.
Caraman, voir Riquet de.
Carbillet, entrepreneur, 284.
Carnot, conventionel, 159.
Carolle (Notre-Dame de la), 47.
Carolus Duran, 210.
Caron, Er., conseiller municipal, 305, 308.
Carpeaux, 213.
Carrière (château de), 128.
Carteau, Georges, 210.
Caspienne (mer), 54, 55.
Cassette (rue), 16.
Castelnau, Amélie-Charlotte, 205.
Castriquet, peintre, 146.
Catelan (croix), X, 13, 135, 136.
Catelan (route de la Croix), 10, 300.
Catinon (Mlle), actrice, 64, 74.
Cavé, directeur des Beaux-Arts, 196.
Caubert, Sylvain, 164.
Cauchie (de la), voir d'Estrées.
Caumartin (rue), 274.
Cérès, 11.
Chabaner, voir Sourdes de.
Chabot de Verin, 128.
Chabrillan (de), écuyer, 188.
Chaigneau (terre du), 240, 260.
Chaillot (ville de), X.
Chaillot (pompe de), 125, 431.
Chaillot (étoile de), 184.
Chafloup (fief de), 19.
Chalgrin, architecte, 121, 122, 126, 134, 135, 277, 279, 280, 283.
Charles, citoyen, 174.
Chalmette, Blaise, marchand de Paris, 18.
Chalmette, Marie, 18.
Chambre (famille de la), 246, 256.
Chambry (dame de), voir Mme d'Avernes.

Chamillard (Mme de). 33.
Champagne (province de). 101.
Champmartin, peintre, 213.
Champs-Elysées (barres des), 147, 169.
Chandebois, docteur, 274.
Chanville, voir Dubus.
Charente-Inférieure, départ., 30.
Charingel, directeur-jardinier, 181.
Charleroi (ville de), 35.
Charles X, 189, 214.
Charonne (rue de), 103.
Charpentier, Louis, notaire, 221, 222.
Charpentier (Thomas-Jacques-François d'Ennery), 100.
Charpentier d'Ennery (comte d'empire), 100, 237.
Charpentier, Marie-Magdeleine, 6, 215.
Charpentier d'Ennery, Marie-Cécile-Pauline, voir Mme de Blot.
Charpentier, peintre, 210.
Charpentier (sieur), 254.
Chaplin, peintre, 211, 213.
Charolais (M. le duc de), 12.
Charolais (mademoiselle de), I à XV, 3, 9, 12, 13, 14, 23, 79, 80, 94, 125, 298.
Charron, Etienne, 226.
Charron, Jean, notaire, 255.
Chartres (duc de), 122, 278.
Chartres (duchesse de), 100.
Chartres (régiment de), 99.
Chassaigne-Goyon, conseiller municipal, 305, 308.
Chassat, fontainier, 281.
Chassé, acteur, 96.
Chassenou (M. de), 113.
Chasseriau, peintre, 213.
Chataigneray (fief de la), 246.
Chateau, vérificateur, 121, 126.
Châteauroux (domaine de), 128.
Chatelet (Florent-Claude du), 278.
Chatelet, de Paris, 110.
Chat perdu (le), comédie, 147.
Chavannes (Charles-Frédéric de), 193.
Chaumière (la), lieu de plaisirs, 170.
Chausse, conseiller municipal, 302, 305, 306, 308.
Chaussée (Nivelle de la), 93.

Chaussée d'Antin (rue de la), 111, 113, 114, 115, 160, 264, 268.
Chausseraye (Mlle de la), IV, VI, X, 2, 9.
Chautard, conseiller municipal, 305, 308.
Chauvelin, avocat général, 9, 32, 37, 38.
Chauvigny (Gilbert de), baron de Blot, 96.
Chedot, taupier, 181, 192.
Cherche-Midi (rue du), 193.
Cherioux (Ad.), conseiller municipal, 305, 308.
Chéron (fief), 246.
Chesterfield (milord), 32, 39, 93, 100, 101, 103.
Chevallier, 228.
Cheveru, 269.
Chimay (prince de), voir Pierre-Gabriel-Maurice-Josèphe d'Alsace.
Chimay (princesse de), 117, 118.
Chine, 267.
Choiseul (duc de), 259.
Choiseul (comte de), 278.
Choisy (château de), 39, 45, 120.
Chotard (sieur), 256.
Chucherie (fief de la), 259.
Circaud, E., II, III, V, XIII, XV, 159, 200.
Clairambault-Maurepas (recueil), 7.
Clerc (N. du), 109.
Clermont (comte de), 278.
Clermont (Mlle de), IV, 14.
Clermont-Tonnerre (marquis de), 34.
Cléry (rue de), 184.
Clichy, 166, 173, 174.
Coetlogon (fief), 278.
Cœuvres (marquis de), voir maréchal d'Estrées.
Cogniet, peintre, 213.
Coigny (maréchal de), 34, 35, 95.
Coigny (chevalier de), 107, 109, 142, 143, 265, 266.
Colinet, charpentier, 281, 283.
Collandre (marquis et marquise de), 19, 20, 22.
Collière (citoyen de Neuilly), 162, 163, 165, 173, 174.
Colly, conseiller municipal, 305, 308.
Colmar (ville de), 30, 35, 36, 111, 227.

Colombes (ville de), 127.
Colombier (rue du), 289.
Colombel, gardien de Bagatelle, 165.
Combanel du Gibanel (Mlle), 246.
Combes, E., président du conseil, 310.
Comédie-Française, 43, 52.
Comédie-Italienne, 43, 44, 54, 267.
Comédiens du Mans (assemblée des), comédie, 70.
Commercy (château de), 45.
Compan (madame).
Compiègne (ville de), 37, 98, 102, 128, 199.
Compoint, pêcheur, 173.
Compoint, Marguerite, 173.
Comtesse d'Artois (rue), 18.
Condé (prince de), 154, 278.
Conneau, docteur, 199.
Constantin, peintre, 281.
Constantin, pâtissier, 146, 152.
Contepié, architecte, 298.
Contentement passe richesse, comédie, 149.
Conti (prince de), VII, 12, 35, 132, 136, 278, 298.
Conti (chemin), 166.
Conti (inventaire), IV.
Coquet (M.), 264.
Coquillière (rue), 153.
Corbillet, menuisier, 282.
Cordeliers de Saintes (couvent des), 253.
Corneille, 268.
Cornillon, employé à la bouche, 152.
Corse (île de), 37.
Corte, 38.
Cossé (Fernand de), 10.
Coste, Joseph, 167, 172, 176, 177.
Coubert, entrepreneur, 126.
Coubert, employé à la pompe à feu, 282.
Courbet, peintre, 213.
Courbon, marquis de la Roche, 109.
Courbon, Jean-Hippolyte, 109.
Courbon (N. de), 109.
Courbon de Blenac (dame), 107, 109.
Courbon de St-Léger (N. de), 109.
Courbon de St-Léger, Charles-Marc-Antoine, 109.
Courbon de St-Léger, Estelle, 109.

Courcoucy (fief), 30, 109, 236, 238, 243, 247, 248, 252, 254, 255, 259, 260, 262.
Courcy (M. de), 37, 38.
Courdimanche (commune de), 31, 228, 229.
Courtille, 150.
Coutel, Auguste, 196.
Couthon, 159, 165.
Courtois, peintre, 210, 211.
Coutouly, dessinateur, 121.
Couture, peintre, 213.
Craquet, personnage de comédie, 54 et suivant.
Cravant (terre de), 260.
Crequi-Rulhière (mémoires de), 98.
Cremery, voir Morel.
Crespin (rôle), 43.
Croï (prince de), 166.
Croissant (rue du), 26.
Crosnier, aide d'office, 146, 152.
Croissy (ville de), 127.
Croix (M. de), 95.
Croixmare (M. le chevalier de), 66.
Croix-Rouge (section de la), 108.
Crussol (M. de), 152.
Cuisy (fief de), 19.
Culture (rue), 244.
Cumberland (duc de), 58.
Cupidon brisant son arc, 135.
Cursay (fief de), 25, 111, 112, 113.
Cursay (Mme de), 32, 100, 240, 241.
Cursay (M. de), 37, 38, 95.
Cursay (Cécile Thérèse Rioult de), voir Rioult.
Cusagus (baron de), voir Jean-Frédéric de la Tour-du-Pin.
Cythère, 77, 103.

D

Damas (baron de), 300.
Dame Raucourt, (fief), 236.
Dameur, Denis, procureur, 237.
Daniel, citoyen, voir héritier.
Danjou, 119, 269, 270, 271.
Dantan jeune, peintre, 213.
Daragon, H., 5, 9.
Darkevick, gardien de Bagatelle, 165.
Darnaud, 268.

Darmé (M.), 259.
Darrac, tapissier, 184.
Dausset, conseiller municipal, 305, 308, 309.
Daussy (M.), 259.
David d'Angers, 213.
Decaen, Alfred, 200.
Decize (fosses de), 125.
Deffand (madame du), 32, 39, 81, 95, 96.
Defroissez, filles, 17.
Dehodencq, peintre, 213.
Delagrive, abbé, 3.
Delaizement, J. L., 160.
Delaleu (maître), 278.
Delamy (sieur), 164.
Delaroche, Paul, peintre, 213.
Delaunay, peintre, 213.
Delaune, 269.
Delille, abbé, 156, 268.
Delmas, citoyen de Neuilly, 164.
Demaz, Jean-Marie, 178.
Desmazis, administrateur du mobilier de la couronne, 183, 184.
Denizet, Etienne Cosme, 239.
Denizot, ébéniste, 141, 281.
Denoncourt, Pierre, 226.
Dentu, éditeur, 10, 18.
Derosne (maison), 201.
Deroy, 277.
Dervieux (Mlle), 160.
Desbrosses, acteur, 43, 54.
Desbrosses (Mme), actrice, 61.
Desbrosses, Marc, 44.
Deschamps, aumônier, 253, 258.
Desclaux, commis, 146, 147.
Desglands, actrice, 61, 70.
Des Hayes, procureur.
Desmalter, J., menuisier-ébéniste, 184.
Desmare (la), actrice, 32.
Desnier Darchiac, Jean-Louis, comte de Saint-Simon, 227, 228, 254, 256, 257, 258, 261, 262.
Desplas, conseiller municipal, 305, 308.
Després, fondeur, 281.
Deunier, serrurier, 281.
Deville (Mme), 191.
Deville, conseiller municipal, 305, 308.

Devin du village, comédie, 175.
Dibaguet (la), 217.
Diderot, 145.
Didonne (baronne de), 238, 239.
Didot, Firmin, 8.
Dillon (M. de), 142, 143.
Dinaux, Arthur, 98, 229.
Dive (canal de la), 130.
Dochereau, A., 192.
Dodun, 5.
Doilot, 259.
Doré, Gustave, 212.
Dormier (Lord-Philippe), voir Chesterfield.
Dormier, garde de Bagatelle, 165, 166.
Douilly, voir Rioult, 25.
Doumerc (M.), VI, IX, 196, 297, 298, 299, 300.
Douvres (ville), 55.
Dowrant, Louis-Patience, 278.
Doyen, tapissier, 264.
Doyneau, Catherine, 20.
Dragne, garde de Bagatelle, 165.
Duban, fayencier, 15.
Du Barri, 98.
Dubois, Nicolas, 260.
Dubreuil, élagueur, 281.
Dubufe, G., 212.
Duchaine, 252.
Duchemin (maître), 268.
Duchy, voir Berthelot.
Ducorneau, commissaire de Neuilly, 161.
Duderé de Laborde, lieutenant, 115, 116.
Duffaux, peintre, 282.
Dugazon, actrice, 147.
Duguesclin, 91.
Duhus, 52, 61, 70, 76.
Dulaure, 20.
Dumont, miniaturiste, 146.
Dunkerque (ville), 244.
Dunkerque (magasin Au Petit), 146.
Dupeux, entrepreneur, 267.
Duphot (rue), 184.
Durand, marinier, 281.
Duras (M. de), 96.
Durier, garde de Bagatelle, 187, 188.
Durat, peintre, 210.

Durret, 253.
Dusseaux, peintre, 141, 155, 198.
Duval-Arnould, conseiller municipal, 305, 308.
Duvaux, boucher, 235.
Duvigier, voir Flamarens.

E

Echelle (rue de l'), 226.
Edimbourg (ville d'), 4.
Eglise (rue de l'), 267.
Egmont (comtesse d'), née de Richelieu, 43, 63, 94, 97, 98, 99.
Eguère (M. Henri d'), 259.
Elbe (île d'), 183.
Electeur (maison dite de l'), 128.
Elisabeth (Mme), 151.
Elysée (l'), lieu de plaisirs, 170.
Enfant du carnaval, portrait, 230.
Ennery (Mlle Charpentier d'), voir Mme de Blot.
Epinay (Mme d'), 53.
Escudier (Paul), conseiller municipal, 208, 300, 302, 305, 308.
Escurat (fief d'), 246.
Essarts (des), 147.
Estrées (maréchale duc d'), I, IV, X, 2, 4, 5, 6, 7, 8, 11, 15, 21, 22, 216.
Estrées (Mme la maréchale duchesse d'), IV, X, XIII, XV, 3, 6, 8, 10, 12, 13, 14, 15, 16, 17, 23, 216.
Etampes (ville d'), 19, 221.
Eugénie (Impératrice), 198, 199, 213.
Evain, conseiller municipal, 207, 305, 308.
Eynard, 225.

F

Fagon, 5.
Faillet, conseiller municipal, 304, 305, 308.
Farivilliers (fief de), 221.
Faubourg-Poissonnière (rue du), 176.
Faubourg-Saint-Denis (rue du), 141.
Faubourg-Saint-Martin (rue du), 141.
Faure (M.), 263.
Favart, auteur dramatique, 43, 44, 53, 62, 98, 229, 263, 268.
Favart (Mme), actrice, 53, 61, 70, 74.

Favart (Mlle), 49, 61.
Favorite (la) maison de campagne, 227.
Favre, garde, 254.
Fayot (Antoine du), écuyer, 19.
Fer (N. de), géographe, 2.
Ferrand, Anne, 26.
Ferrand, Marguerite, 31, 226, 228.
Ferrand (de Cossé), lieutenant général d'artillerie, 10.
Ferret, curé, 226.
Ferronnays (comte de la), 183, 184, 185.
Ferronnays (marquis de la), XV.
Fervent, procureur, 253.
Feuillade, Hubert (comte de la), 31, 229.
Firmacon (M. de), 96.
Fitz-James (Laure de), 106, 270, 271.
Flahaut (comte de), 191.
Flamarens (Mme de), née Duvigier, VI, IX, 298.
Flamarens (Agésilas, Joseph Grossoles de), p. IX.
Flammeremont, Jules, 129.
Flandrin, peintre, 213.
Flenriot d'Armenonville, X, 7, 215, 216.
Fleuriot de Nouilly, 31, 229.
Fleurus (bataille de), 10.
Fleury, général, 199.
Fleury, Jean, notaire, 240.
Florence, acteur, 276.
Florimond (Philippe de), 246.
Florimond (Catherine de), 246.
Florimond (Hercule de), curé, 246.
Folies-Amoureuses, 43.
Fontaine, architecte, 200.
Fontainebleau (ville et château), 21, 119, 128, 183, 199, 223.
Fontenelle, 268.
Fontenoy (bataille de), 77.
Force (duc de la), 4.
Fort-Carré (le), 38.
Fossé (Denise de), 18.
Fosseyeux, conseiller rapporteur, 244.
Fould, 197.
Fouquet, 196.
Fouquier (Mme Henry), 213.
Fournier, Edouard, 18, 104.

Fourqueux, 5.
Fragonard, 275.
Fram, notaire, 227.
Francfort (Jacques de), 268.
Franche-Comté, 38.
Franciade (district de la), 162.
François (comte), 191.
François Iᵉʳ, 2.
Fraser (major), 198.
Frédéric, roi de Prusse, 39.
Fréjus (baie de), 185.
Frémont, Jean, 258, 281.
Fréron, 50, 51, 60, 61, 62.
Fribaut (terre des), 261.
Fribourg (prise de), 35.
Fribourg, conseiller municipal, 305, 306, 308.
Frioul (duc de), 182.
Frise (comte de), 96.
Froidure, secrétaire-général de la Vènerie, 188.
Froment, linger, 283.
Froment-Maurice, conseiller municipal, 305, 308.
Funk-Brentano, Franz, XV.

G

Gabriel, architecte, 84.
Gagelin, 145.
Gailleules (les) (fief), 278.
Gaillon (rue de), 268.
Gailly de Taurines, homme de lettres, I, II, XIV, 8, 31, 39, 100, 101, 104, 113, 227.
Galaisière (M. de la), 65, 95.
Galant (sieur), 127.
Galland, Marie-Henriette-Françoise, 26.
Galland, peintre, 240.
Galli, H., conseiller municipal, 305, 308, 309.
Gardener, J., 201.
Garnier, architecte, V.
Garnier, entrepreneur de jardins, 134.
Garnier, éditeur, 31.
Garnier (veuve), 256.
Gatinais, 21.
Gaulois, 91.
Gaumont (de), 5.

Gauthier-Villars (H.), 130.
Gautret, Pierre, 30.
Gautret (frères), 258.
Gay, conseiller municipal, 305, 307, 308.
Gavelle (marquis de la Prune), 248, 249.
Gayette (fief de), 221.
Geffroy, A., écrivain, 97.
Geffroy, Thomas-Elie, précepteur, 244.
Gelez, V., conseiller municipal, 305, 308.
Gemozac, 261.
Gênes (ville de), 37, 77.
Genlis (Mme de), 98.
Gentil, directeur des Domaines, 179, 181.
Geoffroy-Lasnier (rue), 221.
Georges, le meunier, 260.
Germain, Simon et Catherine, 26.
Germiny (ville de), 62, 63.
Gerra-d'Adda, 33.
Gèvres (hôtel de), 128.
Gibert, notaire, 107.
Gilbert de Voisins, 5.
Gillet (sieur), 231.
Gillevoisin (chateau), 19.
Girard, Jean, 261.
Girardin (de), capitaine des chasses du roi, 188.
Giraudeau, citoyen, 163.
Girou, C., conseiller municipal, 305, 308.
Glacière (la), pièce chantée, 230.
Glasson (M. de), 186.
Glouteau, J.-B.-L., 167, 176, 177.
Gobemouche (personnage de comédie), 54 et suiv.
Gommier de la Gachetière, Elisabeth, 226.
Goncherit, marchand, 250.
Goncourt (les frères), 160.
Gondoin, plombier, 282.
Gonzague (prise de), 34.
Gontier, marchand de grains, 132.
Gonget, abbé, 269.
Gourges, J.-D., 26.
Gouthières, 141, 155, 281.
Gouvernet (M. de), 102, 108, 115, 250.
Grâces (le temple des), 198.
Gradel (terre de), 259.

DES NOMS CITÉS 333

Graff, Josèphe (épouse Sarranton), 108, 239, 241, 242, 243, 244, 245.
Grammont (duchesse de), 98.
Grancher, marchand, 146.
Grand-Rond (route du), 136.
Grande-Queue (route de la), 136.
Gravelle (fief de), 18, 20, 221, 222.
Gravelle, voir Lévêque de.
Gray (camp de), 36.
Grebauval, A., conseiller municipal, 305, 308.
Grecs, 54.
Greffulhe (baron), 195.
Grégoire, 264.
Grenelle (fontaine de), 108.
Gresset, 93.
Grignonville (fief de), 20
Grimm, 50, 60, 145.
Grosselière (fief de), 19.
Grossoles, voir Flamarens.
Guastalle (bataille de), 33.
Guérin, acteur, 64.
Guérinet, éditeur, 205.
Gueroult, mercier, 284.
Guerrier, vitrier, 235, 282.
Guichard, 253.
Guichard, Catherine, 238.
Guignard (Pierre de Sollais), bourgeois de Paris, 19.
Guillois, Pierre, conseiller du roi, 19.
Guillois, Michel, conseiller au Châtelet, 19.
Guillois, Claude, payeur de rentes, 19.
Guillois, Geneviève-Michelle, 19, 20.
Guillot, citoyen, 164.
Guinot, Etienne-Louis-Antoine (marquis de Monconseil), voir ce nom.
Guinot, Antoine, 226, 228.
Guinot, Elisabeth, 226.
Guinot, Marguerite, 226.
Guinot, Henriette, 226, 261.
Guinot de Soulignac, Jacques-Louis, 224, 227.
Guinot, Suzanne, 226.
Guinot, de Chatelard, 226.
Guinot de Rioux, 239.
Guinot de Moragne, Louis, 246, 260, 261.
Guinot, Marie, 260.
Guinot (Gilles de), 260.

Guinot (château de) 36, 112, 247, 249, 253, 257.
Guises (les), 97.
Gustave III, 97.
Guyenne (gouvernement de), 97, 102.
Guyot, écuyer, ancien magistrat, 21.
Guyot de Fremont, 269.

H

Hachette, notaire, 6.
Hachette (librairie), 1, 8.
Hainaut (province), 244.
Hamilton, 269.
Hanovre (province), 58.
Happey, 266.
Haquiaut, notaire, 239, 242.
Harni, acteur, 64.
Harpe (rue de la), 21.
Hartmann, G., XV.
Haut-Poitou, 25.
Haute-Alsace (armée de la), 34.
Havallet, Marie-Françoise, 19.
Haye (la), 108.
Hebert (M.), 179.
Henaffe, conseiller municipal, 305, 308.
Henard, Robert, 125, 133, 189, 197.
Henault, président, 43, 44, 65, 95.
Hénin (G. A. M. M. d'Alsace Liétard Chimay d'), 106, 108, 112, 117, 154, 250, 266, 267, 279, 280.
Hénin (la princesse d'), née de Monconseil, 42 et 43, 48, 50, 53, 75, 76, 94, 101, 104, 105, 107, 108, 109, 110, 111, 112, 114, 116, 227, 248, 249, 256, 262, 263, 265, 266, 267, 269.
Henri III, 19.
Henri IV, 17.
Heppenheimer, conseiller municipal, 305, 308.
Hermite (cabane de l'), 133.
Hermitage (l'), 134.
Hersent, peintre, 16.
Hertfort (Lord), IX, 189, 193, 194, 196, 197, 198, 199, 200, 201, 203, 204, 205, 214.
Heurtaux, 253, 258.
Hittorf, architecte, 201.
Hochereau (d'), 289, 298.
Hoguers, banquier, 32.

Holbein, peintre, 215.
Hollande, 209.
Hollande (pavillon de), 285.
Hollandaise (maison), 198.
Hospital (François de l'), 25.
Hospital (dame de l'), 25 et 26.
Hôtel de Ville de Paris, 286, 289.
Hôtel-Dieu (hôpital), 18.
Houdé, conseiller municipal, 305, 308.
Houdon, 197, 204.
Hubert Robert, peintre, 142, 155, 160.
Huby, Jacques, huissier au Parlement, 18.
Huby, Louis, avocat, 18.
Huchède, avocat, 244.
Huerne, Philippe, auditeur des comptes, 20.
Huerne, Marie-Elisabeth, 20.
Humbelot, huissier des tailles, 245.
Huningue (ville et province), 35, 36, 211.
Hunoux, paveur, 282.
Huot, Louis (seigneur d'Hillerin), IV.
Hurchi (M. de), 12.

I

Il (l'), pièce, 230.
Incurables (hôpital des), 18.
Inde, 5.
Indes (compagnie des), 30, 250.
Irlande, 195.
Isabey, Maurice, 208.
Italie, 277.
Italie (armée d'), 34.
Italienne (comédie), voir Comédie.
Italiens (boulevard des), 197, 205.

J

Jacob, menuisier, 281.
Jacob, 141.
Jacquard, 281.
Jacques, garde de Bagatelle, 196.
Jardinier supposé (le), 43.
Javon, citoyen, 161, 162.
Jeanniot, peintre, 210.
Jean-sans-Peur, 18.
Jeanne-d'Arc, 92.

Jenner, 145.
Jeûneurs (rue des), 20, 250.
Jobez, 36.
Jockey-Club, 195.
Jolibois, conseiller municipal, 305, 308.
Jolly (fief), 278.
Joly, 264.
Joseph, domestique, voir Magnier.
Joubert, Alexandre-François, 246.
Joubert, Jeanne-Estelle, 246.
Journet (père et fils), pépiniériste, 132, 133.
Jousselin (M.), conseiller municipal, 208, 209, 300, 302, 305, 308.
Jouy-en-Josas (villa de), 212.
Jubault, 281.
Jugeau (sieur), 254.
Jumilhac (marquis de), 88.
Jussieu (Laurent-Pierre de), 193.

K

Keroy (M. de), 200.
Kersaint (Mme de), 212.
Kew (jardins de), 209, 210.
Komierouski (Louis de), aide de camp, 189.
Kotter, jardinier, 132, 279.

L

Laage (Mlle de), 255.
Labattre, 195.
Labbé, Marie, 246.
Le Boullengé de Capelle A.-R., 237, 238.
Lachassaigne (Mlle), 147.
La Chesnaye-Desbois, 10, 25, 101, 106.
La Chaussée (œuvres), 268.
Le Cler du Coudray, C.-L., 237, 238.
Le Cler du Coudray, Salomon, 237.
Lacroix, Jules, 195.
Ladvocat, éditeur, 182.
Lafage, employé à la bouche, 152.
La Fayette (Mme de), 269.
Laflèche, boucher, 172.
La Force (Mlle de), 269.
La Gandara, peintre, 215.

DES NOMS CITÉS

Lagrenaie, 155.
La Favorite (petite maison en Alsace), 36.
Laflitte (rue), 195.
Laideguine, notaire, 271.
Lajarrige, conseiller municipal. 305, 308.
Lajarie (sœur Louise de). 105.
Laleu, notaire, 110, 270.
Lalleau (ferme de), 245.
Lally-Tollendal (marquis de), 110, 265.
La Luneau, servante, 254.
Lameth, Augustin-Louis-Charles (comte de), 102, 236.
Lambelin, conseiller municipal, 305, 308.
La Marie de Ponce Mareuil (fief), 236.
Lamarre, paveur, 282.
Lamartinière, avocat, 254.
Lampué, conseiller municipal, 305, 308.
Lancret, 204.
Landrin, conseiller municipal, 304, 305, 306, 307, 308.
Langelin, Louis, treillageur, 235.
Languedoc (province), 34, 249.
La Palluc (lieu dit), 255, 256.
La Perche, garde-chasse, 254.
La Place (M. de), 269.
Laporte, pompier, 192, 200, 201.
Laporte (la mère), 200.
Larivée, Jeanne, 175.
Laroche (sieur), 108.
La Rochefoucauld (Mme de), 212.
La Rochelle, 109.
Laroué, marchand, 281.
La Roux, servante, 254.
Las Marismas (marquise de), 213.
Lassone, médecin, 140.
Lastic (régiment de), 30.
Lauraguès (comte de), 274.
Laurent, 252.
Lauzun (duc de), 97, 107.
Laville (abbé de), 86, 87.
Law, John, 4, 5.
Lazare, Lucien, II, XIV.
Le Beschu, garde de Bagatelle, 187, 188.
Lebeuf, abbé, 1, 2, 3.

Leblanc, Pierre, 164.
Leblanc (M.), 34.
Le Blanc (seigneur de Courcoucy), 260.
Leblond, couvreur, 178.
Lebourg, sculpteur, 203.
Lecler, garçon de Bagatelle, 152, 165.
Leczinska, Marie, 45.
Le Dauphin (vaisseau), 267.
Ledreux, marchand, 281.
Lefèvre, commissaire de la section des Tuileries, 157.
Lefébre, And., conseiller municipal, 305, 306, 307, 308.
Le Fuel, conservateur, 183.
Le Légataire Universel (comédie), 43.
Legay, Marie-Madeleine, 226.
Legrand, Maxime, 19.
Legrand, chaudronnier, 231.
Le Grandais, conseiller municipal, 305, 308.
Leibniz, 92.
Le Kain (acteur), 107.
Lelong, architecte, 288, 292, 298.
Lemay, libraire, 3.
Le Maize, menuisier, 268.
Lemoine, sculpteur, 99.
Lemontée, 93.
Lemière, 281.
Le Menuel, conseiller municipal, 305, 308.
Le Normant, 86, 281.
Lepaute, horloger, 111, 161, 162, 281.
Le Pelletier de la Houssaye, 5.
Le Pelletier des Forts, 5.
Le Pelletier de Rosambo, VI.
Le Pelletier de Saint-Fargeau, Madeleine-Charlotte, 106.
Le Pot d'Auteuil, notaire, 107, 118.
Le Roux, postillon, 152.
Leroy de Chaumont, 264, 267, 268.
Lescure, 10, 95, 96, 97.
Lesire (M.), 191.
Le Tellier, 84, 89, 233, 234, 235.
Le Tonnelier (marquis de Breteuil), 31, 228, 229.
Levasseur, E., 5.
Levée, conseiller municipal, 305, 308.
L'Eveillé, concierge, 253.

Levesque, Jean, échevin, 18.
Levesque, Denis, conseiller au Parlement, 18.
Levesque, Louis, 18.
Levesque, Marguerite, 79.
Levesque, Marie, 18.
Levesque de Gravelle, Philippe, 18, 19, 221.
Levesque de Gravelle, Pierre-Philippe, 18, 19, 221.
Levesque de Gravelle, Marie-Geneviève, 20.
Levesque de Gravelle, Michel-Philippe, I, X, 2, 7, 17, 20, 21, 22, 23, 24, 217, 222, 223, 224.
Levesque de Gravelle, Philippe-Barthélemy, 20.
Levesque de Gravelle, Madeleine, 18.
Levêque de Gravelle, N., 20.
Leczinska (reine), 41.
Lheritier, André dit Daniel, 167, 168, 176, 177.
Lhonneau (sieur), 256.
Lhuillier, 144, 155, 282.
Lieuthraud (marquis de Beauregard), 166.
Ligniville (Marguerite de), 107.
Ligny (bataille de), 185.
Ligue (la), 49.
L'Ile-Adam (château de), 159.
Lille (rue de), 167.
Limours, 20.
Lingré de Farivillières, 18.
Lionel de Bonneval (comte), 198.
Lisbonne (rue de), 212.
Listenois (chevalier de), 65, 95.
Lizeliers, marchand, 281.
Lobau (île de), 274.
Loges (les) (fief), 278.
Loire (la), 125.
Loire-Inférieure (archives de la), 6.
Lolivet (maison), 178.
Londres (ville), 40, 142, 195, 210.
Longchamp (abbaye de), 2, 5.
Longchamp (porte de), X, XIII, 2, 3, 21, 24, 82, 136, 188, 215, 216, 222, 223, 270, 277, 292, 299.
Longchamp (avenue de), 133, 166, 287.
Longchamp (plaine de), 196.

Longue-Queue (chemin de la), 9, 13, 188, 287.
Lonvilliers (L.-H. de), voir Madame d'Avernes.
Lorier, concierge, 152.
Lorraine (duc de), voir Stanislas.
Lorraine (princesse Elisabeth de), 97.
Loubet, Emile, 310.
Louis XI, 92.
Louis XIII, 21.
Louis XIV, 2, 21, 31, 192, 122, 143.
Louis XV, I, II, 3, 12, 14, 45, 36, 106, 114, 122, 129, 140, 145, 200.
Louis XVI, 89, 129, 140, 142, 148, 265.
Louis XVIII, 160.
Louis XVIII, 160, 183, 185.
Louis-Philippe, 189, 191, 192, 213.
Louise (Mme), fille de Louis XV, 278.
Louisianne, 5.
Loumade (métairie de la), 258.
Louveciennes, 132.
Louvel, 187.
Louvre (salon du), 89, 99.
Loyseau, Charles, 21.
Lubin (personnage de comédie).
Lucas (personnage de comédie), 43.
Lucas, plombier, 282.
Lucchesini (marquis Gérôme), 182.
Lucé (fief), 278.
Luiron, Marie-Anne-Etienne, VI.
Lunéville (ville de), 44, 62.
Lusancy (ville de), 49.
Luxembourg (province), 101.
Luxembourg (maréchal de), 38, 39, 196.
Luxembourg (maréchale de), née de Neufville-Villeroy, veuve de Boufflers, 65, 94, 95, 96, 97, 98, 116.
Luynes (duc de), IV, X, 12, 13, 14, 15, 34, 35, 37, 38, 39, 44, 45, 50, 51, 53, 60, 61, 62, 63, 65, 95, 96, 99, 100, 101, 102.
Luynes (portrait de la duchesse de), 211.

M

Machault (de), 225.
Madeleine (église et paroisse de la), 96.
Madeleine (Boulevard de la), 111.

DES NOMS CITÉS

Mademoiselle de Charolais, voir ce nom,
Mademoiselle, fille du duc de Berry, 187.
Mademoiselle (pavillon), II, 287, 291.
Madrid (château de), V, IX, XIII, XIV, 1, 2, 3, 6, 12, 13, 14, 21, 22, 24, 66, 80, 85, 87, 117, 126, 136, 158, 159, 196, 215, 216, 222, 223, 270, 277, 287, 288, 292, 298, 299.
Madrid (allée de), 166.
Madrid (restaurant de), 172, 173.
Magnan (citoyen), 164.
Magnant (maçon), 281.
Magnier, Joseph, domestique, 252, 255, 258.
Maigné, Jean, 258.
Maillé (M. de), 146.
Maillebois (maréchal de), 33, 278.
Maille (porte), 135, 277.
Mailly (madame de), IV, 13, 14.
Maine (duchesse du), 94.
Mainiot, Jean, 246.
Maison-Rouge, la (pompe à feu), 200, 204.
Maison-Rouge (fief de la), 245, 250.
Maisons (château de), 128.
Malgrange, 50.
Malherbe, 115.
Malturière (fief de la), 255.
Manche (mer), 55.
Mandron, marchand, 113.
Manet, 213.
Mannheim (M.), 189.
Mans (le) (ville), 10.
Mar (M.), 94.
Marais (journal de Mathieu), 8, 11, 15, 31, 95.
Marcel, entrepreneur, 180.
Marchand, aide d'office, 146.
Marbeuf (hôtel), 182.
Marche (comte de la), 278.
Marcilly, 8.
Maréchal (veuve), 252.
Margantin, notaire, 227.
Margerie, receveur à Neuilly, 191, 192.
Mariage (le) par escalade, comédie, 43.
Marie (grande duchesse), 149.

Marie (sœur Bénédictine), 105.
Marie-Antoinette, 97, 106, 107, 120, 122, 134, 139, 140, 141, 142, 143, 148, 150, 151, 152, 154, 266.
Marie-Caroline (duchesse de Berry), 187.
Marie-Thérèze, 120.
Marigny (marquis de), 7, 79, 81, 82, 83, 84, 85, 86, 87, 88.
Marin (homme de lettres), 275.
Marin, 60.
Marly (château de), 14, 99, 122, 204, 277.
Marly (maison à), 128.
Marmottan, Paul, hommes de lettres, 181, 186.
Marot, Clément, 268.
Mars, 67, 103.
Marra, fermier, 238.
Marsan (Marie-Anne-Thérèze Billet de), voir Billet.
Marsoulan, conseiller municipal, 305, 308.
Martin, Gautier, 252.
Martin, 146.
Masault Merlin, 184.
Massard, E., conseiller municipal, 305, 308.
Matier, Hypolite, arpenteur du roi, V.
Maugis (Mlle), danseuse, 132.
Maugras, Gaston, 97, 106, 107, 139.
Mauléon en Ruffiac, 261.
Maunier, garde de Bagatelle, 192, 196.
Maupeou, 144.
Maurepas (comte de), 24.
Maurepas (mémoires de), 11.
Maurepas (madame de), VIII, 298.
Mauvais-Garçons (rue des), 161.
Mayence (ville), 173.
Mazarin (duc de), 31, 229.
Meaux, ville, 10, 62.
Méaze, pompier, 181.
Meethilde du Saint-Sacrement, 16.
Médecin malgré lui (le), 43.
Meilleraye (forges de la), 130.
Meissonier, 210, 213.
Melède (Mme et Mlle), 265.
Ménageot, couvreur, 268.
Menard, chaudronnier, 281.

22

338 TABLE ALPHABÉTIQUE

Menard, Jos., conseiller municipal, 305, 308.
Melilinec, épouse Born, 179.
Melun (maison à), 128.
Meraud, couvreur, 255.
Mercure galant (le), 43.
Mercier, garde de la Porte-Dauphine, 192.
Mercy-Argenteau, 120.
Merinville (madame de), 37.
Merle, orfèvre, 261.
Mery, G., conseiller municipal, 305, 308.
Meslay (M. de), 30.
Meslée (rue), 184.
Mesnœuf (fief de), 278.
Mestayer, Marie, 25.
Métra (correspondance de), 169.
Metter, fumiste, 281, 283.
Meunier, notaire, 221.
Meunier, écuyer de la bouche, 128.
Meusac-les-Epeaux (forges de), 210.
Mézières (ville de), 204.
Mézières, sculpteur, 282.
Michel, citoyen, 163.
Mignet, Marie, 48.
Milan (siège du château de), 33.
Millet, peintre, 213.
Millin de Grandmaison (Adrien-Alexandre), VI.
Minden (bataille de), 106.
Minerve, 77.
Minorque (expédition de), 43, 56, 57.
Mirandole (bataille de la), 33.
Miré (Mlle), danseuse, 275.
Mirepoix (Mme de), 107.
Miromesnil (M. de), 128.
Missilier, contrôleur de la bouche, 146, 147, 151, 152, 153, 154.
Mississipi (fleuve), 5.
Moireau, contrôleur des bâtiments du roi, 121.
Moissy-le-Neuf (village), 245.
Mithouard, A. conseiller municipal, 305, 308.
Molière, 268.
Mon Bijou (château), 59.
Monceau (château de), 122, 159, 160, 174, 181.
Monconseil (fief), 254, 255, 262.

Monconseil (marquis Guinot de), 30, 31, 33, 34, 35, 36, 107, 111, 113, 226, 228, 236, 237, 238, 239, 240, 241, 242, 243, 244, 245, 247, 251 à 262.
Monconseil (marquise Guinot de), née de Cursay, III, XIV, 9, 23, 24, 30, 32, 33, 35, 36, 37, 38, 39, 40, 41, 45, 49, 61, 62, 63, 65, 66, 67, 76 à 91, 93, 94, 95, 97, 98, 99, 100, 101, 102, 104, 105, 108, 110, 113, 114, 115, 116, 118, 119, 132, 149, 222, 223, 224, 228, 229, 233, 234, 235, 236, 237, 238, 247, 251 à 262, 264, 267, 268, 269, 270, 271.
Monconseil, Cécile-Marguerite-Séraphine, voir La Tour du Pin.
Monconseil, Adélaïde-Félicité-Henriette, voir Heinin.
Monconseil, N., 109, 261.
Mondot de Cursay, 31, 229.
Mongeot, Elisabeth, 268.
Mons (siège de), 35.
Montabre (fief de), 221.
Montaigne, 92.
Montalembert (Jeanne de), 246.
Montauban (ville), 26.
Monterif (M. de), 126, 269.
Montigny (fief), 236.
Montmartre (rue), 173, 284.
Montmorency (famille de), 39.
Montmorency de Flandre (Mlle de), 95.
Montmorency (Louis-Auguste de), 107.
Montmorency-Laval (famille de), 237, 238, 264.
Montorgueil (rue), 18.
Montourain, éditeur, II.
Montpellier (ville), 38, 249.
Mont-Saint-Michel (grèves du), 130.
Mont-Valérien, 122, 135.
Montyon (baron de), 144.
Monville (M. de), 134.
Moragne (terre de), 260.
Moreau le jeune, 198, 204.
Moreau de Beaumont, 277.
Moreau, Alfred, conseiller municipal, 305, 308.
Moreau, Ernest, conseiller municipal, 305, 308.
Morel, Claude-Nicolas (seigneur de Cremery), 226.

Morel, entrepreneur, 283.
Morel, Pierre, conseiller municipal, 305.
Morny (duchesse de), 213.
Mossot, conseiller municipal, 305, 308.
Motte (fief de la), 246.
Mouchy (duchesse de), 109, 265.
Moulineuf, avoué, 191.
Mousse, citoyen, 161.
Mousseau, voir Monceau.
Moyreau, 279.
Muette (château de la), IV, 1, 7, 13, 23, 39, 80, 83, 84, 85, 87, 88, 145, 150, 266, 268.
Mulard, inspecteur des Bâtiments du roi, 121, 278.
Munkaczy, Mihaly, 212.
Murray Scott, Henri, 205, 207, 208, 301, 302, 307.
Murville, auteur, 276.

N

Namur (ville), 35.
Nancy (ville), 46.
Nanterre (ville de), 127.
Nantes (ville), 8, 191.
Nantouillet (comte de), 186.
Napoléon Iᵉʳ, 175, 177, 181, 182, 183, 185.
Napoléon III, 198, 199.
Navarre, conseiller municipal, 305, 308.
Nau, 140, 141, 281.
Navarre, notaire, 221, 222.
Negret de la Ravoye, 26.
Nerwinden (bataille de), 10.
Nesle (Mlles de), 14, 23.
Nesle (Mlle de), IV.
Neuf-Brisac, 227.
Neufchâtel (prince de), 182.
Neufville-Villeroy (Mlle de), voir Maréchale de Luxembourg.
Neuilly-sur-Seine (ville), II, X, XII, 135, 145, 158, 161, 162, 165, 167, 168, 172, 173, 174, 186, 189, 191, 192, 193, 196, 200, 203, 207, 208, 235, 284, 287, 288, 290, 291, 292, 299, 309.
Neuilly (porte de), XIV, 3, 82.
Neuilly (allée de), 166.
Neuilly (pont de), 173.
Neuilly (maire de), 154.
Neuve (rue), 179.
Neuve-des-Petits-Champs (rue), 30, 34, 42.
Neuve-du-Luxembourg (rue), 192.
Neuve-Saint-Eustache (rue), 20, 185.
Neuve-Saint-Magloire (rue), 20.
Neuve-Saint-Martin (rue), 244.
Neuville (Père), 268.
Nevers, 125.
Nicolai (château de), 197.
Nicolardot, Louis, 129.
Ninette à la Cour (comédie), 53.
Ninon, personnage de comédie, 43.
Nivernais (canal du), 125.
Nivernois (duc de), 101.
Noailles, Anne-Jules (maréchal duc de), 5, 6, 15.
Noailles (Mme la maréchale de), 15.
Noailles (comte de), 15.
Noailles (duc de), 16.
Noailles d'Agen (Lucie-Félicité de), voir d'Estrées.
Noailles (cardinal de), 228.
Noailles (Mme la vicomtesse de), 31, 109, 265.
Noailles (Mme de), 213.
Nogaret, 269.
Nord (comte et comtesse du), 149.
Notre-Dame de Paris, 187.
Novarre (siège de), 33.
Nouilly (Fleuriot de), voir ce nom.

O

Oberkirch (baronne d'), 149, 150.
Oester-Sewen, 77.
Opalinska, 44, 113.
Opéra (incendie de l'), 274.
Opportun, conseiller municipal, 305, 308.
Orbec (comte d'), voir marquis d'Avernes.
Orléans (duc d'), 76, 99, 154, 215, 278.
Orléans (duchesse d'), X, 4, 76, 99.
Orléans (duchesse d'), citoyenne Egalité, 101.

Orléans-infanterie, 99.
Ormesson (M. d'), 5, 128.
Ormonde, Lady, 213.
Oster-Sacken, 185.
Orties (rue des), 237.
Oudin, Adrien, conseiller municipal, 305, 308.
Oudry, 198, 204.
Ours (rue aux), 17.
Ourscamp, village et abbaye d', 37.

P

Paix (rue de la), 289.
Pajou, 204.
Paladins (tour des), 134, 198.
Palladio (pont du), 134.
Pan (dieu), 133.
Pannelier, conseiller municipal, 305.
Pannemaker, peintre, 212.
Papin, Michelle, IV, V.
Parabère (Mme de), 11, 217.
Paris (ville de), 4, 5, 10, 18, 19, 21, 34, 38, 89, 109, 111, 112, 115, 135, 144, 158, 167, 170, 175, 183, 185, 196, 199, 200, 204, 207, 208, 209, 210, 268, 300, 302, 303.
Paris (histoire du diocèse de), préface.
Paris, conseiller municipal, 305.
Paris, marchand de vaisselle, 184.
Parme (ville), 33.
Parrot, corroyeur, 281.
Passy, seigneurie de, 264, 275.
Passy (ville de), 110, 111, 158, 170, 264, 267, 268.
Patenne, conseiller municipal, 305, 308.
Paul (grand duc), 149.
Paulin (comte de la Tour du Pin), voir ce nom.
Paul-Saint-Maurice (comte de), 96.
Payen, Laurent, concierge de Bagatelle, 178, 180.
Pellagot, charpentier, 281.
Peltier, 170.
Penel-Beaulin, 158, 196.
Penthièvre (comte de), 130.
Pépin, Caterine, 221.
Père-Lachaise (cimetière du), 200.
Perigord (province), 33.
Perigord (Mme Edmond de), 37.

Perle (rue de la), 26.
Per omnia sæcula sæculorum, 147.
Perriers (frères), 125, 131, 235, 280.
Perron (sieur), 258.
Petit, garçon, 146, 152.
Petits-Champs (rue des), 274.
Petit Diable, danseur, 120.
Petit-Lion (rue du), 184.
Petit-Madrid, I, II, III, IV, VI, IX, X, XIII, 23, 80, 183, 196.
Petit-Trianon, 122, 135.
Petits-Champs (rue des), 25.
Pezé (marquis de), IV, V, VI, 23.
Pharaon, boulanger, 268.
Pharaon (tombeau du), 134.
Phelippeaux, Louis, 223.
Philippe, attaché au garde meuble, 124.
Philosophe (maison et bosquet du), 134, 197.
Pialut, Robert, 181.
Pichon de la Gard, 260.
Piémont (grenadiers de), 102.
Pigalle, 197.
Piganiol de la Force, 17.
Pigault-Lebrun, 230.
Pillemil (Tour de), 8.
Piperaud, conseiller municipal, 305.
Pinard, 8, 35.
Pingré, François (seigneur de Farivilliers), 221, 222.
Piques (section des), 111.
Pirault-Deschaumes, avoué, 174, 175, 176.
Pirotte, ferblantier, 282.
Pizzighitone (siège de), 35.
Place (la), marchand de fer, 283.
Placide, danseur, 120.
Plaisanterie de campagne (la), comédie, 43.
Pleneuf (Mme de), 32.
Pleneuf (fief), 101.
Plesse (la) (fief), 278.
Plessis-Raffray (fief), 278.
Pluyette, 1, 80, 82, 233, 234.
Poirier de Narçay, conseiller municipal, 305, 308, 309.
Poiry, conseiller municipal, 305, 308.
Poitevin (sieur), 261.
Poitiers (ville de), 25.

DES NOMS CITÉS

Poitou (province), 112, 113, 130, 261.
Poix (Mme la princesse de) 31, 109, 112.
Polignac (François dit Francillou de), lieutenant de vaisseaux, 38, 65, 109, 240.
Polignac (Mme), née Marie de Cursay, épouse du précédent. 61, 65, 74, 76, 94, 99, 104, 271.
Polignac (marquis de), 144.
Polignac (Mme Jules de), 142, 143.
Polignac (Mme Diane de), 142, 154.
Pologne (roi de), voir Stanislas.
Pompadour (Mme de), 41, 197, 275.
Pons (prince de), 260.
Pons (ville), 226, 239, 253, 255, 257.
Porlier, épinglier, 282, 283.
Pontoise (ville), 225.
Potar, Élie, 236.
Porte (chevalier de la), 259.
Port-Mahon (prise de), 44, 47, 77, 97.
Pourceaugnac, rôle, 52.
Pradel (comte de), 188.
Précréhan (fief de), 278.
Presles, miroitier, 282, 283.
Previle, acteur, 4, 51, 53, 54.
Prevot, abbé, 269.
Prie (Mme de), 30, 32, 100, 101.
Prince (pavillon du), 287, 291.
Princes (cour des), 34.
Princes (porte des), 135, 277.
Princes (parc des), 133.
Prisonniers (galerie des), 21.
Provence (comte de), 129, 148, 149, 183, 277.
Provence (province), 144.
Prou, 255.
Prusse, 199.
Psyché (les noces de), 198.
Pumart (M. de), 259.
Puteaux (ville de), 133.
Puvis de Chavannes, 213.
Pyrénées (les), 57.

Q

Quantin, éditeur, 4.
Quentin, Maurice, conseiller municipal, 305, 308.
Quentin-Bauchard, conseiller municipal, 280, 305, 308.

Quesnoy (le), 244.
Quimper, 50.
Quincampoix (rue), 4.

R

Rabaine (M. de), 238.
Raguideau, notaire, 167, 172, 176.
Raguse (duc de), 189.
Raimond, peintre, 189, 281.
Raincy (château du), 159, 160.
Rambouillet (ville), 20.
Rambuteau (comte de), 289, 298.
Ramier, peintre, 281, 283.
Randan (duc de), 36.
Ranelagh (jardin), 168, 170.
Ranson, conseiller municipal, 305, 308.
Rantzau (duc de), 38.
Ranvier, conseiller municipal, 305, 308.
Raucour (la), tragédienne, 266.
Raucoux (bataille de), 35.
Rebeillard, conseiller municipal, 305.
Régent (le), 3, 5, 6, 8, 9, 10, 11, 12.
Reggiolo (prise de), 34.
Regnault, peintre, 16, 213.
Regnard (sieur), 298.
Regnière (M. de la), 110, 118, 270, 271.
Reignac (île de), 31.
Reiset (vicomte de), 187.
Renault de Duchy, Anne, 26.
Rendu, Amb., conseiller municipal, 305, 308.
Rétif, notaire, 236, 252, 256, 258.
Revéré (ville de), 33, 34.
Retz (cardinal de), 33.
Rhin (fleuve), 34, 43.
Ricard, peintre, 213.
Richard, Jean, cultivateur, 258.
Richelieu (cardinal), 33.
Richelieu (maréchal duc de), 43, 44, 77, 78, 94, 96, 97, 99, 229.
Richelieu (Sophie-Jeanne-Septimanie de), voir Egmont.
Richelieu (duchesse de), 113.
Riesener, 155.
Riesener, peintre, 213.
Rietstap, J.-B., 121.

Riom (comte de), 96.
Rioult de Cursay, Séraphin, 25, 228.
Rioult de Cursay, Cécile-Thérèse, voir marquise de Monconseil.
Rioult d'Ouilly, Séraphin, 25.
Rioult d'Ouilly, Pierre, 25.
Rioult d'Ouilly, Marie, 25.
Rioult d'Ouilly, Agnès, 26.
Rioult d'Ouilly de Cursay, 96, 101.
Rioult d'Estony, 25.
Rioux (baronnie), 30, 108, 236, 238, 239, 240, 241, 242, 243, 244, 245, 247, 250, 252, 254, 255, 256, 258, 260.
Rioux (Mlle de), 239, 242.
Rioux (seigneur de), 260.
Riquet de Caraman (Victor Maurice de), 106, 249.
Rissole (rôle), 43.
Rivière, M., 144, 261.
Rivoli (rue de), 277.
Rixens, peintre, 210.
Robecq (Mme de), 35, 38, 39.
Robert, papetier, 281.
Robin, horloger, 184.
Robineau, notaire, 208, 302.
Robolle (de la), 269.
Roche-Bernard (fief), 278.
Rochechalais, voir Jean-Frédéric de la Tour-du-Pin.
Rochechouart (M. de), 278.
Rochelle (la), 246.
Roche-sur-Yon (Mlle de la), 141.
Rode, sculpteur sur bois, 141, 281.
Rodin, 213.
Roger, peintre, 268.
Rohan (Hercule de), 31, 229.
Rohan (cardinal de), 100.
Roissy (fief de), 245.
Roll, peintre, 210, 214.
Rollin, 268.
Rome (ville), 277.
Rome (roi de), 182.
Ronceray (Mlle du), voir Mme Favard.
Roquelin, maçon, 245.
Roquencourt (château de), 128.
Rosambo (marquis Le Pelletier de), voir Le Pelletier.
Rose et Colas (opéra-comique), 142.
Rossini, 194.

Roth, chef de cuisine, 146.
Rothschild (baron James de), 195, 277.
Roucy (maison de), 8.
Roudier (sieur), 263.
Rouen, ville, 55.
Rouffiac (fief), 256.
Rouffinaud, Pierre, 257.
Roulland, banquier, 235.
Rousseau, J.-J., 115, 124, 275.
Rousseau, Catherine, 246.
Roussel, Félix, conseiller municipal, 305, 308.
Rousselle, Henri, conseiller municipal, 305, 308.
Rousselot, 209.
Rousset, Camille, conseiller municipal, 305, 308.
Roussillon (comte de), 15.
Rouvet, Fiacre et Jean, 17.
Roux (le), 86.
Roux, Charles-Henri, 108.
Royale (rue), 266.
Rozier, Arthur, conseiller municipal, 305, 308.
Ruffec (district de), 107.
Ruggieri, entrepreneur de fêtes, 150.
Rulhière, poète, 97, 98.
Rzewuska (comtesse), 195.

S

Sabat, Jean-Claude, 160, 163.
Sabine (Mlle), 212.
Sablons (plaine des), 14, 140, 147, 150.
Sablons (parc des), 173, 174.
Sabran (Mme de), 11, 99.
Saccy, 268.
Saint-Christophe (île), 10.
Saint-Christophe (fief de), 246.
Saint-Cloud (ville de), 11, 12, 128, 152, 158, 159, 160, 182, 184, 186, 189, 284.
Saint-Come, 147.
Saint-Cyr (dames de), VI, 79.
Saint-Denis (ville de), 122, 148, 152, 153, 154, 159, 164, 194.
Saint-Denis (plaine), IV.
Saint-Didier (fief), 278.
Saint-Diez (bailliage de), 101.

DES NOMS CITÉS 343

Sainte-Anne (rue), 25, 108, 237, 251, 264.
Sainte-Colombe (paroisse), 255.
Saintes (ville), 226, 227, 236, 243, 247, 249, 251, 252, 254, 255, 256, 257, 258, 259, 261.
Sainte-Etienne-des-Prés (rue), 89.
Saint-Eustache (paroisse), 26.
Saint-Eutrope-de-Saintes, 260.
Saint-Félix (M. de), 22, voir Philippe Barthelémy Lévèque.
Saint-Font-sur-Gironde (bourg), 246.
Saint-François-de-Sales, 67.
Saint-Germain (Mme de), 13.
Saint-Germain (château de), 117, 128, 279.
Saint-Germain (ville de), 32.
Saint-Germain (faubourg et paroisse), 26, 184.
Saint-Germain-l'Auxerrois (paroisse), 237.
Saint-Gervais (paroisse), 221.
Saint-Georges-Dannest (paroisse), 221.
Saint-Gilles, 19.
Saint-Honoré (rue), 171.
Saint-James (folie), 130, 185.
Saint-Jean (église), 18.
Saint-Jean-d'Angely, 247, 261.
Saint-Laurent (comte de), 26.
Saint-Luc (église), 18, 20, 22.
Saint-Luc-Saint-Gilles, 22.
Saint-Louis-de-Saintes (hôpital), 252.
Saint-Marc (rue), 26.
Saint-Magloire (rue), 17, 19, 22.
Saint-Malo, (ville), 38.
Saint-Martin (église à Pons), 226, 240.
Saint-Maur et Saint-Michel (paroisse), 227, 259.
Saint-Maur (rue), 261.
Saint-Nicaise (rue), 264.
Saint-Palais (faubourg), 251.
Saint-Pierre, commissaire des guerres, 239.
Saint-Nicolas-des-Champs (église), 18, 19, 20, 227, 228, 244.
Saint-Réal, 268.
Saint-Thomas-du-Louvre (rue), 179.
Saintonge, 34, 35, 108, 109, 114, 242, 247, 248, 261.
Saint-Roch (église), 20, 25, 227, 228, 237, 268.

Saint-Sacrement (filles du), 16.
Saint-Simon (mémoires de), 9.
Saint-Simon (marquis de), 104.
Saint-Simon (comte de), voir Desnier Darchiac.
Saint-Sulpice (église), 104.
Saint-Sulpice (rue), 146.
Saint-Victor (rue), 184.
Saint-Vivien-de-Saintes (faubourg), 251, 261.
Salle-au-Comte (rue), 17, 13.
Salerne, 142.
Salm (hôtel de), 166.
Salvetat (maire), 251.
Sanson, curé de Courdimanche, 31, 229.
Santerre, compositeur, 98, 229.
Saône (camp de la), 33.
Sarah Bernhardt, 212.
Sarranton, Antoine-François, 108, 238, 239, 240, 241, 242, 243, 244, 245.
Sarranton (Mme), voir Graff.
Saucède (frères), 167, 176, 177.
Sauges (Léon de), 201, 203.
Saugrain, libraire, 143.
Saugrin, entrepreneur de fêtes, 150,
Faulnier, épicier, 235.
Sauvage, peintre, 146.
Sauton, conseiller municipal, 305, 306, 308.
Savignez, notaire, 222.
Savouré, J.-C.-C., 167, 177.
Saxe (maréchal de), 35.
Sceaux (château de), 159.
Schelestadt (ville de), 240.
Schloff (le baron), comédie, 147.
Schulemberg (croix de), 13.
Sedaine, 142, 143.
Seine (rivière), X, 3, 6, 12, 135, 189, 201, 204, 235, 284, 292, 299.
Seine (département de la), 166, 193, 289.
Seine (préfecture de la), VI, 289, 295.
Seine (M. le préfet de la), 207, 286, 289, 293, 295, 296, 301, 302, 303, 306, 307, 309.
Seine (archives de la), II, X, 158, 163, 167, 172, 173, 175, 176, 179, 180, 181, 192, 193, 194.
Séjour de Mélisse (pièce), 230.

Ségur (marquis de), ministre de la guerre, 113, 114, 115.
Ségur (Mme de), IV.
Sellot, greffier, 257.
Semmecourt (comtesse de), voir Mme de Beauval.
Senecterre (marquis de), 238, 239.
Sens (évêché de), 31, 101, 228.
Sens (Mlle de), 278.
Serpente (rue), 21.
Servant, Jacques-Elie, 255.
Sèvres (ville), 66, 151.
Seymour, François, 194, 195.
Seymour, Henri, 195.
Seymour, Richard, voir Hertford.
Seymour, Francis-George-Hergh, 200.
Shakespeare, 268.
Sibille, Jean, 265.
Sigé, cuisinier, 146.
Silvestre, procureur général, 269.
Silvia (la), actrice, 43.
Siroux, garde de Bagatelle, 185.
Sisan, garde de Bagatelle, 192.
Sitoy, garde de Bagatelle, 192.
Spandonck (van), 146.
Sohier, conseiller municipal, 305, 308.
Soleinne (M. de), 229.
Solin (comte de), voir Jean-Frédéric de la Tour-du-Pin.
Sommaville (A. de), éditeur, 21.
Sophie (Mme), fille de Louis XV, 278.
Sophie-Arnould, actrice, voir Arnould.
Souabe (province), 35.
Soufflot, 4, 7, 79, 80, 83, 85, 88, 89, 117.
Sourdes de Chabaner, 31.
Soyecourt (marquis de), 128.
Spinosa, 92.
Stainville (Mme de), 107.
Stanislas (roi de Pologne), 9, 31, 42, 44, 45, 46, 47, 48, 49, 60, 62, 63, 65, 66, 67, 71, 97, 101, 106, 114, 229, 278.
Stanhope, voir Chesterfield.
Steinkerque (bataille de), 10.
Stetten, peintre, 210.
Strasbourg (ville de), 34, 239, 242.
Suresne (ville de), 135.

Suresne (rue de), 176.
Surgères (marquis de), 13.
Sylveira, architecte, 196.

T

Tabutaud, fermier, 250.
Tain (de), 248, 249.
Taitbout (rue), 203.
Tallard (Mme de), X.
Tallemant, Louise-Elisabeth, 19.
Tallet, Gabriel, 239.
Talleyrand (Mme de), 13.
Talliers (Mme), 176.
Tantet, conseiller municipal, 305.
Talmond (Mme de), 64, 65, 95.
Tellier (le), entrepreneur, 265.
Temple (tour du), 127, 144, 160.
Tessé (Mme de), 37.
Thénac (fief de), 30, 246, 252, 253, 254, 255, 259, 261, 263.
Tesson (château de), 30, 236, 247, 252, 253, 254, 255, 256, 258, 259, 260.
Testu, Charles, 192, 193.
Theriau, postier, 254.
Thessel (fief), 236.
Thibault, pompier, 125, 165, 283.
Thibault, Claudine-Emilie, 173.
Thiebaut (mémoires de), 155.
Thierry, citoyen, 161, 163.
Thierry (baron de Ville d'Avray), 183.
Thorel, Jean-Baptiste, 187.
Thouin, André, 159.
Thoynard, fermier général, 20.
Thoynard, Marie-Barthélémie, 20.
Thun (village), 280.
Tissanderie (rue de la), 18.
Tivoli (jardins), 170.
Tizon (M.), 260.
Tolède, coloriste, 281.
Tombeaux (île des), 134, 197.
Tonnay-Charente, 226.
Tonne-Boutonne (fief de), 250.
Torlay, jardinier, 254, 255, 258.
Tortone (siège de), 35.
Toscane (Mme la grande-duchesse de), voir Bacciochi.
Touches (maitairie des), 254, 256, 258.

DES NOMS CITÉS 345

Toul, (comté et évêché de), 25.
Toulmouche, 210.
Toulmouche (Mme), 213.
Toulouse (ville), 43.
Tour du Pin de Gouvernet (Jean-Frédéric de la), 101, 102, 107, 108, 236, 237, 252, 259, 261.
Tour du Pin (Cécile de Monconseil, comtesse de la), 37, 42, 43, 61, 101, 102, 103, 104, 108, 112, 227, 236, 237, 250, 256, 265, 269.
Tour du Pin (Cécile-Suzanne de la), 102, 236, 237.
Tournehem (M. de), 87.
Tournelle (route de la), 290.
Tourneur, Jean-Baptiste, 19.
Tourneux, éditeur, 60.
Tournon (M.), 265.
Tournon (Mme), 265.
Tresnel (M. de), 34.
Tressan (M. de), 95, 96.
Trest (chevalier de), 33.
Trevoux, dict, 53.
Trianon, 122, 124, 144.
Tronchin, 47.
Truffé, employé à la barche, 152.
Trutal, notaire, 236, 237, 256.
Tuileries (section des), 158.
Tumpling, général, 204.
Turin (ville de), 157, 280.
Turot, Henri, conseiller municipal, 305, 306, 308.

U

Ueth (Mlle de Broglie), (Mme la comtesse de), 265.

V

Vahiny (M. de), 87.
Val (château du), 197.
Valenciennes, 129, 180.
Valentin, lustrier, 184.
Vallé (sieur de la), marchand, 250.
Vallé, commissaire, 161.
Vallée, épinglier, 282.
Valle-Rustic, 17.
Vallombrosa (duchesse de), 212.
Vallon Villeneuve, 176.

Valois (les), 95.
Vantillac (personnage de comédie), 54 et suivants.
Vanvormhoud, 244.
Vanves (château de), 159.
Varé, 197.
Varennes (rue de), IX, 108, 226, 249, 262, 264.
Vaucel (du), 225, 277.
Vaucelle (M. de), 135.
Vaudreuil (M. de), 142, 143.
Vaugrigneuse (fief de), 20.
Vaulabelle, 185.
Vaux (château de), 196, 197.
Vauxelles (abbé de), 144.
Vendôme (place), 172.
Venise (ville de), 4.
Vennier (François le), 19.
Vennier (Marie-Anne le), 19.
Vénus, 11, 197.
Verdun (M. de), 121.
Verêt (Cécile de), 25.
Vergennes (M. de), 128, 129.
Vernet, Claude-Joseph, 277.
Vernet, Marguerite-Émilie-Pulchérie, 277.
Verneuil (rue de), 104, 111.
Versailles (ville et château), 13, 14, 16, 65, 66, 81, 95, 97, 99, 100, 107, 120, 122, 133, 135, 148, 149, 151, 152, 154, 159, 160, 197, 222.
Verre (marquis de), 106.
Vesian (de), 248, 249.
Vésinet (le) ville, 127.
Veuillard, sénateur, 199.
Victoire (Mme), fille de Louis XV, 278.
Vèze (de), charpentier, 281.
Victoria (reine), 198.
Vieille-du-Temple (rue), 113.
Vienne (ville), 77, 120, 140.
Vigier, Jeanne, 260.
Villars (Mme de), 37.
Villars (seigneur de), 261.
Ville d'Avray (baron de), v. Thierry.
Villedeuil (M. de), 126, 269.
Villemorin, marchand, 282.
Villeroy (maréchal de), 5, 95.
Villette (marquis de), 274.
Villevenard (fief de), 26, 101.

Villiers (paroisse de), II, 1, 10.
Villiers (rue de), 203.
Vincent, 252.
Vinoy (général), 204.
Vintimille (Mme de), 13.
Violet, employé à la bouche, 152.
Visse, libraire, 21.
Vitet, commissaire, 165.
Voltaire (M. de), 31, 39, 50, 135, 268.
Vrillière (duc de la), 277.

Waterloo, 185.
Watteau, 142.
Weber, chirurgien, 280.
Weber, conseiller municipal, 305, 306, 308.
Weerts, peintre, 250.
Wellington, 185.
Weser (prince), 53.
Winterhalter, 213.
Wissembourg, 34.
Worms (ville de), 242, 245.

W

Walbled, 146.
Wallace, Richard, 189, 199, 200, 201, 203, 204, 205, 208.
Wallace, Georges, 204, 205.
Walpole, Horace, 32, 39, 198.
Waltner, peintre.

Y

Yarmouth (comte de), voir Lord Hertford.
Yriarte, Charles, 139, 182, 204.
Yvry (le baron d'), 198.

TABLE DES MATIÈRES

	Pages
Préface. — Mlle de Charolais a-t-elle habité Bagatelle	1

Chapitre I. — LA MARÉCHALE D'ESTRÉES. — Autrefois. — Trois ducs qui se mêlent d'agio. — John Law. — Une galanterie du maréchal d'Estrées. — Une satire. — La carrière du maréchal. — Les amants de la maréchale. — Les premières constructions de Bagatelle. — Fête donnée par le Régent à Mme d'Averne. — Louis XV et les demoiselles de Nesle. — La situation de la maréchale auprès du roi. — Sa mort. — Son tombeau . . 1

Chapitre II. — MICHEL-PHILIPPE LEVESQUE DE GRAVELLE ET SA FAMILLE. — Brevet de don de la jouissance de Bagatelle en 1746. 17

Chapitre III. — MADAME DE MONCONSEIL A BAGATELLE. — Pourquoi Mme de Monconseil vint à Bagatelle. — Brevet de jouissance de Bagatelle donné par le Roi. — Nouveau don de terres. — La famille de Mme de Monconseil. — Son mariage. — Le marquis de Monconseil. — Une lettre de Mme du Deffand. — Conseils de Mme de Cursay à sa fille Mme de Monconseil. — La marquise éloigne son mari de Paris. — La carrière du marquis. — La marquise intrigue pour que son mari reste en Alsace. — Le frère et la sœur de Mme de Monconseil. — Mme de Monconseil est autorisée à monter dans les carrosses du Roi. — Première aventure : Louis XV et Mme de Robecq. — Mme de Monconseil et lord Chesterfield 23

Chapitre IV. — FÊTES DONNÉES PAR MADAME DE MONCONSEIL A BAGATELLE. — Dédicace à la Reine. — Fête à l'occasion du mariage de Cécile de Monconseil avec M. de la Tour du Pin. — Fête pour la naissance de Cécile-Suzanne de la Tour du Pin. — Fête en l'honneur de M. de Richelieu. — Une lettre de Favart. — Dîner et fête en l'honneur du roi Stanislas Leczinski à Bagatelle. — Fête donnée au roi Stanislas Leczinski le 5 septembre 1757. 41

Pages

Chapitre V. — NOUVELLES FÊTES DONNÉES PAR MADAME DE MONCONSEIL A BAGATELLE. — Fêtes données en l'honneur du roi de Pologne en 1758 et 1759. — Fêtes données pour la convalescence de Mme de Polignac et de Mme de Blot. — La lanterne magique offerte au maréchal de Richelieu par Mme de Monconseil pour le 1er de l'an 1760. . 65

Chapitre VI. — ÉTAT DES CONSTRUCTIONS DE 1750 A 1776. — Etendue des premiers jardins. — Lettres et rapports de M. Soufflot à Mme de Monconseil au sujet des réparations à faire aux bâtiments et les réponses de Mme de Monconseil. — Les recommandations de l'abbé de Laville et de M. de Jumilhac. — Réparations faites aux frais de Mme de Monconseil et autres remboursées par le Roi. 79

Chapitre VII. — LES AMIS DE MADAME DE MONCONSEIL ET SES ENFANTS. — L'ordre de Bagatelle. — Mme la maréchale de Luxembourg. — Ses impudeurs. — Un couplet de M. de Tressan. — Elle établit la tyrannie de la mode et du bon ton. — Mme la comtesse d'Egmont. — La reine des fêtes. — Vers de Rulhière. — Portrait de Mme la comtesse d'Egmont, par Horace Walpole. — Une impudique estampe. — Mort de Mme la comtesse d'Egmont. — Mme de Polignac. — Mme de Blot. — Son portrait. — Lord Chesterfield veut la « décrotter ». — Sa pudeur et sa grâce. — Mme de Prie. — Mme de Baye. — Cécile-Marguerite-Séraphine de Monconseil. — Elle épouse Jean-Frédéric de la Tour du Pin. — Sa présentation à la cour. — Elle met au monde une fille qui épouse le comte de Lameth, puis, met au monde un fils. — Adélaïde-Félicité-Henriette de Monconseil. — Lettre de lord Chesterfield à Mme de Monconseil. — Adélaïde de Monconseil épouse le prince d'Hénin. — Elle se sépare de son mari. — Une rente de 8.000 livres. — La princesse d'Hénin radiée de la liste des émigrés. — Son portrait par Mme la vicomtesse de Noailles. — Bagatelle au prince de Chimay. — Mort du marquis de Monconseil. — Deuil de la marquise. — Le ministère de la guerre lui fait une pension. — Lettre au marquis de Ségur. — Mort de Mme de Monconseil. — Une ode de M. Dudéré de Laborde . . 91

Chapitre VIII. — LA FOLIE D'ARTOIS. — ACHAT DE BAGATELLE. LES CONSTRUCTIONS DU NOUVEAU CHATEAU. — Le comte d'Artois achète Bagatelle au prince de Chimay. — Belanger fait les plans des nouveaux bâtiments. — Extrait du journal de Bachaumont. — Lettres de Mercy à Marie-Thérèse. — La direction des bâtiments. — Le plan général. — Description des bâtiments. — Aperçu des

TABLE DES MATIÈRES   349

Pages

jardins. — État des dépenses. — La pompe à feu. — Premières réparations. — Pauvreté de Belanger. — Les dépenses de Mme la comtesse d'Artois. — Les créances du comte d'Artois 117

Chapitre IX. — LES JARDINS DU COMTE D'ARTOIS. — Blaikie. — La clôture du parc. — Les marchés d'entretien. — Un apport de nouvelles terres. — La longueur des travaux. — Un vol. — Description des jardins anglais. — Le jardin à la française. — On dégage l'entrée. — Agrandissements du parc 131

Chapitre X. — DÉCORATION INTÉRIEURE DU BATIMENT ET FÊTES DONNÉES PAR LE COMTE D'ARTOIS. — La fête d'inauguration retardée. — Cependant elle est donnée. — Émerveillement des invités. — Description de l'intérieur du pavillon. — Les artistes qui y contribuèrent. — Jacob, Beaulard, Rode, Denizot, Gouthières, L'Huillier, Dusseaux, Hubert Robert. — Un opéra joué par la Reine. — La Reine sifflée par le Roi. — Les écuries et la cave. — Une colère du comte d'Artois. — Le baron de Montyon, gentilhomme de la chambre. — La bibliothèque du comte d'Artois. — Quatre seigneurs polonais attendris. — La comtesse d'Artois à Bagatelle. — Ses plaisirs de la musique et de la toilette. — Fête en l'honneur du comte et de la comtesse du Nord. — Impromptu du comte d'Artois. — Fêtes en 1782. — Un grand dîner. — Réparations aux jardins, aux bâtiments et aux tableaux. — Un boudoir amusant. — Le comte d'Artois émigre. — Vers de l'abbé Delille. 139

Chapitre XI. — BAGATELLE SOUS LA RÉVOLUTION ET LE DIRECTOIRE. — L'Assemblée nationale s'empare du domaine de Bagatelle. — Il est estimé 60.000 francs. — Il fait partie de Neuilly. — Les jardins de Bagatelle ouverts aux promeneurs. — Une dénonciation. — Bagatelle fermé. — Les volontaires y logent. — Enlèvement des plantes rares. — Bagatelle conservé pour les divertissements populaires. — Il est loué à des entrepreneurs de réjouissances publiques. — On vend ou on transporte au garde-meuble tout ce qui s'y trouve. — Hubert Robert échappe à la guillotine. — Belanger enfermé au Temple. — Vente d'effets mobiliers. — La municipalité de Neuilly achète l'horloge de Bagatelle. — Vente des biens. — Bagatelle en adjudication. — Benoît Bernard acquéreur pour un groupe d'entrepreneurs de divertissements populaires. — Transformations. — Crainte de trahisons. — Compte rendu des journaux. — Chansons. —

Pages

Fêtes. — Diners. — Divertissements populaires. — L'amour. — Spectacles. — Mauvaises affaires. — Le restaurateur Born 157

Chapitre XII. — BAGATELLE ACHETÉ PAR L'EMPEREUR. — LE ROI DE ROME. — Bagatelle est mis en vente par Born sans succès. — Vente aux domaines. — L'affaire Saucède frères. — La propriété est réunie au bois de Boulogne. — Ceux qui y logeaient. — Baux de 1806-1807-1808. — Réparations. — Décision du ministre des finances. — On joint une pépinière aux domaines. — Le mobilier. — Le gibier du bois de Boulogne. — L'Empereur à Bagatelle. — Jérôme Lucchesini à Bagatelle 175

Chapitre XIII. — 1814-1830. — LE DUC DE BERRY PUIS LE DUC DE BORDEAUX A BAGATELLE. — Les alliés en 1814. — Bagatelle au duc de Berry. — Une chasse du duc de Berry. — Une carte d'invitation. — Il se rend à Bagatelle avec la duchesse. — Bagatelle à Mademoiselle. — Surveillance et jalousie de garde. — Le duc de Bordeaux. — Un enlèvement manqué 183

Chapitre XIV. — 1830-1870. — VENTE DU CHATEAU DE BAGATELLE PAR LES DOMAINES. — LORD HERTFORD. — LES NOUVEAUX JARDINS. — LE PRINCE IMPÉRIAL. — Visites à Bagatelle. — Quelques réparations et quelques faits. — Une fête. — Louis-Philippe veut vendre la propriété. — Nouvelle mise en vente sans résultat. — Achat de Bagatelle par lord Hertford. — Arrêté de main levée. — Remise en état et achat de nouveaux terrains. — Nouvelles transformations des jardins et des boudoirs. — Le prince impérial à Bagatelle. — Déclaration de guerre. — Mort de lord Hertford. — La nouvelle pompe à feu. 191

Chapitre XV. — 1870-1904. — Les ambulances. — Le Trianon de Bagatelle. — Philanthropie de Richard Wallace. — Amélie Castelnau. — Sir Murray Scott 203

Chapitre XVI. — Bagatelle acheté par la ville de Paris. — Les expositions. 207

APPENDICES

1. Brevet qui accorde au sieur Paul Bellanger et sa femme Louise-Marie-Magdelaine Charpentier, la jouissance, leur vie durant, d'un logement qu'ils occupaient près d'une porte du bois de Boulogne. 215
2. Brevet qui accorde aux sieurs Maréchal d'Estrées et la dame son épouse, la jouissance leur vie durant d'un logement au château de Madrid 216

TABLE DES MATIÈRES 351

Pages

3. Dialogue entre M. et Mme d'Averne et M. d'Alincourt. 217
4. Vente de la Terre de Gravelle à Philippe Levesque. . 221
5. Brevet qui accorde à la dame marquise de Monconseil la jouissance sa vie durant d'un logement appelé Bagatelle 222
6. Brevet de don de deux arpents de terre joints à la maison appelée Bagatelle en faveur de la dame marquise de Monconseil 223
7. Extrait des registres du conseil d'État au sujet du don du roi de deux arpents de terre.— 12 novembre 1748. 224
8. Notes sur la famille du marquis Guinot de Monconseil. 226
9. Acte de mariage de M. de Monconseil et de Mlle de Curzé. 227
10. Société Dramatique de Bagatelle 229
11. Harangue du Magister du village, au Roy. . . 230
12. Mémoires de maçonnerie faits pour Mme de Monconseil en sa maison de Bagatelle en 1767 sous les ordres de M. Pluyette, architecte du roy, par Le Tellier, entrepreneur, qui permettent de connaitre à peu près le nombre des pièces de Bagatelle 233
13. Documents divers sur les réparations faites à Bagatelle pour Mme de Monconseil. 234
14. Fournisseurs de Mme de Monconseil à Bagatelle . . 235
15. Abonnement pour le service de l'eau. 235
16. Contrat de mariage de Augustin-Louis-Charles, comte de Lameth avec Cécile-Suzanne de la Tour du Pin . 235
17. Sur la maison de la rue Sainte-Anne 237
18. Sur la Terre de Rioux et sur la Terre de Courcoucy . 238
19. Sur la Terre de Roissy 245
20. Documents sur la famille de La Chambre. . . . 246
21. M. de Monconseil prépare le partage de ses biens entre ses enfants 247
22. Brevet qui confirme la vente faite par le Sr Gillet à M. de Monconseil de la maison de Saintes. . . . 251
23. Mort et enterrement de M. de Monconseil . . . 251
24. État des charges et revenus de M. de Monconseil . . 254
25. Partage des biens de M. de Monconseil, inventaire. . 256
26. M. Bironneau chargé d'affaires de Mme de Monconseil. 262
27. Mme la marquise de Monconseil à Passy 263
28. Dix-huitième conseil de Mgr le comte d'Artois tenu à Versailles, le 20 août 1775 269
29. Note sur Belanger. 273
30. Note sur Chalgrin. 277
31. Extrait des registres du conseil d'État, Marly, 2 mai 1781. 277
32. Extrait de l'acte de mariage de Louis-Bruno de Boisgelin 278
33. Notes diverses complétant le texte sur les travaux et les personnes employées à Bagatelle 278

	Pages
34. Garde-meuble du comte d'Artois	281
35. Ouvriers employés aux travaux de Bagatelle de 1776 à 1789	281
36. Frais faits à Bagatelle en 1786	282
37. Quelques détails sur les prix des travaux et sur l'ameublement de la Folie-d'Artois	283
38. Ordonnancements de paiements d'ouvriers	283
39. Papiers de liquidation	284
40. Vers de Lemière sur Bagatelle	284
41. Pavillon de Hollande	285
42. Affiche de mise en vente du château de Bagatelle en 1835	286
43. Vente de biens nationaux, château de Bagatelle	289
44. Acquisition du domaine de Bagatelle, par la Ville de Paris	300
45. Décret du Président de la République française	309
Bibliographie	311
Essai d'Iconographie	315
Table alphabétique de tous les noms cités	323

LA ROCHE-SUR-YON. IMPRIMERIE CENTRALE DE L'OUEST.

Du même Auteur

Mérowig, scène barbare en vers. . . . .   1 fr. 50
Devoir sacré, scène patriotique en vers. . . . .   0 fr. 50

Histoire de l'Abbaye royale de Longchamps (1255 à 1789). — La Vie à Longchamp. — Possession et Administration. — Evènements Historiques. — Chronique Galante. — Epoque Révolutionnaire. — Longchamp au xixe siècle. Ouvrage orné de deux plans et de six planches hors texte. Deuxième édition. . . . .   4 fr.

La Place de l'Etoile et l'Arc de Triomphe. — La Construction de l'Arc de Triomphe et ses Ornements. — Les Evènements Historiques. Ouvrage orné de quatre planches hors texte . .   3 fr.

Histoire de Mlle de Charolais. Ouvrage orné de deux portraits gravés.
15 fr

LA ROCHE-SUR-YON. — IMPRIMERIE CENTRALE DE L'OUEST

www.ingramcontent.com/pod-product-compliance
Lightning Source LLC
Chambersburg PA
CBHW051830230426
43671CB00008B/906